참전 수병 유교수와 함께 가는

베트남
역사문화기행

유일상 지음

하나로애드컴

Journey to Vietnamese History and Culture

with Professor Ryu, Vietmese War Navy Veteran(seaman)

By
RYU, IL-SANG, Ph. D.
Professor Emeritus, Journalism Major
Konkuk University
Republic of Korea

2021
HANAROADCOM
Seoul, Korea

머리말

《참전 수병 유교수와 함께 가는 베트남 역사문화기행》은 내가 젊은 날 해군 상륙함의 말단 수병으로 참전했던 남부 베트남에서의 옛 추억을 회상하고 당시에는 적국이었던 북부 베트남의 여러 곳을 새로 여행하며 당시의 생각을 고쳐 쓴 역사·문화 중심의 여행기이다. 나는 2권의 미국 여행기를 아내와 공저했고, 여행 전문 저널리스트로 2018년에 《규슈 역사문화여행》을 출간했다.

나는 일찍이 소년티가 가시지 않은 대학 2학년생 상태에서 멈춰버린 의식 수준과 얕은 지식으로 남베트남공화국 전쟁터에서 병역의무 복무기간 중의 한동안을 보냈다. 흘러간 많은 시간은 거기서 감각하고 지각했던 개인사가 아련한 추억이 된 사이공(호찌민시)을 비롯하여 현재의 중남부 베트남과 메콩 델타 여러 곳의 바다와 해안 그리고 포구 여러 곳에 더하여 북베트남으로의 여행이 나를 다시 유혹했다.

나는 베트남 해역의 바다를 항해하거나 상륙했던 땅과 거리를 회상하면서 그 후 50년 세월 동안 몰랐던 사실과 너무나 많이 변화하고 발전된 모습에 크게 놀라다가 이 책을 쓰기로 마음먹었다.

나는 여행지에서 쓴 글, 찍은 사진과 영상을 다시 추리고 다듬어 후대들에 들려줄 이야기로 이 책의 집필 방향을 잡았다. '루소

Rousseau' 여행 철학의 핵심인 환경과 제도를 포함하여 더 살기 좋은 곳을 찾는 안내자의 자세로 베트남 각지의 역사와 문화를 이 책에 담았다.

현대사는 고도로 정교해진 정치 상업적 선전과 언론보도의 교묘한 결합으로 조작된 허위가 진실로 영원히 굳어질지도 모르기 때문에 나는 참전했던 당시의 사연도 이따금 함께 담으면서 독자들을 베트남 역사 문화의 겹겹을 깊이 이해하는 여행으로 안내하기 위해 과거와 현재의 신빙할만한 자료들을 탐구하고 취재했다.

50여 년 전, 수병으로 사이공강, 메콩강을 비롯하여 북위 17도 이남의 남베트남 여러 항구와 포구에 상륙하여 체험했던 기억과 최근 여행을 통해 현장을 취재하면서 확인한 내용들이 많이 다름에 놀라기도 하면서 과거와 현재의 인식을 하나로 묶어보려고 시도했다.

이 책에서는 우리나라와 사회 문화를 많이 공유한 베트남에서 우리와 어원이 같은 어휘는 왕년에 그들이 사용하던 한자를 찾아내 병기하고 한글로 그 음독을 달았다. 나는 동아시아 정체성 확보의 관건이 한자의 이해라고 믿기 때문이다.

여행 당시의 감각과 지각을 망실할까 두려워 여행 중에도 성실히 취재 내용을 기록해 블로그에 올렸지만 단행본을 통해 현지의 역사 문화에 대해 올바르게 이해하게 하려면 취재한 자료들과 다른 많은 문헌 자료들을 대조하여 크게 수정·첨삭해야 했다.

이 취재와 고민과 대조를 종합한 이 책은 다음과 같은 5개의 부로 구성된다.

제1부는 베트남의 간추린 역사이다. 고대보다는 주로 근현대사

에 초점을 맞추었다. 중국이라는 큰 나라로부터 고유한 문화와 전통을 지키려는 베트남 민족의 끈질긴 독립 의지와 근세부터 시작된 서구의 식민주의 세력을 상대로 민족 구성원의 지혜를 합치고 일을 나누면서 싸워 강토(疆土)의 자주를 지켜낸 감동적인 사실(史實)을 독자와 공유하려고 애썼다.

제2부는 중국과의 국경지대를 포함하는 베트남 북부지역 편으로 하노이, 하이퐁, 하롱베이, 디엔비엔푸, 므엉팡, 랑선, 동당, 까오방, 타이응우옌, 박닌 등을 여행하며 취재하고 기록한 것들이다. 중국의 거대한 힘에 항거하면서 더 비옥한 남쪽 나라를 찾아 내려간 베트남 민족의 근거지였고, 프랑스와 미국을 상대로 험난한 싸움을 이끈 수뇌들의 흔적을 더듬어 알리고 싶은 내용들이다.

제3부는 라오스나 캄보디아 국경선에 가까운 베트남 중부고원지대로 베트남 민족이 다양한 소수민족과 공존하면서 상호 동화했지만 고유문화가 남아 있는 꼰뚬, 쁠래이꾸, 부온마투옷과 사시사철 온화한 응우옌 왕조 말기의 여름 수도 달랏 등을 여행한 추억을 반추했다.

제4부는 남북 베트남의 임시국경으로 치열한 전쟁터였던 북위 17도 부근과 그 이남의 중부 해안 편 여행 보고서이다. 중부 해안은 남중국해의 해안선을 따라 일찍부터 도시화가 진행되었고 외국과의 교류가 많은 항구가 있다. 이곳의 후에, 다낭, 호이안, 쭈라이, 꽝응아이성, 꾸이년 등은 내가 자주 항해하여 상륙했던 곳으로 근대에 이르러 외세와 투쟁을 통해 민족 모순을 해결해 가는 역사가 아직도 가쁜 숨을 몰아쉬고 있는 모습이 인상 깊은 곳이다.

제5부는 역시 내가 군함을 타고 지나거나 상륙했던 베트남 남부

해안의 냐짱, 깜라인과 메콩 델타, 호찌민시, 타인뚜이하 포구, 비엔호아, 붕따우, 미토, 판티엣, 포로수용소가 있던 푸꾸옥섬을 둘러보면서 어제와 오늘을 비교하는 시간 여행기까지 곁들여 보았다. 특히 푸꾸옥 등에서는 70대 나그네가 20대 청년처럼 발걸음이 가벼워지는 마력이 솟구쳐 저절로 회춘이 되었다. 그 탓에 무거운 배낭을 짊어지고 씩씩하게 걸어도 피곤하지 않아서 나는 50여 년 전의 말단 수병으로 돌아가 꿈 많은 청년의 맹세와 기상을 되찾은 것 같았다.

특히 4부와 5부의 글에는 저자가 세상의 인문과 사회에 때 묻지 않은 젊은이 시절에 병역의무를 치르는 수병으로 참전하게 되면서 경험한 북위 17도 이남의 항구들에 대한 기억을 당시에 지니고 다닌 일기 스타일의 메모에 의존하여 회상하였다.

나는 여행 전문 저널리스트로서 그간의 저널리즘이 행한 피상적 보도와 왜곡·편파보도에 가려진 진실을 보려고 수많은 박물관과 현장을 발로 뛰었고 자료들을 살폈다. 여행을 통한 취재의 결과를 엮은 이 책이 독자들에게 큰 도움이 될 정보이길 기대한다.

50여 년 전 당시에 내가 특히 남부 베트남에서 보고, 느끼고, 판단한 것이 너무나 피상적이고 감각적인 수준에 그쳐서 실체적 진실을 보지 못했기 때문에 이 책에서는 반성문을 쓰듯 글을 썼다. 또 그때나 지금이나 베트남의 현실을 보면서 언론이나 연구자, 저술가가 자신의 기존 관념이나 편견에 의존하여 독자나 시청자를 오해시킨 대목이나 이미 잘못된 세뇌로 염색되어 고정관념으로 상식화된 부분에서는 표 나지 않게 이를 반박하기도 했다.

베트남은 유럽 제국주의자들의 직접적인 침략을 받았지만 우리나라는 유럽의 청출어람(靑出於藍)인 일제의 침략을 받은 공통적인 역사가 있으므로 그들 역사 문화와 식민지를 극복하는 과정은 우리에게도 유용한 지혜를 제공할 것으로 믿는다.

여행길에는 책도 제법 무거운 짐이 되므로 독자들이 여행지에 따라 부별로 분책하고 휴대하여 읽을 수 있도록 편집했으니 베트남을 여행하거나 베트남 '깊이 보기'를 원하는 독자들이 손쉽게 접근할 수 있는 필요한 지식과 정보이기를 기대한다.

이 책은 저자가 온몸으로 답사한 역사 문화 여행기이므로 많은 자료와 문헌을 취재하여 종횡으로 진실성 여부를 검증했지만 학술적인 전문성보다는 독자들의 일반적인 공감을 얻으려는 저술 취지에 따라 참고문헌 달기를 가급적 생략하였다.

정보 콘텐츠가 너무 많고 미디어가 발달하는 속도가 무척 빠른 세상에서 종이책 출판으로 미래를 선도하는 출판인들에게 늘 고마움을 느끼고 있다. 출판업계 사정이 매우 어려운데도 사명감으로 이 책의 출판을 기꺼이 맡아준 출판사 하나로애드컴 손정희 사장님께 감사를 드리며 까다로운 작업을 감당한 장채순 실장을 비롯한 편집진 여러분의 노고를 충심으로 위로한다.

2021년 8월 31일
저자 유일상 씀

일러두기

1. 베트남어 표기는 국립국어원 외래어표기법을 따랐다.
2. 베트남어 지명·인명은 처음 나올 때 ( ) 안에 베트남어, 한자, 한글을 병기했다.
3. 베트남어 모든 음절은 붙여쓰기를 원칙으로 하되 구별하기 위해 띄어 쓴 것도 있다.
4. 국립국어원 외래어 표기법: 베트남어 자모와 한글 대조표

	자모	한글		자모	한글	
		모음 앞	자음 앞·어말		모음 앞	자음 앞·어말
자음	b	ㅂ	—	모음	a	아	아
	c, k, q	ㄲ	ㄱ		ă	아	아
	ch	ㅉ	ㄱ		â	어	어
	d, gi	ㅈ	—		e	애	애
	đ	ㄷ	—		ê	에	에
	g, gh	ㄱ	—		i	이	이
	h	ㅎ	—		y	이	이
	kh	ㅋ	—		o	오	오
	l	ㄹ, ㄹㄹ	—		ô	오	오
	m	ㅁ	ㅁ		ơ	어	어
	n	ㄴ	ㄴ		u	우	우
	ng, ngh	응	ㅇ		ư	으	으
	nh	니	ㄴ	이중 모음	ia	이어	
	p	ㅃ	ㅂ		iê	이에	
	ph	ㅍ	—		ua	우어	
	r	ㄹ	—		uô	우오	
	s	ㅅ	—		ưa	으어	
	t	ㄸ	ㅅ		ươ	으어	
	th	ㅌ	—				
	tr	ㅉ	—				
	v	ㅂ	—				
	x	ㅆ	—				

차례

■ 머리말 | 3

제1부 | 베트남의 간추린 역사

1. 베트남 민족의 기원과 북거남진(北拒南進) | 14
2. 레 왕조의 몰락과 부흥 및 남북 부분정권의 대립 | 21
3. 프랑스의 베트남 침략 진위대 천주교와 대불항쟁 | 24
4. 천주교 도움받은 응우옌 왕조 개국과 천주교의 내정 개입 | 29
5. 프랑스의 베트남 식민통치와 남북분단 과정 | 43
6. 제2차 세계대전 후의 베트남민주공화국(북부) 수립과 프랑스의 코친차이나(남부) 점령 | 48
7. 호찌민, 스탈린, 모택동 3자 회담과 미소 양국의 대립 | 58
8. 베트남공화국 지엠 정권 수립과 미국의 인도차이나반도 개입 개시 | 62
9. 미국의 인도차이나 직접 개입과 베트남전쟁 | 72
10. 미국 닉슨 대통령 당선 이후의 종전 협상과 미군 철수 | 96
11. 서양 식민주의자들을 몰아낸 베트남전쟁의 2대 영웅 | 109
12. 베트남전쟁 종전과 도이머이(Đổi mới) 이후 | 125
13. 베트남의 현대사회 현황 요약 | 140

제2부 | 베트남 북부

1. 하노이 | 146
2. 하이퐁 | 168
3. 하롱베이 | 172

4. 디엔비엔푸 | 175

5. 디엔비엔푸 전투사령부 므엉팡 | 202

6. 동북부 국경지대 랑선 | 207

7. 랑선성 동당과 중국·베트남 국경선 일대 | 217

8. 중국 국경도시 까오방과 호찌민이 베트남에 진입한 아지트 | 222

9. 홍강 북부의 타이응우옌과 삼성전자 타운 박닌 | 232

제3부 | 베트남 중부고원 일대

1. 중부고원의 남쪽, 안남국(安南國) 여름 수도 달랏 | 242

2. 세계 커피의 수도, 부언마투옷 | 252

3. 중부고원의 격전지에서 탄생한 동남아 재벌의 신화 해글(HAGL) 그룹의 본향 쁠래이꾸 | 264

4. 중부고원의 북쪽 인도차이나 3국 국경 인접도시 꼰뚬 | 283

제4부 | 남북분계선 북위 17도선 부근과 베트남 중부 해안

1. DMZ의 남단, 남베트남의 최북단 동하 | 298

2. 케산 전투의 진실을 몰랐던 참전자들 | 304

3. DMZ을 사이에 두고 바로 북쪽, 빈목 땅굴 | 318

4. 프랑스의 도움으로 건국한 응우옌 왕조 143년의 수도 후에 | 329

5. 남베트남 북단의 군사도시에서 통일베트남 관광 중심이 된 다낭 | 347

6. 수백 년 국제무역항에서 격전지를 거친 다낭 인근의 필수관광지 호이안 | 357

7. 한국 해군·해병의 피땀이 스민 기아자동차 공장도시 쭈라이 | 362

8. 일본패잔 장병들이 양성한 베트남인민군의 요람
    꽝응아이(QuảngNgãi, 廣義광의)성 일대 | 372
  9. 떠이선 농민 왕조의 수도·한국군 맹호부대의 격전지 꾸이년 | 384

제5부 | 베트남 남부

  1. 다시 찾은 호찌민시 | 406
  2. 남베트남 수도 인근의 타인뚜이하 탄약창 | 434
  3. 호찌민시의 동쪽 도시 비엔호아 | 440
  4. 메콩 델타 들판 물의 도시 미토 | 442
  5. 사이공강 협수로 출입구 붕따우 | 444
  6. 판티엣과 무이네 | 459
  7. 미군항에서 소련군항을 거친 양항 깜라인 | 464
  8. 중남부해안 휴양도시 냐짱 | 473
  9. 포로수용소에서 관광 파라다이스가 된 베트남 서쪽 바다 푸꾸옥섬 | 483

- 주요 참고자료 | 494
- 찾아보기 | 498

제1부

베트남의
간추린 역사

1

1. 베트남 민족의 기원과 북거남진(北拒南進)

베트남의 고대사는 신화적인 부분을 포함하여 5천 년 역사라고 하지만 기원전 690년 개국한 반랑(VanLang, 文郎문랑)국이 최초의 왕국이고, 훙브엉(HùngVương, 雄王웅왕)이 초대 임금으로 하노이 부근(서북쪽 60km)에 수도를 잡았다는 아득한 옛 기록이 있다. 동아시아 남방의 이 민족은 기원전 257년 중국 대륙을 최초로 통일한 진나라와 한나라 때부터 홍강(Sông Hông, 紅江) 델타를 중심으로 어우락(ÂuLạc, 甌貉구맥)이 반랑국과 힘을 합쳐 진나라를 물리쳤다. 진나라 말(기원전 207년)에 한족 출신인 찌에우다(Triệu Đà, 趙佗조타)가 중국 남부 영남(嶺南)이나 남만(南蠻)으로 불리는 광동(廣東), 광서(廣西), 운남(雲南)에서 남쪽으로 지금의 베트남 홍강 델타에 이르는 지역을 포함하여 남비엣(南越)국을 건설하고 찌에우(趙조)씨 왕조의 무왕(찌에우부데TriệuVũĐế, 趙武帝조무제)으로 121세(기원전 137년)까지 재위하다가 죽었다. 손자(찌에우반데 TriệuVănĐế, 趙文帝조문제=찌에우반브엉TriệuVănVương, 趙文王조문왕, 기원전 175년~기원전 124년)가 대를 이었으나 권력 내부의 다툼 끝에 한나라의 침략으로 멸망하여(기원전 111년) 중국 왕조에 지배되었다.

베트남족은 이후에도 계속하여 북거남진(北拒南進) 정책으로 수많은 전쟁을 치르며 영역을 확장했다. 북거남진이란 강대국인 북쪽의 중국에 대항하면서 더 풍요로운 남쪽으로 진출하려는 비에트(Viet, 越월) 민족의 한결같고 줄기찬 구호였다.

베트남에서는 중국이 베트남 북부를 지배한 것을 박투옥(BắcThuộc, 北屬북속)이라고 한다. 베트남 북부는 기원전 111년부터 서기 938년까지 거의 1천 년 이상 간헐적으로 수년씩을 빼고 장기간 중국의 지배를 받았다. 938년부터 자체 왕조가 존립했지만 1407년부터 1427년까지(20년간) 명나라가 국내 정치문제를 명분 삼아 베트남을 직접 통치했다. 시기별로 4차례에 걸친 박투옥 기간과 그로부터 벗어난 기간은 다음과 같다.

제1차 박투옥은 기원전 111년부터 서기 39년까지 150년간이다. 베트남이 한나라와의 난웨(Nanyue, 南越남월)전쟁에 패배하여 한나라가 찌에우 왕조의 영토였던 베트남 북부와 현재 중국의 광주(廣州) 일대를 다스렸다. 하지만 베트남에서는 쯩자매(HaiBà Trưng, 台婆徵)가 반란을 일으켜 시기 40년부터 43년까지 3년간 중국의 지배를 중단시켰다.

코끼리를 탄 쯩자매

제2차 박투옥은 43년부터 544년까지 501년간 지속되었다. 중국의 후한시대부터 시작하여 중국 남북조시대(439~589)의 남조 양(梁)나라(502~557)가 약해진 틈을 타 리남데(LýNamĐế, 李南帝리남제, 503~548)가 반란을 일으켜 반쑤언(VạnXuân, 萬春만춘) 왕국 전리조(냐띠엔리 NhàTiênLy, 前李朝)를 창건하고 544년부터 548년까지 베트남 북부를 통치했다. 그는 양나라로부터 반쑤언 왕국의 60년간 독립을 확약받았지만, 수나라(581~618)가 중국을 통일하면서 베트남 북부에 대한 통제력을 재건하고자 602년에 대군을 파견해 다시 복속시켰다.

제3차 박투옥은 602년부터 938년까지 336년간 이어졌다. 621년 중국은 수나라에 이어 당나라가 621년 안남도호부(AnNam đôhộphù, 安南都護府)를 설치하여 베트남 북부를 통제했다. 당은 변경지대인 고구려 땅에 안동도호부(安東都護府), 안북(安北=외몽고 지역)·선우(單于=내몽골 지역)·안서(安西=서역 지방을 비롯한 실크로드 일대)·북정(北庭=중북 서북부 신강성 일대)에 6개 도호부를 설치했다.

당시 안남의 중심지인 통빈(TốngBình, 宋平송평)에는 베트남의 후대 역사에서 정치권력의 상징적 성채가 건설됐다. 9세기 말에 당나라

탕롱 황성 유적 발굴 현장(2010년 유네스코 세계문화유산에 등재)

(618~907) 제11대 황제 대종(代宗, 726~779, 재위 762~779) 때인 767년 이 지역에 설치된 안남도호부의 절도사가 처음으로 건설했다. 하지만 당나라 중앙정부가 무력화되고 안남 각지에서 반란이 일어나면서 하이즈엉(HảiDương, 海陽해양)의 토호인 쿡트어주(KhúcThừaDụ, 曲承裕곡승유, 830~907)가 866년에 이 일대를 다이라(ĐạiLa, 大羅대라)성이라고 이름을 붙이고, 스스로 절도사를 자임하면서 당나라의 승인을 받고 이곳을 수도로 하는 친당(親唐) 성향의 새 정권을 세웠다.

907년 당나라가 멸망하고 931년 홍강 델타 남부의 아이쩌우(ÁiChâu, 愛州애주, 현재의 타인호아 ThanhHóa, 清化청화)에서 쿡의 부하로 반중(反中) 성향의 즈엉딘응예(Dương ĐinhNghệ, 楊廷藝양정예, 874~937)가 군대를 일으켜 성채를 차지했다. 당나라가 290년 만에 멸망하고 중국이 5대 10국으로 분열할 즈음에 10국의 하나로 가장 동남부에 자리한 지방정권으로 유은(劉隱, 874~911, 당나라 靑海軍청해군 절도사, 후량의 남해왕)이 917년 건국한 남한(南漢, 909~971)이 원정군을 파견했지만 즈엉이 이를 격퇴하고 6년간 절도사를 자칭했다. 남한은 광동(廣東), 광서(廣西)와 베트남 북부를 지배하였지만 내분으로 971년 송나라(960~1279)에 병합되었다. 이 성채를 탕롱 황성(Hoàngthành Thăng Long, 皇城昇龍황성승룡)이라고 명명한 것은 리(Ly, 李리) 왕조를 건국한 리타이토(Ly Thai To, 李太祖리태조, 974~1028, 재위 1009~1028)이다.

베트남 자료에 의하면 탕롱 황성의 성채는 둘레 6.6km, 높이 8.7m

937년에 끼에우꽁띠엔(Kiều Công Tiễn, 矯公羨교공선, 870~938)이 거병하여 즈엉(Dương)을 살해하고 정권을 잡으면서 잔재세력 신압을 위해 남한에 파병을 요청했다. 하지만, 938년 즈엉의 사위인 응오꾸옌(Ngo Quyen, 吳權오권, 897~944=띠엔응오브엉TiềnNgôVương, 前吳王전오왕)이 다이라 성채를 쳐서 끼에우와 남한 원정군을 축출했다. 남한은 육상과 해상으로 대부대를 출병시켰지만 홍수와 질병 등으로 다수가 죽고 홍강 델타의 바익당(BạchĐằng, 白藤백등)강 입구에서 패배해 결국 퇴각했다. 이에 응오(Ngo)가 국호를 남딴(NamTấn, 南晉남진)으로 하는 응오 왕조(939~965)를 수립해 26년간 존속했다. 응오꾸옌은 수도를 꼬로아(CôLoa, 古螺고라, 하노이 도심에서 홍강 건너 동북 10km)로 옮겼지만 944년에 죽으면서 왕가에 내분이 일어 왕권이 약해지다가 왕조가 멸망한 후에는 12명의 군웅이 할거하는 내란 상태의 12사군(使君=warlords) 시대(950~967년)가 지속됐다.

베트남의 중세

968년 딘보린(ĐinhBộLĩnh, 丁部領정부령, 924~979, 재위 966~980)이 응오의 후손과 인척의 연을 맺고 왕모를 왕비로 삼으며 황제를 칭하면서 국호를 다이꼬비엣(ĐạiCồViệt, 大瞿越대구월)으로 하는 딘(Đinh, 丁정) 왕조(966~980, 14년간)를 창건했다. 베트남 역사가 다수는 966년 베트남 최초의 독립왕조를 딘 왕조라고 설명하고 소수는 더 거슬러 올라가 939년 수립된 응오 왕조를 꼽기도 한다.

딘보린은 수도를 홍강 델타 남부의 호아루[HoaLư, 華閭화려, 하노이 남쪽 약 90km의 닌빈(NinhBình, 寧平영평)성 소재]로 옮기면서 중앙 및 동서남북의 강력한 5개 세력 집단과 혼매을 맺고 5왕후를 두어 정치적 안정을 꾀했지만 그의 사후에도 왕권 문제로 혼란이 일었다. 중국에서 새로 천하를 통일한 송나라(960~1279) 태종이 베트남을 병합하기 위해 수륙 양면으로 침입해 왔다.

딘 왕조의 황태후 즈엉반응아(Dương VânNga, 楊雲娥양운아, 952~1000)는 레호안(LeHoan, 黎桓여환, 941~1005) 장군의 세력과 결탁해 황제의 자리를 그에게 물려주면서 송나라 군을 물리치게 했다. 송의 육상과 해상 침략을 유인과 기습으로 격퇴한 레호안은 왕위에 올라 띠엔레(Tien-Le, 前黎전려) 왕조(980~1009)를 수립하고 스스로 다이하인호앙데(ĐạiHành hoàngđế, 大行皇帝대행황제)에 올라 수도를 호아루에 그대로 두고 29년간 왕권을 유지했다. 북방이 안정되자 그는 남진정책을 취해 오스트로네시아어족(Austronseian=발리Bali에서 사용되는 말레인도네시아어도 이에 포함됨)의 나라인 참파(Chămpa, 占婆점파) 왕국(서기 192~1832)의 수도 인드라푸라[Indrapura, 현재 꽝남(QuảngNam, 廣南광남성 중부)를 공격해 더 남쪽인 비자야(Vijaya, 闍槃도반, 베트남어 ĐòBàn=현재의 꾸이년 QuyNhon, 歸仁귀인 부근)로 천도하게 밀어냈다. 즈엉 왕후는 개인사로 볼 때, 딘보린의 왕후였지만 2대 왕의 어머니로 태후 생활 1년 만에 레 장군의 아내가 되었다. 레 장군은 즉위한 후에 즈엉을 포함해 5명의 왕후를 두었고, 즈엉은 두 왕조 43년간 2개 왕조 2왕의 본처였다.

딘 왕조와 띠엔레(前黎) 왕조 이후에는 리(Lý, 李리) 왕조(1009~1225, 216년간)와 쩐(Trần, 陳진) 왕조(1225~1400, 175년간)가 중국 왕조의 영향권 아래서 존속했다.

레호안 사후에 왕위 계승 문제로 또 다툼이 일어 추대 형식으로 리꽁우언(Lý Công Uẩn, 李公蘊리공온, 974~1028)이 1009년 베트남 최초의 장기정권인 리 왕조를 건국해 리타이또(Lý TháiTổ, 李太祖리태조)로 즉위했다. 그는 신설에 가까울 만큼 황성을 복구해 1011년 입궁했다. 그는 처음에 국호를 이전 두 왕조와 같이 다이꼬비엣(Đại Cồ Việt, 大瞿越대구월)으로 했다가 1054년 다이비엣(ĐaiViệt, 大越대월)국으로 고쳤다. 다이비엣은 1054~1400년(346년간)과 1428~1804년(376년간)의 두 차례 722년간 베트남의 정식 국호였다.

리 왕조(1009~1225)는 우리나라의 고려왕조(918~1392)처럼 집권 초기에는 지방 호족과 연합한 정권의 성격이 강했지만 중국의 제도를 수용하여 중앙집권적 통치제제를 구축하고 강력한 남진정책을 추진했다.

리 왕조의 손녀와 인척의 연을 맺은 쩐투도(Trần Thủ Độ, 陳守度진수도, 1194~1264)는 리 왕조의 왕족들을 학살하고 생존자들의 성을 응우옌(Nguyen, 阮완)으로 바꾸게 한 뒤에 자신의 조카인 쩐카인(Trần Cảnh, 陳煚진경, 1218~1277, 재위 1225~1258)을 초대 황제 쩐타이통(TrầnTháiTông, 陳太宗진태종)으로 옹립, 쩐 왕조(陳朝진조, 1225~1400)를 실질적으로 창건해 175년간 왕권을 유지했다. 본래가 중국 남부의 해적 출신인 쩐투도는 리 왕조와의 연속성을 도모하기 위해 불교로 민심을 수습하고, 175년 동안 국호와 수도를 그대로 유지했다.

몽골은 1257년 첫 침입을 시작으로 3차례에 걸쳐 베트남을 침공했지만 1288년 쩐 왕조의 왕족 쩐흥다오(Trần Hưng Đạo, 陳興道진흥도, 1228~1300) 장군의 활약으로 이를 무찔렀다. 그의 본명은 쩐꾸옥뚜언(Trần Quốc Tuấn, 陳國峻진국준)이고 흥다오(HungDao)는 왕호인 흥다오 다이브엉(HưngĐạo ĐạiVương, 興道大王흥도대왕)의 약칭이며 그가 남긴 저작으로는 《병서요약(兵書要略)》, 《만겁종비전서(万劫宗秘伝書)》 등이 있다.

호찌민시 사이공 강변의 쩐흥다오 장군 동상

쩐 왕조 시대에 베트남 말을 표기하기 위해 한자를 응용하여 베트남의 민족문자인 추놈(Chữ Nôm=ThiếuĐế, 𡨸喃자남)이 만들어져서 20세기 초까지 한자와 함께 사용되었다.

쩐 왕조의 고관대작과 사원세력이 토지를 소유하고 농민들을 수탈하여 민심이 이반하는 사이에 남쪽의 참파 왕국이 침입하여 30년간(1361~1390) 전쟁을 치렀다. 국력이 약화된 가운데 중국 절강(浙江)성 출신으로 왕실과 인척 관계를 맺은 호꾸이리(Hồ Quý Ly, 胡季犛호계리, 1336~1407)가 쩐 왕조의 12대 황제인 투언똥(ThuậnTông, 順宗순종, 1378~1399, 재위 1388~1398)을 폐위시켜 살해하고 티에우데(ThiếuĐế, 少帝소제, 1396~?)를 황제에 앉힌 다음, 자신이 정권을 잡아 1400년부터 1407년까지 집권했다. 호(Hồ, 胡朝호조)는 국호를 다이응우(ĐạiNgu, 大虞대우)라고 칭했으나 명나라가 왕위를 찬탈했다는 구실로 침략해(1406~1407) 약 400년 만에 베트남 북부를 다시 20년간 직접 지배했다.

제4차 박투옥은 호 정권이 축출된 1407년부터 1427년까지였다.

명나라의 직접 지배에 베트남 각지에서는 저항운동이 일어났다. 마침내 레러이(Lê Lợi, 黎利려리, 1385~1433, 레타이또Lê TháiTô, 黎太祖려태조, 재위 1428~1433)가 이끄는 군대의 반격으로 1427년 명나라 군대가 철수하고 베트남 역사상 가장 오랫동안 명목상 지속된 레(黎) 왕조(1428~1788, 360년간)를 세웠다. 이 왕조는 이전의 레(黎려, 前黎전려) 왕조와 구별하여 허우 레(HâuLê, 後黎후려) 왕조라고도 한다.

레 왕조 말에 왕권을 둘러싸고 권신들이 사병을 동원하여 권력투쟁을 되풀이하자 왕은 하이즈엉(HảiDương, 海陽해양) 출신의 장군 막당중(Mạc Đăng Dung, 莫登庸막등용, 1470~1541)에게 정부군 지휘권을 맡겼다. 하지만 막당중의 세력이 워낙 강해 겁을 먹은 왕은 궁성을 탈출해 서경(西京)인 타인호아의 찐(Trịnh, 鄭정)씨 집안 쭈어찐(ChúaTrịnh, 主鄭주정, 베트남 북부지역을 1545~1787까지 통치)으로 피신했다. 막당중은 막 왕조를 창건해 막타이또(MạcTháiTô, 莫太祖막태조, 재위 1527~1529)가 되어 레 왕조를 옹립하는 찐씨와 전쟁을 벌이면서 1527~1533년까지 6년간 왕조가 단절되었고 막당중은 레 왕조 부흥세력을 피해 북부로 옮겨 그 후손들이 부분 왕조인 막 왕조(1527~1677)로 존립했다.

2. 레 왕조의 몰락과 부흥 및 남북 부분정권의 대립

레 왕조는 레러이가 다이비엣 초대 황제인 레타이또로 즉위하여 하노이에서 1428년부터 1433년까지 5년간 재위하고 그 후대가 1527년까지 100년간 통치하다가 막(莫)씨에게 재위를 찬탈당했다. 그 후에 레 왕조 부흥운동으로 레닌(Lê Ninh, 黎寧여녕, 레짱똥Lê TrangTông, 黎莊宗려장종, 재위 1533~1548)이 황제의 자리에 올라 명목상으로 왕권을 회복했지만 전국적 지배력을 상실했다. 1533년부터 1788년까지 250

년 동안 북부는 찐끼엠(Trịnh Kiểm, 鄭檢정검, 1503~1570)을 시작으로 실질적 통치자에 쭈어찐(Chúa Trịnh, 主鄭주정, 집권기간 1539~1786)이 박하(Bắc Hà, 北河國북하국)라는 이름의 세습 정권으로 집권했고, 중부 이하에는 후에를 중심으로 응우옌호앙(Nguyễn Hoàng, 阮潢완황, 1526~1613)을 시조로 한 쭈어응우옌(Chúa Nguyễn, 阮主완주, 1558~1775)이 꽝남꾸옥(Quảng Nam Quốc, 廣南國광남국, 집권기간 1558~1777)의 이름으로 세습 집권해 국권은 둘로 분열되었다.

레 왕조의 찌에우통데(Chiêu Thống Đế, 昭統帝소통제, 1765~1793)는 1788년 동다(Đống Đa, 堆枑, 현재의 하노이 시내 문묘 부근) 전투에서 떠이썬 군에 패해 탕롱 황성을 버리고 청나라로 망명함으로써 레 왕조는 멸망했다.

청은 1789년 떠이썬 왕조를 승인했다가 1802년 응우옌푹아인[Nguyễn Phúc Ánh, 阮福映완복영, 1762~1820, 쟈롱(Gia Long, 嘉隆가륭) 황제로 재위 1802~1820]이 중부에 있던 참파 왕국의 땅을 차지하고 남부로 메콩 델타까지 진출하자 응우옌 왕조의 성립도 승인했다. 베트남은

떠이썬과 청군의 전투(1788)

레 왕조를 명목상의 황제로 받들면서 베트남 북부의 실권을 장악한 동낀(ĐôngKinh, 東京동경, 불어 Le Tonkin) 찐(鄭정)씨 일족과 남부의 꽝남(QuảngNam, 廣南광남) 응우옌(阮완)씨로 양가 세력이 대립한 근 200년 간을 '찐응우옌분쟁(Trịnh Nguyễn phân tranh, 鄭阮紛爭정완분쟁)'이라고 부른다.

베트남민족(응으이낀 người Kinh, 京族경족)은 레 왕조의 타인똥(ThánhTông, 聖宗성종) 때인 1471년 참파 왕국(192~1832)의 땅인 중부 베트남 꽝남 지방(후에-다낭-호이안-냐짱 등)을 차지했고 프랑스의 도움으로(프랑스의 식민야욕에 따라) 1802년에 응우옌 왕조가 떠이썬 왕조를 멸하고 메콩 델타까지 진출하여 현재의 베트남 땅 거의를 차지했다.

참파는 베트남 중부 연안(북중부와 남중부를 합한 지역)을 차지한 오스트로네시아어족인 참(Cham)족의 한 왕국으로 힌두교를 믿었다. 중국 당나라는 린이(林邑림읍)라고 불렀고, 스스로 환왕국(環王國)이라고 칭했다. 오스트로네시아어족은 타이완에서 말레이시아, 인도네시아, 필리핀, 뉴질랜드와 하와이 원주민을 포함한 태평양의 여러 섬, 인도양 건너 아프리카의 마다가스카르섬에 걸쳐 살고 있는 유사한 언어를 사용하는 민족들이다. 언어학자들에 따르면 참족의 언어는 보르네오 북부 원주민의 언어와 유사하다고 한다. 파푸아뉴기니와 오스트레일리아 원주민은 이 어족에 속하지 않는다.

프랑스는 당시 한자를 사용하는 유교문화권인 베트남에서 찐씨와 응우옌씨가 내전을 시작한 1627년부터 대규모로 천주교 포교를 위한 선교사를 들여보냈다. 베트남의 양

동낀의 쭈어진 궁

제1부 베트남의 간추린 역사 | 23

대 세력은 1627년부터 1672년까지 45년간 무려 7차례 내전을 벌였다. 그 와중에도 유학적 전통을 이어받고 불교를 신봉하던 두 세력은 모두 참족의 힌두교 신앙이 더 전파되는 것을 막기 위해 천주교 선교활동을 방임했지만 천주교와 프랑스 상인의 세력이 확장되면서 베트남의 문화적 정체성과 경제적 이권이 위협받기에 이르자 천주교에 대해 여러 차례 박해를 가했다.

3. 프랑스의 베트남 침략 전위대 천주교와 대불항쟁

천주교의 베트남 선교 개시

베트남의 천주교는 1533년 하노이에서 약 80km 동남쪽(자동차로 약 1시간 30분)에 있는 남딘(NamĐịnh, 南定남정)에 포르투갈 선교사가 들어와 전도를 시작했다. 1615년에는 예수회 소속 포르투갈인 카르바유[Miguel de Calvalho, 1578~1624, 인도 고아(Goa) 신학교 졸업, 일본 나가사키의 오무라(大村)에서 순교]와 나폴리인 부소미(Francesco Busomi, 1576~1639, 마카오신학교 졸업)가 일본인 기리스탄(천주교도) 3명과 함께 베트남에 들어오고 후에 더 많은 예수회 선교사가 따라왔다.

예수회는 1540년 프랑스와 스페인 국경지역의 바스끄(Basque)족인 로욜라(Ignatius de Loyola, 1491~1556)와 자비에르[Francisco de Xavier, 1506~1552, 스페인 나바르(Navarra) 왕국 출신으로 인도의 고아를 거쳐 일본 가고시마에서 선교를 시작했다가 중국 광동성 상천도(上川島)에서 죽음] 등이 파리대학교 재학 중에 창설한 가톨릭 남자수도회로 루터와 칼뱅 등의 프로테스탄트 개혁에 대응하여 가톨릭의 반성과 혁신을 촉구하는 모임이었다. 이 모임 소속 신부들은 아시아 진출을 목표로 이 지역 맹주인 중국의 유교와 유화적인 입장을 취해 조상 숭배를 인정하였으나 로마 교황청은 이 입장의 철회를 촉구했고, 명나라와 일본 막부도 포교활동의 금지로 맞섰다.

일본에서는 임진왜란 후에 집권한 도쿠가와(德川덕천) 막부가 가톨릭 선교를 금지하고(1612) 천주교도를 마카오와 마닐라로 추방했다. 이 때문에 마카오에 거점을 두고 있던 예수회는 새로운 포교지로 베트남을 택했고 가난한 농민층에 파고들어 신자 수를 크게 늘려 나갔다.

베트남에 가장 영향을 많이 끼친 프랑스 로드 신부 초상

베트남은 천주교에 기회의 땅이었다. 베트남에 가장 많은 영향을 끼친 선교사인 프랑스인 로드(Alexandre De Rhode, 1591~1660) 신부는 7년 동안 베트남에 머물면서 6천 명 이상의 베트남인에게 세례를 주었다.

그는 1624년 지금도 베트남에서 공용되는 꾸억응으(Quốc ngữ, 國語 국어) 표기법을 고안했다. 꾸억응으는 라틴문자를 기초로 발음구별부호를 첨가한 로마자 알파벳 표기 방법이다. 프랑스는 19세기에 이 문자의 사용을 적극적으로 권장하여 오늘날까지 사용되면서 한자문화권으로부터 베트남을 분리시키는데 일정한 기여를 했다. 천주교 선교사들은 이 표기법으로 '사전'과 '교리문답'을 만들어 배포해 가톨릭 신자를 늘려갔다.

한자문화권 중에서 한자를 기본문자로 아직도 유지하는 나라는 일본이다. 우리나라는 한글을 표준문자로 정해 일제시대 이후에 한자를 거의 사용하지 않고 있고, 베트남도 19세기 이후에는 로드 신부가 만든 자국어 표기법으로 한자를 대체해 한자는 거의 사용하지 않는다.

나는 한자 사용의 폐지가 동아시아의 문화적 정체성을 해체시키는데 일조했다고 보는 입장이다.

천주교 탄압 개시

17세기 말의 베트남은 종교에서 대승불교를 믿었지만 문화적으로 유교를 중시하던 사회였다. 당시의 북부 집권자인 찐씨 정권(北河國북하국)은 천주교를 금지하여 외국인 선교사들을 추방하고 교회를 불태웠으며 수많은 신자를 처형하는 등 크게 탄압했다. 북부의 남쪽과 중부를 통치하던 응우옌 왕조는 집권할 때 천주교의 도움을 받았기 때문에 일단 선교를 용인했지만 천주교의 정치경제적 개입에 대항해 19세기 전반에 천주교도 박해를 시작했다. 이처럼 천주교는 신토(神道신도)에 밀려 선교에 실패한 일본의 예를 제외하고 아시아 침략의 도구로 잘 활용되었고 특히 베트남에서는 크게 성공했다.

베트남의 18세기 말 국내 사정과 동아시아 정세

떠이선(Tây Son, 西山서산) 봉기와 24년간의 통치

18세기 말에 베트남 남부는 후기 레 왕조의 왕권이 약화되고 부분 정권인 응우옌씨가 후에(Hué, 化화)를 수도로 하여 통치했다. 이 틈에 지배세력과는 전혀 무관한 떠이선(현재의 빈딘성 소재. 아버지는 호(胡), 어머니는 응우옌(阮완)으로 모계 성을 취함) 출신의 3형제[응우옌반냑(Nguyễn Van Nhạc, 阮文岳완문악), 반르(VanLữ, 文侶문려), 반후에(VanHuệ, 文惠문혜)]가 1771년 응우옌 정권의 학정에 항의하는 가난한 농민과 산악소수부족들을 규합해 반란을 일으켰다.

이들 3형제의 맏형인 응우옌반냑(?~1793)은 1773년 꾸이년을 공격하여 중부를 점령하고 반란이 확대되면서 레 왕조의 북방 실권자 찐씨도 3만의 병력으로 남침을 개시해 응우옌씨 일족을 몰아쳤다. 응우옌 일족은 마침내 자딘(GiaĐịnh, 嘉定가정=현재의 호찌민시 일원)까지 밀렸다. 떠이썬은 남쪽으로 쳐들어온 찐씨 부대에 복종하는 척하다가 찐씨 진영에 전염병이 나돌아 병력 손실이 커지자 반냑이 1777년에 응우옌씨가 피난한 자딘을 점령하여 정권을 멸망시켰다. 자딘을 점령한 후에 반냑은 떠이선 왕조(1778~1802)를 수립하고 황제임을 선언했다. 쉽게 비유하자면 베트남 판 동학농민전쟁인 떠이선 반란은 이렇게 성공했다.

이때, 응우옌씨 일족 중에서 응우옌푹아인[Nguyễn Phúc Ánh, 阮福暎=阮瑛완복영, 약칭 푹(Phuc), 1762~1820, 당시 15세]만 살아남아서 샴(태국)으로 도망쳐 24년간 샴 국왕 라마 1세의 보호를 받았다. 떠이선 3형제는 24년간 베트남을 지배했는데 이를 정통파 역사학자들은 '서산당(西山黨)의 난'이라고도 폄하하여 부른다.

이 24년의 간략한 연대기는 이러하다.

1786년에는 3형제의 막내인 반후에(VanHuệ, 文惠문혜=약칭 Huệ, 1753~1792)가 레 왕조의 내분을 틈타 북벌을 감행해 북쪽의 집권자인 찐씨를 몰아내고 남부의 응우옌씨도 쳐서 베트남을 통일했다. 1787년 떠이썬군이 북쪽의 레 왕성을 공격하자 찌에우통데는 수도를 버리고 청나라로 망명했지만 1789년 청나라는 오히려 떠이썬

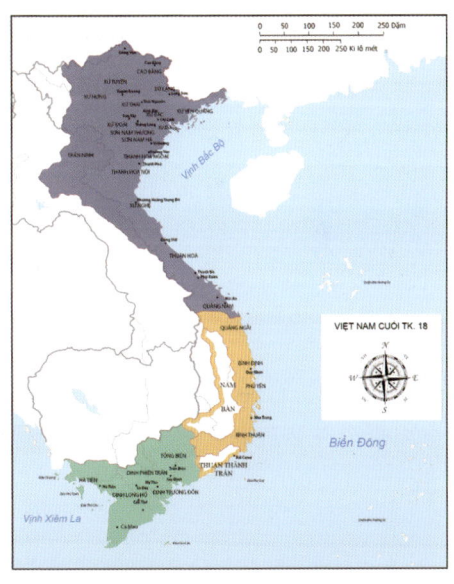

떠이선 3형제가 나누어 다스린 떠이선 왕조 시대
(출처: 위키디피아)

왕조를 정식으로 승인해 주었다.

다이비엣국 황제를 자칭한 큰형 반냑은 국토를 3분해 자신은 꾸이년에 도읍을 정해 중부를 직접 통치하고, 꽝남(廣南) 이북을 반후에(줄여서 '후에')에게 주어 박빈브엉(BắcBìnhVương, 北平王북평왕)으로 봉하여 다스리게 하고, 남부는 둘째인 반르(줄여서 '르', 1754~1787)에게 주어 자딘 지방을 다스리는 동딘브엉(ĐôngĐịnhVương, 東定王동정왕)으로 책봉했다.

응우옌 통일 왕조의 수립과 천주교와 합작한 프랑스의 침략

한편, 샴(태국)으로 망명한 응우옌푹아인은 시암의 차크리 왕조(라마 1세)와 프랑스 선교사인 드베엔(Pigneau de Béhaine, 베트남 이름 百多祿백다록=Pedro, 1741~1799)의 군사적 원조를 받아 떠이썬 세력과의 항전에 나섰다. 떠이썬 3형제의 둘째인 반후에는 1793년 큰형 반냑과 동생이 사망하자 장조카인 꽝또안(Nguyễn Quang Toàn, 阮光纘완광찬, 1783~1802)과 함께 태국군을 동원한 아인에 맞서 격렬한 공방전을 벌였지만, 외교전에 실패했고 라오스나 남중국해의 화인(華人) 세력 등과 반목했다.

27세가 된 아인은 1789년 드베엔 신부가 모병한 프랑스 용병을 지휘해 자딘과 후에를 차례로 공략하고 40세가 된 1802년 마침내 하노이(탕롱=昇龍승룡, 통킹=東京)를 함락시켜 떠이썬 왕조를 세웠던 일족을 처형함으로써 24년 지속된 떠이썬 왕조는 멸망되었다. 그는 58세로 죽을 때까지 2명의 왕비와 19명의 후궁을 두었으며 14남 18녀를 남겼다.

4. 천주교 도움받은 응우옌 왕조 개국과 천주교의 내정 개입

쟈롱 황제 즉위

응우옌푹아인은 18~19세기 초의 국내 권력투쟁 과정에서 민중의 정권인 떠이썬 왕조를 프랑스의 도움으로 제압하고 1802년 쟈롱제(부아쟈롱Vua Gia Long, 甫嘉隆, 阮世祖완세조, 재위 1802~1820)로 즉위하면서 후에를 수도로 응우옌 왕조를 열었다. 황제 칭호는 프랑스가 조공의 종주국인 중국 청나라로부터 독립된 국가임을 암시하는 유럽식 국제법적 요건으로 격상시켜 지칭한 것이었다.

1804년 청나라에 사신을 보내 자신을 국왕에 책봉하고 국호를 남비엣(NamViet, 南越남월)으로 정해 달라고 요청했지만 청조는 찌에우다(Trieu Da, 趙佗조타)가 기원전 2세기 무렵 중국 광동과 광서, 베트남 북부를 포함한 지역에 건국한 남비엣(南越)국을 연상시키므로 거절하고 베트남(越南월남)을 국호로 허용해 이 국호가 지금까지 통용되고 있다.

그는 청나라를 모방하여 국내 제도를 정비하고 가륭율례(嘉隆律例)를 만들었다.

1771년부터 1804년 응우옌 왕조 성립 때까지의 33년 내전기간 중 드베엔 신부는 응우옌 왕조 수립 과정에서 아인의 샴(태국) 망명을 돕고 프랑스 지원 용병을 모집해 내전에도 개입했으며 무기와 탄약 공급 등으로 아인이 승리하는데 중요한 역할을 담당했다. 그 보답으로 드베엔 신부는 베트남에 가톨릭교회가 터를 잡고 동남아시아 전역으로

응우옌푹아인을 지원한 프랑스 신부 드베엔

교세를 확장하였으며, 프랑스의 영향력을 강화하는 사실상의 군사전략가이자 정치가였다.

쟈롱 황제는 건국의 공적을 인정하여 프랑스인을 우대했지만, 통상 요구에 대해서는 일관되게 거부하는 입장을 취했다.

제2대 민망 황제의 22년 집권

베트남의 전통적 유교 제도와 가톨릭의 평화적 공존은 오래 가지 못했다. 왕세자가 일찍 죽었으므로 왕세자의 아들이 왕위를 계승할 것으로 추정되었지만 1816년에 황제의 제2 왕비 소생으로 넷째 아들인 응우옌푹담[Nguyễn Phúc Đảm, 阮福膽완복담, Phúc Kiểu(福晈복교)로 개명, 1791~1841]에게 왕위를 물려주어 민망(MinhMạng, 明命명명, 재위 1820~1842) 황제가 등극했다. 쟈롱은 서양인에 대한 경계심

민망 황제 초상

에다 왕세자의 아들이 가톨릭으로 개종해 조상 숭배와 같은 유교 전통의 유지를 꺼려했기 때문에 민망을 선택했다. 떠이썬 평정에 무공을 세운 레반주엣 (Lê Văn Duyệt, 黎文悅려문열, 약칭 '주엣', 1763?~1832)을 비롯한 많은 고위 관료도 천주교에 호의적이었고 왕세자의 아들이 왕좌에 오를 것을 기대해 민망의 승계에 반대했지만 쟈롱도 이 사실을 알고 있었다.

개국공신 주엣은 군사력을 중시했기 때문에 서구화의 우려보다 유럽인들과 강력한 관계를 유지하면 신무기를 얻을 수 있을 것으로 생각했다.

민망 황제는 즉위하면서 곧 가톨릭에도 제한을 가했다. 그는 선교사가 급증하는 것을 보면서 가톨릭 신자가 베트남 사회를 분열시킬 수 있는 근원으로 보고 '가톨릭 신앙금지칙령'을 제정했지만 주엣은 황제의 정책에 순종하지 않고 베트남 가톨릭신자와 서양인들을 보호했다.

민망 황제는 천주교 전파를 막기 위해 선교사들이 선교하던 지역의 관리들이 수도로 이주하도록 명령하는 '제국칙령'을 발표했다. 중부와 북부 베트남의 관료들은 이에 응했지만, 주엣은 이를 따르지 않았다. 황제는 서서히 주엣의 군사력을 줄이기 시작했고, 주엣이 사망한 후에는 군사력을 더욱 감축했다. 민망은 주엣이 죽자 그의 시신을 훼손하고 16명의 친척을 처형했으며 동료들을 체포했다.

민망은 1831~1834년의 샴·베트남전쟁(태국과 베트남의 전쟁)에서 승리하여 동남아 최대의 자연호수인 캄보디아의 톤레삽(Tonlé Sap) 호수 이남의 캄보디아까지 베트남의 영토로 확장했다. 이 전쟁은 샴(태국)이 캄보디아와 베트남 남부를 먼저 침공했다가 1832년 초전인 꼼퐁참(Kompong Cham) 전투에서 크메르 군대를 격파했으나 베트남 남부에서 민망의 군대에 격퇴되었다. 패전한 샴 군대가 철수하면서 베트남은 캄보디아를 장악했다.

이 전쟁 와중에 산지의 소수부족 출신으로 주엣의 양자가 된 레반코이(Lê Văn Khôi, 黎文儅려문괴, 약칭 '코이', ?~1834)는 자신들의 권력 축소에 반발하는 남부 사람들과 함께 반란을 일으켰다(1833~1835).

코이는 가톨릭 선교사들과 신자들을 지원하고 보호하기 위해 왕세자의 아들을 제3대 왕으로 옹립할 것을 선언했다. 1833년에 반란군은 천주교의 도움으로 베트남 남부를 점령했고, 베트남인 신부의 명령에 따라 2천 명의 신도들이 전투에 참가했지만, 3년 만에 진압되었다. 포위 상태에서 이들을 지원하던 파리외방전도회(Paris Foreign Missions Society) 소속 선교사인 마르샹(Joseph Marchand, 1803~1835) 신부는 샴에 파송되어 있던 같은 선교회 소속 따베르(Jean-Louis Taberd, 1794~1840) 신부에게 샴 군대의 지원을 요청했지만 그 사이에 관군에 체포되어 처형되었다.

반란의 실패로 천주교도들에 대해 더 엄격한 통제가 뒤따랐다. 많은 신부가 체포되었고, 1836~1837년에는 보리(Pierre Borie, 1808~1838) 주교를 포함해 6명의 선교사가 처형되었다. 천주교 신자들의 마을은 파괴되었고 소유물은 몰수되었으며 가족들은 흩어졌다. 천주교도들은 이마에 '따다오(ta dao, 거짓 종교)'라는 딱지를 붙였다. 이에 얽혀 13~30만 명의 천주교도들이 박해를 받고 죽었다. 117명의 성인들이 많은 알려지지 않은 순교자들을 대표한다.

민망 황제는 1839년 국호를 다이남(ĐạiNam, 大南國대남국)으로 바꾸면서 유럽 국가와의 접촉을 모색했다. 1840년 유럽에 사절단도 파견했지만 이듬해 사망했다.

티에우찌 황제의 7년 집권

제3대 티에우찌(Thiệu Trị, 紹治帝소치제, 1807~1847, 재위 1841~1847) 황제는 민망 황제의 아들로 즉위 초 프랑스에 우호적이었다. 1845년에는 당시 다낭에서 무력시위를 벌이는 프랑스 함대의 압력으로 사형 선고를 받았던 르페브르(Dominique Lefèbvre, 1810~1865) 주교를 석방했지만 유교문화를 지키는 쇄국정책을 그대로 유지했다. 이때, 서구 세력 최초로 미국 해군 퍼시벌(John Percival, 1779~1862) 함장이 프랑스군의 요청에 따라 다낭에 해군 병력을 상륙시켜 주교의 석방을 요구했다.

하지만 1847년 티에우찌 황제는 프랑스 군함이 포교의 자유를 요구하면서 다낭으로 다시 출동해 경계근무 중인 베트남 함대에 발포하여 함정을 침몰시키고 다수의 사상자를 낸데 격노하여 국내에 있는 모든 유럽인을 체포해 사형에 처하라는 명령을 내렸다.

다낭항에 수병을 상륙시킨 미국 해군 범선 USS Constitution함

뜨득 황제 즉위 후의 프랑스 침략 본격화

제4대 황제 뜨득(Tự Đức, 嗣德帝사덕제, 1829~1883, 재위 1847~1883)도 할아버지인 민망과 아버지인 티에우찌의 정책을 계승했다. 서방의 통상 요구를 거절하고 천주교도 박해를 이어가 1848년부터 1860년까지 유럽인 선교사 25명, 베트남인 사제 300명, 평신도 2만 명이 처형되었다. 프랑스에서는 가톨릭교회, 상공업자와 해군이 프랑스가 1787년 응우옌 왕조의 수립을 도와준데 대한 배상을 요구할 권리가 있다는 여론이 팽배했다. 1856년 프랑스는 천주교 선교의 자유, 수도 후에에 프랑스 통상대표부 설치, 프랑스 영사 임명의 수락을 요구했으나 뜨득은 이를 거절했다.

프랑스는 가톨릭 포교활동을 통해 이미 베트남을 비롯해, 라오스, 캄보디아 지역을 속속들이 알고 있었다. 나폴레옹 3세(보나파르트 나폴레옹의 조카로 조세핀 황비와 전 남편 사이에서 태어난 딸의 아들이며 의붓 외손자)의 통치 아래 해외 팽창 정책을 추구해온 프랑스는 자국 선교사를 처형한데 대한 징벌의 명분을 찾은 뒤, 1847년 처음에는 스페인과 연합하여,

뒤에는 단독으로 베트남을 침략했다.

19세기 이후 베트남에 대한 천주교 선교는 프랑스와 스페인이 서로 지역을 나누었다. 스페인이 북부 통킹(Tong Kin=ĐôngKinh, 東京동경)을 맡았고, 중부와 남부지역은 프랑스가 맡았다. 베트남 내의 천주교 교구는 3개가 되었다. 베트남이 주권을 상실할 당시의 교구별 교세는 다음과 같았다.

- 통킹 동부 교구: 신도 14만 명, 베트남인 사제 41명, 해외선교사 4명, 추기경 1명
- 통킹 서부 교구: 신도 12만 명, 베트남인 사제 65명, 해외선교사 46명, 추기경 1명
- 중남부 코친차이나 교구: 신도 6만 명, 베트남인 사제 15명, 해외선교사 5명, 추기경 1명

천주교와 동행한 프랑스의 침략과 베트남의 대 프랑스항쟁

1847년 프랑스 군함이 다낭(ĐàNẵng, 沱瀼, 중국어 峴港현항, 불어 Tourane)을 폭격하고 1857년 스페인 선교사 처형을 구실로 재침, 1858년에는 프랑스·스페인 연합함대가 다낭을 함락시켰으나 오히려 베트남군에 포위되었다가 1860년 철수했다. 하지만 프랑스는 메콩 델타로 다시 침공해 남부의 비엔호아(BiênHòa, 邊和변화)성, 자딘성, 빈푹(VĩnhPhúc, 永福영복)성(일부) 등을 점령하고 군사 행동을 강화했다. 국내 각지에서도 기아선상에서 많은 반란이 발생하는 등 내우외환이 겹치자 뜨득은 하는 수 없이 1862년 6월 프랑스 침략자의 우두머리인 보나르(Louis-Adolphe Bonard, 1805~1867, 프랑스령 코친차이나 총독, 1861~1863) 해군 제독과 제1차 사이공조약(壬戌條約임술조약)을 체결했다. 조약은 베트남 영토 일부(메콩 델타의 비엔호아성 등 동부 3성)를 프랑스에 할양하고, 프랑스와 스페인에 다낭 등 3개 항을 개항하며 천주교

포교 인정과 10년 내로 전쟁 피해 배상금을 지불하는 등 12개 항목이었다. 뜨득은 프랑스 본국에 사절단을 파견했지만 나폴레옹 3세는 해군과 상공업자들의 압력에 동조해 조약 내용을 수정 없이 비준하고 말았다.

베트남에서는 1859년 프랑스 해군이 사이공을 침략할 때부터 지방의 문신들이 의용군을 조직해 관군을 도와 싸웠고, 사이공조약 체결 후에도 대불항쟁을 계속하여 전국으로 저항운동이 번졌지만 프랑스는 코친차이나 서부 3성의 추가 점령으로 강경 대응했다.

1863년 5월 보나르의 후임으로 코친차이나 총독 겸 프랑스 해군 극동함대사령관으로 라그랑디에르(Pierre Paul de La Grandière, 1807~1876) 제독이 부임해 보나르가 점령한 메콩 델타 동부 3성의 간접통치를 직접 지배로 바꾸었다. 그는 16세기부터 유럽 여러 나라가 각축했지만 응우옌 왕조의 종주권 아래에 있던 캄보디아에 1861년 샴으로부터 보호를 명목으로 프랑스군을 투입하고 1863년 조약을 체결해 프랑스의 보호국으로 만들었다.

그는 프랑스 신부와 천주교도를 처형했다는 구실로 1866년 병인양요(丙寅洋擾) 때 프랑스인 신부와 국내 천주교도의 안내로 작약도를 거

1859년 2월 사이공을 공격하는 프랑스 포함(그림)

쳐 강화도를 침략한 로즈(Pierre-Gustave Roze, 1812~1883) 제독(프랑스 해군, 일본 요코하마 주재 극동전대사령관)의 상급 지휘관이었다. 프랑스군은 조선에 대한 무력 침공이 전략상 패배로 끝났지만 1867년에는 더 좋은 입지인 베트남 남부의 메콩 델타 유역을 깊숙이 침략해 이 지역을 코친차이나 식민지로 굳혔다.

베트남인의 저항운동은 계속되었지만 1867년 이후에는 천주교도를 중심으로 경제와 기술 발전을 위해 프랑스의 지배를 받아들여야 한다는 친불 세력이 많아져 국론이 분열했다. 우리 구한말의 친일파 발호도 이와 같다.

종교는 상당 부분, 곧 정치이고 권력이며 이데올로기적 무기이다. 신부와 목사는 때때로 자기 민족의 두뇌를 염색하고 등 뒤에서 칼로 찌르는 외세의 스파이가 될 수도 있겠다.

이어 프랑스는 중국 운남(雲南)으로의 침략 루트를 탐험하던 중에 양자강(揚子江)이나 메콩강보다 홍강이 가장 효율적이라는 사실을 알고 당시 상해(上海)에 있던 가르니에(Francis Garnier, 1839~1873) 해군 대위에게 200명의 병력으로 하노이를 공격하고 홍강 델타 일대의 주요 도시들을 점령하게 했다. 하지만 대

하노이에서 운남을 오가는 선박

위는 청나라의 류잉푸(劉永福유영복, 1837~1917, 광동성 출신)가 이끄는 흑기군의 습격으로 전투 중에 전사했다.

이를 빌미로 프랑스는 1874년 3월 제2차 사이공조약(甲戌條約갑술조약)을 체결하고 베트남의 독립 보장과 외교권의 박탈, 군대훈련 교관과 징세전문가 파견, 남부 6성 할양, 선교의 자유 보장, 꾸이년·하이퐁·홍강 유역의 개방, 프랑스 영사관 설치와 프랑스 영사의 외국인소송 판단결정권 부여 등을 확보해 사실상 베트남을 식민지화했다. 일제가 러일전쟁 승리 후에 미·일간 가스라-태프라 비밀협약 아래 강제로 체결한 우리나라의 을사보호조약(1905)과 비견된다.

뜨득은 프랑스가 국내 사정으로 완전식민지화를 늦춘 사이에 1876년과 1880년 청나라에 조공사절을 파견해 원조를 요청했고, 프랑스와 식민지 확보 경쟁을 벌이던 영국이나 유럽 내의 경쟁국인 독일의 협조를 얻고자 1868년과 1872년 비밀특사를 파견하기도 했다. 하지만 1879년 민간인 최초로 코친차이나 총독으로 부임한 드빌레르(de Vilers, 1833~1918)는 1881년 말에 홍강을 거슬러 중국 운남으로 향하던 프랑스인 2명이 국경 부근에서 저지당한 사건이 발생하자 이를 제2차 사이공조약 위반이라는 이유로 사이공 주둔군 사령관 리비에르(Henri Laurent Riviere, 1827~1883)에게 600명의 병력을 주어 1882년 초 홍강 델타 지역을 공격하게 하자 북부의 호족들이 중국에서 무기를 들여와 항전했다. 하지만, 조정은 프랑스에 대한 저항 중지를 명령했고 프랑스군은 진격하여 4월 25일에 하노이를 점령했다.

1883년 프랑스 측이 베트남의 보호국화와 하노이 할양 등을 가혹하게 요구하자 뜨득은 청나라에 다시 구원군을 요청하여 청나라 군대가 랑선(Lạng Sơn, 諒山양산), 박닌(Bắc Ninh, 北寧북녕), 타이응우옌(Thái Nguyên, 太原태원), 까오방(Cao Bằng, 高平고평) 등지에 진주했고 프랑스도 증원군을 파견하여 대치했지만 리비에르가 하노이 주변에서 흑기군의 급습을 받아 부하 32명과 함께 전사했다. 그 해 1883년 뜨득 황제가 사망했다.

프랑스의 베트남 본격 침략과 응우옌 왕조

뜨득이 아들 없이 죽은 후, 1년 동안에 4명의 황제가 조정 내부의 갈등으로 교체되는 혼란스러운 와중에 아르망(Francois Jules Harmand, 1845~1921)과 꾸르베(Amédée Courbet, 1827~1885) 제독의 부대가 수도 후에를 압박하자 베트남 조정은 더 이상의 저항이 불가능해 제1차 후에조약(癸未條約계미조약=제1차 아르망조약, 1883년 8월)을 체결, 프랑스의 보호국이 되고 외교권과 군사주권을 프랑스에 양도했다.

아르망은 프랑스 해군 군의관 출신으로 1881년 방콕 주재 프랑스 영사를 거쳐 1883년 8월 조약 체결에 따라 통킹 보호령의 총독이 되었다. 청나라는 1882년 임오군란에서 구원병으로 조선에 3천 명의 군대를 파병한 상태여서 병력의 여유가 없었다. 프랑스는 1884년 안남과 통킹을 보호국이라고 선언했지만 청나라는 여전히 응우옌 왕조의

1883년 제1차 후에조약 체결 서명

종주국임을 주장했다.

꾸르베는 1883년 통킹 해군 부대의 지휘관을 맡아 1884년 프랑스 극동함대를 지휘하여 청불전쟁에 참전, 대만의 기륭(基隆)과 팽호(澎湖) 제도를 점령했다. 그는 중국과 프랑스가 제2차 텐진(天津천진)조약(1885)을 체결한 직후에 대만에서 사망했다.

청의 리홍장(李鴻章, 1823~1901)과 프랑스의 푸르니에(Ernest F. Fournier, 1842~1934)가 1884년 5월 제1차 텐진조약을 체결하면서 청나라가 베트남에 대한 종주권을 포기했다.

청일전쟁 패전으로 청나라가 1895년 4월 조선에 대한 종주권을 포기하기 10년 전, 베트남의 주권은 1858년 프랑스의 다낭 침공 26년 만인 1884년의 이 조약에 따라 프랑스에 넘어간 것이다.

1884년 6월 북부지역 관리들이 제1차 아르망조약과 텐진조약을 인정하지 않고 청나라도 다시 흑기군(黑旗軍)을 파견하여 프랑스에 대항하자, 프랑스는 북부지역을 완전 점령하고 제2차 후에조약(일명 파뜨노뜨르Patenôtre 조약)을 체결해 제1차 후에조약의 재확인과 북부의 분할 및 프랑스군의 주둔을 인정하게 해 1887년 프랑스령 인도차이나연방 성립의 길을 열었다.

하지만, 철군 명령을 받지 못한 청월(淸越)연합군은 다시 전투를 재개했다. 청군은 중국 남부와 해안에서 프랑스에 패해 대만과 팽호 열도를 점령당했지만, 북부 베트남에서는 프랑스군이 대패해 3,900명의 병사를 잃었다.

청불 양측은 협상을 시작해 1885년 6월 파트노트르(Jules Patenôtre des Noyers, 1845~1925)는 리홍장과 베트남 문제에 대한 제2차 텐진조약(中法新約중법신약=越南新約월남신약)을 체결하면서 베트남의 황제는 의례와 행사에만 참석하고, 실질적으로 프랑스의 식민지가 되어 프랑스의 통치를 받게 되었음을 재확인했다.

이 와중에 후에의 실력자 응우옌반뜨엉(Nguyễn Văn Tường, 阮文祥완문상, 1824~1886)은 1883년 7월 뜨득이 사망한 후부터 1884년까지 1년 동안 3명의 황제를 차례로 옹립·폐위시켰다. 그는 1884년 8월 제8대 함응이(HàmNghi, 咸宜帝함의제, 1872~1943, 재위 1884~1885) 때 섭정에서 밀려나고 동카인(ĐồngKhánh, 同慶帝동경제, 1864~1889, 재위 1885~1888) 즉위 후에 프랑스에 이용만 당한 뒤, 1885년 11월 태평양의 타히티섬으로 유배되었다가 1886년 2월 그곳에서 죽었다.

함응이는 제3대 찌에우찌 황제의 손자로 만 12세의 나이에 프랑스에 철저한 항거를 호소하는 근왕명령을 내리고 후에를 탈출해 산중으로 궁정을 옮겼다.

1885년 프랑스군 통킹 주둔군 총사령관으로 임명된 드꾸르시(Henri Russel de Courcy, 1827~1887)는 베트남 내정 간섭의 정도를 높이면서 왕족 중에서 친불파인 동카인을 제9대 황제로 옹립하면서 함응이의 망명정부를 불법으로 규정하고 독립운동세력을 역적으로 몰면서 귀순을 요구했다.

드꾸르시는 강력한 무력진압을 진행하던 중, 1888년 11월 산간 소수민족의 밀고로 함응이를 체포해 알제리로 유배시켰고, 함응이는 그곳에서 프랑스 여성과 결혼해 세 자녀를 낳고 살다가 1943년 72세로 사망했다.

그러나 근왕운동으로 불붙기 시작한 대불항쟁은 종교적 반감과 인종적 대립으로 지방으로 옮겨져 조직적인 저항으로 프랑스군을 괴롭혔다. 이 과정에서 가톨릭 신자들이 무차별적으로 살해되

제8대 함응이 황제

1883년 7월 남딘을 공격하는 프랑스군

자 신자들은 스스로 이질감을 느끼며 항불운동에 협조하지 않았지만 프랑스군은 지역적인 연대를 이루지 못한 저항세력과 가톨릭을 분리하여 제압하는데 성공했다.

프랑스는 1862년 사이공 점령, 1863년 캄보디아 점령, 1867년 메콩 델타 전역을 점령해 인도차이나 각지를 차례차례로 식민지로 만들었고 1883년에는 안남과 통킹을 점령하면서 1884년에는 청나라로부터 종주권 포기를 받아내 베트남을 당시 유럽 국제법상 식민지로 만들었다. 1863년 이미 프랑스의 보호국이 된 캄보디아에 이어, 샴(태국)의 보호국인 라오스를 빼앗을 계획 하에 베트남을 더해 1887년 동남아시아에 식민대국인 프랑스령 인도차이나(l'Indochine française, Đông Dương thuộc Pháp, 東洋屬法동양속법)연방을 구성하고 1954년 베트남인민군에 패전할 때까지 존속시켰다.

프랑스령 인도차이나의 영토는 ① 직할 식민지인 프랑스령 코친차이나(Cochinchine française, 사이공, 미토 등의 베트남 남부지역), 직할도시 하노이·하이퐁·다낭, 캄보디아 서북부[당시로서는 태국 땅인 바탐방(Battambang·시엠립(Siem Reap=캄보디아 서북의 남부로 앙코르와트 유적지 일대)·시소폰(Sisophon=캄보디아 서북의 북부)]의 3개 주 ② 보호국인 캄보디아 왕국, 루앙프라방 왕국(1707~1949, 라오스 북부 메콩강 중류), 참파사크(Champasak) 왕국(1713~1946, 라오스 남부) ③ 보호령인 안남국(베트남 중부), 통킹(베트남 북부) ④ 조차지인 중국 광주만[廣州灣, 현재 광동성廣東省 담강(湛江=Tsankiang, Chankiang, Tsamkong)시 등으로 구성되었다.

 1847년 다낭 폭격 이래로 1954년 디엔비엔푸 승전까지 장장 100년 이상의 긴 기간, 베트남의 대불(對佛) 접촉과 항쟁은 세 가지 양상으로 전개되었다.

 첫째, 사대부 계층이 중심이 되어 왕조를 보존·회복하자는 것이다. 우리나라의 조선 말기 위정척사(衛正斥邪)운동과 비슷하다.

 둘째, 유교적 전통을 저변에 깔면서 서구 근대사상에 영향을 받은 애국지사들이 주축이 되어 주권을 회복하자는 것이다. 추구하는 국가 형태는 입헌군주국가와 민주국가였다. 우리나라 대한민국 임시정부(1919~1945)의 노선과 비슷하다.

 셋째, 프랑스 식민 지배 하에서 프랑스식 교육을 받고 자라난 지식인이 중심이 되어 궐기한 것이다. 이 궐기의 주체는 자산가 계급과 무산자 계급으로 나뉜다. 전자(前者)가 조직, 연계성, 방법론 등의 결여로 실패한 반면, 후자(後者)는 철저한 조직과 훈련을 바탕으로 연계성, 방법론, 주변부 상황 등을 시의적절하게 이용하여 독립은 물론, 후세에 민족통일까지 이뤄냈다.

5. 프랑스의 베트남 식민통치와 남북분단 과정

식민통치의 개시와 간판뿐인 왕조

1884년 6월 6일 제2차 후에조약에 따라 응우옌 왕조는 프랑스 식민통치 아래 들어갔고 1885년 6월 청불간 제2차 톈진조약은 베트남을 프랑스식민지로 재확인하는 것이었다. 왕조를 존속시킨 것은 서양식 민주주의자들이 왕조의 권위를 이용하여 손쉽게 지배체제를 개편하여 접수하는 방식이 식민통치에 더 유리했기 때문이다. 프랑스가 왕권을 좌지우지하자 반외세 대불항쟁은 가톨릭에 대한 종교적 반감으로 바뀌었다. 베트남의 가톨릭 신자들은 항불운동에 협조하지 않음으로써 프랑스는 베트남의 민족 내부역량을 분리하는데 성공했다.

프랑스는 베트남 전역을 점령해 식민지로 만들고 프랑스령 인도차이나 연방(1887~1954)을 구성하면서 베트남을 3분할 통치했다. 서구의 동아시아 침략이 치열해지자 1900년에는 청나라의 광주만(廣州灣)에 조차지를 설치했다. 이 조차지는 중국 본토에서 해남도 쪽으로 뻗어 나온 반도에 위치하는 곳으로 현재는 중국 해군 남해사령부 모항인 담강(湛江, 잔쟝)시이다. 이어 프랑스는 이 조차지와 베트남의 하노이, 하이퐁, 다낭을 분리시켜 직할 식민지로 만들었다.

이와 함께 천주교는 베트남 북부의 가난한 지역을 중심으로 각지에 성당을 세우고 선교 사업에 박차를 가했다. 현재 하노이에 있는 주요 성당은 이 시대에 건설된 것이다.

제2차 세계대전 시기의 베트남 정세

그 후, 제2차 세계대전의 와중에 일본은 중국 침략을 본격화하면서 중화민국 정부에 대한 군사물자 보급 루트를 차단하기 위해 1940년 6월 19일에 당시 독일에 항복·점령되면서 프랑스 본국에 수립된 나치스 협력정권인 비시(Vichy) 정권을 통해 장개석 정부를 돕는 원장(援蔣) 루트를 차단하도록 프랑스령 인도차이나 정부에 압력을 가했다. 비시 정권과 일본은 1940년 9월에 협정을 체결하고 홍강 이북에 일본군을 진주시켜 중국을 공격하는 통로로 이용했다. 이에 대해 영국과 미국은 버마를 통해 새로운 '원장(援蔣)버마루트'를 만들어 중국을 도왔다.

1941년 들어 일본은 미·일 교섭을 진행하면서도 동아시아 지역에서 영국 세력이 공백 상태라고 판단하고 1941년 7월 28일에는 프랑스령 인도차이나 남부(코친차이나)에 진주했다. 영국과 미국은 사전에 일본이 인도차이나 남부 침공에 반대 의사를 밝혔다가 이를 뒤집은데 대해 대일 감정이 크게 악화되었다. 8월 1일에는 미국이 일본에 대해서 엄격한 석유 수출 전면금지 조치를 취하고 영국과 네덜란드도 즉시 이에 동조했다. 뒤이어 미국의 예측대로 일본은 석유자원 확보를 위해 인도네시아(네덜란드령 동인도)로 향함으로써 태평양전쟁의 개전으로 치달았다.

프랑스와 일본의 이중 식민지 베트남

프랑스의 식민지화에 서명한 제9대 동카인의 사후에 프랑스 당국은 타인타이(ThànhThái, 成泰帝성태제, 1879~1954, 재위 1889~1907)를 제10대 황제에 등극시켰다. 그는 1883년 7월 17일 뜨득이 죽은 뒤에 그 조카로 제5대 황제에 즉위했다가 3일(7월 20~23일)만에 폐위된 죽득(DụcĐức, 育德帝육덕제, 1852~1883)의 아들이다. 프랑스식민 당국은 그가 어린 시절부터 영리하여 눈치 빠르게 잘 순응할 것으로 판단해서 10세의 나이에 황제에 앉히고 친불(親佛)교육을 시켰다. 그는 프랑스인 앞에서는 일부러 정치에 관심이 없는 것처럼 보이려고 애썼다.

타인타이는 서양문화에 많은 관심을 가지고 베트남 왕으로서는 처음으로 자가 운전을 하고 머리도 서양식으로 바꿨다. 그러나 프랑스식

| 제10대 황제 타인타이 | 제11대 황제 주이떤 |

프랑스의 식민지화에 항거한 부자 2대

민 당국에 대해 마음속으로 반항심을 가진 것이 드러나자 1907년에 28세 나이에 그를 퇴위시키고 베트남 남부의 붕따우(VũngTàu, 溎艚봉조)에 연금했다가 그 아들인 제11대 황제 주이떤(DuyTân, 維新帝유신제, 1900~1945, 재위 1907~1916)마저 폐위시킨 후에 아프리카 대륙 동쪽 인도양에 있는 프랑스령 마다가스카르(Madagascar) 섬 옆의 외딴 섬 레위니옹(Réunion)으로 유배했다.

타인타이는 추방 이후 30년 가까운 세월을 그곳에 살다가 1945년에 베트남 귀국이 허용되었으나 아들이 먼저 죽었지만 여전히 연금 상태에 있었다. 그는 제1차 인도차이나전쟁(ChiénTranh ĐôngDương, 戰爭東洋전쟁동양, Guerre d'Indochine) 종결(디엔비엔푸 패전, 1954.8.1.) 직전인 1954년 3월 사이공에서 75세로 타계했다.

프랑스식민 당국은 타인타이를 왕위에서 물러나게 하고 그의 아들 주이떤에게 양위하게 했으나 주이떤은 재위 9년 만인 1916년 5월, 17

세의 나이로 베트남광복회의 반란에 호응하여 감옥과 다름없었던 후에의 왕궁을 탈출했다. 그는 곧 체포되어 폐위되고 부친인 타인타이와 함께 부자(父子)가 프랑스령 레위니옹에 유배되었다.

주이떤은 제2차 세계대전 중 드골의 자유프랑스군에 호응하여 프랑스 비시 정권의 점령 아래 있던 그 섬에서 통신기술 소양을 발휘해 2년간 연합국 측에 정보를 넘기고, 섬 안의 레지스탕스 진영에 연합국 상황을 전했다. 1942년 5월 비시 정부 측에 레지스탕스와 연계된 것이 발각되어 격리병원에 감금됐지만 1942년 11월 자유프랑스군의 레위니옹섬 전투를 통해 구출되었다. 후에 자유프랑스 해군구축함의 통신요원으로 참가해 육군 소위로 임관, 파리 해방 후 1944년 12월 대위, 1945년 7월 소령, 9월 중령으로 승진했다.

1945년 8월 일본군의 항복에 호응하여 베트남에 8월 혁명이 일어나면서 바오다이 황제가 호찌민의 호소에 따라 사임하고 베트남민주공화국 최고 고문직을 맡았다. 이에 프랑스의 드골은 바오다이에 대체해 친불파로 생각되는 주이떤을 주목하고 12월에 그를 접견했다. 그 뒤 귀국 준비 차 레위니옹으로 돌아오던 도중에 12월 26일 당시 프랑스령인 현재의 중앙아프리카공화국 부근에서 타고 있던 록히드 C-60기가 추락해 사망했다. 프랑스의 공작은 없었을까!?

그의 유해는 1987년 주이떤의 아들과 옛 응우옌 왕조의 가문이 베트남으로 봉환하기로 결정해 3월 28일 파리에서 시라크(Jacques René Chirac, 1932~2019) 수상 등의 참석 하에 불교식 장례를 치르고 전통의 례에 따라 할아버지인 죽득 황제(제5대)의 무덤 옆으로 이장했다.

1916년 주이떤 황제를 내친 프랑스식민 당국은 친불파 카이딘(Khải Định, 啓定帝계정제, 1885~1925, 재위 1916~1925)을 제12대 황제로 앉혔다. 그는 프랑스 당국에 잘 협조했던 9대 황제 동카인(Đồng Khánh, 同慶帝동경제)의 아들이다. 동카인은 뜨득 황제의 조카

친불파 카이딘의 능묘 응릉(Lang Ung)

이지만 양자로 입양해 있다가 마침 함응이가 반불운동에 가담하여 강제 폐위되자 21세의 나이에 황제에 올랐으나 1889년 25세로 사망했다. 동카인의 외증손녀가 응오딘지엠(Ngô Đình Diệm, 吳廷琰오정염) 남부 베트남 초대 대통령 당시의 퍼스트레이디 마담 누(Nhu)이다.

  카이딘이 재위 9년 만에 죽자 프랑스 당국은 그의 아들로 겨우 13세인 바오다이를 13대 황제로 앉혔다. 그는 황제로 추대될 당시 프랑스 유학 중이었기 때문에 1928년 귀국해 식민지나라 황제에 등극했다. 그는 1945년 3월까지 프랑스의 허수아비 임금이었다가 같은 해 3월 11일부터 8월 30일까지는 일제 남방군의 허수아비 국가인 베트남제국 황제로 올랐다가 베트민(越盟월맹)의 독립활동을 인정하고 스스로 퇴위했다. (➔ 제3부 달랏)

6. 제2차 세계대전 후의 베트남민주공화국(북부) 수립과 프랑스의 코친차이나(남부) 점령

1945년 7월 26일 연합국은 포츠담 회의에서 '인도차이나는 북위 16도선을 경계로, 북쪽은 중화민국군, 남쪽은 영국·인도군이 신주하여 약 6만의 인도차이나 주둔 일본군을 무장 해제하고 이를 프랑스군에 인계하며, 인도차이나 독립을 인정하지 않기로' 결정했다.

일본이 패전하자 베트남은 1945년 9월 2일 호찌민을 주석으로 하는 베트남민주공화국의 독립을 선언했다. 미국 루스벨트의 당초 구상은 영국 처칠과 프랑스 드골의 지나친 밀착에 대응하여 베트남을 한반도처럼 신탁통치하려고 했지만 연합국의 단결이라는 대의, 드골의 강력한 요구와 처칠의 동조에 따라 베트남을 프랑스의 식민지로 사실상 복귀시킬 계획이었다.

전쟁이 끝나면서 영국은 그레이시(Douglas D. Gracey, 1894~1964) 장군 지휘하의 영국·인도군(英印軍영인군) 7,500명이 베트남의 북위 16도선 남부에 도착했고, 그 북부에는 루한(盧漢로한, 1895~1974) 장군이 지휘하는 15~20만 명의 중국 국민당군이 진주를 시작했다. 루한은 1945년 12월 귀국 후에 운남성 정부의 주석을 맡았다가 1949년 중화인민공화국에 귀순했다.

남부 베트남에는 1945년 9월 12일 영연방 인도군 제20사단이 일본군의 항복을 접수하기 위해 사이공에 진입했다. 이들은 동시에 베트남인이 가진 무기를 압수하기 시작했고, 9월 23일 새벽 일본군 포로수용소에 갇혀 있던 프랑스군 장병도 석방했다. 석방된 프랑스군은 인도군의 도움으로 1천여 명이 재무장하고 주요 공공기관을 점거해 사이공 전역을 제압하고 프랑스 국기를 게양했다. 10월 5일에는 프랑스군 선발대가 도착해 사이공 등 남부와 메콩 델타 지역의 저항세력을 제압하면서 북진을 시작했다. 다르장리외(Thierry d'Argenlieu, 1889~1964) 제독이 지휘하는 자유프랑스군 공수부대가 9월 22일 사이공의 주요 건물을 완전 점령하고 식민지를 회복했다.

북쪽 점령을 담당한 중국 국민당군은 약탈과 뇌물에 무기까지도 베트남 사람들에게 팔아 넘겼다. 이에 호찌민은 중국군의 만행을 저지하기 위해 프랑스 정부와 접촉해 베트남이 프랑스 연합 내의 자치정부가 되고, 프랑스가 분할한 북부, 중부, 남부 3지역 국토의 통합을 국민투표로 결정하는데 합의했다.

하지만, 프랑스는 사실상 이 지역을 코친차이나 식민지로 유지하겠다는 내심을 견지했다. 우파는 물론이고, 사회당, 공산당도 이를 포기할 의향이 추호도 없었다. 프랑스는 곧 무력을 동원하여 베트남 북부를 다시 점령했고, 베트남의 독립을 염원하는 세력들은 주로 공산당의 지도 아래 무력항쟁에 나섰다. 프랑스는 베트남 남부에 베트민(ViệtMinh, 越盟월맹) 주도로 베트남민주공화국이 수립되기 직전인 8월 30일, 스스로 공식 퇴위한 바오다이를 황제로 옹립해 자유주의 베트남이 공산주의 베트민과 대결하는 구도로 남북 문제를 끌어나갔다.

베트남 전역에서는 일본군이 연합국에 항복한 직후에 베트민의 주도로 8월 혁명이 일어났다. 프랑스식민지로부터의 독립을 목적으로 1941년 5월 19일 결성된 베트민은 베트남독립동맹회(ViệtNam ĐộcLậpĐồngMinhHội, 越南獨立同盟會월남독립동맹회)의 약자이다. 베트민 지도부의 주요 인사는 호찌민[Hồ Chí Minh, 胡志明호지명, 본명 응우옌땃타인(Nguyễn Tất Thành, 阮必成완필성, 제2차 세계대전 전의 이름 응우옌아이꾸옥(Nguyễn Ái Quốc, 阮愛國완애국), 1890~1969] 주석, 베트남인민군 총사령관 보응우옌지압[Võ Nguyên Giáp, 武元甲무원갑, 약칭 지압(Giap), 1911~2013] 장군, 1955~1976년에 베트남민주공화국(북베트남) 수상과 1976년 통일 후의 베트남사회주의공화국 수상을 합해 1987년까지 32년간 베트남 수상을 역임한 팜반동(Phạm Văn Đồng, 范文同범문동, 1906~2000) 등이었다.

베트민 주도 하에 1945년 8월 17일부터 19일까지 하노이에서, 8월 23일에는 중부의 후에에서, 8월 25일에는 남부의 사이공에서 베트민이 봉기해 베트남 전역을 장악해 갔고 8월 26일 호찌민이 하노이에 입성했다. 8월 27일 민족해방위원회가 개편되어 베트남민주공화국 임시정부가 성립되고 호찌민이 수상 겸 외무상으로 선출되었다. 일제의 허수아비 바오다이 황제는 독립운동가로서의 호찌민에게 호감을 갖고 있어서 자신에 대한 보호를 조건으로 8월 30일 공식 퇴위해 응우옌 왕조의 연장인 베트남은 멸망했다. 이 과정을 통틀어 '8월 혁명'이라고 한다.

일제가 베트민과의 휴전협정에 서명하고 제2차 세계대전을 끝낸 9월 2일에 독립운동을 주도해 온 베트민이 하노이에서 호찌민을 주석으로 추대하면서 '베트남민주공화국' 독립을 선언했다. 호찌민은 하노이의 바딘(BaDinh) 광장에서 베트남 독립선언을 발표하고 '베트남민주공화국' 국가주석 겸 수상에 취임했다. 호찌민이 1945년 9월 2일 발표한 독립선언문의 첫머리는 미국독립선언을 인용했다.

베트남 건국 70주년 기념일(2015년 9월 2일) 행사 후의 전시물

베트남 독립선언문

(베트남사회주의공화국 정부포털 영문 번역)

'모든 사람은 평등하게 창조되었다. 인간은 조물주로부터 천부불가양의 권리인 생명, 자유와 행복추구권을 부여받았다.'

이것은 1776년 미국독립선언서에 포함된 불후의 명언이다. 넓은 의미에서 이것은 전 세계 모든 민족이 평등하게 태어났고 모든 민족은 생존권, 행복추구권과 자유를 누릴 권리가 있다는 의미다.

1791년 프랑스혁명의 인간과 시민의 권리 선언에서도 '모든 인간은 자유롭고 평등한 권리를 가지고 태어났으므로 항상 자유롭고 평등한 권리를 가져야 한다.' 이것은 누구도 부정할 수 없는 진리이다.

그러나 80여 년 동안 프랑스 제국주의자들은 자유, 평등, 박애의 정신을 짓밟고 우리의 조국을 침범하여 우리를 핍박해왔다. 그들의 행위는 인간성과 정의에 모순되는 것이었다.

정치적으로 그들은 전적으로 우리에게서 민주주의적 자유를 박탈했다.

그들은 비인간적인 법을 강요했다. 우리의 통합과 우리 민족끼리의 단결을 가로막기 위해 베트남의 중부, 남부, 북부에 각각 다른 3개의 서로 다른 정권을 만들었다.

그들은 학교보다 많은 감옥을 만들었다. 그들은 우리의 애국자를 잔인하게 살해했다. 그들은 우리를 강처럼 흐르는 저항의 피 속에 빠뜨렸다. 그들은 여론을 억압하고 우리 민족에게 우매한 정책을 실행했다. 그들은 아편과 술로 우리 민족의 건강을 해쳤다.

경제적으로 그들은 우리 국민들의 고혈을 짜내어 가난하게 했고 우리나라를 황폐하게 만들었다. 그들은 우리의 논, 광산과 천연자원을 약탈했다. 그들은 지폐 발행권을 갖고 수출입 무역을 독점했다. 그들은 갖가지 부당한 세금을 부과하여 우리 인민, 특히 농민과 상인을 절대 빈곤에 빠뜨렸다. 그들은 우리의 민족자본가가 융성하지 못하게 방해하고 우리의 노동자를 무자비하게 착취했다.

1940년 가을, 일제가 연합국과의 전쟁에서 새로운 진지를 확장하기 위해 인도차이나에 도달했을 때, 프랑스식민주의자들은 그들에게 무릎을 꿇고 환영하며 우리나라를 그들에게 넘겨주었다. 그날부터 우리는 프랑스와 일본에게 이중의 멍에가 씌워졌고 고통과 빈곤은 배가되었다.

그 결과로 지난해 말부터 올해 초까지 꽝찌성에서 베트남 북부에 이르기까지 우리 인민 200만 명 이상이 굶어 죽었다.

3월 9일에 일본군은 프랑스군을 무장해제했다. 프랑스식민지주의자들은 도망치거나 항복했다. 사실, 그들은 우리를 보호할 힘이 없었을 뿐만 아니라 더 나아가 2번이나 우리를 일본에게 팔아넘겼다.

　3월 9일 이전에 베트민(越盟)은 프랑스에게 몇 번이나 일본을 상대로 우리와 함께 항일투쟁에 나설 것을 호소했다. 프랑스식민주의자들은 이 제안에 동의하는 대신, 베트민 성원들에 대한 테러 행위를 증가시켜 패주하면서도 투옥된 우리의 많은 정치범을 옌바이(YenBai, 安沛안패=베트남 동북부)와 카오방(중국과의 국경 부근)에서 학살했다

　그럼에도 우리 동포들은 여전히 관대하고 인도적인 태도로 프랑스인들을 대했다. 1945년 3월 9일, 베트민은 일본 군부의 베트남 쿠데타 직후에 프랑스인들이 국경을 넘어가는 것을 도왔으며 일본의 감옥에서 많은 프랑스인을 구출했고, 그들의 생명과 재산을 보호해 주었다.

　1940년 가을부터 우리는 실제로 프랑스식민지가 끝나고 일본의 소유가 되었다. 일본이 연합국에 항복한 뒤, 우리는 주권을 회복하고 베트남민주공화국을 건설하기 위해 일어났다.

　진실로 우리는 프랑스가 아니라 일본으로부터 독립하기 위해 싸웠다.

　프랑스는 도망치고 일본은 항복했으며 황제 바오다이는 퇴위했다. 우리는 약 1세기 동안 우리를 묶어왔던 족쇄를 풀고 조국의 독립을 쟁취했다. 우리는 동시에 십 수세기 동안 최상 위에 군림해온 군주체제도 무너뜨렸다. 그 자리에 새로운 민주공화국이 수립되었다.

　따라서 우리 임시정부의 멤버는 베트남의 모든 인민을 대표하여 앞으로 우리가 프랑스식민지 지배의 모든 관계를 끊을 것을 선언한다. 우리는 프랑스가 베트남을 대표하여 체결했던 모든 국제적 의무를 무효화하고 프랑스가 우리 조국에서 누렸던 모든 불법적인 특권을 철폐하겠다.

　우리 모든 베트남인은 보편적 목적에 힘을 받아 모두 한마음으로 프랑스식민주의자들이 이 나라를 재정복하려는 어떠한 시도에 대해서도 단호하게 맞서 싸울 것을 결심한다.

　우리는 테헤란(1943년 11~12월)과 샌프란시스코(1945년 4~6월)에서 민족자결의 원칙과 국가의 평등을 인정한 연합국이 베트남 독립의 권리 인정을 거부하지 않을 것으로 확신한다.

　80년 넘게 프랑스의 지배에 용감하게 반대해왔고, 지난 수년간 연합국과 함께 파시스트를 상대로 싸워온 우리는 자유와 독립을 누려야 한다.

　이 같은 이유로 우리 베트남민주공화국 임시정부의 멤버는 전 세계를 향해 엄숙히 베트남은 자유와 독립을 누리는 나라가 될 권리가 있고 실제로 그렇다는 것을 선언한다. 모든 베트남인은 자신의 몸과 정신적 힘을 동원하고 자신의 독립과 자유를 보호하기 위해 자신의 생명과 재산을 희생할 각오를 다짐한다.

하지만 식민지 회복에 나선 프랑스는 베트남민주공화국을 인정하지 않았고, 미국·영국·중화민국·소련도 이를 승인하지 않았다. 포츠담협정에 따라 북위 16도선(다낭 남쪽) 이북의 점령군인 중화민국군(국민당군)이 9월 6일 하노이에 들어왔고, 남부에는 영국군(영인군)이 일본군의 무장해제를 위해 주둔했다.

또한 1945년 9월 말에는 프랑스군이 사이공을 다시 장악해 남부는 다시 프랑스의 지배하에 들어갔다. 호찌민은 중국 국민당군의 장기 주둔을 우려해 프랑스가 종주국으로 남부에 다시 진출한 것을 받아들일 수밖에 없었고, 그래도 독립을 주장하며 프랑스와 교섭을 거듭했지만 교착 상태는 계속되었다.

1945년 11월 10일 베트남민주공화국 정부는 퇴위한 바오다이를 국가 최고고문에 추대해 1946년 3월 10일까지 재임했다. 바오다이는 1946년 1월 국회의원 선거에서 당선되었고, 1946년 3월 베트남민주공화국 공식외교대표단의 일원으로 중국 중경(重慶)을 방문했다가 귀국하지 않은 채, 운남성 쿤밍(昆明곤명)과 영국 식민지인 홍콩을 오가며 세월을 보내다가 사이공으로 돌아갔다. 베트남 북부에서 베트남민주공화국이 자리를 잡아가자 북부의 많은 천주교도는 남부로 이주했다.

영연방 인도군에 항복하는 일본군

남부 베트남에 진주하는 프랑스군

안남해변에 재상륙하는 프랑스군

  1946년 들어 프랑스군의 베트남 식민지 재건 작전은 베트남 3분할 통치시대의 방식을 계승했다. 프랑스 정부는 식민지 지배를 계속하기 위해 베트남민주공화국의 독립을 거부하여 각지에서 독립을 요구하는 베트민과 충돌했다.

  1946년 2월 28일 프랑스는 중화민국과 협정을 맺고, 중화민국이 요구하는 하이퐁 항구 자유화 등을 받아들임으로써 16도 이북에서 중화민국군이 4월부터 철수했다. 또한 프랑스 정부는 베트남민주공화국을 '프랑스연합'의 일원으로 하여 독립을 인정한다고 통보하지만, 베트민은 완전 독립을 요구하여 협상이 계속되었다.

  프랑스 정부와 베트남민주공화국(하노이정권)은 1946년 3월에 안남(베트남 중부)과 통킹(북부)에서 베트남민주공화국의 자치를 인정하고, 베트남 남부의 코친차이나 지역은 주민투표로 미래를 결정하자는 예비협정을 체결했다(본 조약은 1946년 6월 6일 퐁텐블로Fontaineblear 협약).

  3월 5일 프랑스군은 연합군의 결정에 따라 북위 16도선 이남을 접수하겠다는 성명을 발표하고 사이공을 비롯한 베트남 남부의 코친차이나를 제압했다.

  하지만 프랑스는 곧 베트남인 중에서 협력자를 찾아내 코친차이나 협상위원회를 조직하고 베트남민주공화국(하노이정권)과의 통일을 반대하기로 결의하고 6월에 남부 베트남에 임시괴뢰정부로 '코친차이나 공화국(Nam Kỳ quốc, 南圻國남기국, République de Cochinchine)'을 수립했다.

프랑스군은 3월 6일에 북부의 하이퐁항에 상륙하고 3월 18일에는 하노이에도 입성했다. 프랑스군은 1946년 5월까지 라오스에도 진주해 인도차이나 일대를 다시 점령했다. 프랑스군의 군사행동에 대해 호찌민 등은 강력하게 반발했지만, 프랑스는 과거의 인도차이나 연방을 통한 식민지 경영방식으로 사태 해결을 시도했다. 하지만 베트남민주공화국은 식민지 시대와 유사한 방식을 받아들일 수 없었으므로 1946년 9월 양측의 협상은 결렬됐다.

이 국가는 1946년 6월부터 1948년까지 프랑스가 독립을 선언한 북부의 베트남민주공화국으로부터 코친차이나를 분리하는 것을 목적으로 수립시켰기 때문에 프랑스가 1948년 5월에 베트남 전역을 관할하기 위해 세운 '베트남임시중앙정부'에 흡수·합병되어 소멸했다. 프랑스는 바오다이가 쿤밍과 홍콩을 오가며 국외에 머물고 있었지만 베트남 국민들에게 여전히 인기가 있다고 보고 그를 귀국케 해 1948년 6월 5일 사이공에 '베트남임시중앙정부'를 새로 출범시켰다. 프랑스는 1949년 3월 사이공을 수도로 하는 '베트남국(State of Vietnam)'을 급조하고 바오다이 정권을 유일한 합법정부로 승인하면서 베트민에 대한 철저한 탄압을 예고했다.

바오다이는 1949년 6월 14일부터 1955년 4월 30일까지 약 6년 동안 베트남 남부의 베트남국 국가원수가 되었다. 바오다이는 응오딘지엠에게 수상 직을 제안했지만 처음에는 거절당했다. 천주교를 배경 세력으로 하는 지엠은 1945년 3월에 바오

바오다이

다이를 황제로 내세운 베트남왕국의 친일정권에 협력을 거부한 적이 있었다.

프랑스는 북부의 가난한 산악지역을 포기해도 베트남 경제의 중심지에다 비옥한 메콩 델타를 차지하여 고무 농장 등의 플랜테이션을 유지할 수 있는 베트남 남부인 코친차이나 지역을 계속해서 확보하려고 했다. 한편, 코친차이나의 유력자나 화교들은 기득권 보호를 위해 베트남과의 통일을 바라지 않는 의견과 베트남의 통일과 독립이라는 민족적 대의를 우선하는 의견으로 여론은 양분되었다. 이 와중에 초대 대통령 응우옌반틴(Nguyễn Văn Thinh, 阮文淸완문청, 1888~1946, 프랑스 국적자)은 배신자로 규탄받아 자살하는 등 정치 상황이 불안정했다.

하지만, 베트민과의 소규모 전투에서 통킹과 안남의 주요 도시를 점령한 프랑스는 욕심이 커져 코친차이나를 베트남에서 분리하려던 계획마저 바꾸어 베트남 전역을 식민지 상태로 다시 지배하기로 정책을 전환했다.

북베트남민주공화국은 프랑스-베트남 간의 예비협정 위반이라고 항의했지만, 프랑스는 국민투표 실시 때까지 임시정부를 유지하겠다고 주장했다. 하지만 국민투표는 베트민의 게릴라 활동으로 불가능해졌고, 프랑스는 베트남의 계속 지배가 목표였기 때문에 1946년 12월 19일부터 프랑스와 베트남(하노이정권)은 본격적인 전투에 돌입하게 되었다. 이 전투가 제1차 인도차이나전쟁이고 베트남 쪽에서는 베트남 독립전쟁이라고 한다.

1946년 11월 20일 하이퐁 항구에서 프랑스 초계정이 중국 밀수선을 단속한다는 구실로 총격전이 벌였다. 이날 프랑스군이 하이퐁에 상륙하자 베트남인과 하이퐁 오페라하우스에서 교전이 벌어졌다. 사흘 밤낮 계속된 이 전투에서 고물 장총으로 무장한 베트민 중심의 오페라단원 39명이 프랑스군 50명을 사살하고 11월 23일 프랑스군의 대대적인 포격 속에서 유유히 철수했다.

이어 베트민은 하노이 시내에서 프랑스군을 공격했고, 프랑스군이 12월 19일 밤에는 하노이 중심부를 강타했다. '제1차 인도차이나전쟁(베트남독립전쟁)'이 개시된 것이다.

1946년 12월 20일 호찌민은 다음과 같은 전국 항전 성명을 발표했다.

'우리는 평화를 갈망하여 타협을 거듭해 왔지만, 타협을 거듭할수록 프랑스는 우리나라를 정복하려고 한다. 우리는 희생을 마다하지 않는다. 우리는 노예가 되지 않겠다. 모든 남녀노소에게 호소한다. 주의주장, 정치성향, 민족을 불문하고 일어나 프랑스식민지주의와 싸워 나라를 구하자.'

1946년 11월 프랑스군과 교전이 벌어졌던 하이퐁 오페라하우스

7. 호찌민, 스탈린, 모택동 3자 회담과 미소 양국의 대립

1950년 1월 14일 호찌민은 베트남민주공화국의 승인을 요구하는 성명을 발표했다. 이 성명 직후, 자국도 국가의 국제적 승인을 받지 못한 모택동의 중화인민공화국은 베트남민주공화국을 정통정부로 승인했다. 중공의 승인을 받은 호찌민은 베이징을 거쳐 모스크바로 가서 소련의 스탈린에게 국가 승인을 요청했다. 그러나 스탈린은 모택동에 대해서도 경계하고 있을 정도였기 때문에 호찌민에 대해서도 직접적인 지원에는 소극적이었으므로 모택동의 중개로 결국 스탈린과 호찌민의 회담이 이루어졌다.

1월 31일 소련도 호찌민의 요청을 받아들여 베트남민주공화국을 정식으로 승인했다. 하지만 소련은 베트남 지원이 중국의 과제라고 대답했다. 이후 호찌민과 모택동은 베이징에서 회담을 갖고 중국이 무기 원조·재정 지원을 약속해 1950년 4월에 호찌민은 중국에서 차관 자금과 병사 2만 명에 대한 장비를 제공받았다.

1950년 6월 한국전쟁이 발발하면서 중화인민공화국은 미국이 한반도·대만해협·인도차이나의 세 방면에서 공격해 올 가능성에 강한 위기감을 느껴 베트남에 군사고문단을 파견했다. 소련과 체코는 무기 등의 군수물자를 제공했다. 베트민은 텅스텐과 주석, 쌀, 양귀비 등을 대가로 주었다. 중화인민공화국 등의 지원을 받은 베트민은 1950년 말에 정예 사단을 편성했다.

한편, 프랑스는 1950년 2월 16일 주미 대사와 미국 국무장관과의 대담에서 미국의 지원을 요청했고, 1950년 5월 25일 미국의 트루먼 정권은 프랑스군 지원을 결정했다.

한국전쟁 개전 4일 후인 6월 29일에 미군 수송기 C-47기가 사이공에 도착했다. 이후 미국은 남부 베트남군의 교육과 훈련을 시작하고 프랑스군 병력을 보충할 수 있게 지원했다. 미국의 군사 지원을 받은 프랑스군은 1만 6,200명의 병력을 투입해 중화인민공화국의 군사 지원을 받은 호찌민이 이끄는 베트남민주공화국군과 각지에서 치열한 전투를 계속했다.

1950년 여름에는 베트민이 전국에서 총공격을 전개하기로 결정, 9월 16일에는 지압 장군이 지휘하는 베트민군이 중국 국경 인근에 포진한 프랑스군 진지를 공격해 프랑스군 6천여 명의 병력 손실을 주고 군사 장비를 빼앗았다.

1950년 12월에는 사이공에서 프랑스의 해외담당 장관과 미국의 주베트남 공사, 남베트남국의 수상이 3자 회담을 통해 군사원조협정을 맺고, 미국은 군사원조를 시작했다.

디엔비엔푸 전투와 프랑스군의 패배

1953년 들어 지압 장군 휘하의 베트민으로부터 조직적인 반격을 받자 프랑스군은 항공모함까지 파견하지만, 열세를 면치 못했다.

1953년 4월에 미국은 프랑스군이 인도차이나에서 위기 상황에 처해 있음을 인식했다. 미 육군은 대통령 안보회의 보고에서 '① 미국이 개입해도 공군·해군만으로는 승리하기 어렵다. ② 원자폭탄을 사용해도 적군의 병력 감축은 어렵다. ③ 미국 승리를 위해서는 7개 사단이 필요하다'고 제언했다.

1953년 11월 20일 프랑스군 1만 1천 명은 지압 장군이 지휘하는 베트민군이 포진하고 있는 라오스 국경 근처 디엔비엔푸 분지에 요새를 만들어 베트민의 군사 활동을 봉쇄하려고 했다. 프랑스군은 베트민이 중화기를 가지고 있지 않거나 보유하고 있더라도 활용하지 못할 것으로 보았다. 그러나 베트민은 현지 소수민족의 지원을 받아 중국에서 공급된 중화기를 디엔비엔푸 분지를 둘러싸고 있는 산악까지 운반해와 5만 병력으로 1954년 3월 13일 공격을 개시했다. 첫날부터 맹렬한 포격과 공격으로 독립고지에 설치된 2개의 프랑스군 진지를 함락했다. 프랑스군이 열세로 몰리면서 3월 말에는 활주로 사용도 불가능해져, 4월에는 3개 공수대대로 근접 항공 지원에 나섰지만 우기로 활동이 제한되었다. 반면에 베트민군은 야습으로 차례차례 프랑스군 진지를 습격했고 마침내는 사령부 주변 2km 범위만 유지하다가 5월 7일에 항복하고 말았다. 프랑스군은 전사·실종 3,200명, 부상 4천 명에 약 8천 명이 포로가 되었다. 이 전투로 프랑스군은 사실상 괴멸 상태에 빠졌다. 지압의 군대도 사망 약 8천 명, 부상 1만 5천 명에 달했다.

이 전투에서 프랑스군이 항복한 것은 '1만 이상 병력을 가진 유럽의 정예부대가 식민지 현지의 군사세력에 패배한 사건으로 식민지 체제의 붕괴를 상징하는 세계사적 대사건'이 되었다.

프랑스군 항복 소식을 들은 미국의 닉슨 부통령은 주변 산악지대에 집결한 베트민 세력에 대해 소형 원자폭탄 사용을 아이젠하워 대통령

디엔비엔푸 프랑스군 현지 사령부

에게 건의했지만 거절당했다. 아이젠하워는 영국의 지지를 조건으로 참전 의사

1952년 디엔비엔푸에 투입된 미 해군기

를 내비쳤지만 영국은 동남아시아의 평화가 정착될 수 있는 좋은 기회라는 이유로 동의하지 않았다.

이 국제무대에서 이승만 대통령은 1954년 1월 한국군 1~3개 사단의 파병을 미국 측에 제안했다가 거절당했다. 프랑스도 미국의 이런 생각이 프랑스에 대한 모욕이라고 반발했다. 또한 미국의 합동참모본부는 필리핀에 주둔하고 있는 B-29 폭격기의 지원 폭격을 주장했지만, 아이젠하워 대통령은 이것도 거부했다.

디엔비엔푸 함락 후에도 베트민은 홍강 델타(통킹 삼각주)에 배치된 프랑스군에 대해 각지에서 파상적인 게릴라 공격을 가해 6월부터 7월 사이에 프랑스군은 하노이-하이퐁 일대에서 철수했다.

1954년 8월 1일 종전할 때까지 프랑스는 프랑스군과 현지 민병 및 남베트남군 등 약 40만 명의 전력 가운데 전사자 7만 5천여, 부상자 6만 4천여, 포로 4만 명의 병력 손실을 입었다(국제 공인 통계). 베트남민주공화국도 전사자와 부상자가 191,605명이라고 하고 미국 통계는 17만 5천~30만 명이라고 한다. 구 일본군 600명 가운데 연합군에 항복을 거부하고 베트남민주공화국군에 가담한 병력 가운데 전사자 30명, 부상은 미상, 포로도 10명이 넘었다.

제네바협정과 남북 베트남 분단

프랑스군의 위기 상황이 국제사회에 인식되면서 1954년 4월 26일에는 스위스 제네바에 관계국의 대표들이 인도차이나 평화회담(제네바 회담)을 시작했다. 1954년 4월 28일부터 5월 2일까지 실론(스리랑카) 수상이 제창한 콜롬보회의가 개최되어 인도, 파키스탄, 실론, 버마, 인

1954년 제네바회담

도네시아의 정상이 인도차이나전쟁의 중지 등을 호소해 제네바회의에도 영향을 주었고, 특히 영국은 제네바회의에서도 미국의 전쟁 확대 정책에 동조하지 않았다. 참가국은 당사국인 프랑스와 (남)베트남국, (북)베트남민주공화국, 영국, 미국, 캄보디아, 라오스, 소련, 중국 등 9개국이었다. 회의는 3개월이나 계속된 끝에 1954년 7월 관련국 사이의 평화협정인 제네바협정(인도차이나 휴전협정)이 성립되었다.

이에 따라 프랑스군이 인도차이나 일대에서 완전철수하고 베트남민주공화국의 독립이 승인되었다. 북위 17도를 임시군사분계선으로 남북을 분할하고, 남북통일을 위한 자유총선거를 1956년 7월까지 실시하기로 결의했다. 그러나 미국과 남베트남은 이 서명에 참여하지 않았다. 베트남민주공화국이 이 내용에 서명한 것은 미국의 참전을 경계했고 소련과 중국도 베트남에 양보할 것을 강력히 요구했기 때문이다.

8. 베트남공화국 지엠 정권 수립과 미국의 인도차이나반도 개입 개시

이 무렵, 제네바휴전협정 체결 직전인 1954년 7월 7일 응오딘지엠이 남베트남국 수상에 취임했다. 1954년 9월 워싱턴에서 개최된 미불회담에서 미국은 인도차이나 주둔 프랑스군에 대한 원조를 끝내고, 1955년 1월부터 인도차이나 여러 나라에 직접적인 원조를 결정했다. 1950년 10월에 사이공에 있던 인도차이나 미국 군사원조고문단(MAAG)은 1955년 11월 베트남 미국 군사원조고문단으로 개편되어 베트남 정부군의 군사 훈련을 시작했다.

미국은 케난(George F. Kennan, 1904~2005, 외교관·정치학자, 1940~1950년대 미국의 외교정책전문가로 소련 봉쇄를 위한 냉전정책의 입안자, 프린스턴대학교 명예교수) 등이 주장하는 냉전 하에서 공산주의의 동남아시아 확산(도미노 이론)을 우려해 북위 17도선 이남의 프랑스 허수아비 정권이었던 남베트남국을 베트남공화국(Republic of Vietnam)으로 존립시키기로 결정해 베트남은 분단국가가 되었다.

남북의 경계선을 확정한 제네바협정은 베트남 국민이 각각 자신이 좋아하는 체제로 이동하는데 필요한 60일의 유예 기간을 두었다. 북베트남의 총인구 1,300만 중 100만 명이 남베트남으로 이동했고, 남쪽에서 북쪽으로 이동한 국민은 9만 명뿐이었다. 특히, 북부에서는 공산주의 통치를 혐오하는 가톨릭의 대부분이 이미 남베트남으로 이주했다.

남북 대립과 미국의 본격적 개입
= 베트남공화국 수립(남부)과 지엠 정권

자국의 쿠데타군에 총살된 남베트남 초대 대통령 응오딘지엠(다음부터 '지엠'으로 표기)의 일생은 파란만장했다.

지엠은 베트남의 남북분단 경계선이었던 북위 17도선 바로 북쪽인 중북부 베트남의 꽝빈(QuảngBình, 廣平광평)성에서 대대로 가톨릭 집안의 후예로 태어났다. 그의 선대 일족의 상당수가 불교도에게 생매장 당하는 등 박해를 받았다. 그의 부친은 영국령 말라야(현재의 말레이시아)에서 교육을 받아 프랑스군 사령관의 통역관으로 일했지만 유교와 한

문을 공부한 민족주의적 가톨릭이었다. 6남 3녀 중 3남인 지엠은 프랑스식민지 정권의 법률행정 고급관료로 성장해 1933년 바오다이 정권의 내무상을 맡았다가 내정개혁 건의가 묵살되자 사임해 프랑스식민 당국으로부터 체포와 추방 위협도 받았다.

지엠은 1940년대에 독립을 위해 많은 일본인과 교류하면서 후에서 일제의 도움을 기대하는 비밀결사를 만들다가 발각되어 사이공으로 피신하기도 했다. 1945년 베트남을 점령한 일본군은 식민통치를 위한 친위쿠데타로 베트남제국을 급조하여 바오다이를 황제에 복위시켰다. 바오다이는 지엠에게 수상을 맡기려고 했으나 처음에는 거절했다가 철회하고 뒤에는 직을 맡으려고 했다. 그러나 바오다이는 이미 쩐쫑낌(Trần Trọng Kim, 陳仲金진중금, 1883~1953)에게 수상 직을 맡긴 후였기 때문에 그의 때늦은 수상 희망은 좌절되었다.

지엠은 호찌민과 협력하려는 바오다이를 설득하기 위해 후에로 가려다가 베트민에 체포되어 국경 근처 산악마을로 추방되었다. 그는 말라리아와 괴질에 시달렸지만 산악 주민들이 그를 돌보지 않아 크게 고생하다가 지엠의 장점을 인정하고 지엠이 베트남민주공화국 정부에 가담하기 바라는 호찌민을 만나 내무상 제안을 받았지만 거절했다. 지엠은 베트민 간부가 큰형 응오딘코이(Ngô Đình Khôi, 吳廷魁오정괴, 1885~1945)를 친일파라는 이유로 살해한 가족사가 있다.

제1차 인도차이나전쟁 초기에 지엠은 중립을 선포하면서 반식민·반공주의 단체를 조직해 반공주의 가톨릭정치운동가 응우옌똔호안(Nguyễn Tôn Hoàn, 1917~2001)과 관계를 맺었다.

지엠은 또한 자신이 비밀 접촉하는 베트남민주공화국의 고위지도자들에게 호찌민 정부를 배신하도록 설득하기도 했다. 그는 1948년 6월 바오다이가 베트남을 프랑스연합(French Union) 내의 한 국가(State)가 되기로 합의한 것에 실망했다. 프랑스는 베트남에서 외교, 경제와 군사정책을 그대로 유지하기 위해 '베트남국(1954.7.21~1955.10.)'을 수립하고 바오다이를 장(長)으로 옹립했다. 바오다이는 지엠에게 다시 수상을 제안했지만 거부당했다.

1949년 6월 16일 지엠은 바오다이의 '베트남국'도 아니고 호찌민의 '베트남민주공화국'도 아닌 제3의 길을 선언했다. 1950년에 베트민은 궐석재판에서 지엠에게 사형을 선고했고 프랑스는 그의 보호를 거부했다. 베트민은 지엠의 암살을 시도했고, 이를 알아차린 그는 1950년 망명을 결심했다.

1950년 8월 친형 툭(Thục, 吳廷俶오정숙, 1897~1984) 주교와 함께 바티칸에 가서 성탄절 축하 행사에 참석했다. 지엠은 교황 피우스(Pius) 12세의 지지를 받으며 유럽 전역에서 로비 활동을 하다가 파리에서는 바오다이에게 베트남 수상을 맡을 용의가 있음을 알렸지만 바오다이는 다시 그를 만나주지 않았다.

지엠은 일본으로 가서 맥아더 총사령관을 면담하고 일본에서 반식민주의 반공주의자로 미국 CIA 요원인 피셸(Wisley R. Fishel, 1919~1977, 캘리포니아대학교 교수를 거쳐 미시건주립대 교수)의 도움으로 1951년에 미국 정부의 지원을 얻기 위해 도미했다. 미국인들은 지엠이 반공주의자라는 사실만으로 바오다이나 다른 베트남 지도자들보다 장점이 많은 것으로 보지 않았다. 일부 미국 관리들은 오히려 그의 독실한 가톨릭 신앙이 비 가톨릭 국가인 베트남에서 국민적 지지를 받는 데 한계가 있음을 우려했다.

이에 지엠은 자국에 대한 지식과 정보를 미국인들에게 열성적으로 제공하며 협조하는 모습을 보였다. 피셸 교수의 도움을 다시 받아 지엠은 미시건주립대학교(MSU) 정부조사국(Government Research Bureau) 컨설턴트로 임명되었다. MSU는 당시에 정부 후원 아래 냉전 동맹국에 대한 지원 프로그램을 관리하고 있었고 지엠은 '베트남자문단(Vietnam Advisory Group)'에서 미국의 베트남 정책에 관한 연구에 참여했다.

지엠은 호의적인 반응을 보이는 연방대법원 판사, 가톨릭 추기경, 상하원 의원, 특히 CIA의 도노반(William J. Donovan, 1883~1959) 등과 개인적인 교섭을 통해 지지의 범위를 넓혀 갔다.

1954년 7월에 미국에서 귀국하여 베트남국 수상에 취임한 지엠은 1955년 4월에 국민의 뜻이라면서 바오다이 왕에게 양위를 강요해 6월 14일 스스로 국가원수가 되었다. 10월 24일에는 공화제 또는 왕제 여부를 묻는 국민투표를 실시, 10월 26일에는 남베트남에 베트남공화국 수립을 선언하고 초대 대통령에 취임했다. 대통령 선거에서는 유령투표가 발견되기도 했다. 예를 들어 사이공의 등록유권자 수는 45만 명이었으나 지엠은 60만 표를 넘게 득표했다. 지엠은 CIA의 지원을 받아 베트남공화국 초대 대통령으로서 동남아 반공의 방파제를 맡았다.

식민지 시대에 프랑스와 일본 양쪽의 허수아비였던 베트남 왕조는 소멸되고 그 마지막 후예인 바오다이는 프랑스로 입국했다가 1997년 7월 파리군사병원에서 사망해 프랑스 땅에 묻혔다.

지엠은 대통령에 취임한 후에 1954년 제네바협정에 따른 2년 이내의 남북통일총선거 실시를 거부했다. 그는 그 상태에서 선거가 실시되면 패배할 것이고 베트남 전역이 공산주의가 되면 주변국에도 파급·확산된다는 도미노 이론에 따라 중국의 국공내전(1949년 종결)과 한국전쟁(1950~1953) 등으로 동남아가 공산 세력과 일촉즉발의 위기 상태라는 견해를 보였다. 그의 견해대로 남북 베트남 양쪽의 갈등은 격화되었다.

아이젠하워 정권 하에서 미국은 프랑스에 대신해 지엠 정권의 남베트남군에 중화기와 항공기를 비롯한 군사 지원을 시작했다. 그러나 지

지엠을 맞이하는 아이젠하워 미국 대통령(1957년 5월 8일)

엠 대통령 일족의 독재와 압제 때문에 남베트남 국민의 반발은 오히려 강해졌다. 지엠 정부는 1956년 11월 21일 미국의 지원 아래 미국이 일본에서 행한 방식과 유사한 농지개혁을 실시했지만 모두 실패했다.

반정부세력 소탕 작전

지엠은 동생 누(Ngô ĐìnhNhu, 吳廷瑈오정유, 다음부터 '누'라 칭함, 1910~1963)를 대통령 고문으로 임명해 비밀경찰 책임자로 맡기고 깐라오(Cầnlao, 勤勞근로)당 조직을 이용하여 반정부세력을 탄압했다.

미국의 외교사학자 콜코(Gabriel Kolko, 1932~2014)에 따르면 1955년에서 1957년 사이에 지엠 반대파 약 12,000명이 살해되었고 1958년 말까지 약 4만 명의 정치범이 수감되었다고 한다.

1959년 말 지엠은 전 국민을 완전히 통제할 수 있었고 공산주의자의 수는 3분의 2로 줄어들었으며 농촌에서는 거의 힘을 잃었다. 지엠의 탄압은 이에 더해 반체제 인사와 반부패 내부고발에까지 확대되어 국가와 공공질서를 위협하는 것으로 보이는 사람도 투옥되었다.

하지만, 지엠의 탄압 정책은 많은 지역에서 저항을 불러 일으켰다. 1957년 2월 22일 지엠이 부온마투옷(BuônMaThuột, 班迷屬반미촉)의 농업박람회에서 연설할 때 공산당원이 지엠에게 다가가 근거리에서 권총을 쏘았지만 경호원의 저지로 암살을 모면했다. 이후에도 지엠은 끊임없이 암살 음모에 주의해야 했다.

전 요미우리(讀賣)신문 기자 오쿠라 사다오(小倉貞男소창정남, 1933~2014)의 심층적인 취재보도가 지엠 통치기간 중의 폭압을 잘 조명하고 있다(1992).

〈1958년 12월 1일에는 1,000명의 정치범이 식사 후에 사망하는 수용소 학살사건이 일어났다.

'1959년 5월 6일에는 국가치안유지법을 반포하고 특별군사법정에서 반정부세력을 제 마음대로 투옥했다. 1959년 7월부터 1960년 7월까지 정부군의 반정부세력 소탕작전이 82회나 실시되어 폭행, 방화, 학살을 반복하고 참수 후에 처형자의 머리 부분을 건조하는 전근대적 악행(獄멱옥문), 인간의 살아있는 간이 정력을 강하게 한다고 하여 반군으로 지목되는 베트남 민중의 간을 꺼내 먹는 일도 자행했다.'

1960년까지 80만 명이 수감되고 그 중 9만 명이 처형되었으며 19만 명이 고문으로 장애인이 되었다. '정치훈련센터'에는 항상 8천~1만 명이 수용되어 있었고 400개 지역에 농민수용소를 설치해 농민들이 대대로 살아온 가옥을 파괴하고 강제 수용했다.〉

반 지엠 연합전선

1955~1956년경부터 사병(私兵)을 보유한 카오다이교(Đạo CaoĐài, 道高臺도고대)와 호아하오교(Đạo HòaHào, 道和好도화호) 등의 종교조직이 지엠 정권의 탄압에 맞서 투쟁을 개시했다. 카오다이교는 1919년 무

달랏에 있는 카오다이교의 한 사원

렵 응오민찌에우(Ngô Minh Chiêu, 吳明釗오명쇠, 1878~1932)와 레반쭝(Lê Văn Trung, 黎文忠려문충, 1876~1934)이 창립한 베트남의 신종교로 유교, 도교, 불교, 그리스도교, 이슬람교의 5교 교리를 토대로 한 종교이다. 호아하오교는 베트남 불교계의 신흥종교 조직이었다.

이에 더해 인도차이나전쟁 중에도 메콩 델타 지역을 중심으로 세력을 과시한 조폭급(組暴級) 사병조직인 보도이빈수옌(Bộđội Bình Xuyên, 部隊平川부대평천) 등이 지엠 정권에 반발하여 연합전선을 결성했다. 이들 세력은 1957~1958년 사이에 더욱 세력이 강해졌으나 정부군에 의해 진압되었다.

북베트남의 대응

베트남민주공화국 호찌민 주석은 제네바협정에 따른 남북통일 선거가 진행되지 않음에 강하게 반발했다. 베트남공화국에서는 1957년부터 지엠 대통령의 통치에 대한 불만이 커지면서 낮은 수준의 반란이 일어나기 시작했다. 1959년 1월 지엠 정부 비밀경찰의 표적이 된 베트남 남부의 공산당 간부들은 하노이 중앙위원회에 무장투쟁을 위한 보급품과 병력 사용의 허가를 요구하는 비밀결의안을 제출했다.

1959년 1월 13일 하노이에서 개최된 제15회 베트남노동당 중앙위원회 확대회의는 남부의 정권을 전복하기 위한 무력해방전쟁을 결의했다. '새로운 단계에 들어선 남부 베트남의 정책에 대해'라는 제목의 결의에서 '미국은 가장 호전적인 제국주의자이다.(생략) 우리와 적의 싸움은 오래 갈 것이 확실하지만 마지막 승리는 반드시 우리가 차지할 것'이라고 선언했다.

이에 따라 1959년 5월에는 돌격대와 정찰대가 결성되고 산악소수민족의 협조를 받아 나중에 '호찌민루트'라고 불리는 보급로 건설이 시작되었다. 전쟁 종결까지 호찌민루트는 1만 6천km에 달하고, 남쪽으로 수송된 물자는 4,500만kt, 왕래한 인원은 총 200만 명에 달했다.

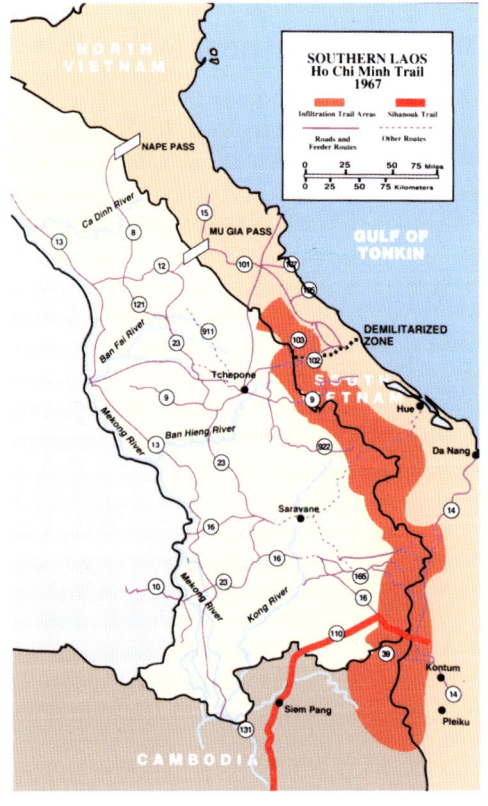

호찌민루트(1967)

디 기지와 벤쩨에서의 정부군 습격

1959년 11월 남베트남의 NLF 비밀기지 디(Đ, 동쪽을 뜻하는 베트남어 Đông의 머리글자)에 호찌민의 결의가 도달했다. 무기가 없었던 디 기지의 베트민은 정부군의 무기 강탈을 계획하고 1960년 1월 17일 오전 6시 벤쩨(BếnTre, 㴜筳변지, 호찌민시 서남쪽 약 86km)와 인근 도시에서 정부군 막사를 습격하고, 농민들은 시장에서 식사 중인 정부군 병사들을 공격해 100정의 소총, 2정의 중기관총을 획득했다. 이후에 정부군은 게릴라군 진압을 시작했지만, 주민 중 여성 5천 명이 매일 상장을 달고 정부군에 항의하는 시위를 벌였다.

(남)베트남민족해방전선(NLF) 결성

1960년 12월 20일 남베트남민족해방전선(National Liberation Front, 약칭 NLF, 멸칭 베트콩VC)이 남베트남의 공산당을 중심으로 결성되었다. 이듬해 2월에 민족해방전선(NLF)은 하노이 방송을 통해 선언과 강령을 발표, '1954년 제네바협정에서 베트남의 주권을 승인했음에도 불구하고 미국이 프랑스에 대신해 남부에 지엠 정권을 만들고 형태를 바꾼 식민지 지배를 진행하고 있다'고 선언했다. NLF는 '제네바협정을 무시한 지엠 정권과 그 비호세력인 미국의 타도'를 내걸고 남베트남 정부와 정부군에 대한 게릴라 공격과 테러 활동을 활성화해 내전상태에 빠졌다. NLF 결성을 보고받은 지엠은 이를 공산주의자의 반란이라고 단정하고 그들을 '베트콩(Việt Cộng, 越共월공=베트남 공산주의자)'의 약칭으로 이름 붙여 멸칭으로 사용했다. 우리는 이

NLF(베트콩) 기

를 더 줄여 VC라고 불렀다. 후에 이 단어는 미국과 남베트남 정부가 NLF를 멸시하는 이름으로 널리 사용됐다.

NLF에는 남베트남 정부에 반감을 가진 불교도와 학생, 공산주의와 무관한 자유주의적인 일반 국민들도 다수 참가했다. 전투 격화에 따라 점차 북베트남이 개입하고 호찌민루트를 통해 중국과 소련으로부터 많은 무기, 자금과 기술 지원을 받아 NLF는 불과 2년 사이에 4천 명 규모로 확대됐다. NLF는 처음에 지엠 일가의 정권 사유화와 부패 및 그 후원자인 미국에 대한 항의·저항 운동으로 출발했지만 젊은 학생들을 중심으로 베트남통일전쟁으로 확대되고 참가자도 늘어났다.

9. 미국의 인도차이나 직접 개입과 베트남전쟁

미국의 무력 개입은 베트남전쟁으로 통칭된다. 영어로 Vietnam War 또는 제2차 인도차이나전쟁, 현재의 통일베트남(베트남사회주의공화국)에서는 찌엔짜인미꾸옥(Chiếntranh Mỹquốc, 戰爭美國전쟁미국), 캉찌엔쫑미(Khángchiến chốngMỹ, 抗戰拂美항전롱미), 캉찌엔쫑미꾸누으억(Khángchiến chốngMỹ cứunước, 抗戰拂美救濟항미구국전쟁)이라고 부른다.

남북 베트남과 프랑스에서 미국으로의 배튼 터치
미국 케네디 정권 출범 후의 미국 군사고문단 증강

지엠은 1955년 북위 17도선 이남에 베트남공화국을 수립해 친미국가로 동남아시아에서 반공방파제를 자임했다. 겉보기에 지엠은 1960년 무렵에 남베트남에서의 조직적 저항을 완전히 제압한 것으로 보였다. 하지만 가족독재와 부패 때문에 민족주의 세력 내부에서도 지엠에 대한 불만은 꺼지지 않고 남아 있었다. 실패로 끝났지만 1960년 11월 11일 지엠 정권에 대해 남베트남군 공수부대 브엉반동(Vương Văn

Đông, 1930~2018, 캄보디아를 거쳐 프랑스로 망명) 중령과 사이공 조폭집단 인 빈쑤옌 일당을 제압한 지엠의 공신 응우옌짜인티(Nguyễn Chánh Thi, 1923~2007, 캄보디아로 망명했다가 지엠 몰락 후에 귀국해 1964~1966년 군 부쿠데타에서 주요한 역할을 맡았으나 미국의 지지를 받지 못함.) 대령이 쿠데타를 일으켰다. 1962년 2월 팜푸꾸옥(Phạm Phú Quốc, 1935~1965, 지엠 축출 후인 1963년에 석방되어 북베트남 폭격 중 전사) 중위와 응우옌반끄(Nguyễn Văn Cừ, 1934년생, 캄보디아로 탈주했다가 1963년 귀국하여 군에 복귀, 베트남 패망 후에 1985년까지 재교육 캠프에 수감되었다가 1991년 미국으로 추방) 등 2명이 동시에 대통령궁을 폭격해 지엠과 그의 가족을 폭살하려고 시도한 적도 있었다.

미국에서는 1961년 1월 20일 민주당의 존 F. 케네디가 대통령에 취임하여 2년 10개월 집권하는 동안의 외교 정책 가운데 베트남전쟁의 확전이 가장 큰 논란을 빚는 부분이다.

케네디는 취임 직후 '베트남에 관한 특별위원회'를 설치하고 합동참모본부에 대해서 베트남 정세에 대한 조언을 구했다. 특별위원회와 합참은 소련과 중국의 지원을 받아 세력을 확대하는 북베트남(베트남민주공화국)의 군사적 위협에 대처하여 베트남공화국(남베트남)에 정규군을 파병하는 군사원조를 제언했다.

케네디는 존슨 부통령과 맥나마라(Robert McNamara, 1916~2009, 포드자동차 사장 역임) 국방장관을 베트남에 파견하여 받은 보고를 토대로 풀브라이트 상원 외교위원회 위원장의 동의를 받았다. 존슨은 보고서에서 '미국이 신속히 행동하면 남베트남을 구할 수 있다'고 했고, 맥나마라는 지엠 대통령에 대한 지지를 표명하며 '우리는 전쟁에 이길 것이라는 정량적인 데이터가 있다'고 보고해 케네디의 결정을 지지했다. 케네디는 제네바협정의 이행을 위한 협상을 요구하는 국무차관의 조언을 받아들이지 않았다.

케네디는 '공산주의의 남베트남 침투를 막기 위해' 1961년 5월에 미군 정규군으로 구성된 '군사고문단'의 이름으로 게릴라 소탕작전을 위한 특수부대 600명의 파견과 군수물자를 더 지원하기로 결정하고 남베트남민족해방전선(NLF)을 궤멸시킬 목적으로 클러스터 폭탄, 네이팜탄, 고엽제를 사용하는 공격을 개시했다.

1962년 지엠은 NLF 세력을 고립시키기 위해 농촌 각지에 전략촌(Strategic Hamlet, 베트남어 압찌엔르억Ấp Chiến lược) 조성 계획을 수립했다. 정부가 지원하는 주택, 학교, 우물과 망루가 있는 11,000개의 안전한 전략촌을 만들어 NLF(베트콩) 게릴라 외의 농민을 이주시키려던 베트남과 미국의 이 계획에 대해 조상 대대로 살아오던 땅을 떠나 전략촌으로 이주를 거부하는 농민이 속출하고, NLF의 전략촌 공격도 계속되어 성공하지 못했다. 유교적 가톨릭인 지엠이 '전략촌' 조성 계획에 순순히 동조했는지는 의문이지만 지엠 정권이 제거되면서 전략촌 작전 계획은 파기되었다.

아이젠하워의 공화당 정부가 집권하던 1960년 685명이던 남베트남 주둔 미국 군사고문단은 민주당의 케네디 정부가 들어선 1961년 말에 3,164명, 1963년 11월에는 16,263명으로 증가했다. 명칭은 군사고문단이지만 1962년 2월에 미국은 베트남군사원조사령부(MACV)를 설치해 폭격기나 무장 헬기 등 각종 항공기, 탱크와 중화기 등을 보유한 사실상 특수부대인 정규군을 파견했다. 케네디 정부는 군사 개입 확대를 통해서 베트남 정세를 장악하려고 시도했다. 그러나 사이공 인근의 메콩 델타에서 남베트남군과 미국 군사고문단 2천 명이 베트콩 200명과 벌인 전투에서 미국이 헬리콥터와 탱크를 동원했지만 남베트남군 전사 83명, 부상 100명에 미군 전사 3명, 부상 8명, 헬리콥터 5대와 차량 3대를 잃었고, 베트콩은 전사 18명에 부상 39명으로 베트콩에 패배했다.

지엠 대통령도 군사 개입의 확대와 내정 간섭에 불만을 품고 케네디 정권을 못마땅해 했다. 케네디는 지엠 정권에 대한 압박으로 1963년 말까지 군사고문단 1,000명을 감축했다. 이미 11월에 맥나마라 국방장관은 '군사고문단을 단계적으로 철수하고 1965년 12월 31일까지 완전 철수할 계획'이라고 발표했다.

맥나마라 국방장관의 베트남군사원조사령부 방문

뒤에 파리평화회담 협상을 벌인 키신저(Henry A. Kissinger, 1923~, 독일 태생 하버드대 정치학 교수 출신)는 케네디 정권의 '군사고문단 완전 철군 계획' 발표가 단지 지엠 정권을 압박하는 것이었다'고 술회하여 이후에도 군사 개입 확대 정책이 계속되었음을 시사한다.

불교도의 항의와 스님의 소신공양

1960년대에 들어서자 가톨릭교도로서 다른 종교에 대해 억압적인 정책을 밀어붙인 지엠 정권에 남베트남 인구의 대부분을 차지하는 불교도의 항의가 빈번해졌다. 1963년 5월 후에에서 벌어진 반정부시위에서 경찰이 발포하여 사망자가 발생하는 등 그 규모는 커졌다. 1963년 6월에는 불교신자에 대한 억압을 세계에 알리기 위해 미리 언론에 사실을 고지하고 사이공 시내의 미국대사관 앞에서 분신자살한 틱꽝득(Thích Quảng Đức, 釋廣德석광덕, 1897~1963) 스님의 모습이 텔레비전을 통해서 전 세계에 알려졌다. 득 스님의 분신은 지엠 정권을 규탄하는 방향으로 세계 여론을 환기시켰고, 국내 불교도에게도 큰 영향을 미쳤다.

이에 대해서 비밀경찰총책인 지엠 대통령의 동생 누의 아내 '마담

미국대사관 앞에서 분신자살한 틱꽝득 스님

누'가 스님의 소신(燒身) 공양을 '인간 바비큐'라고 비하하자 이 발언에 항의하는 스님들의 분신자살이 잇따르고 지엠 정권에 대한 시위도 활발해지면서 일단의 군부가 쿠데타를 계획하게 되었다. 경건한 불교도로 알려진 당시의 유엔 사무총장인 버마 출신 우탄트(U Thant, 1909~1974)도 베트남 정부에 고언(苦言)을 보냈다.

쿠데타와 지엠 대통령 암살 이후의 티에우 정권

남베트남군 내의 반 지엠 세력과 군내의 친미세력(2개의 세력은 사실상 거의 동일)이 쿠데타를 계획했고, 그 상황은 케네디 정권에도 보고되었다.

지엠의 불교도에 대한 탄압과 불교도 봉기가 계속되자 1963년 미국 국가안전보장회의는 크루락(V. Krulak, 1913~2008, 최종 계급 중장) 해병 소장과 국무성의 멘덴홀(Joseph Mendenhall, 1920~2013) 베트남담당관을 현장특별조사단으로 베트남에 파견해 세밀한 조사를 진행했다. 지엠을 지지한 크루락과 달리 두 사람의 보고 내용은 크게 엇갈렸지만 미국 CIA의 묵인 하에 1963년 11월 2일 일어난 쿠데타는 성공했다. 쿠데타군은 대통령 지엠과 비밀경찰총책 누를 권좌에서 밀어내고, 지엠을 사이공 시내의 차이나타운 쩌런(Chợ Lớn, 堤岸제안) 지구의 천주교 성당 앞에 세워 둔 반란부대의 장갑차 안에서 살해했다. 지엠 정권의 상층부는 해외로 도주했고, 마담 누는 도망쳐 해외를 전전하다가 2011년 로마에서 죽었다.

당일 군사정권이 성립되어 친미적인 남베트남군 군사고문 즈엉반민(Dương Văn Minh, 楊文明양문명, 1916~2001, 대통령 재임 2회, 1963.11.2.~1964.1.30., 1975.4.28.~4.30.)이 대통령에 선출되었다.

지엠 대통령의 최후

미국 정부는 쿠데타 후에 남베트남이 안정되기를 바랐지만 쿠데타에 참여한 장교들의 권력투쟁이 이어져 그 후에도 여러 차례의 쿠데타가 발생했다. 민 대통령의 군사정권이 NLF와의 전투성과가 부진하자 군 내부가 이반해 1964년 1월 30일 응우옌카인(Nguyễn Khánh, 阮慶완경, 1927~2013, 대통령 1964~1965) 장군을 중심으로 다시 쿠데타를 일으켰다. 민은 태국으로 추방됐다가 카인 장군의 동의하에 귀국, 2월 8일 대통령 자리에 복귀했다. 카인은 1965년 티에우의 쿠데타로 프랑스로 추방되었다가 1977년 미국으로 이주, 베트남계 기업에서 일하면서 2005년에는 명목상 자유베트남 망명정부의 대표를 맡았다가 죽었다.

미국은 카인 장군과 민 대통령을 전폭적으로 지원했지만 카인이 NLF와의 화해 가능성을 모색했기 때문에 1965년 2월 25일 응우옌반티에우(Nguyễn Văn Thiệu, 阮文紹완문소, 1923~2001) 등 군부 강경파의 쿠데타로 실각했다. 티에우는 베트민에서 전향한 강렬한 반공주의자였다. 남로당의 군부 비선이었던 박정희 전 대통령과 흡사한 면이 보인다.

티에우는 응우옌카오끼(Nguyễn Cao Kỳ, 阮高祺완고기, 1930~ 2011, 공군사령관 역임)를 수상으로 임명하고 자신은 1967년 9월 선거에서 전체 투표의 38%를 득표해 대통령에 당선, 취임했고 미국은 이 선거 결과를 환영했다.

티에우는 1971년의 재선에서도 대통령에 당선되었지만 1974년 4월 사이공 함락 직전에 대통령직을 내려놓고 함락 후에 대만과 영국을 거쳐 미국 매사추세츠주로 이주했다가 그곳에서 죽었다. 키는 미국 서부 캘리포니아로 이주해 무역상을 경영하기도 했지만, 2004년 통일베트남 정권과의 관계가 좋아져 고국 땅을 다시 밟기도 했다.

1965년 카인 장군의 실각을 계기로 다시 망명했던 민은 1968년에 귀국하지만 북베트남 정부와 남베트남 NLF에 대해 온건파로 활동했다. 민은 베트남전쟁 종결 직전, 1965년부터 10년간 대통령을 지낸 티에우 대신에 다시 대통령을 맡아 며칠 후인 1975년 4월 30일에 사이공이 함락하자 항복 방송을 하고 NLF의 재교육 캠프에 잠시 수감되었다가 석방되었다. 그는 1983년 식민모국이었던 프랑스를 거쳐 미국으로 이민해 LA 동쪽 파사디나(Pasadena)에 살다가 죽었지만 아무런 회고 글도 남기지 않았다.

미국의 대규모 군사 개입 개시

통킹만 사건의 조작과 케네디 대통령 암살

남베트남에서 지엠 대통령을 무너뜨린 쿠데타가 일어난 불과 3주 후에 미국에서는 케네디 대통령이 암살되었다. 내가 2017년 댈러스의 암살 장소에서 만난 미국인 관광안내원은 "저 빌딩(텍사스교과서 회사 빌딩, 현재는 달라스 카운티 행정관) 6층 창고에서 직원인 오스왈드(Oswald)가 이 길 위로 총을 쏘았는가?"라는 물음에 "그것은 정부의 발표다. 더 알고 싶으면 내가 안내하는 관광그룹에 합류하여 내 설명을 들으라"고 답했다. 나는 시간이 없어 그의 설명을 더 듣지 못했지만 그의 말처럼 케네디 암살의 배경은 여러 조사 결과와 군산복합체의 기획 등 많은 음모설 등이 있다. 케네디 대통령이 베트남전쟁의 초기 결정자였지만 확전에 주저한 부분이 있음에 주목할 뿐이다.

그의 후임으로 부통령인 린든 B. 존슨이 대통령을 승계했다. 존슨은 대통령 취임 9개월 후인 1964년 8월 2일과 8월 4일 베트남 해역에서 미국 해군 구축함 '매독스(Maddox, DD-731)'가 북베트남 해군 어뢰정의 공격을 받았다는 이른바 '통킹만 사건'이 발생했다. 이어 64대의 미군 폭격기가 북베트남 영공을 침입해 북부해안지대인 흥옌(Hung Yen, 興安흥안), 하롱(Ha Long, 下龍하롱)과 타인호아(ThanhHóa, 清化청화) 등지를 맹폭했다.

오스왈드가 케네디를 저격한 총탄을 발사한 건물로 사진에서는 나무가 가리고 있는 6층에서 3발을 발사. 1발은 빗나가고 그 다음번 총알은 주지사에게 큰 부상을 입혔고, 마지막 1발이 케네디 대통령에 명중되었다고 한다.

8월 7일 미국 의회 상하 양원은 북베트남의 무력공격에 대한 일체의 권한을 대통령에게 부여하는 '통킹만 결의'를 압도적으로 지지하여 존슨 대통령은 실질적인 전시 대권을 갖게 되었다.

이 사건의 조작이 판명되어 진실이 밝혀지기까지는 약 7년이 걸렸다. 이 조작된 사실의 폭로는 세간에 널리 '펜타곤 기밀문서(Pentagon Papers) 사건'으로 국가안보와 언론의 대립과 긴장관계를 법률적으로 살펴보는 주요한 사건이 되었다.

1971년 6월 뉴욕타임스 기자가 '펜타곤 페이퍼스'로 불리는 미국 정부의 기밀문서를 전직 국방성 관리로부터 입수, 1964년 8월 4일 통킹만 사건이 미국이 베트남전쟁에 본격 개입하기 위해 조작한 사건이었음을 폭로했다. 당시 국방장관이었던 맥나마라도 전후인 1995년에 같은 내용을 고백했다.

당시 통킹만에서 포획한 미국제 항공기와 소형 함정(하이퐁박물관)

존슨의 재집권과 중·소의 북베트남 원조

베트남에서 미국의 군사 행동이 점차 확대되던 1964년 11월 3일 미국 대통령선거가 치러졌다. 통킹만 사건 직후였지만, 이 시점에서는 남베트남에 파견한 미국 군사고문단의 사상자 수도 많지 않았기 때문에 베트남 정책이 선거의 큰 쟁점이 되지는 않았다. 이 선거에서 민주당의 존슨 대통령이 압승하고 의회에서도 민주당이 대승해 1965년 1월부터 새 임기에 들어갔다.

존슨 정부가 새 임기를 시작했지만 맥나마라 국방장관과 딘 러스크 국무장관 등 케네디 정권에서 베트남 군사 개입 확대를 추진한 각료와 측근이 계속 유임되어 미국은 베트남전쟁의 수렁에 빠져들기 시작했다.

미국은 베트남에 대한 군사 활동을 더욱 확대했고, 1964년에 소련도 북베트남에 대한 전면적 군사 원조의 개시를 표명하며 군사고문단을 파견했다. 1965년 2월에는 코시긴(Aleksei N. Kosygin, 1904~1980) 소련 수상이 하노이를 방문했다.

북베트남군은 군사 원조를 해 오던 중국이 많은 경화기를 공급했지만 중화기는 거의 공급하지 않아 게릴라적인 공격밖에 하지 못했다.

하지만 소련이 최신식 전투기와 전차, 대전차포 등의 중화기를 공급하면서 군사력은 대폭 증강되었다.

중·소가 갈등 상태였으므로 중국도 소련의 북베트남군에 대한 군사원조 증가에 대항하여 1965년 5월에는 비밀리에 인민해방군의 군사고문단을 파견했다. 이후 북베트남군과 NLF의 표적은 남베트남군만 아니라 남베트남에 파견된 미국 군사고문단으로 향했다.

NLF(베트콩)의 세력 확대

1965년 무렵, 미국 군사고문단이 NLF의 병력을 분석한 바에 따르면 군 병력은 1961년 1만 7천 명, 1962년 2만 3천 명, 1963년 2만 5천 명, 1964년 3만 4천 명으로 3년간 계속 증가했고, 이 밖에 자위대 민병이나 지방의 소부대 조직은 1960년 7천 명에서 1964년에는 10만 6천 명에 이르는 것으로 추정되어, 1964년 시점의 총병력은 합계 14만 명이었다. 이 숫자에는 1959~1964년까지 5년간 북에서 남쪽으로 내려온 4만 4천 명이 포함된 것으로 보였는데 그들 중 대부분이 원래 남쪽 출신으로 당시 프랑스와의 전쟁을 치른 역전의 병사들이었다. 이들은 마침내 NLF의 주축이 되었다.

한편, 1964년 3월 맥나마라 국방장관이 존슨 대통령에게 제출한 보고서에서 농촌의 40%가 NLF의 지배하에 있다고 보았고, 사이공 정권은 1965년 4월에 농지의 75%가 NLF에 넘어갔다고 판단했다.

북폭 개시

1964년 11월에는 사이공에서 가까운 비엔호아(BiênHòa, 邊和변화)의 남베트남 군사기지가 습격을 받아 미군 군사고문 5명이 숨지고 크리스마스이브에는 사이공 시내의 호텔에 폭탄이 떨어져 미국 민간인 2명이 사망했다. 그 뒤 소련 코시긴 수상이 북베트남을 방문 중이던

1965년 2월 7일 중부고원 도시인 쁠래이꾸(Pleiku, 坡離俱파리구)의 미국 군사고문단 기지가 NLF의 공격을 받아 미군 장병 7명이 숨지고 109명이 부상당했다. (➜ 제3부 쁠래이꾸)

곧 이어 존슨 대통령은 이미 베트남 해역에 파견되어 있던 미국 해군 제7함대의 함재기를 중심으로 수도 하노이와 하이퐁, 동허이(Đồng Hới, 洞海동해=당시 북베트남의 최남단에 위치한 꽝빈(QuảngBình, 廣平광평)성의 성도) 등의 북베트남 요지에 보복 폭격을 명령했다. 3월 26일에는 북베트남 연안의 섬들과 북베트남군 기지에 공군 전폭기 F-100과 F-105 등으로 대규모 폭격을 개시했다.

북베트남은 하이퐁 등의 중요 항만시설에 외국 선박을 입항시켜 놓아 미군의 공격을 차단했다. 북베트남 공군은 소련에서 대여된 MiG-17, MiG-19, MiG-21 등의 소련제 전투기로 육지에서 미국 군용기에 대응했다.

이로 인해 미국 해군 항공대의 최신예기인 F-4와 F-105 전폭기가 격추되는 일이 속출했고, 4월 29일에는 중국 영공을 침범한 미국 해군 제96전투비행대의 F-4B가 중국인민해방군 공군전투기에 격추되었다. 정밀유도무기를 거의 운용하지 못한 당시 해군 항공대와 공군의 현장부대에서는 귀중한 조종사의 희생에 대한 불만이 잇따랐다.

미국 국방성도 전과에 비해서 피해가 속출하여 조종사의 손실이 많음을 인정하

미군 해군 항공모함에서 출격 대기 중인 RA-5 정찰기와 F-4 전투기

고 1967년 4월 말에는 미군이 거의 제한을 철폐해 북베트남군의 공군기지와 비행장을 맹폭했다. 미국 공군은 신예 F-111 전투폭격기와 B-52 전략폭격기를 투입, 하노이와 하이퐁 등의 대도시를 비롯한 북베트남 전역을 폭격했고, 북베트남도 미군과 교전에 나섰다.

괌과 오키나와의 미군기지에서 베트남 북폭을 위해 출격하는 B-52 폭격기의 진로와 비행기 대수는 그 해역에서 조업하던 소련과 중국의 레이더를 장착한 위장어선이 수집한 정보로 북베트남군 사령부에 보고되었다. 북베트남군의 MiG-19, MiG-21 등 전투기와 대공 포화, 지대공 미사일에 의해 미군의 B-52 폭격기는 상당수가 격추되었지만 강력한 전파방해장치와 100발이 넘는 폭탄 탑재 능력을 가진 B-52 폭격기의 잦은 출격으로 하노이와 하이퐁을 비롯한 북베트남의 주요 도시의 교량, 도로, 전기와 수도 등은 큰 피해를 입었다.

미국군의 북베트남에 대한 본격적인 공습 작전에 대해서 호찌민을 비롯한 북베트남 지도부는 '미군의 베트남인 학살행위'라고 호소하면서 서방 국가에서는 대규모 반전운동이 활발해졌다.

미군의 남베트남 상륙과 육상전투 개시

존슨 대통령은 '통킹만 결의'에 따라 1965년 3월 8일 해병대 3,500명을 남베트남 다낭에 상륙시켰다. 이어 다낭에 대규모 공군기지를 건설하고 더 많은 미군을 '군사고문 및 작전지원단'으로 주둔시켜 1964년 말에는 23,300명이 되었다. 존슨은 1965년 7월 28일 지상군 파견을 결정해 베트남에 참전한 미국 육군과 해병대는 1965년 말까지 제3해병사단, 제175공수사단, 제1기갑사단, 제1보병사단 등 총 184,300명으로 급증했다.

친미 국가의 참전

박정희 국가재건최고회의 의장은 1961년 11월 미국을 방문해 케네디 대통령에게 군사정권의 정통성을 인정받고, 더 나아가 미국 원조의 감소를 전쟁 특수로 타개하려고 한국군의 베트남 파병을 제안했다. 케네디 대통령은 이 제안을 받아들이지 않았지만 그가 암살된 후에 취임한 존슨 대통령은 1964년부터 단계적으로 한국군 파병을 받아들였다.

1965년부터 1972년까지 한국에서는 베트남 특수가 일었다. 전쟁에 파견된 군인, 기술자, 건설노동자, 용역 군납 등의 무역외 수지 7억 4천만 달러와 1960년대 후반 5년간 17억 달러의 군사원조 등으로 한국경제의 고도성장을 견인했다.

초기에는 비전투부대로 건설지원단인 '비둘기부대'가 1965년 2월 베트남에 상륙했고, 이어 1965년 3월 해군수송전대인 '백구부대'가 파견되었으며, 육상전투부대로 1965년 9월부터 10월까지 대한민국 육군 '수도사단(맹호부대)', 해병대 '제2해병여단(청룡부대)', 1966년 9월에 육군 '제9사단(백마부대)'도 참전했다.

1966년 필리핀 마닐라에서 열린 SEATO 정상회의에 참석한 박정희 대통령

태국, 필리핀, 호주, 뉴질랜드 등의 동남아시아조약기구(SEATO) 회원국들도 미국의 요청으로 베트남에 군대를 파병했지만 한국군은 SEATO 파병 병력의 약 4배 규모로 최대의 병력을 투입했다. 이는 파병 규모에 따른 보조금, 대미 이민 범위 확대, 한국이 북한과 중국 등 공산주의 세력의 확장에 강한 위기감을 갖고 있던 것이 주요 이유다.

한국군을 비롯한 친미 연합군의 연도별 파견 병력 (단위: 명)

년	한국군	오스트레일리아군	태국군	필리핀군	뉴질랜드군
1964	12,000	200	–	20	30
1965	20,620	1,560	20	70	120
1966	25,570	4,530	240	2,060	160
1967	47,830	6,820	2,200	2,020	530
1968	50,000	7,660	6,000	1,580	520
1969	48,870	7,670	11,570	190	550
1970	48,540	6,800	11,570	70	440
1971	45,700	2,000	6,000	50	100
1972	36,790	130	40	50	50

북베트남군과의 충돌

북베트남군도 미군 주력의 참전에 대항하여 호찌민루트로 캄보디아 국경까지 침입해 NLF와 함께 남베트남 정부의 힘이 미치지 않은 산악지대에 진을 쳤다. 북베트남군은 1965년 10월 19일에 미군기지를 공격했지만 인명 피해는 없었다. 미군은 북베트남 진지를 섬멸하려고 했지만 도로가 없는 험한 산지에서 차량으로 부대 이동을 하기는 어려웠다. 미군은 이곳에서 처음으로 헬리콥터를 실전에 투입해 상공에서 병력을 착륙시켰다. 헬리콥터는 이 전쟁에서 사실상의 주력 무기가 되어 대량 생산되었다.

미군과 북베트남군의 첫 전투, 이아 드랑 계곡 전투

1965년 11월 14일 미군은 캄보디아 국경에서 동쪽 11km 지점에 있는 이아 드랑(Ia Drang) 계곡에 UH-1 헬리콥터로 육상전투부대를 착륙시켰다. 북베트남 정규군과 미군의 전투는 이것이 처음이었지만, 미국군 사령부는 북베트남의 병력을 파악하지 못했다. 미군기지 습격 후에 그냥 도망치는 북베트남군을 보고 미군은 쉽게 공략할 수 있다고 생각했다. 그러나 실전이 벌어지자 북베트남 병사들은 진영을 정비하고 산지 속을 누비며 예상외의 거센 저항을 했다. 10~11월의 소규모 전투에서 미군은 적 3,561명을 사살했지만(추정), 미군도 305명이 전사했다. 특히 11월 14일부터 단 4일 동안 234명이 전사했지만 이곳을 점령하지 못했다.

미군의 수색과 파괴 작전

미국은 주로 헬리콥터 수송 작전과 삼림 전투를 전개했다. 마을과 숲에 숨어 있는 북베트남 병사와 NLF 게릴라를 찾아내고 섬멸하는 수색과 파괴 작전은 헬리콥터와 항공기로 네이팜탄 등을 발사해 농림을 무차별 초토화해야 했으므로 민간인 피해가 매우 컸다.

1966년부터 한국군의 양민 학살과 약탈 등에 대해 많은 자료가 있다. 실제로 반인륜적 전쟁 범죄가 있었다면 파견 장병의 한 사람으로서 깊이 사과한다. 사병들은 죽지 않고 살아남기 위해 상관의 명령에 따라 총포를 쏘고, 시계 확보를 위해 고엽제를 뿌릴 수밖에 없었다. 나 역시 시야를 가리는 초목 제거를 위해 고엽제를 뿌린 가해자인 동시에 그 후유증의 피해자이기도 하다.

밀라이 학살(일명 썬미Sơn Mỹ 학살)과 반전운동

1968년 3월 16일에는 미국 육군 제23보병사단 제11경보병여단의 윌리엄 캐리 중위가 이끄는 제1소대가 밀라이[Mỹ Lai, 현재 꽝응아이(Quảng Ngãi, 廣義광의)성의 마을]에서 무차별 사격으로 비무장 민간인 504명을 학살한 사건이 보도되

밀라이 학살 현장

자 미국에서도 반전운동이 격화되기 시작했다.

  그 후 미국은 북쪽에서 남쪽으로의 군수품 보급로인 호찌민루트를 끊기 위해 이웃 나라인 라오스와 캄보디아에도 공격을 가해 라오스의 파테트 라오와 캄보디아의 크메르루주 같은 공산주의 세력과도 싸우게 되고 전역은 베트남 국외의 전 프랑스령 인도차이나로 확대됐다.

  미국 공군은 이들 지역을 무수히 폭격했으며 정글에 숨은 북베트남군과 NLF 게릴라를 찾기 위해 항공기로 정글에도 고엽제를 살포했다.

전쟁 중의 미국 국내 사정과 반전운동의 확산

  텔레비전 방송이 보급된 후 처음 발발한 대규모 전쟁이어서 그 이전의 전쟁과 달리 전쟁의 피해가 그날그날 방송에 보도되면서 전쟁터의 비참한 실상이 전 세계에 전해졌다. 1960년대 후반이 되면서 전쟁 격화와 함께 미국 본국에서도 방송과 뉴스영화로 많은 국민이 전투 장면을 듣고 보면서 미국에서도 점차 반전운동이 고조되었다. 미국 내에서는 사상 유례가 없는 풀뿌리의 반전운동이 활발해지고 '머나먼 인도차이나 땅에서 무엇 때문에 미군 병사가 싸우고 있는가?'라는 비판이 미국연방정부에 집중했다. 청년층을 중심으로 '베트남 반전운동'이 널리 전개되고 히피와 '플라워 피플(Flower People: 1960년대 샌프란시스코를 중

심으로 번진 하위문화 추구집단)' 등의 대항문화가 자리를 잡았다.

베트남전쟁은 1964년 존슨 정부에서 제정된 공민권법의 시행으로 미국 역사상 처음으로 '흑인 부대'가 따로 편성되지 않고 흑인과 백인이 같은 전장에서 동등한 입장으로 싸운 전쟁이었다. 이에 흑인 청년과 함께 싸웠던 백인 청년이 미국에 돌아와 다양한 장소에서 다시 만남으로써 완전히 분리되었던 인종을 서로 화합케 하는 촉진제가 되기도 했다.

작가·평론가 등의 문화인, 배우, 가수 등 연예인의 '베트남 반전운동'도 성행했다. 복서 무하마드 알리는 1967년에 베트남전쟁에 반대하여 징병을 거부했다. 영국인 가수 존 레넌(John Lennon, 1940~1980, 피살)도 1970년 비틀즈 해산 후에 활동거점을 미국 뉴욕으로 옮겨 음악활동을 계속하면서 반전활동을 벌였다. 여배우 제인 폰다(Jane Fonda, 1937년생)는 북베트남을 방문해 격추된 미군 조종사 포로들을 면담하기도 했고, 미군기를 격추한 북베트남군의 고사포 포대에 앉아 북베트남군의 철모를 쓰고 가늠쇠를 들여다보는 사진을 찍었다. 이 사진이 언론에 보도되어 '배신자', '매국노', '하노이 제인' 등으로 비난을 받았지만, 그녀는 1978년 베트남 귀환병의 문제를 다룬 영화 〈귀향(Coming Home)〉으로 2번째 아카데미 여우주연상을 받았다.

대중적 지명도가 높은 인사들의 베트남전쟁에 대한 반대가 미국 여론을 바꾸면서 점점 시위가 확산되었다. 1968년 3월 밀라이 학살사건 등 미국의 군사력 남용에 대한 보도가 있은 이후에는 반전

제인 폰다

미국 내의 반전 데모(1967년 캔서스주 위치타)

운동이 더 많은 관심과 지지를 불러 모았고, 1968년 8월에 시카고에서 개최된 민주당 전당대회에서도 반전시위가 벌어졌다. 마침내 귀환한 일부 참전용사들까지도 반전운동에 가담했다. 1969년 10월 15일 미국의 베트남전쟁 개입을 반대하는 대규모 시위가 미국 전역으로 확산된 '베트남 모라토리엄(Moratorium to End the War)'은 수백만 명을 끌어들였고, 1개월 후에는 워싱턴에서 대규모의 시위행진으로 이어졌다.

1970년 5월 오하이오주의 켄트주립대학에서 경찰이 시위대인 4명의 학생에게 치명적인 총격을 가한 사건이 발생하고, 8월에는 위스콘신대학교에서 스털링홀(Sterling Hall) 폭파사건이 발생하면서 반전운동은 전국적인 대학 시위로 번졌다.

반전운동에 대학의 학생운동이 결합되면서 여러 대학이 반전운동의

1970년 8월 24일 스털링홀 폭파사건이 일어난 위스콘신대학교

근거지가 되었다. 1967년 4월에는 반전시위가 미국 전역을 덮어 뉴욕에서도 대규모 반전시위가 있었고 10월 21일 수도 워싱턴에서까지 최대 규모의 반전집회가 개최됐다. 이어 1968년 1월 30일 NLF의 '뗏공세' 이후에 반전운동은 더욱 확산되었다.

존슨 정부는 전쟁터에서의 미국 병사 사기 저하, 국내외 반전운동과 각종 매스미디어의 전쟁 반대 보도에 시달리게 됐다. 제대한 베트남 참전병사들도 반전운동의 열기를 더했다. 1967년에는 베트남참전병사 반전모임(Vietnam Veterans Against the War, VVAW)이 결성됐다. VVAW는 최성기에 조직원이 3만 명 이상에 이르렀다.

1970년에는 예일대학교 출신으로 베트남전쟁에 참전하여 3차례나 부상을 입은 케리(John F. Kerry, 1943년생) 예비역 해군 장교까지 반전운동에 가담했다. 케리는 1966년 예일대 정치학과를 졸업하고 1967년 해군 사관 훈련을 받아 해군 소위로 임관된 후에 베트남전에 지원 참전했다. 그는 1968년 중위로 승진하여 초계정 정장으로 깜라인(당시 '깜란'으로 부름) 해안을 초계하던 중 적의 공격으로 부상을 입은 것을 비롯해 3회나 전상을 입고 무공훈장을 받았으며 1970년 1월에 대위로 제대했다. 그는 1971년 4월 23일 다른 참전 제대자들과 함께 미국 국회의사당 건물 앞에서 벌어진 반전시위에 참가했다. 당시 제대자들은 항의의 뜻으로 메달과 리본을 던져 참전군인도 베트남전쟁을 반대한다는 점을 부각시키려고 했다. 케리가 2004년 미국 민주당 대통령 후보로 나서기까지 이 사건은 계속하여 많은 정치적 논쟁을 불러일으켰다.

케네디의 요트에 탄 존 케리(왼쪽 흰 셔츠)

치열한 전쟁은 그 후에도

계속되었지만 1973년 미국이 베트남과 파리평화협정을 체결하고 미군이 베트남에서 철수를 개시하면서 반전시위는 크게 줄어들었다.

베트남전쟁이 가장 치열했던 1968년 초에는 최대 54만 명의 미군이 남베트남 영토 내에 주둔했으며 베트남 부근 해상에서는 미국 해군과 친미 국가의 해군이 초계와 상륙 및 수송 작전에 분주했다. 하지만, 지리(地利)를 살려 게릴라전을 전개하는 북베트남군 및 NLF와 대치하는 미국군·남베트남군·연합군에게 전황이 호전할 기미는 전혀 보이지 않았다.

1967년 11월에는 그동안 북폭을 추진해온 베트남전쟁의 최고실행책임자인 맥나마라 국방장관도 사의를 표명했다. 그는 1966년 북폭 축소를 대통령에 진언했고, 1967년 5월에는 NLF를 포함한 연립정부를 받아들여야 한다고 주장까지 하여 미국 정부 내에서도 베트남전쟁에 대한 회의론이 대두되었다. 그러나 존슨은 여전히 군사력 강화를 중단하지 않았다.

뗏(Tết) 공세(Sự kiện Tết Mậu Thân, 事件節戊申사건절무신)

북베트남군과 NLF는 미군과 남베트남군에게 관례에 따른 음력설날(뗏Tết) 휴전을 타진했지만 미군은 적에게 체제를 정비하기 위한 시간을 줄 뿐이라는 판단으로 휴전을 거부했다. 당시 참전 중이던 나는 휴전협정을 위반하고 베트콩이 공격한 줄로만 알았다. 동서고금을 막론하고 졸병들은 선전과 사실왜곡에 이렇게 기만당했을 것이다.

북베트남군과 NLF는 설 하루 전날인 1968년 1월 29일 심야에 남베트남군과 미군에게 대규모의 일제공격을 시작했다. 사이공 시내에서는 NLF 게릴라가 불과 20명으로 미국대사관을 일시 점거하여, 약 6시간의 교전 끝에 19명이 죽고, 1명이 포로로 잡혔다. 미군도 4명이 전사했다. 그 자초지종이 미국 전역에 생중계됐다. 또 사이공에 있는

1968년 뗏 공세

미군 방송국도 폭파됐다.

사이공을 비롯해 다낭 시내 등의 기지를 급습 받은 남베트남군과 미군은 반격을 개시했고, 2월 1일 존슨은 적의 뗏 공세가 실패했다고 발표했다. NLF는 6만 7천 명 이상의 병력으로 사이공, 다낭, 후에를 비롯해 남베트남 44개 성 중 34개 성도와 64개 지방도시, 미군기지와 남베트남군 기지를 공격했다. 미군은 이 공세의 희생자가 미군 3,895명, 남베트남군 4,900명, NLF 5만 8,373명이라고 밝혔다.

1968년은 프랑스에서 반전 구호를 내건 학생운동으로 유럽 전역과 세계사를 바꿔 놓는 시기였고, 후에 대통령이 된 클린턴은 미국 예일대학교에서 베트남참전 반대운동을 할 즈음이었다.

미군의 1968년 한 해 전사자가 1만 2천 명인데 그 30% 가량이 이 뗏 공세 때 죽었다. 짧은 기간에 많은 전사자가 발생한 사실은 존슨 정권에 커다란 타격을 주었다.

또 이 공세의 와중에 남베트남 키 부통령의 측근인 경찰청장이 사이공시 경찰에 체포된 NLF 장교를 노상에

〈사이공식 처형〉 1969년 퓰리처상 수상작

서 사살하는 순간의 영상이 텔레비전으로 방송되어 전 세계를 경악시켰다. 아직 재판조차 받지 않는 그를 남베트남 정부 고위당국자가 보도진의 카메라를 앞에 두고 사살하는 모습에 세계인은 아연했다. 이 순간을 촬영한 AP통신 에디 애덤스(Addie Adams)는 1969년 퓰리처상 보도사진 부문상을 수상했다.

이 공세의 실제 전황과 미국 정부 발표 사이의 갭, 현실의 전투 장면을 보면서 베트남전쟁과 남베트남 정부에 대한 미국 여론이 크게 변화하기 시작했다. 이 공세로 NLF의 손실도 커서 북베트남 정규군이 원조를 강화해 그 후 베트남전쟁은 남베트남 정부군·미군과 북베트남 정규군 중심의 전투가 되어 갔다.

뗏 공세 때 일시적으로 NLF 지배하에 떨어진 후에에서는 1월 30일부터 2월 중순까지 NLF 병사가 정부 관계자와 양민을 대량 학살한 사건도

뗏 공세 때 사이공 시내에 방치된 NLF 시신들

뗏 공세 때 출정한 NLF 여전사

발생했다. 이 공세에 맞추어 사전에 학살 대상자의 순위 목록까지 마련되어 있었다고 전해진다. 희생자는 남베트남 정부 관리와 군인·경찰관뿐 아니라 학생과 천주교 신부, 외국인 의사 등 일반인을 포함하여 총 2천 명 이상이라는 미군 측 발표가 있었다. 민족 내부의 전쟁은 이렇게 잔인했다.

미국 국내의 혼란과 북폭 중단

미군이 개입한지 3년이 지나도록 큰 전과도 없이 계속 병력을 투입하고 단계적 확전이 계속되자, 미국이 우세하다는 보수층과 일반의 시각이 회의적이 되고, 베트남전쟁을 지지해오던 층도 존슨 대통령의 대응을 비판하게 됐다.

뗏 공세 후인 1968년 2월에 미국의 저널리스트 월터 크롱카이트(Walter Cronkite, 1916~2009, CBS TV 앵커 역임)는 '민주주의를 옹호해야 할 명예로운 미군은 더 이상의 공세가 아니라 오히려 협상을 해야 한다'는 말로 전쟁 반대를 표명했다.

1968년 대통령 선거에서 존슨은 대통령 연임을 위해 민주당 예비선거에 출마했지만 지지율이 최저치를 기록했다. 케네디 정권하에서 베트남 군사 개입을 적극적으로 밀어붙였고 존슨 정부에서도 미군 파병을 주도한 맥나마라 국방장관이 1966년경부터 존슨 대통령과 의견을 달리하다가 2월 29일 사임했다. 후임인 클리포드(Clark M. Clifford, 1906~1998, 해군 출신의 전직 변호사) 국방장관은 취임 초 웨스트모어랜드 장군으로부터 20만 병력의 증파 요청을 받고, 국방성 내의 의견을 취

마틴 루터 킹 목사 등 인권운동가와 회담하는 미국 존슨 대통령

합하고 베트남 정책을 전면 재검토한 뒤에 병력 증파의 중지를 건의했다.

　3월 31일 존슨 대통령은 텔레비전 연설에서 북폭의 부분적 정지와 북베트남에 대해서 무조건 협상을 호소하며 민주당 대통령 후보로 나서지 않겠다고 발표했고, 베트남전쟁에 대한 미국 내 여론 분열이 심각함으로 잔여 임기는 국론 통일에 힘을 쏟겠다고 밝혔다.

　전국 각지에서 연일 반전 집회가 열렸다. 이 열기 속에 인권운동 지도자인 마틴 루터 킹(Martin L. King Jr.. 1929~1968) 목사가 암살되었고 이어 민권운동단체를 중심으로 지지를 받으며 민주당 대통령 예비선거 후보로 경선에서 우위를 지키던 로버트 케네디는 유세 중 암살됐다. 8월 26일부터 29일까지 민주당 대통령 후보를 지명하기 위한 전당대회가 시카고에서 열렸다. 시카고 시내에서도 학생을 중심으로 대규모의 폭력적인 반전시위가 벌어져 베트남전쟁 지지파의 시위대와 충돌하자 시 경찰이 시위대를 폭력적으로 진압했다. 존슨은 자신의 소속 정당대회임에도 불구하고 회의장 안팎의 혼란 때문에 출석할 수 없게 되었다.

10. 미국 닉슨 대통령 당선 이후의 종전 협상과 미군 철수

미국 대선 본선에서 민주당은 험프리(Hubert H. Humphrey, Jr., 1911~1978, 당시 부통령)를 대통령 후보로 내세웠지만 베트남에서 미군의 '명예로운 철군' 및 반전운동의 과격화와 불법성을 동시에 비판하며 '법과 질서의 회복'을 강하게 호소한 공화당의 닉슨(Richard M. Nixon, 1913~1994)에 패배했고, 1969년 닉슨이 대통령에 취임했다.

닉슨의 집권 이후

1969년 1월 20일 제37대 미국 대통령이 된 닉슨은 미국 내 반전 여론을 진정시키기 위해 54만 명에 달하던 육상병력 감축에 들어가 8월까지 제1진 25,000명을 철수시키고도 계속 병력을 감축했다. 취임 이전부터 단계적 철수를 호소하며 대통령 선거 때는 '명예로운 철수를 실현하는 비밀의 방안이 있다'고 주장하던 닉슨 대통령은 취임 직후에 헨리 키신저 국가안보보좌관에게 북베트남 정부와 협상(파리평화회담)을 맡겼다.

닉슨 정권에서도 캄보디아나 라오스에 대한 침공, 존슨 시절보다 더한 북폭(北暴) 강화로 미국의 철수를 진행하면서도 전선이 확대되기도 했다.

1969년 미국 대통령에 취임한 닉슨

1969년 7월에는 아폴로 11호가 달에 착륙, 세계의 눈은 늪에 빠진 베트남에서 우주로 옮겨지고 1970년 8월에 발생한 위스콘신대학교 스털링 홀 폭파 사건을 고

베트남전쟁 과정 연표

- 1960년 12월   남베트남에 민족해방전선(NLF)이 결성되어 남베트남군에 대한 무력공격을 개시
- 1961년 1월   존 F. 케네디 미국 대통령 취임
- 1962년 2월   미국 '베트남 군사원조사령부(MACV)'를 설치
- 1962년 11월   남베트남과 라오스가 국교 단절
- 1963년 1월   미군과 남베트남군, NLF(베트콩)와 Ấp Bắc(메콩 델타)전투
- 1963년 11월 2일   남베트남에서 쿠데타가 발발해, 지엠 대통령 피살, 민 장군이 실권 장악
- 1963년 11월 22일   존 F. 케네디 암살, 부통령 린든 B. 존슨 미국 대통령 취임
- 1964년 1월   남베트남에서 응우옌 카인 장군에 의한 쿠데타
- 1964년 8월 2일   통킹만 사건 발발
- 1965년 2월 7일   미군 북폭 개시
- 1965년 2월   티에우 장군 주도의 쿠데타로 카인이 실각하고 응우옌 카오 키 수상 취임
- 1965년 3월   미국 해병대가 다낭에 상륙
- 1965년 10월   남베트남에 한국군 파견
- 1966년 4월   B-52가 북베트남에 첫 공습
- 1967년 7월   NLF 게릴라가 다낭기지를 공격
- 1967년 9월   응우옌 반 티에우가 남베트남 대통령에 취임
- 1968년 1월   뗏 공세 개시
- 1968년 3월   미군 23보병사단의 밀라이(Mỹ Lai) 학살(504명) 사건
- 1968년 3월 31일   존슨 대통령, 베트남 정책 전환 위해 북베트남에 조건 없이 협상 요청
- 1968년 5월   파리평화협상 개시
- 1969년 1월   리처드 닉슨 미국 대통령 취임
- 1969년 6월   남베트남 임시혁명정부 수립
- 1969년 9월   호찌민 사망
- 1970년 3월   캄보디아에서 쿠데타가 발생해 시하누크 왕 실각, 론놀 장군이 실권 장악
- 1970년 4월   미군이 캄보디아 침공
- 1971년 2월   미군이 라오스 침공
- 1971년 6월   뉴욕타임스에 '국방성 비밀문서 펜타곤 페이퍼스' 연재 개시
- 1971년 10월   남베트남 대통령 선거
- 1972년 2월   닉슨 중국 방문
- 1972년 4월   북베트남 전투기가 미국 함정을 첫 공격
- 1972년 12월   미군이 무제한 북폭 재개, 후에 정지
- 1973년 1월 27일   베트남 평화협정(파리협정) 체결
- 1973년 3월   미군 베트남에서 철수 완료
- 1974년 2월   북베트남군이 프놈펜을 포위
- 1974년 8월   제럴드 R. 포드 미국 대통령 취임
- 1975년 3월   북베트남군과 NLF(베트콩)이 남베트남 전면 공격 개시
- 1975년 4월 30일   사이공 함락, 남베트남이 붕괴하고 베트남전쟁 종결

비로 1973년 베트남 철수까지 반전운동은 촛불을 켜며 행진하는 조용한 모습으로 바뀌었다.

중소 분쟁의 격화와 데탕트

베트남전쟁에서는 중·소 두 나라가 모두 북베트남을 지원했지만 소련과 중국의 관계는 악화됐다. 소련은 급격하게 대립이 증폭된 중국을 견제하는 의미에 더해 미국과의 긴장 완화를 위해 브레즈네프 서기장이 대미협상에 나섰다. 진영 간 화해를 모색하던 닉슨 대통령도 이를 수용해 1969년 11월부터 미·소 간에 전략무기 감축협상의 예비회담이 열리고, 1970년 4월부터 본 회담에 들어가는 등 미·소 간의 관계가 긴장완화(데탕트)의 시대로 접어들었다.

호찌민 사망

프랑스식민지 시대부터 베트남의 독립과 남북 베트남 통일을 위해 활동해 온 호찌민(Hồ Chí Minh, 胡志明호지명, 1890~1969)은 1951년 베트남 노동당 주석 취임 이후에 베트남독립전쟁(제1차 인도차이나전쟁)의 지도나 일상적인 당무와 정무는 총서기(제1서기), 정부 수뇌부, 군부 지도자 등에 맡기고 국내외의 중요한 정치 문제에 관한 정책 지침의 책정이나 대외업무에 힘을 집중했다. 그는 소련과 중국 등 공산권을 중심으로 한 군사적 지원과 서방세계의 좌파와 좌파 매체를 통한 반전반미운동의 지지를 얻기 위해서 적극적으로 활동하던 중, 1969년 9월에 갑작스런 심장발작으로 사망했다. 그의 사망은 전시하의 베트남 국민을 더 강하게 단결시켰다.

호찌민은 중소 분쟁에 따른 국제공산주의운동의 분열을 심각하게 우려했다. 중소 분쟁의 영향으로 베트남 노동당 내의 '친중파'와 '친소파'의 치열한 갈등은 호찌민 사망 후에 '친소파'의 우세로 확정됐다. 이후 북베트남은 미군에 대응하기 위해 소련에 더욱 많이 의존하게 되었다.

북베트남군과 미군, 남베트남군의 캄보디아 침공

베트남에 인접한 캄보디아에서는 1970년 3월에 북베트남 정부와 가까운 관계로 미국이 싫어하던 시하누크(Norodom Sihanouk, 1922~2012) 국왕(재위 1941~1955, 1993~2004, 북경에서 사망)이 암 치료를 위해 모스크바와 북경으로 외유 중에 부총리직을 맡고 있던 국왕의 사촌동생과 론놀(Lon Nol, 1913~1985, 쿠데타로 대통령 재임 1972~1975) 국방장관이 쿠데타를 일으켰다. 반란군은 즉각 국왕 일파를 추방하고 군주제도를 폐지하면서 론놀을 수반으로 하는 친미정권을 수립하고 국호를 '크메르공화국'으로 변경했다. 반란은 미국이 원조했다는 설이 유력하다.

이런 상황에서 1970년 3월 29일 북베트남은 캄보디아에 대한 공격을 개시했다. 이 침공은 캄보디아의 친 북베트남 무장 세력인 크메르 루주(Khmer Rouge)의 폴 포트(Pol Pot, 1928~1998)가 이끄는 극좌파의 명확한 요구로 실시되었다. 북베트남군은 캄보디아 동부를 순식간에 유린하고, 프놈펜 인근 24km까지 육박했다. 캄보디아군을 꺾은 북베트남군은 획득한 지역을 현지 무장 세력에 인도했다.

하지만 4월 26일에는 남베트남군과 미군이 NLF에 대한 군수물자 수송 루트인 '호찌민루트'와 '시하누크 루트'의 차단을 목적으로 론놀의 묵인 아래 캄보디아 동부 영내로 침공했다. 이 침공은 미군의 병력 감축과

호찌민루트의 군수물자 이동

교착 상태인 전황에서 벗어나 미국 측에 유리한 조건으로 북베트남을 강화회담에 나오게 하려는 것이었다. 그러나 그 해 말에는 두 루트와 캄보디아 영토 내의 북베트남 거점이 재빨리 복구되어 결과적으로 미국 측은 목적을 이루지 못했다.

미군과 남베트남군의 라오스 침공

미군과 남베트남군은 캄보디아 동부를 침공한 10개월 후인 1971년 1월 말 라오스 동남쪽에 있는 호찌민루트의 차단을 목적으로 라오스를 침공했다. 이 침공 작전은 캄보디아 침공과 마찬가지로 남베트남군이 주로 지상 전투를 담당하고 미군은 수송·항공 지원을 담당했다. 그래서 이 침공 작전은 남베트남군이 북베트남군과 NLF에 대항할 수 있는지를 시험하는 전투라고 볼 수 있다.

미군은 헬리콥터 수송으로 라오스에 3개의 거점을 확보했으나 남베트남군은 라오스 영토 내에 설치된 북베트남군의 대공 진지로부터 공격을 받아 큰 손해를 입었고, 미군 헬기의 작전도 더 이상 성공하지 못한 채, 3월 말에는 라오스 영토 내에서 완전 철수했다.

이 전투로 호찌민루트의 차단은 영원히 불가능하게 되었을 뿐만 아니라 남베트남군은 전력의 한계를 드러냈다.

북폭의 재개

미군은 유리한 강화 조건을 갖기 위해 캄보디아와 라오스 영토에까지 침공했지만 전황은 호전되지 않았고, 1972년 3월 말에는 북베트남군이 비무장지대를 가로질러 남베트남에 대공세를 시작했다. 닉슨은 강화를 서두르면서도 1972년 5월 8일 북폭 재개를 결정했다.

미국 공군은 전략 폭격으로 민군을 가리지 않고 무차별 공격을 가했다. 이 작전에는 1만 5천 대의 항공기가 참여해 6만 톤의 폭탄을 투하

융단폭격을 퍼붓는 미군 전투기 B-52

했고, 하이퐁항 등의 북베트남 항만은 어뢰로 봉쇄되었다. 특히 하노이와 하이퐁의 2개 도시를 목표로 2주간에 2만 톤의 폭탄을 투하했다.

　B-52 전략 폭격기 150대가 700회 출격해 야간 융단폭격으로 1만 5천 톤, 공군 폭격기로 5천 톤의 폭탄을 퍼부었다. 하노이와 하이퐁은 초토화되어 군사시설뿐 아니라 전력과 수도 등의 생활인프라도 큰 피해를 입었다. 또 새로 전선에 투입된 초음속 폭격기 F-111과 개발에 성공한 최신 하이테크 무기를 대량 투입하여 난공불락이던 여러 교량을 폭파했다.

　하이퐁항 등의 중요 항만시설에 대한 대규모 어뢰봉쇄작전으로 수송선이 입항할 수 없게 되었다. 항내에 있던 중립국 선박에 대해서는 기한을 정해 퇴거 통고를 내렸다. 중부국경지대에도 대규모 공습이 이뤄졌다. 용감하게 강행 돌파를 시도한 북베트남 함정도 있었지만 대부분 어뢰에 접촉되거나 우세한 미국 해군과 남베트남 해군의 공격을 받아 격침되었다.

호아로 포로수용소에서 미군 조종사들의 포로 생활

전시의 하노이

　미군의 본격적인 전략 폭격과 남베트남과 미국 해군이 공동으로 실시한 어뢰 봉쇄는 군사적인 면에서는 거의 성공을 거뒀다. 북베트남은 군사시설 약 1,600동, 철도차량 약 370량, 선로 10개소, 전력시설의 80%, 석유비축분의 25%를 상실하는 큰 피해를 입었으며 탄약과 연료가 바닥나고 전투 계속이 불가능한 사태에 빠졌다. 이 공습으로 북베트남군은 소규모이던 해군과 공군이 거의 전멸하고 끊임없는 북폭과 미국 육·공군의 물량작전으로 호찌민루트는 많은 부분이 불통되었고, 전선부대에 보급이 끊길 정도가 되었다.

1972년 가을 쯤에 파리에서 진행되던 북베트남과 미국 사이의 비밀 협상이 합의를 향해 가속되고 있었지만 미군은 파리평화회담에서 더 유리한 입지를 확보하기 위해 1972년 12월 18일부터 29일 걸쳐 하노이 일대에 맹폭을 가했다. 하노이의 군대와 민간인은 합세하여 모두 30대의 미군기를 격추했다. B-52가 23대, F-4가 4대, F-111이 2대가 추락하고 여러 명의 미군 조종사가 포로로 잡혀 호아로(Hòa Lò) 포로수용소에 수감되었다.

미국군의 공습은 북베트남 국민 다수를 살상하고 빈약한 북베트남의 인프라에도 큰 타격을 입혔지만 세계 여론과 국내 반전운동의 격화로 더 이상 북폭을 계속할 수 없게 됐다.

미·중 접근과 파리평화회담 개시

닉슨 대통령은 1969년 1월 취임 직후에 키신저 국가안보보좌관으로 북베트남 정부와 평화협상을 시작했으나 협상은 난항을 겪었다. 1970년 7월에 닉슨은 키신저를 중국에 파견, 주은래(周恩來) 수상과 비밀 접촉을 시켰고 교섭을 거듭했다. 마침내 닉슨은 1972년 2월 중국을 방문, 모택동(毛澤東) 주석 및 주은래 수상과 회담을 가졌다.

닉슨 대통령이 중국을 방문한 것은 당시 소련과 대립하던 중국에 접근해 대 소련 외교에서 '중국 카드'라는 외교 수단이 될 뿐만 아니라 미·중 접근이 베트남전쟁에서 닉슨 행정부가 원하는 '명예로운 철군'과 향후 동남아에 대한 미국의 영향력을 견지하는 것을 목표로 한 것이다.

문화대혁명이 극심하게 진행되던 시기의 중국으로서는 닉슨 정부의 미국에 접근하는 것이 국경분쟁으로 관계가 극도로 악화된 소련을 견제하는 동시에 문화대혁명 이후 주춤했던 중국 외교의 주도권을 되찾겠다는 의미도 있었다.

북베트남 정부는 중국이 이 시기에 북베트남에 대규모 군사작전을 시작한 닉슨 정권에 접근하는 것을 '자국에 대한 중국의 배신 행위'로 받아들이고 중국에 맞서 소련과의 관계를 강화하면서 북베트남과 중국의 관계가 더 악화되었다.

파리평화협정 조인

1967년 5월 존슨 정부가 프랑스 파리에서 북베트남과 평화협상을 개시한 후 4년 8개월만인 1973년 1월 23일 북베트남의 레둑토(Lê Đức Thọ, 黎德壽려덕수, 1911~1990, 본명은 Phan Đình Khải, 潘廷凱반정개) 특사와 헨리 키신저 미국 대통령 보좌관 사이에 평화협정 안이 가조인되었다. 그리고 1월 27일 남베트남 외무장관, 미국 국무장관, 북베트남 외상과 남베트남공화국 임시혁명정부 외상의 4자 사이에 파리평화협정이 이뤄졌다.

이 평화협정 조인을 위해 노력한 레 특별고문과 키신저 보좌관에게 노벨상 수여가 결정됐지만, 레 특사는 '베트남전쟁이 종결되지 않은 것, 베트남 통일이 실현되지 않은 것, 베트남에 아직 평화가 찾아오지 않은 것'을 이유로 수상을 거부했다.

미군의 전면 철수

파리평화협정 체결로 북베트남과 미국 사이에 '미국군 정규군의 전면 철수와 외부원조 금지', '북베트남군에 생포된 미군 포로의 석방', '북위 17도선은 남북 간 국경이 아니라 통일 총선까지의 임시철조망이라는 사실 확인' 등에 대한 합의가 성립되어 1973년 1월 29일에 닉슨 대통령은 '베트남전쟁 종결'을 선언했다.

그 뒤 파리평화협정에 근거하여 협정 체결 시점에서 남베트남에 남아 있던 24,000명의 미군은 철수를 개시하고 아울러 하노이의 전쟁

작은 포로수용소에서 석방되는
베트남 인민군 병사

하노이 택시라 불리던 록히드 C-141
수송기를 타고 귀국하는 미국 포로

포로수용소인 호아로 포로수용소 등의 북베트남 포로수용소에서 미군 포로가 속속 석방되었다.

1973년 1월 협정 체결과 미국의 '전쟁종결 선언' 2개월 후인 3월 29일에는 미군 철수가 완료되었다. 그러나 케네디 정권 시절부터 남베트남에 파견되었던 미군 군사고문단은 규모를 축소해 남베트남에 그대로 잔류하고 있었다.

미군의 북폭이 중지되면서 북베트남군은 곧바로 보급로를 회복했다. 미군이 남베트남에서 전면 철수한 결과, 전선의 남베트남군과 북베트남군의 전력 격차는 크게 확대됐다.

북베트남군의 전면 공격

북베트남은 미국의 재개입이 없다고 판단해, 남베트남을 완전히 제압하고 남북 베트남을 통일하고자 1975년 3월 10일 남베트남군에 대한 전면 공격을 개시했다.

이 공세에 남베트남군은 별 저항을 못했다. 3월 말에는 후에와 남베트남 최대의 공군기지가 있는 다낭에서 남베트남군끼리의 전투와 피난민이 몰려들어 차례로 함락되자 남베트남군은 일제히 패주를 시작했다. 1975년 4월 10일에는 중부 고원의 주요 도시인 부온마투옷이 함락되자, 4월 중순에는 남베트남군이 수도 사이공의 방어에 집중하기 위해 주요 전선에서 철수했지만, 군의 사기도 떨어져 진격의 가속도가 붙은 북베트남군에 견디지 못하고 완패했다.

캄보디아에서는 미국의 지원을 받은 론놀이 이끄는 정부군과 중국 등의 지원을 받은 크메르루주가 내전 끝에 4월 17일 수도 프놈펜이 함락 직전, 주 캄보디아 미국 대사 등이 태국으로 피신했고, 론놀도 인도네시아를 경유에서 하와이로 도망쳤다.

1975년 4월 21일 티에우 남베트남 대통령이 사퇴하고 정전협정을 기대하면서 남베트남 정부 원로로 1960년대에 대통령과 수상을 지낸 쩐반흐엉(Trần Văn Hương, 陳文香진문향, 1902~1982) 부통령이 대통령을 맡았다. 파리평화협정의 내용대로 떤선녓(Tân Sơn Nhất, 한국에서는 '탄손누트'로 표기했음) 공군기지에 머무르던 북베트남 정부대표단은 4월 23일 흐엉과의 평화협상을 정식으로 거부해 흐엉은 4월 29일 취임 후 8일 만에 사임했다. 후임인 민 장군이 평화협상을 제안했지만 북베트남 정부대표단은 이 역시 거절했다.

수도 사이공 함락을 앞두고 남베트남 정부 상층부와 부유층은 4월 중순부터 국외 탈출을 시도했지만 떤선녓 공군기지도 포위 공격을 당하다가 4월 26일 '사이공 총공격'으로 민간항공기 운항이 전면 정지되었다.

사이공 철수작전

미국과 남베트남군의 전선은 완전히 붕괴되고 사이공 시내가 혼란에 빠진 상태에서 북베트남군이 시내로 진격해와 떤선녓 공군기지 활주로와 각종 설비가 파손되어 군 수송기의 발착도 불가능해졌다.

미국은 4월 28일 국가안전보장회의를 열고 미국인과 남베트남 정부

상층부의 사이공 철수작전을 실시했다. 이 철수작전으로 미국인, 티에우 전 대통령과 끼 전 수상 등 남베트남 정부요인과 가족들이 남중국해 붕따우 앞바다에 대기 중인 미국 항공모함과 대형 함정 몇 척을 향해서 헬기, 소형 선박 등으로 탈출했고 항공모함 갑판에서는 연달아 날아오는 헬기가 착함하기 무섭게 곧 바다 속에 투기하여 후속 헬기의 착함 장소를 확보하게 했다. 이때 수중 투기된 미군과 남베트남군의 헬기는 45대에 달했다.

베트남에 체류하던 한국인은 미국 군용기로의 탈출 동행이 거부되어 사이공에 남아 국제적십자 지정 지역이 된 사이공 시내의 병원에 대피하여 당분간 귀국하지 못했다. (➜ 제5부 호찌민시)

사이공 함락과 남베트남 붕괴

북베트남군은 미국 적십자 국제위원회의 요청을 받아들여 사이공에 체류하는 미군과 민간인이 완전히 철수하기까지 사이공 시내에 돌입

사이공 함락 후 탈출한 베트남 사람들의 함상 착륙   해상 투기되는 남베트남군 헬기

하지 않았다. 미국군과 미국대사관은 자신들이 철수한 후에 북베트남 정부에 넘어가지 않도록 총 360만 달러를 철수 전에 소각 처분했다.

4월 30일 오전에는 전날 취임한 민 대통령이 전투 종결과 무조건 항복을 선언했고 오전 11시 30분에 북베트남군 탱크가 대통령 관저에 돌입하면서 사이공은 함락되었다.

남북 베트남 통일

1969년에 NLF, 민족민주평화세력연합과 인민혁명당이 결성한 남베트남공화국 임시혁명정부가 사이공 함락과 남베트남 정부 붕괴 이후에 남베트남 전역을 장악했다. 임시혁명정부는 정식 정부로 발전하지 않으면서 1976년 4월 제네바협정 이후의 현안이던 남북통일 선거를 치렀고, 7월 1일 남북 베트남 통일과 베트남사회주의공화국 수립(북베트남의 남베트남 흡수)이 선포되면서 '남베트남공화국'은 사이공 함락 1년여 만에 소멸했다.

통일 후에는 남북부의 통화 통합, 행정관료 조직의 재편성, 민간기

현재는 독립궁이 된 당시의 대통령 관저

1975년 대통령 궁에 진입한 베트남 인민군 탱크

업의 국영기업화가 진행됐다. 또 옛 사이공시와 주변 지역을 통합하여 북베트남의 지도자 '호찌민'의 이름을 딴 '호찌민시'가 새로 탄생했다.

11. 서양 식민주의자들을 몰아낸 베트남전쟁의 2대 영웅

호찌민, 논어 공부로 다져진 중후한 인품의 군자

호찌민(Hò Chí Minh, 胡志明호지명, 1890~1969)은 프랑스식민지 시대부터 베트남의 독립과 통일을 위해 활동한 북베트남 최고지도자이다. 그의 초명은 응우옌신쿵(Nguyễn Sinh Cung, 阮生恭완생공), 성년이 된 후에 응우옌땃타인(Nguyễn Tát Thành, 阮必成완필성), 제2차 세계대전 중에는 응우옌아이꾸옥(Nguyễn Ái Quốc, 阮愛國완애국)으로 알려졌으나 베트남인에게는 '호 아저씨(박호BacHò, 伯胡백호)'라는 애칭으로 많이 불린다.

호찌민은 프랑스식민지 때, 중북부 베트남 응예안(Nghệ An, 乂安예안)성에서 가난한 유학자의 아들로 태어났다. 아버지의 영향을 받아 어릴 적에 논어를 음독하면서 중국어를 습득했다. 아버지가 응우옌 왕조의 궁중에 출사하게 되면서 아버지와 함께 도시로 옮겨 베트남인 관리를 양성하는 국립중등학교(Lycée)에서

호찌민

프랑스어도 배웠다. 재학 중에 농민의 부역과 납세에 반대하는 학생운동에 참여하여 퇴학당했다.

1911년 6월 만 21살 나이에 프랑스 선박의 견습 요리사로 채용되어 사이공을 출발, 7월에 마르세유에 도착해 처음으로 외국생활을 체험한다. 그는 프랑스 본국에도 식민지 베트남인과 마찬가지로 힘들게 살고 있는 가난한 프랑스인이 있고 프랑스도 평등하지 않다는 것을 발견했다. 이 경험이 그의 새로운 국가 건설에 큰 영향을 주었다.

9월에 식민지학교에 입학원서를 제출하고 그 배편으로 사이공에 돌아왔다가 몇 주 후에 다른 선박으로 마르세유로 갔지만 식민지학교에 입학이 불가하다는 것을 알고 계속하여 선원으로 일하면서 알제리, 튀니지 등의 프랑스식민지와 미국, 라틴 아메리카, 유럽을 돌았다.

1913년 미국을 떠난 그는 영어를 본격적으로 배우기 위해 영국으로 이주했다가 1917년 12월 파리에 돌아왔고 그해 일어난 러시아혁명에 영향을 받아 본격적인 정치활동을 시작했다. 1919년 초 프랑스사회당에 입당해, 안남애국자협회(Association des Patriotes Annamites)를 조직하고 사무총장이 되었다. 이 해, 제1차 세계대전의 마무리인 파리강화회담(베르사유평화회담)이 개최되자 그는 안남애국자협회를 대표하여 회의에 참석하고 8개 항목으로 구성된 '안남인민의 요구'라는 청원서를 제출했다. 이것은 모든 정치범의 석방, 언론자유 보장, 결사와 집회의 자유보장 등 식민지 베트남인도 본국인 프랑스인과 동등한 권리를 가질 것을 요구하는 내용이었고, 식민지 독립을 요구하는 사항은 없었다.

그는 이 청원서를 제출할 때 실명인 '응우옌땃타인' 대신에 '응우옌아이꾸옥'으로 서명했다. 이후 그는 본명 대신에 이 이름을 사용했다. 파리강화회담에서 '안남인민의 요구'는 채택되지 않았지만, 그의 이름은 이후에 온건한 민족주의자로 세계에 알려졌다.

1920년 7월 프랑스사회당 기관지 '뤼마니떼(L'humanité)'에 프랑스어로 번역된 레닌의 '민족문제와 식민지 문제에 관한 테제 원안'이 게재됐다. 이에 감동을 받아 그는 같은 해 12월, 프랑스공산당 결성에 참여했다. 1923년에 소련으로 건너가 코민테른 제5회 대회에서 아시아 담당 상임위원으로 선출되었지만 그의 과제는 공산주의사회의 실현보다 민족자결 즉 베트남의 독립이었다.

　중국에서 제1차 국공 합작(1924~1927)이 성립되고 북벌이 시작되면서 그도 1925년 중국 광동에서 베트남청년혁명동지회를 설립했다.

　1930년에는 홍콩에서 이전에 조직되어 있던 2개의 베트남 공산주의 정당 대표자들과 회합하고 통일조직인 베트남공산당(Communist Party of Vietnam)으로 통합하고 이 당에 3개국(베트남, 라오스, 캄보디아) 공산주의 조직 대표들을 모아 인도차이나공산당을 창당했다.

　1931년 6월, 그는 홍콩에서 영국식민당국에 체포되어 재판을 받아 베트남으로 추방되면 사형선고를 받을 가능성이 높았다. 그러나 영국 변호사(solicitor) 로스비(Frank Loseby)라는 은인이 나타나 그의 사건을 변호했다. 그 변호사의 도움으로 그는 런던에 있는 영국추밀원사법위원회(Privy Council)에 항소한 후 당시의 이름인 꾸옥(Quốc)이 1932년에 사망한 것으로 보고되었다. 홍콩 법원은 그를 추방하기로 판결했지만 행선지를 프랑스의 항구로 특정하지는 않았다.

　꾸옥(호찌민)은 석방되어 중국 학자로 위장해 상하이로 가는 배를 탔다. 이후 소련으로 다시 돌아와 모스크바의 레닌연구소와 식민지민족문제연구소에서 공부하고 가르쳤다. 이 기간 동안 일상적 '실천'활동에서 제외되어 '학습'생활을 했기 코민테른에서 자리를 잃었다고 하는 설이 있다고 하지만, 사실은 민족해방을 중시하는 그의 자세가 민족문제를 부차적인 것으로 파악하는 코민테른에서는 이단시되었을 것으로 보고 1930년대 코민테른과 연결된 베트남공산주의자 그룹 핵심이 그를 제외시킨 것으로 보기도 한다. 일상적 '실천'활동에서 제외된 그는 국제레닌학교와 식민지민족문제연구소에서 '학습'생활을 해야 했다.

이후 코민테른이 1935년 제7회 대회에서 반파시즘 통일전선으로 전환하고 민족문제를 중시하게 되면서 그는 코민테른의 주류가 되었다. 싱가포르 학자인 톤탓티엔(Ton That Thien)에 따르면 그는 코민테른 내부 서클의 일원으로 마누일스키(Dmitriy Manuilsky, 1883~1959, 볼쉐비키 혁명가, 코민테른 총서기)의 보호를 받았고, 스탈린이 주도한 대숙청기간(1936~1938) 동안 코민테른에서 좋은 평판을 얻은 회원이었다고 한다(Hong Ha, 2010). 아울러, 다른 베트남공산주의 지도자들이 프랑스의 탄압을 받았기 때문에 코민테른을 대표하는 베트남인은 호찌민 1명만 남아 정치활동의 일선에 복귀했다.

1939년에 제2차 세계대전이 발발하고 1940년 6월에 독일이 프랑스를 점령하면서 세계 각지의 프랑스식민지 정부는 본국에 들어선 친독일의 '비시 정권'을 따를 것인지, 연합국에 소속된 망명정권인 '자유 프랑스'를 택할 것인지 결정해야 했다. 프랑스령 인도차이나는 결국 비시 정권을 선택해 독일 정부와 손을 잡았다.

일제는 베트남에서 비시 정권의 암묵적 양해 아래 '남방 진출'의 일환으로 1940년 9월 23일 프랑스령 인도차이나 북부에 진주를 개시했고, 대미관계의 악화로 1941년 4월 28일에는 남부에도 진주했다. 일본은 비시 정권과의 관계를 유지하기 위해 프랑스식민지 정부와 공동통치체제를 선포했다.

한편 1938년에 호찌민은 중국으로 돌아와 중국 인민해방군(중공군)의 자문관으로 복무했다. 그는 또한 '아시아 문제를 담당하는 코민테른 요원'으로(Ton That Thien, 1990) 중국 중경(重慶)에서 주로 일했으며 귀양(贵阳), 쿤밍(昆明), 계림(桂林)을 여행했다.

독립운동 지휘

호찌민은 홍콩, 소련의 모스크바, 중국의 옌안(延安)과 운남성 등에서 활동했지만, 인도차이나 반도의 정세가 급변하여 1941년 1월 28일 근 30년 만에 베트남 동북쪽 까오방의 국경지대로 들어갔다. 같은 해 5월 19일 호찌민은 여기서 통일전선조직인 '베트남독립동맹회(베트민, 越盟월맹)'를 재조직하고 그 주석을 맡아 식민본국인 프랑스의 비시 정부와 새로 베트남에 들어와 동남아시아 지역 침략의 교두보로 삼으려는 일본군을 상대로 무장투쟁을 개시했다.

그러나 베트민은 군사적으로 너무 약체였기 때문에, 호찌민은 1942년 8월에 장개석에게 도움을 요청하러 중국으로 갔다. 이때까지 그의 이름은 '응우옌아이꾸옥(阮愛國완애국)'이었다. 1942년 10월 운남(雲南)성과 광동(廣東)성의 베트남인들은 이미 국민당 지방군벌 장발규(張發奎, 1896~1980, 광동성 지역의 실권자로 후에 홍콩에서 죽음)의 도움을 얻어 베트남혁명동맹회를 결성했다. 이 회는 베트남국민당이 주축을 이루는 비공산주의 조직이었으나 내부 주도권 투쟁으로 프랑스식민 당국에 대항할 수 없는 약체였다.

그는 1942년 8월 공산당의 세력 확대를 싫어하는 장발규에게 프랑스나 일제의 스파이로 의심을 받아 체포, 수감되었다(Brocheux, Pierre, 2007). 그는 13개월 동안 광동성 각지의 감옥으로 이감되다가 중국공산당이 그의 구조에 나섰고, 현지 베트남인들이 장발규의 이권 보장을 약속하여 1943년 9월 석방되어 1944년에야 베트남의 까오방성 박보(PácBó)로 돌아왔다. 이 시기에 그는 이름을 호찌민(Hồ Chí Minh, 胡志明호지명)으로 개명하고 국내에서도 이 이름을 썼다. 그의 새 이름은 1943년 국민당군의 감옥에서 그를 석방하는데 힘써준 중국 국민혁명군 제4전구 정치부 부주임인 후지밍[Hou Zhiming, 侯志明후지명, 1896~1980, 별명 담생(澹生), 광동성 매주(梅州) 출신, 당시 소장] 장군에게 경의를 표하기 위한 것이다. 호찌민은 이름까지 바꿀 만큼 은인과 은혜를 아는 사람이다.

후지밍은 황포군관학교 4기로 항일전쟁 승리 후, 충칭에 남아 있다가 장개석 군대에 합류하여 활동하다가 1949년 장개석을 따라 대만으로 갔다가 은퇴 후 1976년 미국으로 건너가 자녀에게 의시해 살다가 1980년 12월 27일 보스턴에서 84세로 사망하였다.

호찌민은 쿤밍에 있는 미국 OSS(Office of Strategic Services, CIA 전신)의 은밀한 지원을 받았으며, 일본군과의 작전 중 북베트남에 추락한 미군 조종사를 쿤밍까지 호송해 주기도 했다. 그는 OSS요원 패티(Archimedes L. A. Patti, 1913~1998) 중령과 밀접한 관계를 갖고 일제 점령 하의 베트남 국내 정보를 제공해 주었다.

호찌민이 귀국한 후인 1944년 9월 베트민은 북부 산간지대를 장악하고 연합군의 프랑스 탈환에 고무되어 무장투쟁을 결정했다. 그러나 호찌민은 혁명적 분위기가 전국적으로 성숙되지 않았다고 판단하여

호찌민(왼쪽에서 세 번째)과 미군 OSS(CIA 전신) 요원

무장폭동을 반대하고, 베트남해방군 선전대를 창설해 전투보다는 촌락에 들어가 주로 조직과 선전활동을 전개했다.

1945년 4월 드골이 지휘하는 자유프랑스군이 프랑스를 탈환하자 일제 남방군은 응우옌 왕조의 바오다이를 황제로 하는 '베트남왕국'을 수립했다.

호찌민은 베트남왕국이 프랑스로부터 독립한 왕국이 아니라 일제의 허수아비라는 것을 잘 알았다. 호찌민은 일제의 패배가 확실해진 1945년 8월 13일부터 8월 15일까지 인도차이나 공산당 전당대회를 열고 전국 총봉기를 결의했다. 8월 15일에 일본이 포츠담 선언을 수락하는 취지가 단파방송을 통해 알려지고 베트남이 사실상 무정부상태가 되면서 베트민은 8월 16일 국민대회를 개최하고 임시정부가 될 베트남민족해방위원회 위원을 선출하면서 국제적으로 알려진 이름인 호찌민의 이전 이름 '응우옌아이꾸옥'의 이름으로 총봉기를 호소했다. 이에 전국적인 민중봉기가 일어나 마침내 '베트남 8월 혁명'이 시작됐다.

1943년 미·영·소의 정상이 베트남을 프랑스식민지로 환원하지 않고 신탁통치하려던 루스벨트와 스탈린의 합의가 트루먼에 의해 철회되었음을 의미한다. 루스벨트는 영국의 처칠이 프랑스의 드골과 너무 가까운 것을 시기한 측면도 있지만 처칠은 베트남이 신탁통치에 들어가게 되면 동남아시아의 여러 영국 식민지에 그 여파가 미칠 것을 우려했다.

호찌민은 베트남민주공화국 건설을 착실히 진행시켜 나갔다. 국가주석 겸 수상으로서 그는 사회주의를 국가 운영의 원칙으로 삼았지만 건국 시에 발표된 15명의 각료 명단에는 공산당원 6명에 비공산당원이 9명이었다.

1945년 11월에는 민족통일을 우선하여 공산당이 전면에 등장하는

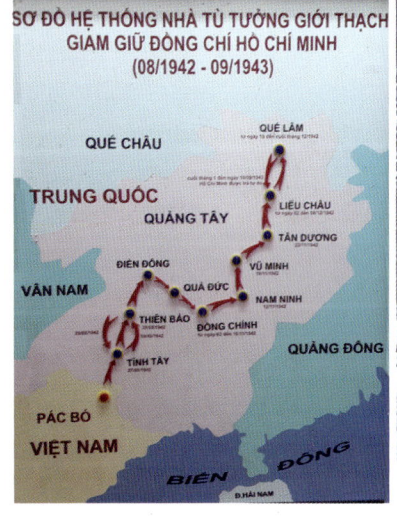 

호찌민의 중국 내 독립운동 지원 경로   배구를 하는 호찌민

것을 피하고 세력을 확대하기 위해 인도차이나 공산당의 해산과 베트민에 합류를 선언했다. 1951년 2월에 공산당이 재건되었지만 베트남 노동당이 결성될 때까지 공개적인 활동은 하지 않았다. 이처럼 호찌민은 베트남 독립을 이끈 지모(智謨)를 갖춘 전략가였다.

1946년 호찌민이 중심이 되어 제정된 헌법은 사회주의 국가에서 볼 수 있는 공산당 조직의 국가지도자 규정이 없고, 인권과 사유재산권 규정은 프랑스와 미국 헌법을 참조했다. 호찌민은 베트남민주공화국의 독립을 우선하고 '사회주의화'를 점진적으로 추진하려고 했다.

호찌민은 프랑스 정부와 끈질긴 협상 끝에 1946년 3월에 '하노이잠정협정'을 성립시켜 베트남의 독립을 인정받았다. 호찌민은 공식적인 협정 체결을 위해 직접 프랑스로 갔지만 프랑스 정부가 베트남에서 코친차이나를 분리하고 친불 괴뢰국가인 '코친차이나공화국'을 수립시킨 것을 알게 되어 협정 체결은 결렬됐다. 마침내 호찌민은 프랑스의 베트남 재침(1946~1954)을 저지하는 강고한 독립전쟁을 총지휘하게 된다.

1969년 사망한 호찌민 추모 분향소

    1946년 12월 17일 프랑스군은 하이퐁에 주둔하고 있는 베트남민주공화국 군대를 공격했다. 12월 19일 호찌민은 '전 국민에게 항전을 호소함'을 발표하고 철저한 항전에 들어갔다. 이것이 7년간 계속된 제1차 인도차이나전쟁의 시작이다.

    프랑스와 전쟁 중인 1951년 2월 공산당 조직이 재건하고 베트남노동당이 결성됐다. 호찌민은 노동당 주석에 취임, 당과 국가의 최고지도자로서 북베트남민주공화국을 통치했다. 그러나 일상적인 당무는 제1서기인 쯔엉찐(Trường Chinh, 長征장정, 1907~1988, 베트남공산당 이론가, 국가평의회 의장)에 맡기고 1955년 9월 수상직을 팜반동(Phạm Văn Đồng, 范文同범문동)에 넘겼다.

    베트남의 통일 방안을 놓고 제네바협정에 따라 평화적인 방법을 취하려고 하는 호찌민과 달리, 무력통일을 주장하는 레주안(Lê Duẩn, 黎筍려순, 1907~1986)이 1960년 9월 베트남노동당 제1서기로 당 지도부를 장악하자 국가주석 겸 당 주석인 호찌민은 국제외교에 힘쓰고, 집회와 연설로 국민들을 격려하는 일에 전념했다. 그는 주요 국정에 대한 최종결재권자였지만 집단지도원칙을 따르고 당 정치국의 결정을 재가할 뿐 국내 문제 등에는 거의 관여하지 않았다.

1965년 2월 7일 통킹만 사건을 조작한 미군이 북베트남민주공화국을 폭격(爆爆)하고 50만 대군을 투입하여 NLF와 미국이 지원하는 남베트남공화국 간의 내전이 전면전으로 확산되었다. 호찌민은 1966년 7월 17일 라디오 연설에서 '항미구국격문'을 발표하고 '독립과 자유만큼 소중한 것은 없다'고 호소하는 등 국가원수로서 베트남 전체 인민을 고무했다. 하지만 1969년 9월 2일 그는 갑작스런 심장 발작으로 향년 80세로 사망했다.

1973년에 미군이 철수하고 남북 베트남군의 전쟁이 되면서 1975년 4월 30일 사이공 함락으로 전쟁은 종결했다. 이 날을 베트남에서는 '해방기념일'로 정했다. 후에 남북통일이 실현되어 1976년 7월 2일 베트남사회주의공화국이 성립되고 남베트남의 수도였던 사이공은 1975년 5월 1일 그의 이름을 따서 호찌민시로 개칭되어 오늘에 이르고 있다.

지압, 수재에다 손자병법을 익힌 현대전의 상승장군

보응우옌지압(Võ Nguyên Giáp, 武元甲무원갑, 1911~2013)은 베트남인민군 총사령관이었다.

뛰어난 군사전략가인 지압은 디엔비엔푸 전투를 승리로 이끌어 프랑스군을 인도차이나에서 축출했고, 후에는 미군과 남베트남군과의 전투를 지휘하여 베트남을 통일하는 큰 역할을 한 군인이다. 그래서 서구에서는 '붉은 나폴레옹'이라고 부르고 있고, 베트남인들로부터는 '베트남 구국의 영웅'으로 호찌민과 함께 높은 존경을 받는다.

지압은 1911년 베트남 중북부의 꽝빈(Quảng Bình, 廣平광평=북위 17도

지압 장군

지압 장군 흉상

선 바로 이북)성에서 태어났다. 지주 집안 출신이지만 아버지는 탄광 직원으로 일하면서 지압 출생 이전에도 독립운동에 참여했다. 아버지는 1919년 프랑스식민지정부 전복 계획에 가담, 투옥되었다가 몇 달 후에 옥사했다. 같은 시기에 누이도 체포되어 곧 석방되었지만 고문 후유증으로 몇 주 후에 병사했다.

집에서 형에게서 교육받은 후, 1924년 당시의 수도인 후에 국립중학교에 입학했다. 이때 후에에서 '강변의 할아버지'라고 불리던 판보이쩌우[Phan Bội Châu, 潘佩珠반패주, 1867~1940, 베트남민족주의운동 지도자. 1905년 일본 망명 중에 인재 육성에 공감하여 베트남인의 일본 유학 장려운동(東遊運動) 전개]를 만나 강의도 들었다. 남베트남의 대통령이 된 응오딘지엠(1901년생)과 호찌민 주석(1890년생)도 이 학교 출신으로 10~20년 선배들이다.

그러나 1926년 학생회를 조직했다는 이유로 퇴학 처분을 받고 귀향, 지하조직이었던 신베트남혁명당에 입당했다. 다시 후에로 돌아온 지압은 학생운동에 투신, 체포되어 징역 2년을 선고받았다. 투옥 13

개월 후 증거불충분으로 석방된 후에 인도차이나공산당에 가입했고 반정부시위에 참가한 죄로 다시 2년간 복역했다.

출소 후인 1933년 인도차이나대학교(현재 국립하노이대학)에서 법학과 정치·경제를 공부했다. 재학 중 하숙집 주인인 대학 교수의 딸을 만나 함께 독립운동에 참여했다가 1938년(27세)에 결혼, 외동딸을 두었다.

재학 중에는 학생운동에 열중했지만 행정심판관 시험에 떨어지고 하노이 시내에 있는 중등학교의 역사 교사로 재직하며 많은 혁신계 신문에 베트남 사회·경제 정세와 국제 문제에 관한 글을 기고했다. 또한 스스로도 베트남어 지하신문과 불어신문 '르트라비유(Le Travail)'를 발행했다. 이 불어 신문 제작에는 팜반동도 참여했다.

지압은 군사학과 철학에 관심을 가졌다. 그는 《손자(孫子)》를 읽어 병법을 익혔고, 나폴레옹 보나파르트의 리더십을 연구해 훗날 그가 지휘관으로서의 능력을 발휘하는데 큰 지혜가 되었다.

1939년 프랑스식민정부가 인도차이나 공산당을 금지하자 지압은 중국공산당 지배 지역으로 망명했다. 지압의 아내와 사촌은 프랑스 당국에 체포되어 옥사했다.

1940년에 지압은 호찌민과 만나 측근 중 하나가 되었고 1944년에 베트남해방군 선전대원으로 활동했다. 1945년 5월 베트남 해방군이 공식 출범하면서 최초의 사령부를 구성하는 3인 중의 일역을 맡았다. 1945년 8월 혁명에서 중요한 역할을 담당해 인도차이나공산당 중앙 상무위원회(후에 정치국) 위원으로 선출되었으며 9월에 베트남독립선언과 함께 임시정부의 내무장관에 임명되었다. 1946년 1월 베트민과 타정파의 임시 연정이 성립되면서 내무장관에 유임되었고, 1946년 3월 초대 국회에서 연정의 항전위원회 주석으로 선출되었으며 11월에는 호찌민 내각의 국방장관에 임명되었다.

이어 프랑스와 제1차 인도차이나전쟁(베트남독립전쟁)이 벌어지고 전

지압 장군이 탕롱 황성의 지하벙커에서 사용한 방

디엔비엔푸 전투 승리 60주년 군사 퍼레이드 (2014년 5월 7일)

투가 본격화되는 1946년 지압은 베트남군 총지휘관이 되어 12월부터 게릴라전을 지휘했다. 1948년 5월 베트남군 최초의 대장이 되고 1948년 7월에 다시 국방장관에, 1949년 3월 총사령관이 되었다.

1950년 1월 지압은 재진출한 프랑스군이 장악하고 있는 북베트남의 홍강 델타 깊숙이 침투해 프랑스군의 주요 요새와 북부의 산악지대를 완전히 점령했다. 이 해 12월까지 프랑스군 전사자와 부상자가 합계 1만 6천 명에 달했다.

지압은 프랑스군 인도차이나 총사령관 나바르(Henri Navarre, 1898~1983, 제1차 세계대전부터 해외 전장에 참전한 노장) 장군이 지휘하는 프랑스 정규군을 기습 공격했으며 마침내 디엔비엔푸에 주둔한 프랑스군과 공수부대를 1954년 3월부터 5월까지 56일간의 전투로 패퇴시키고 다수를 포로로 잡았다. 이 전투는 서양인을 상대로 동양인이 탈식민화 과정에서 승리한 최초의 사례가 되었다.

지압은 1955년 9월 팜반동 내각의 부수상 겸 국방장관을 맡았다. 그러나 중소 대립이 시작되면서 베트남에서는 1963년부터 소련과의 관계가 두터워져 친중 경향인 지압의 입장은 약화되었다. 호찌민이 직접 지압을 옹호했기 때문에 문제는 표면화되지 않았지만 친중파 간부는 대부분 실각했다.

프랑스의 패퇴 이후에 미국이 개입하여 베트남전쟁이 시작되자 지압은 계속해서 베트남인민군 총사령관으로서 북베트남군을 지휘하면서 남베트남군과 미군을 상대로 한 전투를 이끌어 베트남을 통일하는 무력의 중심에 섰다.

1976년 베트남 통일 후에도 부수상 겸 국방장관으로 유임되고, 같은 해 12월 베트남공산당 제4차 당 대회에서 정치국원에 다시 선출되었다. 대회 후에는 반띠엔중(Văn Tiến Dũng, 文進勇문진용, 1917~2002) 장군이 실질적으로 국방장관의 역할을 맡았다.

종전 후에 캄보디아의 폴 포트 정권과의 관계가 험악해지면서 크메르루주군이 1975년 5월 푸꾸옥(富國부국)섬을 공격한데 이어 1977년 9월 24일에는 국경을 넘어 베트남 남부의 떠이닌(TâyNinh, 西寧서녕)성을 공격해 1천 명에 가까운 사상자를 냈다. 베트남 당중앙위원회는 중국의 조정으로도 화해에 실패하자 지압에게 보복을 지시했다. 베트남군은 12월 중순 5만 병력으로 1주일 만에 캄보디아 국내로 20km를 침공해 들어갔다. 지압은 처음부터 단기간의 전투를 계획했지만 예정보다 앞당겨 1978년 1월 6일에 작전을 완료하고 철군했다. 중국이 계속하여 폴 포트 정권을 지원하자 베트남군은 1978년 12월 25일 13개 사단 15만 병력에 중화기와 항공 전력으로 크메르루주 내의 폴 포트 반대 세력과 함께 캄보디아로 진공해 2주 만에 폴 포트 군을 섬멸했다.

베트남군은 1979년 1월 7일 수도 프놈펜에 입성하고 친 베트남 국가인 '캄푸치아인민공화국(PRK)'을 수립시켰다. 폴 포트를 지지하는 크메르루주 지도부는 태국으로 달아나 태국 정부의 보호를 받았다. 베트남군은 그 후에도 더 주둔하다가 국제사회의 압력으로 1989년 9월 캄보디아에서 철수했다.

한편, 캄보디아를 지원하는 중국이 베트남 국경선을 침공해 베트남군을 압박하여 발생한 1979년 중국·베트남전쟁(2월 17일~3월 16일)에서 1개월간의 전투 끝에 지압은 중국군을 격퇴했다. 그럼에도 그는 '친중파'라는 평판 때문에 1980년 2월 국방장관에서 물러나고 부총리만 맡았다. 1982년 3월 당 대회에서 베트남공산당 정치국원에서 평

크메르루즈정부를 축출한 기념물인 캄보디아–베트남 우정탑

중앙위원으로 강등되었고, 1991년 6월 당 대회에서 중앙위원회에서도 제적되어 8월에 모든 공직을 떠났다.

정계 은퇴 후에도 베트남공산당과 인민위원회 및 국회의원의 부패 등에 대해 적극적으로 베트남공산당을 비판하는 공개서한을 계속 발표하여 '진정한 애국자', '지압 형님'이라고 불리는 등 특히 베트남 젊은이들 사이에서 인기가 높았다.

2011년 8월 25일에 만 100세 생일을 맞아 베트남 국내에서는 기념행사가 열렸다. 다리가 자유롭지 않아 하노이 군병원에서 지내다가 2013년 10월 4일 사망했다(만 102세).

베트남인민군 관계자의 강한 지지로 일반적으로 국가주석·수상·국

회의장과 베트남공산당 서기장 역임자만 국장(國葬)을 치렀지만 지압의 장례는 국장으로 거행되었다. 시신은 베트남항공의 비행기로 고향 마을로 공수해 묻혔다.

그는 정식 군사교육을 받지 않고, 교사 시절에 읽은 《손자》와 나폴레옹 등의 책과 게릴라투쟁 중에 독학으로 군사 지식을 익혔다. 그 때문에 '독학 장군'이라고 자칭하며 '가시덤불의 군사학교에 다녔다'고 말했다. 취미는 음악과 독서였다. 음악은 베토벤과 리스트를 애청하고 책은 서양 문학을 탐독했다. 또한 자신도 피아노를 연주했다. 피아노를 배우기 시작한 것은 베트남전쟁이 본격화하기 직전인 1963년부터로 바쁜 와중에도 쉬지 않고 연습하여 2년 후에는 '엘리제를 위하여'를 능숙하게 연주해냈다.

생전에 장수 비결을 묻는 질문에 '매일 운동을 빠뜨리지 않고 하며 작은 일에 속상해하지 않는다'고 대답했다. 열정적이면서 강한 자제력을 가졌다는 평가를 받는다.

지압은 자신이 망명 중에 아내를 옥사시킨 프랑스에 강한 적개심을 지울 수 없었겠지만, 정권 수립 후의 외교에서는 이를 최대한 자제했다. 외교 무대에서는 메스네르(Pierre Messmer, 1916~2007, 1960~1969 드골 정권에서 국방장관, 퐁피두Pompidou 정권에서 1972~1974 수상)를 만나면 그도 제1차 인도차이나전쟁에 참전해 포로가 된 사정(1945년 8월 공수부대원으로 베트남에 투하되어 베트민에 붙잡혔다가 2개월 만에 탈출)을 이해하면서 '피차가 서로 미워하지 말자'고 활짝 웃는 얼굴을 보였지만 '분노에 떨리는 손을 필사적으로 억누르고 있었다'는 일화가 있다.

12. 베트남전쟁 종전과 도이머이(Đôimói) 이후

15년간의 전쟁으로 남북 베트남에서 500만 명의 사망자와 수백만 이상의 부상자가 발생했다. 미군의 군사력에 의한 조직적인 훼손과 북베트남군과 NLF의 군사 활동으로 국토는 황폐화되었고 파괴된 각종 인프라의 재정비에 상당한 세월이 필요했다.

재교육 캠프

사이공 함락 이후 북베트남 정권에 복종을 거부할 의심을 받은 사람은 인민재판 결과에 따라 처형되거나 재교육 캠프로 보내졌다. NLF는 사이공 함락 직후 남베트남군의 북베트남인민군 편입과 동시에 해산 명령을 내렸다.

통일베트남 정부는 약 10만 명에 이르는 남베트남 정부인사와 남베트남군 관계자들에게 당국에 출두하라는 명령을 내렸다. 이들은 재교육 캠프에 보내져 계급·지위에 따라 짧게는 몇 주에서 길게는 몇 년 이상을 지냈다. 계급이나 지위가 낮거나 적대행위가 가벼운 사람은 몇 주로 끝났지만 고위급과 무거운 사람은 10년 이상을 수용소에서 지냈다. 1992년 시점에서 9만 4천 명은 석방되어 사회에 복귀했지만 남은 6천 명은 재교육 캠프에 수용되어 있었다.

뉴욕타임스 기자로 '펜타곤 문서 사건'을 폭로하여 퓰리처상을 수상한 시한(Neil Sheehan, 1936년생) 기자는 저서에서 이들의 처리에 관한 미국과 베트남 간 협의에서 베트남이 당시 국내 사정의 궁핍과 높은 실업률로 고민하던 상태였으므로 미국 측에 재교육 캠프에서 석방된 9만 4천 명 전원과 그 가족을 받아들이도록 요구했지만, 미국 측은 이들 9만 4천 명 중 3년 이상 수용됐던 4만 5천 명만 본인이 원할 경우 미국이 가족과 함께 받아들이는데 동의했다고 한다.

미국의 노동력 문제

미국은 이 전쟁에 250만 명 이상의 장병(참전 최대 병력 55만 명)을 동원하고 전사자와 실종자를 합쳐 6만 명이 넘는 인명을 잃었으며, 여기에 전상자를 더하면 약 30만 명이 넘는 노동력을 상실했다. 미국은 자신의 편이었던 옛 남베트남 정부와 군 수뇌부, 그리고 남베트남에서 유출된 화교와 정치적 추방자, 망명자 등의 난민을 수용해 노동력 일부를 보충했다.

전쟁터에서 멀리 떨어진 조국에서 벌어지고 있는 반전운동과 달리 징집되어 전투에 투입된 참전 미군 병사들이 인지부조화 상태에 처한 경우를 나는 실제로 옆에서 보았다. 어느 군항에서 만난 필라델피아 출신의 해병수병은 워낙 고통스러운 노역에 지쳐 스스로 'We are 20 century's slaves'라고 고함을 질렀다. 이와 같이 베트남 참전병사의 심리적 장애가 널리 인식되고 사회문제가 되어, 정신의학, 군사심리학에서 외상 후 스트레스장애(post traumatic stress disorder, PTSD)의 연구가 활발히 전개됐다.

막대한 전비가 투입된 결과, 국제 경제에서도 커다란 변화가 일어났다. 미국은 그동안 태환화폐(언제나 금으로 교환이 가능한 돈)였던 미국 달러의 가치와 금의 교환에 의문을 가진 영국과 프랑스 등 유럽 국가들이 달러화를 금으로 교환할 것을 요구했다. 이것이 1971년 7월 15일 닉슨 대통령의 방중(訪中) 선언에 이어 8월 15일 금태환(金兌換) 일시정지 선언으로 갑작스럽게 발표되었다. 그 전까지 금 1온스(약 28.35g)는 35미국달러(1g 당 약 2.235달러)로 교환이 가능했지만 이 선언으로 세계 경제는 심각한 충격을 받았다. 이를 '닉슨 쇼크'라고 부른다.

결과적으로 베트남전쟁은 1944년에 미국 주도로 만들어진 브레턴우즈(Bretton Woods) 국제통화체제의 종말을 맞게 했다. 뒤이어 1973년에는 원유가가 17%나 급작스럽게 오르는 석유파동으로 이어져 산유국(OPEC)을 제외한 세계 경제는 더욱 휘청거렸다.

고엽제와 그 후속 피해

미군은 NLF(베트콩)와의 전투에서 시계(視界) 확보를 목적으로 삼림과 초원을 말라 죽게 하는 고엽제(Agent Orange)를 대규모로 살포했다. 전후에 베트남인과 베트남 참전군인 가운데 고엽제 접촉 때문에 건강 피해와 출산 이상이 나타났다.

메콩 델타 지역에 고엽제를 살포하는 미군 헬기

환경을 파괴하는 고엽제 사용은 국제법상의 문제로 제기되어 많은 비판을 받는다. 베트남 정부는 4백만 명이 넘는 사람들이 고엽제에 노출되었고 그 후유증으로 3백만 명 이상이 질병으로 시달리고 있다고 발표했다.

이 화학물질은 유전자를 손상시킬 수 있고, 노출된 사람의 자손에게 기형을 가져올 수 있다. 또한, 고엽제는 베트남의 자연환경을 엄청나게 파괴했다. 방대한 면적의 삼림(31,000km², 남한 면적의 약 3분의 1)이 메말라 죽었다. 고엽제는 광범한 지역에 걸쳐 나무껍질과 묘목을 부식시켜 삼림의 재생을 어렵게 만들었다. 또, 다양한 종류의 동물이 고엽제가 살포되지 않은 지역과 비교해 대조적으로 급격히 감소했다. 베트남 현지에는 고엽제 피폭과 접촉으로 인해 발생한 본인의 피해뿐만 아니라 기형의 자식 세대에 대한 사회 문제가 여전히 남아 있다.

미국 정부에서도 고엽제에 노출된 퇴역 군인들에게서 더 높은 백혈병 발병, 악성 림프암, 전립선암을 비롯한 다양한 종류의 암 환자가 발생했다는 기록을 갖고 있다.

　베트남에서 고엽제를 살포한 여파는 유엔으로 옮겨져 1976년 총회 결의로 '환경변환병기사용금지조약(Environmental Modification Convention)'이 채택되고 1978년 10월 발효되었다.

　NLF도 베트남 국경지대인 라오스와 캄보디아의 밀림에 이를 사용했다는 기록이 있다. 브라질과 같은 다른 나라들은 농업용 땅을 개간하기 위해 고엽제를 사용했다고 한다. 돈은 다우케미컬(Dow Chemical), 몬산토(Monsanto), 다이아몬드 샘록(Diamond Shamrock) 등의 화학공업기업에게 돌아갔지만 그들이 인류에게 저지른 영향은 그들 살아생전에 또는 몇 대 후에 나타날지도 모른다. 그 책임은 누가 질 건가!

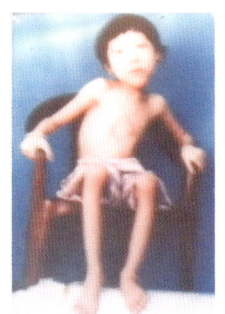
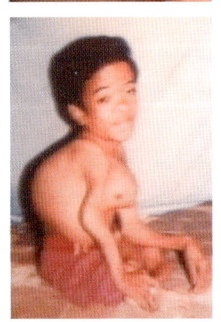
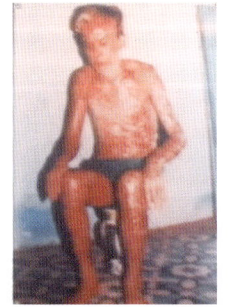
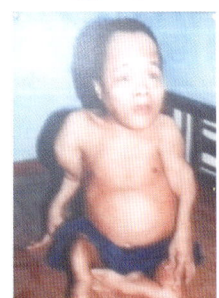

고엽제 후유증 2세들

베트남에 참전한 군인들, 특히 병사들은 고엽제 살포로 인한 후유증에 시달리고 있다. 미군은 공군기로 베트남의 삼림에 많은 고엽제를 살포했고, 육해군해병대도 주둔 병영 주변에 고엽제를 살포하여 NFL의 공격을 인지하는데 사용했다. 우리나라의 휴전선 일대에서도 고엽제를 뿌렸으며 오키나와의 미군기지에 근무하던 미군 병사도 고엽제 피폭이 확인되었다. 나도 LST함이 피칭하는 비치나 접안한 강변 수풀에 고엽제를 살포했다.

미국에서는 1984년 베트남 참전 귀환병 약 4만여 명이 다우케미컬 등의 고엽제 제조업체를 상대로 집단소송을 제기했다. 하지만 재판이 심리에 들어가기 직전에 갑자기 원고 대표자가 제조회사 측과의 화해를 발표, 제조회사 측은 고엽제 피해를 인정하지 않은 채 원고에게 보상금 1억 8천만 달러를 주기로 합의했다. 재판에서 귀환병들의 고엽제 건강 피해가 공개되지 않은 채 사장(死藏)되어 버렸다. 갑작스런 화해에 불복한 귀환병과 유가족들이 1989년에 다시 집단소송을 냈지만 기각됐다. 미국의 시민적 도덕성이 미국의 기득권을 대표하는 군수산업체의 위력 앞에 법적으로 얼마나 왜소한 것인지를 보여 주는 좋은 사례이다.

1991년 미국 의회에서 고엽제에 노출된 귀환병사에 대한 구제법이 통과되고 특정 질병에 대한 고엽제 관련성이 인정되었다. 베트남 귀환병사의 자식 세대에 대한 건강 피해와 여성 귀환병사가 낳은 선천성 장애를 가진 자식에 대한 보상도 인정되고 있다. 그러나 지금도 많은 귀환병사 자식들의 질병과 선천성 장애 발생에 대한 보고가 이어지고 있어 고엽제가 단순한 제초제가 아니라 화학병기의 일종이었음이 밝혀졌다.

네이팜탄의 민간인 무차별 살상

광범위한 지역을 불태우는 네이팜탄(Napalm Bomb)에 대해서도 인도적 차원에서 비판이 많았다. 네이팜탄은 나프타(Naphta)라는 젤리를 충전한 유지(油脂)소이탄으로 섭씨 900~1,300도의 아주 높은 고온에서 연소해 광범위한 지역을 불태워 파괴하는 소이(燒夷)용 화학무기이다. 네이팜탄은 하버드대학교 유기화학 교수인 피저(Louis F. Fieser, 1899~1977)가 미군의 의뢰로 1942년 7월 개발해 제2차 세계대전과 한국전쟁에 이어 베트남전쟁에서 주로 사용했다.

1973년 퓰리처상을 수상한 AP통신 웃(Nick Ut) 기자의 사진은 네이팜탄의 비인도성을 잘 보여주고 있다. 전쟁터에서의 사용이 금지되지 않았던 네이팜탄을 비롯한 소이용 무기에 대해 1980년에 UN은 민간인들에게 피해가 발생할 가능성이 크기 때문에 이와 같은 '특정통상병기(Certain Conventional Weapons(CCW))' 사용을 금지시켰다.

CCW 협약 의정서 초안에는 모든 방화용 무기(incendiary agent)의 사용을 제한하려고 했지만, 많은 국가는 CCW의 모든 조항을 받아들

네이팜탄에 불 붙은 몸으로 피신하는 아동을 찍은 이 사진은 1973년 퓰리처상을 받았다. (여아는 1963년생으로 훗날 평화운동활동가가 되었다.)

이려 하지 않았다. 스톡홀름 국제평화연구소(SIPRI)에 따르면 1983년 12월부터 발효된 이 국제협약은 의정서 5개항 중 2개항 이상을 비준할 경우 그 당사자로서 효력을 갖는다. 이 협약에 조인하고 실행에 착수한 나라는 125개국으로 1982년에 소련, 일본, 중국, 1988년에 프랑스, 1992년에 독일, 1995년에 영국과 미국, 2001년에 한국 등이다. 베트남은 1981년 협약에 서명했으나 비준이 거부되었다.

한국의 베트남전 참전자 문제

우리나라의 베트남 참전(1964.7.18.~1973.3.23.) 병사를 비롯하여 당시 휴전선 인근에서 군복무(1967.10.9.~1972.1.31.)를 마친 고엽제(피폭, 접촉) 피해자가 의료 지원을 받고 있다. 하지만 이들을 정치적으로 이용하는 단체들은 정파적 시위에 자주 동원되어 양식 있는 시민들의 눈살을 찌푸리게 하여 참전에 대한 경외감 대신에 자신들의 전공(戰功)을 스스로 폄시(貶視) 당하는 게 한국의 현실이다.

한국 참전군인 귀환 후의 문제

어느 나라나 참전군인은 전쟁 중에 육체적, 정신적 기능의 상당 부분을 잃어 상이군인으로서 의료비, 장애자 연금 등의 사회보장 서비스 약간을 제공받고 있다. 경제활동인구가 참전으로 인해 입은 경제적 손실에 대해서는 특별히 보상하지 않기 때문에 병역의무복무자 모두를 포함하여 참전군인들은 출정하지 않은 사람에 비해 군복무에 해당한 기간, 직업에 종사하지 못함으로서 병역미필자에 비해 생애 전체 소득이 줄고, 생활 수준이 낮아지는 경우가 많다.

우리나라에서는 소액의 참전명예수당을 정부가 지불해 주지만 그들의 참전으로 인한 손실을 보상하는 성격의 급여는 없다. 특히 고엽제 피해자의 경우에는 참전명예수당 대신에 고엽제 수당을 그것도 경도,

중등도, 고도 등으로 구별지어 주고 있을 뿐이다. 그들의 베트남 참전이 한국의 경제 발전에 기여했다고 평가하면서도 해외파견근무로 외화를 벌어들인 해외송출노동자와 같이 취급해 '경제적 공헌' 운운하는 것은 병역의무 때문에 그들이 남의 나라 전쟁에 참전하여 치른 생명의 위협과 고통 및 인격적 자책에 대한 올바른 대접이 아니다.

통일베트남에서도 병역 의무를 치르느라 참전한 남베트남군 사병들에 대해서는 전투 행위를 따지거나 증오하지 않는다. 동족 간의 골육상쟁을 끝낸 지 60년이 넘도록 증오와 저주를 계속하고 있는 우리와 그들의 다른 점이다.

베트남과 미국의 화해

1991년 말의 소련 붕괴는 베트남사회주의공화국과 미국이 접근하는 길을 열었다. 양국이 화해하고 국교를 회복한 것은 베트남전쟁 종결로부터 20년이 지난 1995년 8월 5일이었다.

2000년에는 통상협정을 체결, 미국이 베트남을 무역최혜국으로 대우했고 포드와 GM, 코카콜라나 하얏트호텔 등을 필두로 미국의 대기업도 베트남에 속속 진출했다. 미국은 베트남 노동자의 교육 수준이 높고 근면한데다, 아세안(ASEAN)의 관세 감면 조치가 적용되는 동남아시아 생산기지의 하나로 삼았다.

베트남에 미국은 중국에 이어 두 번째 교역 상대국이다. 2000년대 이후에는 베트남 정부가 외화 획득을 위해 미국 등에 망명한 베트남인의 귀국을 거의 허용해 인적 교류도 활발해지고 있다. 미국 정부와 의회는 고엽제와 기타 전쟁 피해에 대해서 사과도 배상도 하고 있지 않다.

2000년대 후반에 들어서자 베트남과 미국은 군사적 측면에서 접근하고 '어제의 적이 오늘의 친구'로 바뀔 가능성도 있는 듯하다. 이 배경에는 ① 우방이던 소련이 붕괴하면서 중소분쟁을 일으킨 냉전체제가 붕괴한 것 ② 중국의 군사 개입과 영토분쟁에 따른 반감 등이 있겠다.

2010년 7월 하노이에서 열린 아세안 지역 포럼에서 미국의 힐러리 클린턴 국무장관은 남중국해에서 중국이 실효적으로 지배하고 있는 서사군도(西沙群島, 베트남 Quần đảo Hoàng Sa=群島黃沙군도황사, 영어 Paracel Islands)와 베트남이 일부를 실효적으로 지배하고 있는 꾸안다오 쭝사(베트남어 QuầnĐảo Trường Sa, 群島長沙군도장사, 중국어 南沙群島, 영어 Spratly Islands)의 영토분쟁에 관여하겠다고 선언했고, 8월 11일에는 베트남군과 미군이 남중국해에서 합동군사훈련을 실시했다.

전쟁이 끝난 후, 베트남 보트피플과 난민

베트남 보트피플은 1975년 4월 30일 사이공이 함락되어 베트남전쟁이 끝난 뒤에 주로 1978년부터 수년 동안 특히 옛 베트남공화국(남베트남)을 배를 타고 탈출한 피난민을 말한다.

베트남을 떠나 안전하게 다른 나라에 도착한 사람은 거의 80만 명에 달했다. 많은 난민이 해적들과 정원을 크게 초과한 승선 인원, 폭풍 등으로 죽은 경우도 많다. 사람들의 제1목적지는 홍콩, 인도네시아, 말레이시아, 필리핀, 싱가포르, 태국 등의 동남아시아 국가였다.

1978년과 1979년에 발생한 베트남의 캄보디아와 중국과의 분쟁에서 비롯된 긴장감으로 인해, 중국계 베트남인 약 17만 명 이상은 북쪽 육로를 통해 중국 남부 광서(廣西)성으로 탈출했고 남쪽에서는 배로 3만 명이 피난해 중국으로 입국한 사람이 합계 약 20만 명에 이르렀다. 또한 베트남군이 점령한 캄보디아에서 1980년까지 중국으로 귀국한 사람도 약 26만 명이었다. 2013년 시점에서 베트남에서 온 미국 국적자의 11.5%가 베트남의 화교였다.

베트남전쟁으로 인한 경제 제재와 파괴, 베트남 정부정책, 그리고 주변국과의 추가적인 갈등으로 동남아 국가들은 더 많은 베트남인을 받아들이려 하지 않았다. 1979년 이후, 베트남은 자신이 살던 나라를 떠나는 사람들을 방임했지만 주변 국가들이 문제를 제기하자 베트남은 떠나는 사람의 수를 제한하는데 동의했다. 동남아시아의 난민수용소에 있던 대부분의 베트남인은 미국, 다음으로 호주, 캐나다, 프랑스, 독일, 영국에 재정착했다.

우리 언론이 베트남인들이 아사지경이나 정치적 핍박을 피해 위험을 무릅쓰고 죽기 살기로 보트를 타고 다른 나라로 도망친 것으로 보도·해설하여 왜곡된 사실 전달을 그대로 믿는 사람들이 많지만 이들은 그저 베트남 이탈자(脫越者)들이다.

보트피플의 주류였던 중국계 베트남인

중국계 베트남인의 분류와 정착사

베트남에서는 중국어를 상용하는 화교를 호아족(응으이호아Người Hoa, 猺華, 華族화족)이라고 부른다. 호아족은 16세기 명나라 말에 광동성에서 이주한 산지우(Sán Dìu, 山由산유)족과 베트남에 가까운 중국 중남부의 객가(客家, Hakka) 후손 응아이(Ngái, 艾애)족이 주류를 이룬다.

17세기 말 명나라가 망하자, 그 유신들 3천 명을 실은 배가 베트남 레 왕조의 지방정권인 베트남 중남부의 꽝남꾸옥 땅인 다낭에 입항해 망명을 요청했다. 꽝남응우옌 왕(쭈어완=阮主)은 이들을 남부의 메콩 델타 지역에 정착하게 했다.

19세기 말에 이 지역에 사는 화교의 후손은 4만 명에 달했다. 20세기에 들어서면서 선박 등의 교통 발달로 교역이 성행해 동남아시아 화교의 출입국이 활발해지면서 베트남에는 수십만 명의 화교 이민이 더 늘었다. 1936년 조사에 따르면, 베트남의 코친차이나(남부)에 17만 명, 안남(중부)에 1만 명, 통킹(북부)에 3만 5천 명의 화교가 거주했고, 혼혈아가 7.4만 명으로 중국계가 약 30만 명에 달했다. 또 청나라 말부터 제2차 세계대전 전야에 국공내전을 피해 중국인 다수가 베트남에 더 피난해 들어왔다.

보트피플과 이동 루트

남부 베트남에 살고 있던 중국계 베트남인은 도시에서 주로 상업에 종사하고 있었다. 남베트남이 패망하자 이들 대부분은 베트남 탈출을 시도했다. 그래서 보트피플의 대부분은 이들 화교와 화인 등의 중국계 베트남인, 남베트남 정부 관계자나 옛 남베트남군 고위관계자와 그 가족, 자산가, 지주였다. 이들은 남중국해의 혼잡한 국제항로로 향했다. 운이 좋으면 화물선에 구조되어 2,200km 떨어진 홍콩으로 이송됐다. 말레이시아, 태국, 필리핀에 도착한 배도 있었다. 불운한 경우 몇 달 동안 중국 해안에 정박했다가 굶주림과 갈증에 시달리며 항해를 거듭했다. 또 해적에게 학살된 것으로 보이는 시체가 주변국 해안에서 발견되는 일도 잦았다. 유엔난민고등판무관실은 말레이시아, 태국, 필리핀, 홍콩, 인도네시아에 이들의 난민캠프를 설치하게 했다.

1979년 7월 많은 보트피플이 홍콩으로 향했다. 홍콩은 최종적으로 20만 명 이상을 받아들였지만 심각한 사회 문제가 되었다. 경제적 부담과 범죄의 증가, 난민의 폭동 등이 홍콩인들에게 큰 피해를 주었지만 홍콩 정부는 줄곧 온화한 정책을 취했기 때문에 최종 난민은 2000년까지 도착했다. 홍콩과 마카오 난민수용소의 7할은 중국어 소통이 가능한 중국계 베트남인이었다.

그밖에 보트피플은 먼저 가까운 동남아시아 국가로 이주했다가 값싼 노동력이 필요한 선진국으로 다시 옮겼다. 오스트레일리아에는 1975년부터 1985년까지 10년간 9만 명 이상의 베트남 난민이 들어왔고, 이 나라의 중국계 인구 20만 명 중 베트남 출신이 가장 많아 40%를 넘었다.

보트피플을 포함한 베트남의 인구 유출과 재 귀국(역이민)

베트남 전체로는 1975년 이전에 남북 베트남 전역에 145만 명의 화교가 살았지만, 그 중 베트남전쟁과 중국과의 전쟁 기간에 111만 명이 해외로 이주하고 26만 명은 중국으로 귀국하면서 화교 수는 크게 감소하였다.

통일 이전에 남베트남에 거주하는 120만 명의 화교 중에 110만 명이 사이공에 살았다. 그 중 70만 명이 사이공 서남쪽의 중국인 거리인 쩌런(堤岸제안, 큰 시장이란 뜻)에 집중 거주했다. 하지만 전쟁 후에 출생지가 베트남인 다수가 난민으로 출국해 버려 쩌런의 화교 인구는 1978년에 10만 명으로까지 급감한 적이 있다.

내가 승조한 함정으로 사이공에서 냐짱으로 수송하던 중에 만난 이들은 '우리는 중국인이고, 국적만 베트남인인데 왜 우리들을 베트남 내전에 징집하느냐?'고 불만을 토로하는 걸 직접 들은 적이 있다. 이들은 스스로 '중국인 디아스포라'라고 생각했다. 이들이 1978년을 전후하여 국외로 이주한 배경에는 남베트남의 사회주의화에 따른 자산 제한·국유화, 중국과 베트남의 전쟁으로 인한 민족적 긴장관계로 경제와 유통의 중추를 장악하던 화교에 대해서 베트남 정부가 추방에 동조한 것 등을 꼽을 수 있다.

베트남계 이주자가 많아지자, 유엔난민고등판무관실에서는 1980년 후반에 보트피플이 베트남으로 귀국할 경우 유엔난민고등판무관실에서 귀국 수당을 지급하기도 했다. 이 수당을 받을 목적으로 일시적으로 제3국으로 출국하는 경제 난민도 생겼다.

그 뒤 1986년 도이머이(Đổi mới, 刷新쇄신, 개방·개혁) 정책이 채택되면서 화교를 포함해 해외로 이주한 옛 남베트남인들이 많이 귀국했다.

베트남계 해외 이주자들

현재까지 인도차이나 3국에서 난민 신분으로 이주한 사람들은 미국 82만 3천, 호주 13만 7천, 캐나다 13만 7천, 프랑스 9만 6천, 독일 1만 9천, 영국 1만 9천, 일본 1만 1천, 아이슬란드 4백 명 등이다.

베트남인들은 통일베트남의 적국인 미국으로 많이 이주했다. 베트남전쟁의 당사국이었던 미국은 옛 남베트남에서 많은 이민을 받아들여 곳곳에 베트남인 커뮤니티가 생겼다. 초기의

베트남 이주민이 착륙한 미국 캘리포니아 미 해병 캠프 펜들턴 기지를 가로지르는 I-5의 쉼터

베트남계 미국인들은 1979년 2월 발발한 중국·베트남(中越)전쟁 때에 주로 남베트남에 살다가 탈출한 중국계(화교·화인)가 대부분이다. 베트남에서 이주한 화교, 즉 인도차이나계 중국인들을 주축으로 뉴욕이나 로스앤젤레스, 시카고, 파리 남부, 시드니 교외 등에 대규모의 베트남계 차이나타운이 1975년 이후 형성되었다.

캘리포니아주의 샌디에이고(San Diego)에서 조금 북쪽 오션사이드(Oceanside)의 동북 방향에 있는 펜들턴(Pendleton) 해병기지는 베트남전쟁이 끝난 후에 미국으로 온 베트남 피난민에게 편의를 제공한 군사기지로 역사상 가장 대규모인 5만 명 이상을 공수해 와 수용했던 곳이다.

베트남인 해외 거주자

1만 명 이상의 베트남인이 살고 있는 나라와 인구는 다음과 같다.

단위: 명(년)

국가	인구 수 (기준 연도)	국가	인구 수 (기준 연도)
미국	2,200,000 (2017)	라오스	30,000 (2012)
캄보디아	600,000 (2011)	중국	30,000 (2010)
일본	371,755 (2019)	네덜란드	23,500 (2019)
프랑스	350,000 (2014)	노르웨이	23,000 (2019)
오스트레일리아	300,000 (2018)	UAE	20,000 (2014)
캐나다	240,000 (2016)	마카오	20,000 (2018)
타이완	200,000 (2018)	스웨덴	20,000 (2015)
독일	170,000 (2019)	러시아	18,000 (2018)
한국	170,000 (2019)	태국	17,662 (2010)
체코	83,000 (2011)	벨기에	15,000 (2018)
말레이시아	70,000 (2013)	덴마크	15,000 (2018)
영국	60,000 (2009)	스위스	15,000 (2011)
폴란드	50,000 (2005)	핀란드	12,000 (2011)

이데올로기의 허구성과 일제 군인 등의 베트민군 간부 양성

프랑스와 일본은 기간이야 다르지만 한때 베트남 땅을 지배했다. 정훈교육과 전쟁선전으로 세뇌되어 철저하게 제국주의 군인이었던 이들 나라의 군인들이 전쟁이 끝나자 자발적으로 베트남의 반식민지 무장투쟁을 적극적으로 도왔다. 사상이나 주의는 환경이 바뀌면 이렇게 변하는 프레임일 뿐이다. 개인은 누구든 현실과 존재에 뒤따라서 생각과 의식이 바뀐다는 것을 베트남 현대사는 웅변하고 있다.

베트남은 1858년 프랑스와 스페인으로부터 다낭을 침공 받은 이래, 1885년 청나라군이 프랑스군에 패배하면서 프랑스식민지로 전락했고, 1887년에는 프랑스령 인도차이나가 되었다. 우여곡절 끝에 1975년 4월 30일 사이공에서 미군이 철수하고 곧이어 남베트남공화국이 붕괴했다. 이를 미국 측의 패전과 북베트남과 NLF(베트콩)의 승리라고 부르기도 하고, 월남(베트남) 패망이라고 부르기도 하지만 어떤 이름을 붙이든 베트남은 외세를 모두 몰아내는데 성공했다.

이 사태를 베트남 패망이라고 말하는 우리나라와 달리 일본의 설빙(雪氷) 연구가로 세계적인 과학자인 안노유타카(安濃豊안농풍, 1951년생, 일본 홋카이도 출신)는 미국과 일본의 전쟁 원인이 인종차별이라는 확신의 연장선상에서 미군이 철수한 날을 '유색인종 해방의 날'이라고 부르며, 베트남독립전쟁(제1차 인도차이나전쟁)과 베트남전쟁(제2차 인도차이나전쟁) 초기에 베트민 군대 양성을 위해 힘쓴 일제 육군 패잔병의 행적을 찬양하기도 한다.

프랑스와 일제 패잔병이 양성한 북베트남과 남부 NLF군 간부들

북베트남과 NLF군(베트콩) 간부는 공교롭게도 인도차이나에 잔류한 프랑스와 일본군 잔류 장교들이 주로 양성했다. 서구에서도 자존심 강하기로 소문난 프랑스군 장교와 황국신민으로 옥쇄(玉碎=자결)를 마다 않던 일본군 장교들은 모두 이데올로기의 제물이었다. 일본군에 쫓기던 프랑스 군인은 전후에 자국의 식민지인 베트남의 독립전쟁을 도왔고, 일제 군인들도 자신이 증오했던 귀축과 같은 서양인을 몰아내는 일에 앞장서서 베트남 군인의 전술 지휘와 전쟁 기술을 숙련시켰다. 북베트남과 베트민은 소련과 중국 공산당의 군사 지원을 받을 때까지 무기도 장비도 부족했기 때문에 현지에서 싸우던 프랑스군과 일본군의 무기를 습득 또는 탈취하여 총구를 왕년의 식민 본국군 또는 적군을 향해 겨누었다. 그 가운데 북베트남민주공화국은 1946년 4월에 프랑스 패잔병과 일제 패잔병의 도움으로 2개의 군 사관학교를 설립했다.

한 곳은 일본군의 추격을 받던 프랑스군의 하급 장교들이 베트민에 합류하여 교관을 맡아 하노이시 외곽인 썬떠이(SonTây, 山西산서)에 세운 학교였고 다른 한 곳은 다낭 남쪽 꽝응아이(Quảng Ngãi, 廣義광의) 육군중학교로 일본군 장교와 하사관이 교관이었다. 호찌민은 이들 잔류 병사들을 '신 베트남인'이라고 불렀다. (→ 제4부 8. 꽝응아이)

13. 베트남의 현대사회 현황 요약

베트남의 국가표어는 독립(Độclập, 獨立독립), 뚜조(Tựdo, 自由자유), 하인푹(Hạnhphúc, 幸福행복) 3가지이다. 헌법상의 국호는 1945년 9월 2일 독립선언 당시에 베트남민주공화국이었지만 1976년 7월 2일 남북통일국회 결의로 변경된 국호는 베트남사회주의공화국(Socialist Republic of Vietnam)이다.

베트남의 민족 구성

베트남 국민은 54개 민족으로 이루어져 있지만 86.2%에 이르는 대다수가 베트족(낀족Kinh, 京=응으이비엣Người Việt)이다. 소수민족 중 인구의 1%가 넘는 민족은 아래 7개 민족이다.

따이(Tày, 齊족=Người Tày, 岱依族=Dài yī) 53개 소수민족 중 가장 많은 1.9%로 2019년 인구는 약 185만 명이다. 중국과의 국경인 동북부 산간 지역에 주로 살고 있다.

타이(Thái, 泰)족 서남부 태국어를 사용하며 태국, 라오스와 중국 남부에도 살고 있는 민족으로 베트남에는 2019년 전 인구의 1.7%인 182만 명이 주로 북부지역에 거주하고 있다.

므엉(Mường, 𦰡)족 베트족(낀족)과 혈연으로 가장 가까운 소수민족이다. 2019년 전 인구의 1.5%인 146만 명이 호아빈(HòaBình, 和平)성(48만 명, 성 인구의 63.3%)을 비롯하여 하노이에 가까운 홍강 델타 부근과 베트남 중북부 여러 곳에 살고 있다.

크메르(Khơ Me Crộm, Cao Miên, 高棉고면)족 오스트로네시아(Austronesia)어족으로 베트남 낀족과 크게 구별되는데 서남부와 메콩 델타 지역에 주로 살고 있다. 전 인구의 1.4%로 132만 명에 이르는 이들은 쏙짱(SócTrăng, 朔庄삭장)성에 40만 명(성 인구의 30.7%, 국내 전체 크메르족의 31.6%), 짜빈(TràVinh, 茶榮다영)성, 키엔지앙(KiênGiang, 堅江견강)성 등에 분포되어 있다.

호아(Hoa, 華화)족 17세기 중국 명나라가 멸망할 무렵에 베트남 꽝남 지역으로 망명해 온 한족의 후예들로 중국어를 사용하는 민족이다. 남베트남 패망 이후에 홍콩을 포함한 중국이나 미국으로 많이 이주했다. 전 인구의 1.1%로 2009년 82만 3천 명이었다가 2019년에는 75만 명으로 오히려 줄었다. 호찌민시(전국의 50.3%인 41만 5천 명), 인근인 동나이(ĐồngNai, 同奈동나)성, 쏙짱성, 끼엔지앙성, 메콩 델타 남부의 박리에우(BạcLiêu, 北遼북료)성, 호찌민시 북쪽 빈주엉(BìnhDương, 平陽평양)성과 중국 국경선에 가까운 하노이 북쪽 박쟝(BắcGiang, 北江북강)성에도 일부가 살고 있다.

능(Nùng, 儂농)족 타이계의 한 민족으로 전 인구의 1.1%인 110만 명이 주로 베트남 북부인 중국과의 국경지역인 랑선성 32만 명(성 인구의 43%, 전국의 32.4%)과 까오방성 16만 명(성 인구의 31%, 전국의 16.3%)이 주로 거주하고 있다.

흐몽(H'Mông)족 베트남 외에도 중국 남부의 운남성과 귀주성의 묘족(苗族, Miao), 라오스, 태국과 미얀마에도 살고 있다. 북부 베트남에 많이 살고 있고 2019년 인구는 약 140만 명으로 2009년의 106만 명에 비해 많이 증가해 1%를 훨씬 넘는다. 베트남 외의 흐몽족은 중국에 270만, 라오스에 60만, 미국과 태국에 26~30만 명 정도가 살고 있다.

국토 면적과 인구

베트남의 국토 면적은 331,212km^{2}이고 대한민국(100,033km^2)의 3.3배이다. 북한(120,538km^2)과 합친 한반도 면적(220,571km^2)의 1.5배이다.

UN 통계에 따르면 2020년 베트남 인구는 97,368,758명(세계 15위)이고 한국 인구는 51,271,258명(세계 28위)로 1.9배이며 북한 인구 25,782,708명(세계 54위)을 합친 한반도 전체 인구 77,053,966명(세계 20위가 됨)의 1.26배이다.

인구밀도는 1km^{2}당 베트남이 세계 29위로 294명, 한국은 517명(세계 13위), 북한은 214명(세계 45위)이고 남북한을 합치면 349명으로 세계 24위인 일본(333명)보다 조금 조밀하다.

1인당 국민소득

IMF가 연도별로 집계한 베트남의 1인당 명목국민소득(GDP-Nominal)과 구매력을 평가한 국민소득[(GDP-ppp(purchasing price parity)의 약어로 물가를 평가한 금액]을 최근 몇 년간 우리나라와 비교하면 다음 표와 같다.

국가별	구분, 연도별	2015년	2018년	2019년
베트남	GDP(Nominal)	2,088달러	2,551달러	2,740달러
	GDP(ppp)	6,024달러	7,513달러	8,110달러
한국	GDP(Nominal)	27,265달러	33,320달러	31,436달러
	GDP(ppp)	36,511달러	43,290달러	44,740달러

평균수명

세계보건기구(WHO) 통계에 따르면 2018년 베트남인의 평균수명은 세계 72위로 75.3세이고 여성은 79.4세, 남성은 71.2세이다. 한국인은 세계 9위로 82.8세이고 여성은 85.8세, 남성은 79.7세이며, 미국인은 세계 35위로 78.9세이고 여성은 81.4세, 남성은 76.3세이다.

현재의 베트남 행정구역과 주요 도시

2011년 4월 개정하여 현재까지 베트남의 행정구역은 58개의 성(Tỉnh)과 5개의 중앙직할시(Thànhphố trực thuộc Trungương)로 구성되어 있다. 국토 가장 북쪽에 위치한 성은 하쟝(HàGiang, 河江하강)성이고 가장 남쪽에 있는 성은 까마우(CàMau, 歌毛)성이다.

5대 중앙직할시는 인구 순위로 5대 도시이고 이 가운데 3개 도시가 예전의 남베트남공화국에 있다. 2019년 4월 1일 각 도시별 인구는 다음과 같다.

① 호찌민(Hồ Chí Minh, 胡志明호지명): 베트남 최대 도시 8,993,082명
② 하노이(Hanoi, 河內하내): 베트남 수도 8,053,663명
③ 하이퐁(HảiPhòng, 海防해방): 하노이의 관문인 항구도시 2,028,514명
④ 껀터(CầnThơ, 芹苴근저): 메콩 델타 최대의 강변도시 1,135,171명
⑤ 다낭(Danang, 沱㶅타낭): 베트남 중부의 항구도시 1,134,310명

성 아래의 행정 단위로는 성의 직속 시(T. P. 쯔투옥띤(trực thuộc tinh, 城舖直屬省성포직속성), 현(huyện, 縣현), 읍(thixã 티싸)이 있다. 중앙직할시 아래에는 구(quận, 郡군), 현, 읍, 마을(phường, 坊방)이 있다.

베트남의 지방을 구분하는 경우는 8분할, 3분할 방법 등이 있다.

8분할의 경우는 ① 서북부(떠이박보TâyBắcBộ) 6성 ② 동북부(동박보ĐôngBắcBộ) 9성 ③ 홍강 델타(동방쏭홍Đồngbằng sôngHồng) 9성과 2개 중앙직할시(하노이, 하이퐁) ④ 북중부(박쫑보BắcTrungBộ) 6성 ⑤ 남중

부(남쭝보NamTrungBộ) 5성과 1개 중앙직할시(다낭) ⑥ 중부고원[(까오응우옌쭝펀Caonguyên Trungphần), 떠이응우옌(TâyNguyên, 西原서원)] 5성 ⑦ 동남부 7성과 1개의 중앙직할시(호찌민시) ⑧ 메콩강 델타(Đồngbằng sông CửuLong), 서남부(떠이TâyNamBộ, 西南部서남부, MiềnTây(沔西면서) 12성과 1개 중앙직할시(껀터)로 구분한다.

 3분할의 경우는 ① 북부지방[미엔박Miềnbắc, 박보BắcBộ=박끼(BắcKỳ, 北圻북기)=동낀(Đông Kinh, 東京동경)]: 서북부, 동북부, 홍강 델타 ② 중부지방[(MiềnTrung, TrungBộ)=쭝끼(Trung Kỳ, 中圻중기)=안남(安南)]: 북중부, 중부고원, 남중부 ③ 남부지방[(미엔남MiềnNam, NamBộ)=남끼(NamKỳ, 南圻남기, 불어 Cochinchine)]: 동남부와 메콩 델타 등이다.

제2부
베트남 북부

하노이 · 하이퐁 · 하롱베이
디엔비엔푸 · 므엉팡 · 랑선
동당 · 까오방 · 타이응우옌 · 박닌

1. 하노이

하노이(HàNội, 河內하내)는 베트남사회주의공화국 수도로 베트남 북부에 있고, 남부의 호찌민시(옛 사이공)에 이어 베트남 제2의 대도시이다. 2019년의 인구는 810만 명에 이른다. 옛 수도는 현재의 도심을 이루는 호안끼엠(HoànKiếm, 還劍환검), 바딘(BaĐình, 巴亭파정), 동다(ĐốngĐa, 堆桫동다), 하이바쯩(HaiBàTrưng, 缶婆徵)구였으나 점점 쏭홍(SôngHồng, 紅江홍강) 델타의 유역으로 시역을 넓혔다.

시의 면적은 3,328.9km²에 달해 우리나라 서울 605.25km²의 5.5배이고 경기도 면적(10,185.6km²)의 32.7%나 된다.

베트남의 오랜 수도였고, 현대 들어서는 국내 산업과 교역의 중심지에 농산물의 집산지이기도 하지만 베트남 정치·문화의 중심지이다.

역사적으로 하노이가 베트남의 중심 도시가 된 것은 7세기 무렵, 당나라 시대에 운남(雲南)과 남중국해를 연결하는 교역로에 있어, 안남(安南)도호부가 설치되고 당나라의 남방 지배 거점이 된 후부터이다. 당나라 말에 홍강이 당시의 해상교역망에서 빠졌기 때문에 그 중요성이 낮아졌던 11세기에 리(Ly, 李리) 왕조는 이 땅을 수도로 굳히고 통치의 거점으로 삼았다. 리 왕조의 성립 이후 1802년 응우옌(Nguyễn, 阮완) 왕조가 후에(Huế, 化화)로 도읍을 옮기기까지 하노이는 왕도로서 번영을 누렸다. 그동안 탕롱(ThăngLong, 昇龍승룡), 동낀(ĐôngKinh, 東京동경, Tong Kin), 동도(ĐôngĐô, 東都동도) 등 여러 이름으로 불리다가 1831년에 현재의 명칭이 되었다. 1873년 프랑스에 점령되고 1887년 이후는 프랑스령 인도차이나의 식민통치 중심지가 되었다.

1940년 일제 육군이 프랑스령 인도차이나를 침공하여 점령하였다가 1945년 8월 15일에 점령 상태가 종료되고 9월 2일 하노이에서 호찌민이 베트남민주공화국의 독립을 선언했다. 1946년부터 1954년의

베트남독립전쟁(제1차 인도차이나전쟁, 프랑스·베트남전쟁)에서 이따금 전장이 되어 프랑스군이 점령하기도 했다.

베트남전쟁(제2차 인도차이나전쟁) 중에는 시내 교량을 비롯한 교통시설이 미군의 폭격을 받았다. 1976년에는 남북 베트남이 통일되면서 국호를 변경한 '베트남사회주의공화국'의 수도가 되었다. 2010년은 리타이또(Lý Thái Tổ, 李太祖리태조)가 1010년에 하노이를 수도로 굳힌 1000주년을 기념하여 각종 행사를 열었다.

현재 하노이시의 행정구역은 12개 구(Quận, 郡군), 17개 현(Huyện, 縣), 1개 마을(thị xã)로 구성되어 있다.

하노이의 기후는 아열대성으로 여름에 비가 많이 내리고 겨울에는 온난하나 대륙으로부터 찬바람이 불어와 구름이 끼는 날이 많다. 평균 최고기온은 12월부터 3월까지 섭씨 19도에서 23도 정도로 시원하거나 온화하지만 5월부터 9월까지는 섭씨 30도를 넘는 혹서기가 된다. 평균 최저기온은 11월부터 3월까지 섭씨 15도에서 18도로 비교적 쌀

노이바이공항 사장교 까우낫딴

쌀하여 주민들은 출퇴근시간에 대개 겨울 복장을 착용한다.

10월부터 2월까지는 비 내리는 날이 1개월에 6~11일로 그리 많지 않지만 5월부터 9월까지는 월간 15일 내외에 하루 100mm 이상의 집중 호우가 쏟아지는 날이 많고 6~8월에는 홍수가 발생하기도 한다. 습도는 연중 내내 75~82%로 높은 편이다.

겨울 날씨가 선선한 하노이 등의 북부 베트남은 우리가 혹한을 피해 살기에 딱 좋은 곳이다.

하노이시 외곽 노이바이(NoiBai, 內排내배)공항에는 국내선과 국제선 전용터미널이 있고 2015년 도심과의 접근 개선을 위해 홍강에 동남아 최대의 사장교로 까우낫딴(CầuNhậtTân, 日新橋일신교)이 개설되었다.

철도역으로 하노이역(Ga HàNội)은 수도에서 베트남 최대의 상업도시인 호찌민시로 향하는 통일철도의 기점역이다. 쟈람역(Ga GiaLâm, 嘉林가림)은 하노이 동쪽 교외에 있는 역으로 중국 난닝(南寧남령) 방면으로 향하는 국제 열차의 시발역이다.

하노이에는 현재 지하철이 건설 중이고 2020년 이후에 순차적으로 개통할 예정이라고 한다. 현재 시내 교통은 버스와 택시 및 현지인이 주로 사용하는 스쿠터와 이륜오토바이 등이 있다.

하노이의 현대사

제2차 세계대전이 발발하고 1940년 프랑스 땅을 점령한 독일 나치스는 프랑스에 괴뢰정권인 비시(Vichy) 정권을 수립했다. 비시 정권은 1940년 6월부터 1944년 자유프랑스군이 프랑스를 탈환할 때까지 존속했다. 나치스는 프랑스 레지스탕스의 정당성을 무시 또는 저해할 목적으로 80대 노인인 제1차 세계대전의 프랑스 전쟁영웅 페탱(Philippe Pétain, 1856~1951, 종신형을 받고 유형지에서 사망)을 대통령으로 하는 정권을 수립했다.

비시 정권은 베트남을 점령한 일본에 베트남의 사실상 지배권을 넘겨주었으나 자유프랑스군을 포함한 연합군이 프랑스를 탈환하면서 비시 정권은 붕괴되고 친독 인사들은 철저하게 제거되었다. 1945년에는 아시아와 태평양전선의 일본제국군이 연합군에 항복하면서 베트남민주공화국이 1945년 9월 2일 독립을 선포했다.

하지만 프랑스군은 베트남의 지배권을 다시 확보하기 위해 로마 교황청의 비호 아래 남부 베트남에 바오다이 국왕을 옹립하고 북부의 베트남독립운동 세력이 건립한 베트남민주공화국과 무력충돌을 일으켰다. 프랑스군이 고전하자 미군이 적극적으로 프랑스군을 도왔지만 베트남군 총사령관 지압(Giap)은 1954년 6월 디엔비엔푸 전투에서 프랑스군을 대파했다. 프랑스군은 이어 계속된 패전으로 사상자가 15만 명에 이르렀다. 나폴레옹 3세 때인 1858년 스페인과 함께 베트남 다낭에 들어온 지 근 100년 만에 프랑스 제국주의 세력은 여기서 패퇴하게 되었다.

제네바에서 열린 전후 처리 국제회의는 중공(周恩來주은래, 1898~1976)과 소련(뱌체슬라프 몰로토프Vyacheslav M. Molotov, 1890~1986)의 중재로 북위 17도선을 프랑스와 북베트남의 군사경계선으로 정했지만 미국은 바오다이 왕의 허수아비 정부를 앞세워 제네바합의 내용에 반대했다. 패전한 프랑스군은 1955년 5월 하이퐁항을 떠났다. 미국은 바오다이 정부의 지엠 수상을 지원함으로써 남부 주둔 프랑스군도 1956년 4월 사이공을 떠났다.

가톨릭교도인 지엠은 미국의 지원을 받아 명목상의 자유투표로 남부의 정치체제를 군주제에서 공화제로 바꾸고 1955년 10월 26일 자신이 초대 대통령에 취임했다. 지엠은 1956년 하노이 측의 남북총선거 제안을 거부하면서 남부에서만 선거를 치루고 합법적 독재를 시작했다. 이에 북으로 가지 않고 남부에 남아 있던 공산주의자들은 친 가톨릭 정책에 반발하는 많은 반정부 세력을 모아 민족해방전선(NLF)을 꾸리며 무장 조직(별칭 베트콩)을 갖추었다.

1963년 1월에는 사이공 인근에서 남베트남 정부군과 베트콩의 첫 무력 충돌이 벌어졌고 11월에는 군사쿠데타로 지엠이 피살되었다. 1964년 8월에는 통킹만에서 미국 구축함이 북베트남으로부터 어뢰 공격을 받았다는 구실로 미국 민주당 존슨 대통령이 북베트남에 대한 폭격을 강화하여 전쟁을 더욱 확대했다.

1964년 10월 남베트남에는 또 한 번의 군부 쿠데타로 강력한 친미 정권이 들어서고 존슨이 재선에 성공하면서 1965년부터 미국은 군대를 증파해 더 자주 북베트남을 폭격했고 박정희 정권은 자진해서 한국군을 참전케 했다.

1967년 10월 미 해군 소령 존 매케인(John Sidney McCain) 3세(1936~2018)가 항공모함에서 발진하여 하노이의 화력발전소 폭격 임무를 수행하던 중 소련제 미사일을 맞아 기체는 대파되고 부상을 입은 채, 하노이의 쭉박 호수(Hồ Trúc Bạch, 湖竹帛호죽백)에서 구조되어 베트남군에 포로가 된 사건도 이 와중에 발생했다. 포로가 된 매케인은 하노이 소재 프랑스식민지 군대의 정치범 감옥이었던 호아로(Hòa Lò, 火爐화로)수용소에 갇혔다. 그는 조부와 부친이 미 해군대장으로 전역한 명문가 출신이었지만 파리협상을 통해 미군이 철수하면서 1973년 3월에 석방되기까지 무려 5년 반 동안 이곳에 수감되어 있었다. 매케인은 가문의 후광 때문에 북

쭉박호에 빠져 구조되는 매케인 3세

베트남 측이 '다른 포로보다 먼저 석방시켜 주겠다'는 제안을 받고도 미군의 행동 규범인 'first in, first out' 원칙을 내세우며 거절했다. 그는 1981년 해군 대령으로 예편한 뒤, 상·하 양원 의원을 거쳐 2008년 미국 대통령선거에 공화당 후보로 민주당의 오바마에 맞섰으나 낙선했다.

1968년 미군의 증파가 계속되고 한국군도 연 규모로 약 5만 명이 파월되었다. 1971년 6월에 뉴욕타임스와 7월에 워싱턴 포스트는 1967년 통킹만 사건의 전개 과정과 북폭 개시의 배경 등에 관한 CIA 비밀문건을 입수하여 '통킹만 사건'이 조작된 것임을 폭로했다. 7월 31일 미 해군 구축함이 통킹만에서 초계 활동을 개시한 후 8월 2일

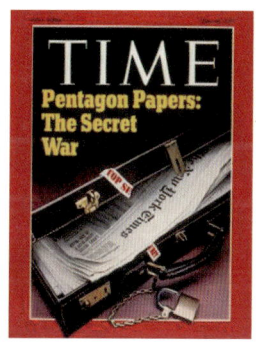

1971년 6월호 〈타임〉 표지

에는 북베트남 어뢰정 3척이 미 구축함에 어뢰를 쏘았지만 미 해군이 항공모함 함재기의 지원을 받으며 어뢰정 중 1척을 격침시키고 다른 2척을 파손한 후에 철수했다가 8월 4일에 미 구축함이 초계 활동에 나서서 약 2시간 동안 레이더 상의 목표물에 발포했다고 주장했다. 하지만 8월 4일 사건은 조작된 것이고 존슨 대통령이 8월 2일 베트남의 대응에 대한 보복으로 북베트남의 어뢰정 기지와 연료저장소에 대한 폭

격을 명했다는 것이다. 닉슨 행정부는 법원에 이 보도의 게재 금지를 요청했지만 받아들여지지 않았고 연방대법원은 보도의 사전 억제에 필요할 만큼 '국가안보에 대한 절박하고도 직접적인 위험'이 없다는 이유로 기각됐다.

　1972년 미국에서 전쟁 축소를 공약한 공화당의 닉슨이 대통령에 당선되면서 미군의 명예로운 철수와 과격한 반전운동의 진정을 모색하게 되었다. 북베트남군 총사령관 지압은 1972년 3월 '부활절(춘계) 대공세'를 취해 북베트남 정규군 12만 명이 휴전선을 넘어 남부로 진격했다. 닉슨은 대규모 폭격으로 맞서면서 파리에서 북베트남과 협상을 벌였고 1973년 1월 미 국무장관, 남북 베트남과 남베트남 임시혁명정부 외상의 4자 간 파리평화회담이 조인되면서 미군이 철수하였다. 미군 철수 이후에 임시혁명정부의 군대(NLF=베트콩)와 북베트남군이 남베트남군을 공격, 1975년 4월 사이공이 함락되었다.

항해 중인 미 해군 구축함 USS-매독스(DD-731)함

하노이 주요 관광 명소

호안끼엠 호수

　도시의 중심부에 위치한 호수와 공원으로 시민들의 휴식처이고 많은 관광객이 들리는 하노이의 명소이다. 호수 중간에 응옥썬 사원(덴응옥썬Đền Ngọc Sơn, 玉山祠옥산사)이 있다. 호수의 동쪽에 하노이 우체국이 있고, 그 바로 옆에서 노이바이공항으로 가는 노선버스가 출발하는 정거장이 있다. 호수 가운데에 거북이탑(탑루아Tháp Rùa, 塔鯉)과 호숫가에 붉은 색 목조교량인 테훅 다리(까우테훅Cầu Thê Húc, 棲旭橋서욱교)가, 호수의 서남쪽에 리 왕조를 창건한 리타이또(Lý Thái Tổ, 李太祖리태조)의 동상이 있다.

　이 호수에 얽힌 전설이 유명하다. 허우 레(Hậu Lê, 後黎후려) 왕조의

올드타운 관광 명소를 순환하고 공항까지 출입하는 관광버스의 노선 안내도

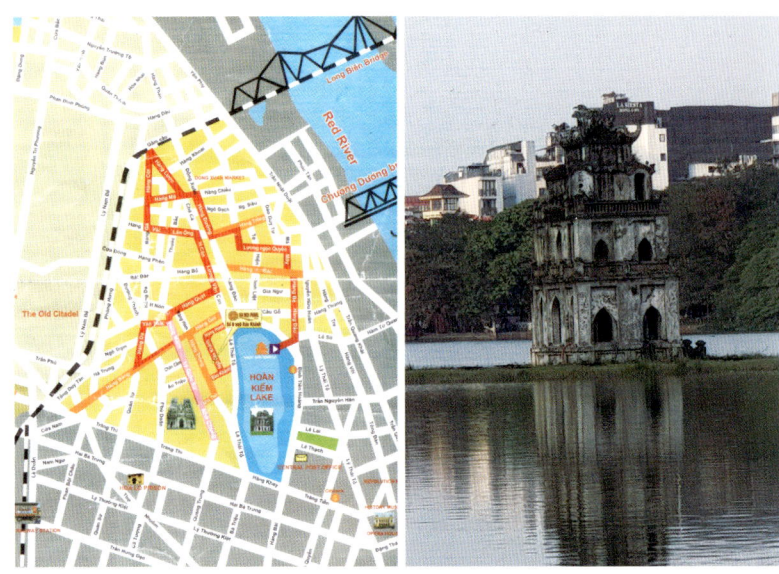

호안끼엠 호수 주변 지도와 거북이탑

창건자 레태조(LêTháiTô, 黎太祖려태조=레러이LêLợi, 黎利려리, 1385~1433, 재위 1428~1433)가 이 호수에서 건진 보검을 들고 싸워 명나라와의 전투에서 승리했다. 그 후, 허우 레 태조는 계시를 받고 이 호수 가운데에 있는 작은 섬에서 황금거북(낌꾸이KimQuy, 金龜금구)이 전해 준 칼의 주인인 용왕에게 칼을 반환했다고 하여 호수 이름이 환검(還劍), 즉 호안끼엠이라고 불리게 되었다고 한다.

수상인형극장

베트남 인형극은 원래 농한기 농민의 오락이었으나 11세기부터 시작해 현재는 예술로까지 발전한 것으로 전통 음악에 맞추어 많은 인형들이 물 위에서 극을 전개한다. 극장은 호안끼엠 호수 북쪽의 오래된 길거리(Old Town)인 '하노이 36거리'라고 불리는 품목별 상점가에 있다.

하노이역(Ga Hanoi): **롱비엔역**(Ga LongBiên, 龍編驛용편역)과
롱비엔교(까우롱비엔CầuLongBiên, 龍編橋용편교)

이 역은 하노이 도심에서 홍강을 건너 하이퐁으로 가는 기차가 서는 역으로 서울 옥수역 쯤 되는 장소에 있다. 롱비엔교(다리)는 하노이 시내와 홍강의 동부지역을 거쳐 하이퐁항과 연결하기 위해 1902년 프랑스식민지 시대에 건설된 철교로 전장 1,700m이다. 베트남전쟁 때는 보급로를 끊기 위해 여러 차례 폭격 당했지만 그때마다 보수되었다. 하노이의 다른 최신식 교량에 비해 아주 낡았으나 수리하지 않고 그대로 두어 여러 차례 미군의 폭격을 당한 역사를 간직하려는 듯 녹슨 모습이 이채롭다.

옛 도심에서 이 다리는 현재도 외세와의 항쟁 역사를 증언하기 위해 다리 중간 일부는 폭파 상태를 고치지 않았고 그 옛날의 낡은 다리에 녹슨 철재를 그대로 보수하여 철도, 자동차도로, 인도 등의 여러 용도로 사용하고 있다. 다리 건너편으로 보이는 강변도 신도시 개발이 한창이다.

하노이역

외세 폭격의 역사 유물로 보존된 녹슨 롱비엔교

동쑤언 시장

동쑤언 시장(Chợ ĐồngXuân, 同春동춘)

호안끼엠 지구 중심에 있는 시장으로 1889년 프랑스식민지 시절 초기에 건설되었지만 여러 차례 화재로 1994년에 개조되고 보수되었다. 롱비엔교에서 가까운 이 시장은 옷, 가정용품, 식료품과 청과물에 이르기까지 모든 것을 판매하는 하노이 최대 규모의 도소매시장이다.

쭉박호(HồTrúcBạch, 竹帛湖죽백호)와 떠이 호수(TâyHồ, 西湖서호)

구도심의 서북쪽인 떠이호의 동쪽에 있는 호수로 17세기경 떠이호의 보수 과정에서 분리되었다. 베트남전쟁 중에 미국 해군 항공대 조종사인 매케인 3세가 몰던 폭격기가 피격·추락되어 이 호수에 익수했다가 다행히 주민들이 구출했다. 미국 민주당 존슨 대통령의 베트남 북폭 확대 방침에 따라 매케인은 1967년 10월 26일 미국 항공모함 포레스탈(Forrestal, CV-59)에서 발진한 스카이호크(A-4E Skyhawk)를 몰고 하노이 화력발전소 폭격에 나섰다가 베트남인민군의 미사일에 맞아 추락해 포로가 되었다.

일주사

일주사(쭈아못꼿ChùaMộtCột, 一柱寺)

호찌민 묘에 인접한 사찰로 리 왕조 시대에 건설된 작은 연못인 리엔찌에우(LiênChiểu, 靈沼池영소지) 위에 떠 있는 연꽃 모양 건축물이 기둥 1개로 지탱되고 있다. 리 왕조의 왕이 세자를 갖지 못했다가 연꽃 위에 아이를 안은 관세음보살의 꿈을 꾸고 아이를 얻었다고 하여 왕이 감사의 뜻으로 건립한 절이라고 한다. 자식을 갖게 되는 효험을 기원하는 많은 사람이 찾는 곳이다.

하노이 문묘(VănMiếu, 文廟문묘)

하노이역에서 차로 5분 거리에 있는 이 문묘는 1070년에 공자를 모신 사당으로 창건한 후 1076년, 뒷마당에 베트남 최초의 대학 '국자감(꾸옥뚜잠QuốcTừGiám, 國子監)'이 있었던 곳으로 현재도 수험생에게 인기 있는 명소이다.

정문인 문묘문(文廟門)은 예전에 신분이 높은 사람만 통과했다고 한

하노이 문묘 문　　　　　　　　　　　대성전 출입문

다. 황제가 다니던 포장된 길을 지나 큰 중문을 지나면 세 번째 문 안에 1805년에 건설된 규문각(쿠에반깍Khuê Văn Các, 奎文閣)이 있다.

　규문각은 베트남 지폐 100,000(못짬응인MotTramNghin)동 지폐 뒷면에도 그려져 있다. 문 안으로 들어가면 하늘빛 연못과 그 양쪽에 1442년부터 1787년까지 과거 합격자 명단이 한자로 새겨진 거북이 비석이 줄 서 있다. 우리와 같은 한자문화권 나라임을 실감케 한다.

　네 번째 문인 대성문(다이타인몬ĐạiThànhMôn, 大成門)을 지나면 공자가 모셔져 있는 대성전(다이타인디엔ĐạiThànhĐiện, 大聖殿)이다. 대성전 입구에 있는 학의 배와 거북이의 머리를 쓰다듬으면 공부를 잘하게 된다는 속설이 있어 부근에 많은 사람이 모여 있다. 대성전 입구는 공자를 보기 위해 반드시 머리를 숙이고 들어가도록 문턱이 높으니까 출입 시에는 꼭 머리를 조심해야 한다.

　문묘 입장료는 2019년에 일반인은 3만 동(1,500원)이고 베트남 학생은 1만 5천 동이다.

하노이 대성당(냐토런Nhà Thờ Lớn, 성 요셉 대성당)

　프랑스군이 하노이를 완전히 점령한 후인 1882년 건설을 시작해 1886년 12월에 완성된 하노이의 대표적인 대성당이다. 건물은 파리의 노트르담 대성당을 닮은 19세기말의 신 고딕 양식으로 웅장하게 지어져 있다. 원래는 이 자리에 불교사원이 있었다고 한다. 현재의 성당 건물은 1990년에 대폭 보수한 것이다.

성당은 호안끼엠 호수에서 서쪽으로 두 블록 정도 떨어진 항쫑(HàngTrống) 거리에 있다. 높이 31.5m의 탑 2개로 이루어진 본당은 외벽이 흰색 석재로 고색창연한 느낌을 준다. 본당 앞에는 예수를 안은 성모마리아 상이 있다. 성당 안은 밖에서 보는 것보다 더욱 웅장하고, 낡은 외벽과 달리 안의 벽면은 깔끔하다. 이 성당은 폭 20.5m, 길이 64.5m로 서양의 성당과 비교하여 그리 크지는 않지만, 양쪽에 복도가 있는 전형적인 프랑스 형 구조이다. 천정의 아치가 멋있지만 조명이 켜져 있고 거대한 파이프 오르간이 여럿 있다.

중앙 제단에는 '예수그리스도 상'과 '성모마리아 상', '어린 예수를 안고 있는 성 요셉의 상'이 놓여 있다. 이 성당 건설 당시의 교황이 성 요셉을 매우 존경하였기 때문에 그의 뜻을 따라 이 성당에는 성 요셉 상을 제단 중앙에 두었고 성당의 이름도 '성 요셉 대성당'으로 명명했다.

하노이 성 요셉 대성당

평일과 토요일은 오전 8시부터 11시까지, 오후 2시부터 5시까지 입장할 수 있고, 일요일은 오전 7시부터 11시까지, 오후는 3시부터 9시까지 문을 연다.

호아로(HòaLò) 감옥(포로수용소)

1896년에 프랑스 정부가 정치범 감옥으로 건축해 사용하다가 베트남전쟁 때에는 미군 포로수용소가 되었다. 현재는 대부분의 부지를 고층건물로 개발했고 일부만 박물관이 되어 있다. 노란색 건물은 프랑스령 인도차이나 시대에 프랑스인이 선호하는 색감 취향의 흔적이라고 한다.

베트남의 독립투사들이 프랑스 당국의 고문을 받던 모습을 재현한 끔찍한 장면들을 전시한 이곳은 북베트남군에 포로가 되었던 매케인 3세가 수감되었던 곳이다.

하노이 오페라하우스(냐핫런Nhàhátlón HàNội)

1901년부터 프랑스식민지 관리들이 각종 공연을 관람하기 위해 건설한 바로크 양식의 건축물로 1911년 완공됐다. 완공된 후에는 베트남 전통극과 뮤지컬도 공연했으며 1960년에는 차이코프스키(Tchaikovsky) 원작 〈유진 오네긴(Eugene Onegin)〉이 공연된 곳이기도 하다.

하노이 오페라하우스

이 오페라하우스는 파리의 오페라하우스 두 개 중 더 오래된 오페라 가르니에(Garnier Palais)를 모델로 한 건축물이라고 한다. 프랑스가 철수한 이후에는 정치 행사를 개최하는 장소로 사용되었다.

탕롱 황성(호앙타인탕롱Hoàng Thành Thăng Long, 皇城昇龍황성승룡)

하노이 중심부에 있는 베트남 최고(最古)·최대의 성채이다. 당나라 시대의 안남(安南)도호부 자리인 이곳은 2008년 국회의사당을 신축하기 위해 구조물을 파헤치던 중에 바딘 광장 부지에서 성채의 유적이 발굴되었다. 당국은 현장 일부를 보존하고 일부를 복원한 탕롱 황성 터를 유적으로 공개하고 있다. 황궁에 들어가는 입장료는 3만 동(1,500원)이다. 유적지의 출입구로 들어서면 그 건물에 프랑스식민 당국이 파괴하기 이전의 하노이 거리 모습을 재현해 놓은 홀이 있는데 구한말이나 일제하의 우리나라 도시를 연상하게 하는 장면이 눈길을 끈다.

출입건물의 현관을 나서면 정중앙에 성채의 남문인 도안몬(ĐoanMôn, 端門단문)이 웅장하게 서 있고 그 안에 들어가면 디엔낀티엔(ĐiệnKínhThiên, 敬天殿경천전) 궁전을 비롯해 여러 가지 고고유적과 건

탕롱 황성 출입문 안의 옛 하노이 거리 모습

물들이 있다.

  이 황성은 북쪽의 중국과 남쪽의 고대 참파 왕국 양쪽의 영향을 받은 홍하 하류의 고유한 동남아시아 문화를 반영하고 있는 가장 중요한 유적이다.

  탕롱 황성의 역사는 유구하지만 리 왕조를 창건한 리타이토(LyThaiTo, 李太祖리태조)가 탕롱 황성 성채를 크게 복구해 1011년 호아루(HoaLư, 華閭화려)에서 다시 천도하고 국호를 다이비엣(ĐạiViệt, 大越대월)으로 정했다. (→ 제1부)

  탕롱 성채는 둘레가 6.6km에 높이가 8.7m로 외륜을 두고 그 안에 다시 성곽을 설치했는데 그 성곽 사이에 왕이 거주하는 궁전이 있었다. 이 성채는 리 왕조에 이어, 쩐 왕조(陳朝진조, 1225~1400), 레 왕조(黎朝려조, 1428~1788)를 거치고, 응우옌 왕조가 성립하여 천도한 1802년까지 767년부터 약 1,100년 동안 왕조가 바뀌어도 줄곧 베트남 권좌의 상징 역할을 했다. 리 왕조의 타인똥(ThánhTông, 聖宗성종, 1023~1072, 재위 1054~1072) 이후에는 막(Mạc, 莫)씨가 실권을 장악했고, 그 후에는 동낀찐씨(東京鄭氏동경정씨)와 응우옌씨가 남북으로 권력을 나눠 가졌을 때 명목상 권위뿐인 국왕이 이곳에 거주했다.

탕롱 황성 도안몬

호안끼엠 호수 주변 리타이또 황제 석상

리 왕조와 쩐 왕조 시기는 우리나라 고려 왕조(918~1392) 무렵이고 레 왕조 시기는 조선조였으므로 우리나라 개성이나 서울처럼 당시의 많은 유적이 있을 것이나 수도 천도로 매몰되었을 것으로 보여 현재의 성채를 가로지르는 호앙지에우(HoàngDiệu) 길 건너편 서쪽 궁궐터에서는 유적 발굴 작업이 계속 진행 중이다. 2010년에 유네스코가 세계문화유산으로 지정했다.

1802년 프랑스의 도움으로 수립된 응우옌 왕조가 수도를 중부의 후에로 옮기면서 이 왕궁은 버려져 황폐해졌고 왕궁의 터는 여러 용도로 나누어졌다. 1805년에 응우옌 왕조의 쟈롱 황제는 여러 차례의 폭격으로 무너진 성벽을 철거하고 훨씬 작은 새 성채를 건설했다. 1831년 민망 황제는 탕롱의 이름을 하노이로 변경해서 응우옌 왕조가 공식적으로 하노이를 프랑스에 양도한 1888년까지 존재했다. 프랑스인은 인도차이나 전체를 점령하고 하노이를 프랑스령 인도차이나연맹의 수도로 선택했다. 탕롱 성채는 프랑스군의 군사기지로 쓰기 위해 북문과 깃대를 제외하고 완전히 파괴했다. 오늘날의 유적은 고고학적 검증을 거쳐 복원된 유적지일 뿐이다.

1954년 10월까지도 하노이를 점령하고 있던 프랑스군은 당시의 여

고생들에게도 사관학교 입학을 종용했지만 디엔비엔푸 승전(1954.5.7.)에 고무된 여고생들은 출생증명 일자를 조작해 진학을 연기했다. 베트남 시민들은 1954년 10월 10일 탕롱 황성 깃발탑 앞에 모여 1945년 9월 수립한 독립정부(베트남민주공화국)를 굳게 지킨 것을 경축했다. 그래서 이 황성은 9년 동안 적과 싸운 베트남 레지스탕스의 상징이 되었다.

베트남인민군은 1954년 10월 9일 아직도 프랑스군이 주둔하고 있던 깃발탑에 올라가 베트남 국기를 게양했다. 이들의 지휘관은 60일 동안 수도방어전투 부대장을 맡았던 베트남 최초의 독립여단인 308여단장 브엉투아부[Vương Thừa Vũ, 王玉英왕옥영, 1910~1980, 제4군구 사령관 역임(초명 응우옌반도이Nguyễn Văn Đôi, 1910~1980, 중국 운남 황포군관학교 출신)] 장군이었다.

이곳에 마지막까지 주둔하고 있던 프랑스 원정군(제1진은 모로코 부대)은 10월 10일 더 이상의 총질 없이 조용히 그 하인들만 데리고 퇴각했다.

그 외에 이 성채 내에 남아 있는 몇 안 되는 옛 건축물로는 하노이 깃발탑, 허우라우(Hậu Lâu, 왕자탑)의 계단 등이 있다.

21세기 들어 베트남 정부는 지금까지 왕궁 성채의 일부분만 발굴했

다시 쌓고 있는 탕롱 황성의 벽 일부

지만 각종 고고학적 유물은 국립박물관에 전시하고 탕롱 성채 자체를 체계적으로 복원하고 있다.

하노이 깃발탑(Flag Tower of Hanoi, 꼿꼬하노이Cột cờ Hà Nội)

깃발탑은 높이 33.4m(깃발과 함께 41m)로 성채 내에서 파괴하지 않고 온존된 유일한 구조물이다. 이 탑은 응우옌 왕조 집권 초기인 1805년부터 1812년에 탕롱 황성 남문 근처에 군사용으로 건축했다. 천도하면서 프랑스식민 당국은 성채 내의 다른 건축물을 모조리 파손했지만 식민지시대(1885~1954)에도 이 황성을 그대로 군사용으로 사용하면서 깃발탑은 파손을 면했다.

D-67 터널

이 성채에는 1954년부터 1975년까지 지압 장군이 지휘하는 베트남 인민군 사령부 본부인 D-67이 있었다. 디엔낀티엔(敬天殿경천전)의 북쪽에 있는 D-67은 1967년에 현대건축 양식으로 지은 건물로 두께 60cm의 벽과 방음시설을 갖추었으며 적의 공격을 받았을 때 긴급 대피가 가능한 지하 터널로 연결되어 있다. 이곳에는 공산당 정치국과 중앙군사위원회, 국방부와 총사령부가 미국과의 전쟁 때 사용한 도구들이 전시되어 있다.

2000년에는 프랑스군이 사용하던 막사와 건물 일부를 철거하고 성채 내에 새로운 박물관을 위한 공간이 마련되었다.

디엔낀티엔(敬天殿경천전, 일명 낀티엔Kinh Thien Palace)

낀티엔 궁전은 레타이또가 1428년 건설해 왕좌를 선포한 곳으로 궁중에서 가장 엄숙한 의식을 거행하는 곳, 외국 사절을 받은 곳이며 국정을 수행하는 통치의 상징이었다. 1816년에 응우옌 왕조 창건자인 쟈롱 왕이 재건해 그 후대 왕들이 북쪽으로 여행할 때 궁전으로 이용하다가 1886년 프랑스식민주의자들이 포병지휘소를 건설하기 위해 파괴해 현재의 하노이 성채만 남아 있다.

북문 성당(냐토 꾸아박Nhà thờ Cửa Bắc=Northern Gate Church)

탕롱 황성의 북쪽에 있는 성당으로 1932년 프랑스식민지 정부의 도시계획에 따라 건립되었다. 원래 이름은 순교자 성당(Church of Martyrs)이었다. 성 요셉(St. Joseph) 대성당, 함롱(Hàm Long=St. Anthony of Padua) 성당과 함께 하노이 3대 가톨릭 성당의 하나로 교회 건축 양식은 베트남과 프랑스 건축양식이 결합한 독특한 모습이

하노이 북문 성당

다. 천정은 전통적인 베트남 식이고, 본당은 전통적인 바실리카(basilica) 양식이다. 햇빛이 700여 명을 수용하는 예배실 안으로 들어갈 수 있게 높이 올린 중앙의 아치와 균형을 맞추어 오른쪽 지붕에 종탑이 나란히 놓여 있다.

호안끼엠 호수 부근에서 출발하는 하노이 도심일주 관광버스(Hanoi City Tour Bus)의 순회 코스로 탕롱 황성 바로 앞 정거장에서 하차하여 황성에서 넓은 찻길 옆을 조금 걸어서 갈 수 있다.

호찌민 묘, 주석궁과 바딘 광장

바딘 광장(꽝쯩바딘Quảng trường Ba Đình, 廣場巴亭광장파정)은 호찌민이 1945년 9월 2일 베트남민주공화국 독립선언문을 읽은 광장의 이름이다. 광장의 이름은 깐브엉(Cần Vương)운동의 일환으로 1886~1887년에 베트남에서 발생한 반불 반란인 바딘 봉기에서 유래했다. 호찌민이 사망한 후에 방부처리된 그의 시신을 전시하기 위해 화강암으로 된 호치민 묘가 이곳에 세워졌다. 이곳은 관광과 순례의 주요 장소의 하나로 개방 초기에는 많은 시간을 기다려 입장해야 하는 곳이었다.

이 광장은 바딘 지구의 중심에 있으며 대통령궁, 외교부, 기획투자부, 국회 등 여러 주요 건물이 주변에 위치해 있다.

호찌민 묘소(Lăng Chủ tịch Hồ Chí Minh, 陵主席胡志明능주석호지명)는 호찌민 본인이 생전에 시신을 화장하여 갈라진 베트남 땅 3개 해안에 뿌려주기를 바랐지만 그의 시신이 누워 있는 곳이다. 호찌민 묘소는 그가 1969년 사망했지만 1973년 9월 2일 독립집회를 열었던 바딘 광장 한가운데의 오래된 관중석 자리에 공식적으로 건설을 시작해 1975년 8월 29일에 개관했다. 레주안(Lê Duẩn, 黎筍려순, 1907~1986)의 주도로 베트남노동당이 통일 후에 남부 베트남 사람들에게도 주석의 모습을 보게 하는 것이 인민의 소원과 감정이라는 이유로 호찌민의 몸을 보존하기로 결정했기 때문이다. 높이 21.6m, 폭 41.2m의 3층으로 구성되어 있다. 묘소의 외벽은 회

호찌민 묘

색 화강암이고 내부는 광택이 나는 빨간색과 회색 석재이며 사면 주위에는 대리석의 정사각형 기둥이 있다. 묘소 주변에는 베트남 전역에서 자란 250종 이상의 식물이 재배되는 정원이 있다.

묘소 개방은 금요일을 제외한 매일 오전 9시부터 11시까지 개장하며 10시 15분 이후에는 입장할 수 없다. 묘소는 수리와 유지보수 작업을 위해 때때로 폐쇄된다.

묘소를 방문할 때는 다리를 모두 가리고, 조용하고 진지한 태도를 유지하고, 두 줄로 걸어야 하는 등 엄격한 규칙이 있고 직원과 경비원은 이 규칙을 엄격하게 시행한다. 요즘은 매너 모드의 휴대폰을 가지고 입장할 수 있고 가방과 큰 카메라는 보관한다.

이 묘소 주변에는 호찌민박물관, 호찌민이 살던 집들이 있어 외국인들은 이곳을 호찌민 단지(Ho Chi Minh Complex)라고도 부른다.

2. 하이퐁

하이퐁(HàiPhòng, 海防해방)은 홍강의 지류인 깜강(SongCầm, 䘗江금강)이 바다로 흘러드는 연해 도시로 호찌민시, 수도 하노이에 이어 베트남 제3의 중앙직할시이다. 2020년의 인구는 2,028,514명이다.

하노이에서 100여 km 동쪽에 있으며 자동차로 1시간 30분, 버스로는 2시간 거리이고 기차도 자주 운행되고 있다. 현재는 경제와 문화의 중심지로 과학기술과 각종 산업시설이 들어서 있는 베트남 북부 해안의 중심지가 되고 있다.

역사적으로 하이퐁은 서기 40년에 중국 한나라의 지배에 대항하여 봉기, 서기 43년 패배할 때까지 반란을 지휘한 쯩(Trưng, 徵징)자매의 미녀 여장군인 레쩐(Lê Chân, 黎真려진, 서기 20~43)이 처음으로 이 도시를 개발했다고 한다. 반중적 독립 왕조인 막(莫)씨 왕조(1527~1677) 시대에 동부에 위치한 '해안방어지역'이란 뜻을 가진 '하이딴퐁투(Hảitǎn Phòng thủ)'라고 불렸다.

레쩐 여장군

19세기 들어 프랑스가 침략해 오면서 프랑스 해군 극동함대의 최대 기지에 석탄 수출항이 되었다. 제2차 세계대전에서 일본이 패배하자 베트남 민족주의자들은 당시에 일본과 협력하고 있던 친독 프랑스 비시 정권 군대의 철수와 독립을 요구했다. 이어 승전한 드골 휘하의 자유프랑스군이 하이퐁에 다시 상륙했지만 맹렬한 저항을 받아 3명의 프랑스 군인이 사망했다. 그 보복으로 1946년 11월 20일 프랑스 순양함이 포격하여 도시를 불태우면서 제1차 인도차이나전쟁의 서막을 열었다.

11월 20일 구식 장총을 든 오페라하우스 단원과 소대장급이 지휘하는 베트남독립동맹(베트민)군(소대장 당낌노 Đặng Kim Nờ)을 합쳐 모두 39명이 발뤼이(Jean-Étienne Valluy, 1899~1970) 장군의 지휘 하에 프랑스 기갑부대와 항공기의 지원을 받으며 도시에 쳐들어 온 프랑스 보병부대와 3일 밤낮 전투를 벌여 프랑스군 50명을 죽이고 폭탄 세례 속에 11월 23일 유유히 철수했다.

1955년 5월에 프랑스 군대는 완전히 철수했지만 베트남전쟁 말기에 미 해군과 공군 폭격기가 하이퐁을 맹폭했다. 미 해군은 1972년 5

하이퐁 해군기지사령부 정문 초소   하이퐁박물관

월 이 항구를 효과적으로 봉쇄하기 위해 어뢰를 부설하여 항만 기능을 제대로 수행할 수 없었다. 하지만 전후, 하노이의 해상 관문으로 베트남 북부의 가장 중요한 항구인 만큼 중앙정부가 신속히 복구했다. 베트남 통일 후에 많은 해외 자본 공장들이 유치되었고, 수출입 물동량의 증가로 도시는 빠르게 부흥했다. 인근 해역도 베트남의 손꼽히는 어장이고 해안의 절경들도 가깝다.

지리상으로 보면 하이퐁 시내에서 깜강 하구에 놓인 빈교(까우빈Cầu Bính)를 건너면 하이퐁 직할시의 투이응우옌(ThùyNguyên, 水源수원)현이고 북쪽에 하롱베이(빈하롱VịnhHạLong, 下龍灣하롱만)이 있다. 그 북쪽으로 중국과 국경선이 닿아 있는 꽝닌(QuảngNinh, 廣寧광영)성, 서쪽에 하이즈엉(HảiDương, 海陽해양)성, 남쪽으로 타이빈(TháiBình, 太平태평)성, 동쪽은 통킹만[Gulf of Tongking, 東京灣동경만=현재 베트남에서는 빈박보(VịnhBắcBộ, 泳北部영북부)]와 접하고 있다. 통킹만의 유명한 관광 섬인 박롱비(BạchLongVĩ, 白龍尾백롱미)섬과 깟바(Cát Bà, 葛婆갈파)섬도 이 도시에 속한다.

북위 20도 부근이라 기후대로는 온대에 속하나 5월부터 9월까지 여름에는 비가 많고 겨울에는 흐린 날이 많으며 겨울 날씨는 비교적 쌀쌀하다.

하이퐁 우체국   하이퐁역

하이퐁 오페라하우스(냐핫런Nhàhátlón HảiPhòng)의 역사성

1904년부터 1912년에 걸쳐서 파리에 있는 '가르니에 빨레(Garnier Palais)' 오페라하우스의 디자인을 모방하고 자재도 그 비슷한 것을 사용하여 프랑스 건축가가 지은 건물이다. 1888년 프랑스 여행단이 하이퐁의 호텔에 머물며 오페라를 공연한 이래, 저명한 오페라 가수들이 이곳에서 오페라를 실연했다.

이 오페라하우스가 완공된 후에는 아시아를 여행 중인 유럽 가수들의 공연무대로 주로 사용되는 등 프랑스 제국주의 세력의 문화선전 활동에 주로 사용됐지만 프랑스군이 떠난 후에는 베트남 전통 오페라와 연극 등의 공연장으로 사용되었다.

또한, 이곳은 1945년 8월 베트남독립연맹이 시위행진을 끝내고 일본인이 지키지 않고 있던 건물 주요 부분을 점령하여 공개회의장으로 사용하기도 했다.

하이퐁 철도역(Ga HảiPhòng)의 역사성

베트남 철도 하노이-하이퐁 선의 종착역으로 1902년 프랑스가 협궤용으로 건설하여 처음 개통한 역이다. 또한 이 역은 1910년에 건설 개통하여 중국 곤명(昆明, 쿤밍)으로 연결되는 중국-베트남 국제철도의 시발과 종착역이기도 하다.

3. 하롱베이

하롱베이(VịnhHạLong, 泳下龍/下龍湾하롱만=Halong Bay)는 하노이에서 5B국로를 따라 170여 km 동쪽의 바닷가에 있는데 자동차로 3시간 정도면 충분하고 일정 구간의 고속도로를 거치면 더 빨리 도착할 수 있다. 하이퐁에서는 18번 국로(QL-18)로 60여 km 동북쪽에 있고 자동차로 약 1시간 20분이면 충분하다.

이곳은 베트남 북부의 통킹만, 서북의 꽝닌성 하롱, 깜파(CẩmPhả, 錦普금보)에 있는 만으로 크고 작은 기암괴석과 2,000여 개의 석회암의 섬으로 이루어진 절경이다. 지리적으로는 동북쪽 바다인 바이뚜롱(Bai Tu Long)만에서부터 서남쪽의 깟바섬에 이르는 해역 전체를 말한다. 전설에는 중국이 베트남을 침공해 왔을 때, 용의 아들이 나타나 적을 물리치고 입에서 쏟아낸 보석이 항만의 섬이 되었다고 한다. 작은 섬들은 대개 무인도이지만, 약 7,000년 전 신석기 시대에도 사람이 살았

하롱베이 섬들

던 흔적이 있다. 몇 세기 전에는 해적의 은신처였고, 몽골이 침공했을 때는 군사적으로도 이용되었다고 한다.

푸른 바다 위에 떠 있는 섬들은 누군가 조각한 작품 같은 경관이고, 태양의 위치에 따라 빛이 변하여 우아한 분위기를 더 한다. 지질학적으로 북쪽은 중국 계림(桂林)에서 남쪽으로 베트남 닌빈(NinhBinh, 寧平 영평)에 이르는 드넓은 석회암 대지가 침강하고 바닷물의 침식작용이 진행되어 현재의 모습이 되었다. 1994년에 유네스코 세계자연유산으로 등록되었다.

이 만에서 호텔과 해변을 포함한 관광시설이 있는 큰 섬으로 뚜언쩌우(TuầnChâu)와 깟바(CátBà)가 있다. 깟바섬은 하이퐁의 선착장에서 바로 오가는 배가 있다.

만의 중심부에 수억 년에 걸쳐 형성된 약 2,000개의 크고 작은 섬과 기암에는 다양한 환경에서 생겨난 열대의 상록 식물과 고유한 꽃들이 있고 주변 해양에는 어패류를 포함한 더 다양한 해양생물들이 서식

깟바섬의 관광타운

유람선이 드나드는 돌섬 하부

하고 있으며 섬이라고 부를 수도 없는 기암괴석의 꼭지에는 정글이 솟아 있다. 몇몇 섬에는 거대한 동굴이 있는데 그 중 다우고 동굴(Hang ĐầuGỗ=DauGo Cave)이 가장 크다. 수많은 종유석과 석순이 있는 동굴과 석회암 속에 움푹 파인 크고 작은 돌리네(doline=일종의 싱크홀)가 노출되어 있기도 하다. 단 하나의 돌로 된 석회암 1,600개의 섬은 높이가 대부분 고작 해발 50~100m이지만 그 중에 동굴 호수가 6개 있는 섬도 있다. 일부 섬에는 영양, 원숭이, 도마뱀과 희귀 조류들이 서식하고 있다.

섬들 가운데 하롱베이시에 속한 섬들로 구성된 4개의 어촌 마을에는 보트, 뗏목, 폐타이어 등으로 만든 수상가옥에 거주하는 사람들이 있다. 이들은 어류를 잡아 큰 그물망에 가두리하거나 양식하고 있는데 그 속에는 200종의 물고기와 450종의 연체동물이 살고 있고 관광객들에게 회를 떠서 식용으로 팔고 있다. 우리나라에서는 아주 비싼 다금바리 회도 아주 싼 값(1kg 당 30만 동=15,000원선, 2015년 기준)에 된장, 마늘에 상추쌈을 곁들인 순 한국식으로 먹어 볼 수 있다.

오늘날 이들 수상 거주 주민들은 신선한 해산물 식사 외에도 해상침실 임대, 보트 투어, 낚시 안내 등 여행 산업의 여러 분야에 진출하여 소득을 올리고 있어, 성 정부의 해안지역 이주정착 계획에 크게 동조하지 않는 듯하다.

기후는 열대성이지만 덥고 습한 여름과 춥고 건조한 겨울의 두 계절로 나눈다. 연간 강우량은 2,000~2,200mm이다. 조석 간만의 차는 3.5~4m로 작은 섬 중에도 비치가 형성되었다가 물속에 잠겨 보이지 않는 곳도 있다.

4. 디엔비엔푸

디엔비엔푸(Điện Biên Phủ, 奠邊府전변부)는 베트남 서북쪽 끝, 디엔(ĐiệnBiên)성(2019년 인구 598,856명)의 성도로 라오스와의 접경에 위치한 인구 80,336명의 중소도시이다. 베트남독립전쟁(제1차 인도차이나전쟁)에서 베트남인민군이 프랑스군과 치열한 전투 끝에 승리한 디엔비엔푸 전투 현장이다.

길이 20km에 폭이 6km 쯤 되는 '하트 모양'의 분지인 므엉타인(MuờngThanh) 분지의 중심에 있는 디엔비엔푸는 성도지만 성의 서쪽 가장자리에 있으며, 시내에서 라오스와의 국경이 약 20km 떨어져 있는 국경도시이다.

이 지역 인구는 베트남민족(낀족)이 3분의 1이라고 하나 내가 시내에서 만난 사람들은 모두 베트남민족이었지만 소수민족으로 타이(Thai)족, 흐몽(Hmong)족, 시라(SiLa)족 등이 살고 있다.

디엔비엔푸 전투는 1954년 3월 13일 밤부터 지압(Võ Nguyên Giáp, 武元甲무원갑) 장군이 이끄는 베트남군과 나바르(Henri Navarre, 1898~1983) 장군이 이끄는 프랑스군 사이에 벌어진 전투이다. 이 전투는 5월 7일 오후 5시 30분까지 56일 간 밤낮없이 계속되었고 이 전투에서 새로 조직된 베트남인민군이 프랑스에 고용된 용감한 아프리카인 외인부대 모로코 용병과 노련한 프랑스군으로부터 항복을 받아내 세계 사적으로 유명하다.

디엔비엔푸 관광 안내책자

디엔비엔푸 분지 평원

디엔비엔푸 전투의 배경

일본이 태평양전쟁에서 패전하면서 1945년 7월의 포츠담회담 결과에 따라 북위 16도선을 경계로 그 이남은 영국군이, 그 이북은 중국군(중화민국 국민당군)이 점령하여 일제의 패전을 접수했다. 하지만 베트남은 1945년 9월 2일 호찌민을 주석으로 하는 베트남민주공화국이 수립되었으나, 전쟁 이전의 식민모국 프랑스는 현재의 베트남, 라오스, 캄보디아 등 이 지역 전체를 포기하지 않고 코친차이나 식민지로 남겨두려고 의도했다. 프랑스는 베트남민주공화국이 베트남의 북부와 중부를 통치하는데 동의했으나 곧 무력을 동원하여 베트남 중부와 북부를 다시 점령해 들어왔고 베트남의 독립운동 세력들은 무력항쟁에 나섰다.

1949년 10월 중국공산당이 중국 본토를 통일하고 중화인민공화국을 건국하자 미국은 적극적으로 프랑스군을 지원하기 시작했다. 하지만, 1950년 1월부터 베트남인민군은 지압 장군의 지휘 아래 홍강 북쪽의 라오까이(LaoKai, 老街노가, 하노이 서북 270km의 중국 접경), 까오방(CaoBang, 高平고평, 하노이 동북 200km), 랑선(LangSon, 諒山량산, 하노이 동북 160km) 일대의 프랑스군 진지를 다시 점령하고 수도 하노이의 프랑

승전탑에서 본 디엔비엔푸의 넓은 들판과 마을

스군을 압박했다. 중화인민공화국은 1950년 10월 세계 최초로 베트남민주공화국을 공식 승인했다.

프랑스군은 미군의 지원을 받으며 베트남인민군과 치열한 전투를 벌여 나갔다. 프랑스군은 1953년 11월에 홍강 델타 저지대의 확보만으로 열세는 뒤집을 수 없지만 베트남인민군도 전투지가 광역화되어 병참상의 부담이 커지고 있을 것으로 판단했다. 프랑스군은 공군력으로 후방 지원 능력이 우위라고 판단하여 베트남인민군 주력을 순차적으로 원격지로 유인하여 격멸할 계획을 세웠다. 이 계획의 적격지로 북서부 산악지대와 라오스 평원이 꼽혔다. 한편, 베트남인민군의 지압 장군은 5개 사단을 동원하여 라오스를 점령하고 캄보디아로 쳐들어가 베트남 남부에서 활동하는 베트민 게릴라부대와 연합해 사이공을 점령할 계획이었다.

프랑스군은 디엔비엔푸에 일본군이 제2차 세계대전 때 동남아시아와 중국을 상대로 한 작전을 위해 설치한 활주로가 있음을 주목했다. 프랑스군은 공수부대 낙하 투입과 대규모의 공중 보급이 가능하고, 전술 항공기로 하노이를 왕복하는 항로상의 최장 지점이라는 점을 고려하여 먼저 이 도시를 확보했다. 그리고 이 도시를 보급·항공기지로 활용, 라오스 북부의 루앙프라방에 진출하여 방어기지를 설치할 계획이었다.

프랑스군은 디엔비엔푸 일대가 인도차이나반도 북부 유수의 곡창지대이기 때문에 이를 확보하면 하류의 곡창지대인 홍강 델타에 대한 베트남인민군의 압력을 분산할 수 있을 뿐만 아니라 두 가지 장점이 더 있다고 보았다. 첫째로 디엔비엔푸는 분지 지형으로 능선에서의 포술 공격을 제어할 수 있고 분지의 규모가 크기 때문에 박격포와 무반동포 정도로는 능선 밖에서 분지 중심부를 공격하기 어려우며 베트남인민군(아래에서는 '베트남군'으로 약칭)은 운송수단이 한정되어 있기 때문에 중화기를 더 이상 투입하기 어려워 지형상 우세할 것으로 판단했다. 둘째로 베트남군은 보급 능력이 빈약하고 근거지에서 떨어진 이 도시 주변에 대부대를 전개·유지하기가 어렵지만 프랑스군은 항공운송으로 보급로를 확보할 수 있을 것으로 예상했다.

이에 따라 프랑스군은 극동원정군 사령관 나바르 장군의 총지휘 하에 정예 외인부대(모로코인) 등 보병 17개 대대, 포병 3개 대대, 1만 6천에 달하는 병력을 디엔비엔푸에 투입했다. 현장 사령관인 까스뜨리(Christian de Castries, 1902~1991) 대령(포로로 석방된 후에 준장 승진)은 베트남군 316사단이 라오스 접경인 서북쪽으로 이동하는 것을 발견하고 기선을 제압하기 위해 1953년 11월 20일 3개 공수대대가 2회로 나누어 므엉타인(Mường Thanh) 일대에 강하했다. 11월 21일에도 3개 대대가 추가로 하강해 25일에는 활주로 재정비를 완료하고 요새를 구축했으며, 분해하여 공수된 10량의 M24 경전차도 갖추어 디엔비엔푸를 차지하기로 결정했다.

디엔비엔푸 요새 건설에 미국은 프랑스군의 지원을 통해 베트남에 개입하기 시작했다. 아이러니컬하게도 미국의 개입은 베트남전을 종전시킨 미국 공화당정권의 당시 부통령 닉슨(대통령은 아이젠하워)의 주도

전투의 증거물로 채워진 디엔비엔푸 승전기념박물관   디엔비엔푸 전승기념탑

하에 진행되었다. 그는 요새가 완성되기 직전에 스스로 현지를 방문하고 지프차로 진지 구축 상황을 확인했다.

  프랑스가 베트남을 다시 식민지화하려다 끝내 패전했던 이 전투는 공수부대의 낙하산 투하, 항공기의 폭격과 중화기로 무장된 막강한 서방세력에 맞서 베트남군은 곡괭이와 삽까지 동원하여 터널을 파고 중화기를 인력으로 운반하면서 싸운 미증유의 전쟁이었다.

  시내 평지에 승전기념박물관, 전몰자 묘지와 전승기념탑이 있다. 시가지가 한눈에 보이는 전승기념탑은 약 400계단을 올라가야 하지만 17~18계단쯤에 약 2.5m 정도의 계단이 있어 쉬어 갈 수 있고, 중간쯤에는 약 10m 정도의 걷는 길이 있어 큰 힘을 들이지 않고도 오를 수 있다.

  마침 내가 머무는 날은 우연히도 오후 7시 30분에 스즈키컵을 놓고 베트남과 말레이시아의 축구경기 결승전 중계가 있어서 5시경부터 많은 사람이 승전광장에 모여 들었다. 전승기념탑으로 오르는 계단 입구에 서 있는 '박항서' 감독의 입체사진 형상 옆에서는 애어른 가릴 것 없이 많은 사람이 그 형상과 사진을 찍었고, 광장 뒤편에 가설된 무대 위의 대형 TV에서는 많은 광고가 되풀이되고 있었다.

  이날 밤 나는 베트남 군중 틈에 끼여 이 역사적인 전쟁터에서 '베트남 이겨라(찌엔탕 베트남 Chiénthắng Vietnam!)' '박항서! 박항서!'를 연호

2018년 스즈키컵 축구경기 중계 장면   축구 경기를 응원하는 어린이들과 함께한 저자

하며 베트남을 응원했다.

　12살짜리 초등 6년생이 부모, 삼촌 내외, 사촌과 함께 베트남 승리와 박항서 감독을 연호하는 현장에서는 내가 참전했던 베트남전쟁의 그림자조차 느낄 수 없었다. 그 초등생의 가족들은 내가 주스 한 잔 사서 마시려고 앉아 있던 테이블에 정중한 예의를 갖추고 같이 앉아 아들이 통역해 주는 짧은 영어에 흐뭇해하며 맥주와 과일, 저녁으로 준비한 맛있는 찰밥 등을 나에게 내놓았다. 맥주 값만은 내가 내겠다고 했지만 한사코 뿌리쳤다. 내가 여행한 어느 서유럽나라 작은 도시에서 단 한 번도 이런 따뜻함과 순박함을 느낀 적이 없다. 나로서는 왕년의 적국인데도 그들이 너무나 고마웠다. 나는 내 큰손자 또래인 초등생과 즉석에서 '페이스북' 친구가 되었다.

　축구경기를 관람하고 호텔로 돌아왔더니 그때까지도 재방송이 계속되고 있었고, 마침 호텔 로비에는 여 사장 가족들이 TV를 보면서 내게도 소파에 앉으라고 권했다. 여 사장의 아버지는 매우 독한 베트남 약술, 강물고기를 절여 만든 생선포, 과일과 떡 등을 안주로 내놓으며 나와 대화를 텄다. 그는 소총으로 프랑스 전투기, 헬리콥터와 공수부대를 직접 겨냥하여 쏘며 디엔비엔푸 전투에 참전한 만 87세의 늙은 군인이었다. 나는 그가 권한 술 5~6잔에 취한 듯했지만 그는 열 몇 잔째라면서 나와 베트남 찌엔탕(Chiến thắng, 勝戰승전)으로 건배를 나누었다.

나는 다음날 디엔비엔푸 도심의 프랑스군 진지로 격렬한 공방전이 벌어졌던 '도이 아못(Doi A1)'을 찾아나섰다. 도이는 언덕을 뜻하는 말이어서 무심코 영어로 도이 에이 완, 도이 에이 '못(베트남말로 하나)'을 물었더니 자세히 가는 길을 알려 주었다. 오르막인 주택가 골목 언덕길을 올라 약 100m 쯤 올라갔더니 Doi E1이었다. 이들은 영어 발음 '에이(A)'가 아니라 불어 발음 '에(E)'로 알아들었던 것이다.

디엔비엔푸 전투 개황

1953년 11월 당시 베트남민주공화국 인민군(베트남군)은 디엔비엔푸에 제148독립보병연대를 주둔시키고 있었다. 이 연대는 정예로 알려져 있었지만, 프랑스군의 공수부대작전(카스트로Castor작전) 당일인 1953년 11월 20일 4개 대대 중 3개 대대가 다른 지역에 있었기 때문에 적극적인 대응전투를 할 수 없었다.

그러나 지압 장군은 공격을 예상했으므로 즉시 대응작전을 개시했다. 지압은 프랑스군이 전세가 기운 북부의 라이쩌우(LaiChâu, 萊州래주)성을 포기하고 디엔비엔푸에서 대규모 작전을 시도할 것에 대비했다. 이에 따라 11월 24일 제148독립보병연대와 제316사단은 라이쩌우를 공격하고, 제308, 312, 351사단은 디엔비엔푸를 공격하라는 명령을 내렸다. 11월 말부터 라이쩌우 공격을 위해 제316사단(보병 98연대, 174연대, 176연대)이 도착하자 프랑스군 통킹군관구 사령관 꼬니(René Cogny, 1904~1968) 장군은 라이쩌우 포기를 결심했다. 12월 9일 프랑스 수비대는 이곳에서 철수해 디엔비엔푸로 향하다가 도중에 베트남군의 대규모 공격을 받아 2,100명의 병력 중 디엔비엔푸에 도착한 병력은 불과 185명뿐이었다.

한편, 디엔비엔푸에 점차 베트남군의 포위망이 형성되면서, 12월 말 정찰중인 프랑스군 제1외인낙하산대대(1st BEP)가 처음으로 베트남군의 매복 공격을 받았다. 12월 28일에는 전황을 시찰 중이던 프랑스군 참모장이 집중포화를 맞고 전사했다. 베트남군은 소련·중국에서 대량의 무기와 탄약을 들여와 들판이 내려다보는 위치에 은밀하게 요새를 설치하고 밤낮 없이 대포·로켓포·대공포를 퍼부으며 프랑스군 요새 포위를 좁혀 갔다. 베트남군 5개 사단은 주로 야간에 보병 27개 대대가 도보행군으로 진격해 총공격까지 105mm 포 20문, 75mm 포 18문(공격 중에 80문으로 증강), 12.7mm 대공기관총 100정, 박격포 다수를 갖추었다. 공격에 참가한 총병력은 총 7만 명, 보급물자도 다량으로 비축해 105mm 포탄만도 15,000발에 달했다.

무기 중에는 베트남군이 접수한 일제 육군의 산포(山砲)도 활용되었다. 보급에는 시클로(자전거)를 활용해 1대당 300kg에 이르는 군수물자를 수송했다. 또한 산중에서 중화기류는 분해하여 인력으로 옮겼다.

1954년 1월 31일부터 베트남군의 산발적인 포격이 시작되었다. 그들의 진지는 교묘하게 은폐되어 사격 위치를 발견하기 매우 어려웠다. 프랑스군 정찰대는 거의 사방에서 적과 접촉하고 있고, 도시가 포위되어 있음을 확인했다. 본격적인 제1차 공격은 3월 13일부터 시작되어 이후 56일 동안 계속되었다.

베트남군은 먼저 디엔비엔푸 동북쪽과 최북방의 진지를 야간공격으로 함락시켰고, 반격에 나선 프랑스 측이 탱크 소대를 포함한 병력을 보냈지만 탈환에 실패했다.

이어 베트남군은 프랑스군 진지 가운데 가장 남쪽과 디엔비엔푸 사령부 사이의 교통을 차단했다. 이 무렵에는 서북쪽 진지에서 프랑스군 베트남인 병사의 탈주가 잇따라, 프랑스 측은 어쩔 수 없이 거점을 포기하고 후퇴했다. 다음에 베트남군은 디엔비엔푸 본부가 내려다보는 동쪽 언덕에서 우위를 확보하고 전투를 진행했다. 프랑스군은 활주로가 이미 파괴되었기 때문에 물자보급을 항공기로부터 낙하산 투하에 의존하고 있었지만, 베트남군의 대공포와 기후불순 때문에 상황이 더 어려웠다.

투입 병력이 적은 프랑스군은 저지대에 작은 진지를 건설하고 장마철에는 허리까지 진흙에 잠기는 열악한 환경에서 열심히 진지를 구축했다. 그러나 각 진지는 결전에 대비하여 대량으로 조성되었기 때문에 베트남군 척후병 공격과 기관총 소사에 노출되었다. 또한 활주로 파괴와 상실에 따른 군수물자의 수송 두절로 고생하던 식민지 출신 병사 대부분은 전의를 상실하고 5월 7일에 사령부 요새는 함락했다.

디엔비엔푸 전투는 크게 제1기(3월 13일부터 4월 17일)의 외곽진지 전투, 제2기(3월 30일부터 4월 26일)와 제3기(5월 1일부터 7일)는 주로 '아못(A1)' 고지 전투와 사령부 공격 마지막 전투로 나눌 수 있다. 그 중 아못(A1) 고지 전투가 디엔비엔푸 전투의 하이라이트였다.

디엔비엔푸 치열한 전투의 현장 도이 아못(A1) 고지

A1 고지는 프랑스군이 '엘리안느(Eliane) 2'라고 부르던 곳으로 시내 동부의 므엉타인에 있는 작은 동산이다. 지상에서 높이 49m, 길이 200m에 폭 80m의 타원형인 이곳은 방어선을 구축하기에 적합한 곳으로 제2기 전투가 시작된 1954년 3월 30일 디엔비엔푸 전투에서 가장 격렬한 전쟁터로 세계인을 놀라게 했던 현장이다.

프랑스군은 A1 고지에 견고한 지하 벙커를 건설하고, 기관총을 비롯한 중화기로 무장한 최정예부대를 배치해 항공기의 폭격 지원을 받으며 진지를 지켰다. 프랑스군은 무장이 취약한 베트남군을 공격하는 동시에 방어용으로 이 진지를 사용했다.

1954년 3월 30일부터 38일간 전개된 치열한 전투의 마지막은 1954년 5월 6일 밤 8시 30분, 베트남군이 프랑스군의 진지 밑으로 터널을 파고 설치한 1톤의 폭약을 집중 폭파해 진지를 함몰시키고 고지

아못(A1) 고지

전체를 확보했다. 치열한 전투에 비례하여 베트남군도 엄청난 인명 피해를 입었다. 오늘날까지 A1 고지에는 지휘관의 벙커, 포대, 터널, 대포와 탱크, 폭파로 만들어진 거대한 함몰 부분이 전투 유적으로 남아 있다.

요약

3월 30일부터 4월 3일까지의 A1 고지에 대한 제1차 공세에서 베트남군 제174연대는 5일간 연속공격을 퍼부어 고지의 절반을 차지했다. 제2차 공세는 4월 1일 밤부터 3일 정오까지 4차례에 걸쳐 계속되었다. 마지막 제3차 공세는 제3기 전투의 막바지 단계로 5월 6일 베트남군이 프랑스군의 '엘리안느 2(A1)' 진지를 완전 붕괴시키고 고지를 점령했다. 이에 따라 프랑스군은 남쪽과 서쪽의 경사면으로 이어지는 평지 전투에서 주도권을 잃고, 다시 반격할 기회를 갖지 못했다.

A1 고지는 마을 동쪽의 남북으로 펼쳐진 평지의 최고지점으로 이곳을 빼앗기면 다른 요새를 방어할 수 없는 요충지였다. 프랑스군은 약

아못(A1) 진지 입구

1만 병력, 지휘부, 포대, 탱크와 비행장을 방어하기 위해서는 A1 고지를 포함한 므엉타인 지역의 방어가 매우 중요했다.

전에 프랑스와 일본군이 주둔했던 이 A1 고지에 프랑스군은 암석으로 건조물을 만들고 상부 노출을 줄이기 위해 지하 벙커를 크게 확장·개조했다. 특히 프랑스군 장교가 머무는 벙커 지붕은 25kg 이하의 가벼운 폭탄을 견딜 수 있게 만들었고 대대장이 배치되어 적을 정찰하고 실시간 전술명령을 내렸다.

마을의 중심은 이 언덕 아래에서 서북쪽 길과 동북쪽 길이 갈라지는 삼거리에 있고, 마을 동남쪽에는 프랑스가 1953년에 남론(NamRom)강 위에 건설한 교량 남쪽에 프랑스군 야전사령부 벙커가 있어서 이를 방어하는 전진기지가 A1 고지였다. 남론강은 폭 2~3m, 깊이 2m인 얕은 하천으로 비가 와서 물이 붇지 않으면 걸어서도 쉽게 건널 수 있기 때문에 강 동남쪽의 평지를 지키자면 A1 고지 방어가 필수적이었다.

A1 고지의 동쪽에는 2km 정도의 평야가 있고, 이어 정글로 뒤덮인 고산지대가 이어진다. 베트남군은 이 고산지대에 화력을 배치하고

490m 정도의 높이에서 므엉타인 평원을 정찰하면서 보병병력을 전개하여 포격을 지원하며 기동전을 벌였다.

프랑스군의 배치

프랑스군은 공수부대를 투입해 요새를 확보하고 북아프리카 외인용병대대, 81mm 박격포 4문, 57mm 박격포 2문과 12.7mm 박격포 1문을 보유한 포병부대와 보병중대를 배치했다.

진지는 참호를 서로 연결한 다단계 구조로 견고한 대피호와 각 방어선마다 개인별 전투초소 사이에 교통로도 만들고 지하를 더 파내어 81mm와 82mm 박격포를 배치했다. A1 고지에서 므엉타인 지역의 프랑스군 본부와 연결된 터널을 파고 비밀리에 방어할 수 있는 시설을 갖추었다. 현장 주변에는 포병과 함께 두꺼운 장애물 5개, 적의 공격이 예상되는 곳에 지뢰를 매설하고 철조망을 설치했다. 방어에 더해 베트남군을 반격할 수 있는 병력, 탱크, 105mm 곡사포와 120mm 박격포를 배치해 포병의 효과적인 지원 하에 므엉타인 인근 고지와 마을 중심을 포격할 수 있는 준비를 갖추었다.

프랑스군사령부 지하 벙커

베트남군의 공격

베트남군은 마을 북쪽의 산지를 점령한 후 공격할 계획이었지만 프랑스군은 마을 서쪽을 남북으로 흐르는 남론강 양쪽에 밀접하게 연결된 30개 이상의 참호로 구성된 4개의 진지를 설치하고 있었다.

이 중에서 가장 치열한 전투 현장이 A1(아못) 언덕이다. 제2기 전투가 시작될 무렵, 베트남군은 므엉타인 지역 전체를 파괴하기 위해 포격의 강도를 높였다. 316사단 174연대는 A1을 파괴하라는 임무를 부여받았다. 연대장 응우옌흐우안(Nguyễn Hữu An, 阮友安완우안, 1926~1995)은 훗날 베트남전쟁(제2차 인도차이나전쟁) 때인 1975년 4월 30일 베트남인민군 제2군단을 이끌고 사이공의 남베트남 대통령궁에 진입, 북베트남 국기 게양을 지휘했다.

이 174연대는 1949년 8월 19일 중국과의 국경지대인 까오방 지방의 소수민족 젊은이들로 창설된 부대로 디엔비엔푸 동쪽의 중국 국경지대인 라이쩌우 전투에서 이동하면서 이 전투에 참가하기 전에 새로운 군사훈련과 정치교육을 마쳤다. 연대 병력은 3개 보병대대, 120mm 박격포 4개 중대, 82mm 박격포 4개 소대, 75mm 박격포 3개 중대로 36문의 각종 대포를 보유하고 있었다. 연대는 A1 요새의 1km 동쪽에 본부를 설치하고 프랑스군을 포위했다. 이 연대의 다른 포병과 보병은 강력하고 집중적인 화력으로 디엔비엔푸 동남쪽 1,300m까지 접근했다.

이들의 주요 소통 수단은 무전이었기 때문에 도청을 피하고 기밀 유지를 위해 중요한 지침은 오히려 깃발, 트럼펫, 불빛 등과 같은 간단한 방법도 썼다.

디엔비엔푸 전투 경과

(1) 베트남군의 제2기 제1차 공세

A1 고지 첫 전투는 3월 30일부터 3월 31일까지 진행됐다. 30일 아침, 연대 포병대가 안개가 짙고 비가 내리는 가운데 포격을 가해 오전

11시에 전장을 장악하고 오후 3시 30분에 보병대대가 전진을 시작해 3월 31일 새벽까지 야간 전투를 이어갔다. 174연대장은 후방 지휘부에 대기하면서 발사 명령을 기다리라는 지시를 받았지만 오후 4시 40분까지 지시가 내려오지 않자 오후 5시에 자기 결단으로 포병 공격을 개시했다.

오후 5시 30분에 174연대 본부와 105mm 박격포 중대 간에 연락이 두절된 상태에서 5시 35분에 프랑스군이 A1 고지에서 포격을 가해 오자, 174연대도 포격으로 응전해 격렬한 포병전이 벌어지는 사이에, 병력 손실을 무릅쓰고 2개 보병대대가 수백 미터의 철조망과 지뢰밭을 통과하여 전진했다.

수비에 나선 프랑스군 제1연대의 모로코 병사들이 열심히 싸웠지만 베트남군은 보병으로 A1 고지의 절반을 차지했다. 모로코 병사들은 프랑스의 외인부대 용병으로 머나먼 동남아시아의 낯선 땅에서 조국이 아니라 식민지 종주국을 위해 이렇게 죽어 갔다.

언덕 꼭대기의 프랑스군은 베트남군의 위력적인 포격을 받고 모두

A1 고지 전투 포획물 전시

도망쳤다. 그 사이에 베트남군은 프랑스군의 비밀 벙커가 언덕 위에도 있음을 인지하고 그곳에 105mm 곡사포와 120mm 박격포를 퍼부었다. 174연대장은 다른 고지에서 전투를 종료한 255예비대대를 전투에 투입했지만 프랑스군은 고지를 사수하기 위해 모든 대포로 A1 고지 건너편을 집중 포격해 전진을 저지했다.

3월 31일 오전 4시 30분에 지원 병력으로 마을의 북부에 주둔한 베트남인민군 312사단(보병 141연대, 165연대, 209연대)이 인근 고지를 돌파하고 프랑스군의 포병 공격을 저지했지만 탄환 부족으로 더 이상 전진할 수 없었다. 174연대장은 자신의 연대병력만으로 A1을 확보할 수 없다고 판단했고 프랑스군도 자국군의 추가지원이 없었으므로 공격을 중단해 베트남군도 대부분 후퇴했다.

나중에 밝혀진 서양 자료에서 프랑스군은 3월 30일 자정까지 A1에 있던 프랑스의 북아프리카 군인과 공수부대원이 거의 괴멸한 것으로 생각했다. 프랑스군은 베트남군이 공격을 중단하고 전초기지에서 철수할 때 자신들의 눈을 의심했다.

(2) 베트남군의 제2기 제2차 공세: 3월 31일부터 4월 1일 정오까지

제2차 공세를 개시한 3월 31일 오후 10시 30분, 베트남군은 프랑스군 진지인 C1, D1, E1를 파괴하고 312사단 141연대를 깊이 침투시켰지만 프랑스군은 동부진지인 A1, C2, D2, D3 등을 그대로 유지했다.

A1 지점에는 북아프리카 대대의 1개 소대 밖에 없었으므로 프랑스군은 대대를 교체 투입해 병력을 보강했다. 동쪽의 프랑스군은 크게 파괴되었지만, 반격을 감행하지 못했다.

베트남군 174연대는 막대한 손실을 입었지만, 화력을 보강하면서 전선을 308사단에 맡기고, 남은 병력으로 A1 전투를 계속했다. 174연대는 적의 강력한 지하 벙커와 화력 지원으로 승리하지 못했기 때문

에 308사단(보병 36연대, 88연대, 102연대)은 102연대의 4개 보병중대가 요새의 동쪽으로 진격하게 하고 174연대 4개 보병소대는 동남 방향으로 진입했다. 3분간의 포격 후, 베트남군 보병이 진격을 개시하자 프랑스군이 응전했지만 베트남군이 A1 고지 일부를 점령하면서 프랑스군 15명을 포로로 붙잡았다.

102연대 일부 병력은 고지 북쪽과 벙커를 직접 공격하다가 프랑스군의 대응 포격을 받았지만 연대의 모든 화력으로 서쪽의 목표지점과 벙커를 공격해 므엉타인에 있는 프랑스군 포병의 지원 포격을 차단했다. 베트남군은 포병의 지원을 받으며 4명의 소총수가 1개 조로 반복해서 터널로 돌격했지만 프랑스군에 봉쇄당해 많은 사상자를 냈다.

4월 1일 오전 4시 30분에 프랑스군은 포대가 파괴되어 근처의 참호로 퇴각했고, 베트남군도 추가로 많은 사상자가 발생해 병력을 보충하고자 철수를 시도했다. 프랑스군은 A1 고지의 일부를 탈환하기 위해 오전 5시 므엉타인에서 2대의 탱크를 앞세우고 보병 공격을 가해 왔다. 베트남군 308사단 102연대가 오른쪽에서 프랑스군에 근접전으로 반격했고 왼쪽에서는 174연대 소총수가 프랑스군의 탱크를 공격해 프랑스군이 불과 15m 전진하는데 그치게 했다.

9시 30분에 프랑스는 두 번째 역습에 나섰으나 다시 격퇴되었고 오후 3시까지 계속하여 포격만 가하다가 남쪽으로부터 탱크 2대로 므엉타인의 베트남 보병 2개 대대를 공격하면서 폭격기 2대가 배후의 고지와 전선의 베트남군에 포격을 가하고 보병을 진격시켰다.

많은 병력손실을 입었지만 베트남군 102연대의 나머지 병력은 밤새 프랑스군의 반격을 물리치고 아침에 전장을 되찾았다. 174연대도 프랑스군의 반격을 물리쳤지만 엄청난 병력 손실을 입었다. 102연대는 1개 대대의 방어 병력을 일단 외곽으로 철수시키고 잔여 병력으로 해저물 때까지 전투를 계속했다.

(3) 베트남군 제2기 제3차 공세: 4월 1일 새벽 2시부터 4월 2일까지

4월 1일 오후에 프랑스군 진지는 동부의 C2와 A1 2개만 남았다. 프랑스군은 A1 고지 전체 탈환을 위해 대규모 공세를 취했지만 많은 인명손실을 입고 견고한 벙커로 돌아가 포병을 동원하고 추가 병력을 투입해 베트남군의 접근을 봉쇄했다. 베트남군 102연대는 전날 밤 많은 사상자가 발생해 장갑수송중대를 전투중대로 전환했다. 서쪽의 한 대대는 남은 병력이 1~2개 중대로 102연대 총병력이 3개 중대에도 못 미쳤다. 하지만 베트남군은 나머지 병력으로 짧은 총격전을 벌인 후에 특공병사가 동쪽에서 정면 돌파로 프랑스군 참호진지에 접근했지만 직접 공격에는 여전히 실패했다.

4월 2일 새벽 3시에 베트남군은 북쪽 언덕의 프랑스군으로부터 집중 포격을 받아 많은 부상자가 발생해 102연대장이 직접 지휘하는 일부 병력으로 프랑스군의 전진을 막았다. 오전 8시, 프랑스군이 북쪽 진지의 탱크로 포격을 가하고 인근 고지의 보병 2개 소대가 베트남군의 북쪽 방어 지역을 공격했다. 프랑스군의 돌격으로 102연대 방어선이 무너져 베트남군은 큰 혼란에 빠졌다. 오전 11시에 프랑스군은 병력을 보충하고 북부지역의 방어 병력과 결합하여 베트남군 174연대와 주요 수비부대를 돌파하려고 시도했다.

(4) 베트남군의 제2기 제4차 공세: 4월 2일부터 3일 정오까지

4월 2일 므엉타인의 프랑스군은 후퇴한 부대와 연합해 베트남군을 A1에서 밀어내기 위한 반격을 강화했다. 베트남군은 한밤중에 A1을 파괴하기로 결정하고 지원자로 공격대를 편성했다. 공격대는 어두운 밤에 고지 중심부로 침투해 포격을 가했지만 프랑스군은 지하포대에서 수류탄, 소총과 대포로 베트남군의 진격을 차단했다.

4월 3일 오전 4시 베트남군은 병력 손실로 A1을 파괴할 능력이 부족하다고 판단하여 전선을 지키는 방어소대만 남겨두고 요새 외곽으로 철수했지만 병사 대부분이 전사해 A1을 공격하는 디엔비엔푸 제2기 작전은 일단 종료되었다.

(5) 제3기 전투 준비

5월 1일부터 7일간 계속된 이 전투에서 베트남군은 비밀 터널을 굴착하고 1톤의 지하 폭발물을 설치하여 진지를 대파하여 최후 승리를 이끈 것으로 유명하다.

제2기의 네 차례 공격 이후, 지압 사령관이 A1 고지의 지휘부와 여러 차례 전술을 협의하는 동안 현지 주민들은 일본군이 디엔비엔푸에 주둔하는 동안 미국의 항공 폭격을 막기 위해 이곳에 있는 주택에 지하실을 건설했고, 후에 프랑스인이 이 지하실을 포도주 저장실로 사용했음을 알려 주었다.

베트남군 공병대는 A1을 다른 진지와 분리하여 프랑스군의 증원을 차단했고, 174연대는 A1에서 가까운 이 민간인 주택 지하실에서 14일 동안 지하 터널을 굴착하고 많은 폭약과 폭발물을 이곳으로 가져왔다.

지하 터널 공사와 폭격 임무는 M83 공병대가 맡았다. 프랑스군 진지 바로 앞에서는 베트남군이 총격전을 벌이는 가운데 25명의 공병 장교와 병사로 구성된 특별반이 4월 20일 저녁부터 개구리처럼 땅속으로 쭈그리고 들어가 지하 터널 공사를 시작했다. 기밀성과 안전성을 보장하기 위해 철저한 위장작업을 하면서 터널 문 바깥쪽에 수류탄과 포탄 조각들을 흙으로 덮고 덮개 위를 높게 해서 프랑스군의 시야를 벗어나게 했다. 파낸 돌과 바위는 흙더미로 위장하여 비탈을 만들었다.

A1 고지의 토질은 매우 견고했지만 공병대원은 이 터널 공사가 시작된 첫날밤에 수직으로 90cm의 절벽을 만들었다. 프랑스군은 총격

을 멈추지 않았지만 3일 낮밤에 터널 작업을 마쳤고 깊이 10m까지 산을 파고들어가면서 더 많은 어려움을 극복해야 했다. 공기 부족과 불빛이 없는 암흑 속에서 파낸 흙은 점점 많아졌다. 베트남군 A1 고지 반쪽의 수비병들은 작업의 비밀을 지키기 위해 프랑스군과 치열하게 전투를 계속하며 마지막까지 희생해야 했다.

터널을 더 파고 들어갈수록 빛과 공기가 부족하기 때문에 병사들은 숨쉬기가 어려웠다. 적을 관찰하기에 편리한 위치에 저격용 병력을 배치하고, 더 많은 터널 기술자를 동원하여 82m의 터널을 언덕 꼭대기까지 이어지게 했다. 터널의 대부분은 매우 좁아서 작은 사람 한 사람이 기어 갈 정도였다.

공병대의 설계로는 막사를 무너뜨리기 위해 1톤의 강력한 폭발물을 터널에 넣어야 하지만 재고는 겨우 500kg이었다. 대공포 부대는 근처에서 B-24 폭격기를 격추시켰다. 다른 항공기는 여전히 폭격 중이었고 베트남군 진지와 매우 가깝기 때문에 A1 언덕을 폭파하기 위한 폭탄 확보가 시급했다.

베트남군은 4명의 병사가 격추된 적의 비행기로 신속하게 이동하여 1주일 만에 다섯 개의 폭탄을 찾아냈다. 이 폭발물은 5톤 정도로 필요한 양을 충분히 상회했다. 프랑스군과 미군 폭격기는 일제가 제2차 세계대전 중에 닦아놓은 활주로(현재의 디엔비엔푸공항)를 이용해 공중작전을 벌였다.

참호까지 포탄을 옮기기는 매우 힘들어 한 사람이 약 5kg 정도의 느슨한 무게를 지탱하며 약 1,000m까지 일렬로 늘어서서 폭탄을 운반했다. 그러나 폭발 실험을 해보니 필요할 때에 맞춰 블록버스터가 폭발하지 않아서 가장 확실한 방법은 위험하지만 사람들이 폭탄 위로 뛰어내리는 것이었다.

(6) 베트남군의 제3기 마지막 전투 : 5월 6일 밤부터 7일까지

제3기 전투를 시작하면서 베트남군은 제2기 전투에서 계획한 A1과 그 북쪽 C1보다 더 많은 지점을 차지하기 위한 전투를 벌였다. 서쪽과 동쪽을 압박하고 철조망으로 울타리를 쳐 놓은 많은 지점의 프랑스군을 더욱 조여 가며 총공격을 준비했다. 하지만, 사령부에서는 사상자를 줄이기 위해 급진적 공격 전술로 A1의 터널이 완료되면 A1만 치라고 지시를 내렸다.

베트남군이 두더지가 되어 언덕 밑을 파들어 오는 15일여 동안, 이 사실을 모르는 프랑스군은 베트남군의 최종 공격을 기다리며 참호를 보강하고 있었다. 그들은 야전사령부 중앙의 운명이 동쪽의 나머지 두 지점 사수와 직결되어 있기 때문이었다. 프랑스군 제13여단 1개 대대가 장기간에 걸쳐 A1 언덕을 방어하느라 큰 손실을 입었기 때문에 베트남군을 유인할 미끼로 산기슭 3곳에 예비병력을 배치했다.

프랑스군 제1공수부대는 므엉타인으로 점프하라는 명령을 수행했지만, 생존자가 2개 중대 병력뿐이어서 공수부대장은 부상자를 구조

디엔비엔푸 A1 폭심
(출처: http://commons.wikimedia.org/wiki/File:Điện Biên Phủ)

하는 일 외에는 다른 일을 할 수 없었다. 프랑스군 보병은 부대를 셋으로 분산하여 요새의 동쪽과 남쪽에서 진입로와 참호를 차단하고 1개 중대는 서남쪽에서 A1 고지와 므엉타인을 연결하는 국도 주변을 경계했다.

5월 6일 아침, A1 고지에서 34일 동안 밤낮으로 진지를 사수한 프랑스군은 다른 고지로 이동하라는 명령을 받았다. 그날 저녁에 A1 고지의 폭발을 공격의 신호로 하여 베트남군은 최종 공세에 나섰다. 베트남군은 분대장을 포함한 3~4명이 터널 20m 위에서 지하로 뛰어들었다. 만약 비행기가 폭격하면 분대장은 자신의 목숨을 걸고 손으로 직접 폭파해야 했다.

전투 계획에 따라 A1 고지의 프랑스군이 포탄을 발사하면 이 지하 폭발물이 폭파되고 베트남군 보병이 지원할 계획이었다. 베트남군의 포격이 시작됐지만 A1 고지에 폭격을 가하지는 않았다. 분대장은 오후 8시 30분 인공폭파를 위해 총알을 장전하고 5분을 기다렸다. 폭파 5분 전에 참호에서 병사들이 나왔고 A1 고지 쪽으로 등을 돌린 채, 눈을 감고 입을 열어 폭발의 충격파를 들으면서 엄청나게 환한 폭격 후의 섬광을 보았다. 곧 이어 맹렬한 폭발의 연기가 언덕에 큰 구름이 되어 떠올랐다.

분대장 응우옌반박(Nguyễn Văn Bách)은 다음과 같이 회상했다.

'공산당원과 나는 폭발물 1,000kg을 가지고 터널 바닥으로 기어들어갔다. 나는 5개의 도화선과 연결된 5개의 포탄을 폭발시켜야 한다. 2명의 동지가 포문 앞에 자원하여 배치되었다. 폭발되지 않으면 나는 폭탄을 안고 죽을 각오로 폭파 작업을 수행했다.'

174연대장은 즉시 사격을 명령했다. 며칠 전, 보병은 강변 쪽으로 화력을 집중해 파괴했으므로, 이번에 연대 포병은 15분 동안만 포격을 가했다. 동남쪽 방향의 보병대대는 둘로 나뉘어져 프랑스군을 포위 공격했다. 서남쪽에서는 다른 대대가 41번 도로 옆을 찌르며 므엉타인에서 A1으로 향하는 진로를 뚫었다.

폭발물이 벙커 아래 수십 미터에서 폭발하면서 공수된 프랑스군 증원부대를 모두 날려버렸고 프랑스군 진지의 중대 병력은 거의 전멸했다. 독일군에 포로가 되었다가 탈출한 역전의 용사인 현지 프랑스군 지휘관 비게아르(Marcel Bigeard, 1916~2010) 중령은 지하 벙커에서 언덕이 뒤흔들리는 것을 느끼고, 몇 초 동안 어안이 벙벙했다가 잠시 뒤에야 자신이 방금 탈출했다는 사실을 깨달았다고 한다. 그가 지휘하여 투하한 공수부대원 800명 가운데 살아남은 대원은 40명에 불과했다. 물론, 그도 4개월 동안 포로로 붙잡혀 있었다.

1톤 규모의 폭발로 A1 진지는 거의 파괴되었지만, 베트남군은 유리한 조건에서도 고지의 정점에 접근하지 않았다. 폭발로 인해 깊은 구멍에서 터져 나온 암석들이 고지를 변형시켰기 때문이다. 이를 역이용하여 프랑스군 공수부대는 반복적으로 기관총을 소사했다. 베트남군도 박격포로 지하벙커 근처의 통신시설을 공격했다. 살아남은 프랑스군이 터널에서 나와 언덕 꼭대기로 올라왔다. 양측은 소총, 기관단총, 수류탄과 총검으로 백병전을 이어갔다. 서남쪽에서는 민병대가 프랑스군을 공격해 잔적을 사살했다.

참호 안쪽은 완전히 침묵했다. 그러나 병사들이 다시 철조망에 올라갔을 때도 불꽃이 멈추지 않았다. 베트남군 장교가 철조망에 기어 올라가서 근처에 위장된 지하 참호가 있는 것을 발견했다. 일부 장교는 폭파를 제안했으나 174연대장은 중대가 안전하게 작전을 완료할 수 있도록 포술을 지원했고 산하 251대대는 므엉타인에서 프랑스군 보충 병력의 진입을 차단했다.

한밤중이 되면서 174연대장은 전투를 종결하기 위해 249대대를 투입했고 나머지 베트남군은 소규모 그룹으로 나뉘어 차례차례 프랑스군의 저항을 잠재웠다.

 므엉타인에서는 베트남군이 동쪽과 서쪽에서 입지를 굳히기 전에 프랑스군 공수부대가 고지로 진격했지만 A1 진입로는 이미 베트남군에 장악된 뒤였다. 프랑스군은 긴급하게 추가 병력을 요청했지만 도착하지 않은 상태에서 베트남군은 A1 북쪽의 A3 진지를 더욱 압박했다. 1954년 5월 7일 오전 4시 프랑스군 공수부대는 단지 34명이 남아 므엉타인 본부에 전화로 다시 1개 중대의 병력 보강을 요청했지만 허사였다.

 프랑스군은 마지막 탄환과 수류탄을 모두 사용했지만 전투가 채 끝나기 전에 현지 부대장이 심하게 부상당한 채 체포되었다. 1954년 5월 7일 아침, 베트남군은 승전의 깃발을 A1 언덕에 게양했다. 같은 날, 강 건너편에 있는 야전사령부 벙커도 함락되었고 베트남군은 바로 그 벙커 위에서 승전을 자축하는 국기를 흔들었다.

프랑스군사령부 벙커 위에서 승전 깃발을 흔드는 베트남 병사(모형)

(7) 결과

A1 고지 전투에서 프랑스군은 모두 828명(사살 376명, 부상과 체포자 452명)의 병력을 잃었다. 베트남군은 많은 무기와 탱크 1대를 포획했으며 비행기 1대를 격추시켰지만 3월 30일부터 4월 3일까지의 집중 진투 중에도 A1을 중심으로 36일 밤낮 전투에서 병력 손실 2,516명(1,004명 사망, 부상자 1,512명)에 디엔비엔푸 전투에서 가장 큰 무기 손실도 입었다. A1의 붕괴로 프랑스군은 지휘부가 완전히 무너졌고 그 다음날 베트남군은 프랑스군을 쉽게 제압해 디엔비엔푸의 프랑스군은 항복하지 않을 수 없었다.

프랑스군 야전사령관 까스뜨리는 서남쪽 야전사령부 진지가 함락되면서 부상당한 채 벙커에서 붙잡혔다. 현장 지휘관인 고쉐르(Jules Gaucher, 1905~1954.3.13. 육군 중령)가 전투 초기에 전사한 후에 공수부대를 지휘하여 현장에 투입되었던 랑글레(Pierre Langlais, 1909~1986, 당시 중령, 최종 계급 육군 준장)도 포로가 되었다. 이들은 4개월간 억류되었다가 제네바협정 체결 후에 석방되어 귀국했다.

베트남군의 A1 고지 전투 대표적인 현장 지휘관은 316사단장 레꽝바(Lê Quảng Ba, 1914~1988), 174연대장 응우옌호우안, 102연대장 응

디엔비엔푸 전투 프랑스군
포로(1954)

5월 전후에 집으로 돌아오는 디엔비엔푸 주민들

디엔비엔푸 전몰자 묘지

우옌훙신(Nguyễn Hùng Sinh) 등이다.

영국과 미국의 무기 제공을 받은 프랑스군은 보병대대, 포병대, 공수부대, 탱크와 항공기 등을 갖추었다. 베트남 측의 자료에는 베트남군이 10개 보병연대, 1개 포병연대와 공병대 등 53,800명에 8,000명이 증원되었고, 민간인 수송인력 261,451명이 참전했고 프랑스 측은 공수부대를 포함하여, 육군 10,814명에 증원군 4,291명을 합쳐 피크 때 병력은 16,200명이었으며 미군은 공수부대 수송을 포함해 37명의 조종사가 참전했다고 한다. 프랑스는 3월 13일 전투 개시 때 베트남군이 48,000명에 보급과 수송인력 15,000명이었음에 비해 같은 날 프랑스군은 10,800명이었으며 전투 막바지인 5월 7일 베트남군은 80,000명에 프랑스군은 14,014명이었다고 쓰고 있다.

CIA가 2004년 비밀 해제한 정보에 따르면 미군 맥거번 2세(James B. McGovern Jr., 1922~1954)가 전사했다. 그는 태평양전쟁 중에 중국 전선에 여러 번 출격했고, 제대하여 민간조종사로 CIA에 고용됐다.

프랑스군 사병은 주로 프랑스령 아프리카 출신의 용병이었다. 베트남군은 제2차 세계대전 이전부터 프랑스로부터의 독립을 위해 끈질기

므엉타인 다리 앞의 승전기념물

게 투쟁해온 베트민 구성원이었다.

　디엔비엔푸 전투에서 프랑스와 그를 돕는 서방측은 최대 2,293명이 전사하고, 6,650명이 부상당했으며, 행방불명자가 1,729명에 이르렀다. 전사자 중에는 2명의 미국인도 있다. 포로가 된 사람은 부상자를 포함하여 11,721명이나 된다. 전투 쌍방의 인명 손실 통계는 차이가 있다.

　베트남군은 자국군 전사자 4,020명, 부상자 9,118명, 실종자 792명이고 프랑스 측의 손실은 사망자 1,747~2,293명, 부상자 5,240~6,650명, 실종자 1,729명, 포로 11,721명, 미군 조종사 2명 사망이라고 기록하고 있다.

　프랑스 측에서는 베트남군 전사 8,000명에 부상자 15,000명이고 자국군 전사 2,293명, 부상 5,195명, 포로 11,721명(이 중 7,801명은 사망 또는 실종되고 생환자는 3,290명)이라고 한다.

　베트남 측의 통계에 사망자, 부상자 수에 최저최고수가 있는 것은 부상 후에 사망, 즉각 사망 등을 구분한 것으로 보인다. 전쟁에서의 인명 피해는 항상 자국군을 적게 추계하고, 적군은 더 많다고 하니까 그대로만 전한다.

군수물자 손실에 대해 베트남 측은 프랑스군 탱크 10대, 트럭 수백 대 파손과 망실, 항공기 62대 격추, 186대 파손에 자국군은 105mm 포탄 17,500발을 소비했고, 프랑스 측은 항공기 420대가 5천 톤의 폭탄을 퍼부었으며 105mm 이상 포탄 11만 발을 사용했다고 한다. 서방 측 자료에는 포탄 등의 군수물자 소모량을 밝히지 않고 있다.

전몰자 현충묘지에는 1945년, 1946년생까지 전사자로 표시된 묘비가 있는 것으로 보아 정규군 이외에 아동들도 무기 운반, 통신, 수색, 정찰 등에 참가했고, 소수민족이 다수인 이 지역 주민 모두가 전투에 참가한 것으로 보인다.

라오스와의 국경지대

디엔비엔푸 시내에서 30km 서남쪽 산악에 라오스와의 국경 관문이 있다. 디엔비엔푸 시내에서 서남쪽으로 내려오면 국경지대인 떠이짱(TâyTrang)으로 가는 길과 동쪽인 뚜언지언(TuầnGiận)의 갈림길 표지가 나온다. 서쪽으로 들어서면 곧 산길이 시작되어 2시간 쯤 도로공사 현장(2018년)에서는 쉬어가면서 고개를 오르면 279번 도로 끝에 국

라오스 국경 검문소

경 관문이 있다.

여기서 베트남 출국 도장을 받고 나가서 2~3km까지가 베트남 땅이고 그 다음부터는 라오스 퐁살리(Phongsaly)현의 솝훈(Sop Hun)으로 입국하게 된다. 나는 택시를 타고 올라갔기 때문에 더 이상 가지 않았지만 디엔비엔푸시에서는 버스로 이 국경선을 통과해 라오스로 갈 수 있다. 디엔비엔푸 버스터미널에서는 매일 오전 5시 30분에 출발하는 버스가 이 험한 산길을 따라 서쪽으로 국경을 넘고 라오스 퐁살리현의 모앙쿠아(MoangKhua)까지 운행한다.

2018년의 버스비는 115,000동(5,800원)인데 출발 후 4시간이면 도착한다고 한다. 오토바이를 타고 국경선을 넘는 사람들도 있다. 하지만, 지금 공사 중인 도로가 잘 정비되면 중부고원의 쁠래이꾸에서처럼 편안하게 라오스 북부의 퐁살리(디엔비엔푸에서 314km, 자동차로 약 8시간 거리), 우돔사이(Oudomxay, 디엔비엔푸에서 232km, 자동차로 6시간 거리)를 거쳐 루앙프라방까지 가는 고급형 국제버스도 생길 것으로 기대해 본다.

5. 디엔비엔푸 전투사령부 므엉팡

므엉팡(Mường Phăng)은 '디엔비엔푸 전투'를 총지휘한 지압 장군의 작전사령부가 있던 험한 산속 마을이다. 사령부는 해발 1,000m 고지에다 인적이 드문 정글로 뒤덮인 요새 지역에 있다. 지역 주민들은 이곳을 '장군의 숲'이라고 신성시하면서 지압 장군을 마을의 추장으로 모시고, 장군의 은신처를 '추장의 집'이라고 불렀다. 사령부 뒤에 있는 뿌카(PuCa) 언덕에서는 디엔비엔푸 시내의 므엉타인 쪽, 전에 프랑스군 진지인 힘람(HimLam), 독립(Doc Lap), D1, C1, A1 고지와 므엉타인 다리를 볼 수 있다. 지압 장군과 그의 참모 호앙반타이(Hoàng Văn

디엔비엔푸 전투 작전사령부 표지   사령부 땅굴 출입구

Thái, 黃文太황문태, 1915~1986, 무장독립투쟁 초기 병사 34명의 한 사람으로 참가, 베트남인민군 초대참모총장, 1968년 뗏 공세 총지휘, 남베트남해방군 사령관 역임)는 적의 포격을 피하기 위해 언덕 안쪽의 은신처인 길이 320m의 사령부 터널 옆에서 생활했다.

  디엔비엔푸 전투사령부의 유물로 제1망루, 정보통신터널, 감시초소, 지압 장군과 호앙반타이 장군의 거처, 회의장과 당 정치국(Politburo) 터널 등이 남아 있다.

  전쟁이 멎은 지 60년이 경과했지만 현지인들은 베트민 군사령부와 주변의 경관을 잘 보존하고 있고, 오늘날은 베트남전쟁을 더듬어보려는 여행자와 당시의 참전용사가 전장의 추억을 회상하기 위해 찾는 장소가 되었다.

  그당시 마을공동체는 디엔비엔푸 평야를 내려다보는 뿌돈(PuDon) 산기슭의 숲에 작전본부를 설치하기로 결정하고 1954년 1월 31일부터 5월 15일까지 베트남군의 통신신경망센터를 설치했다. 이곳에서

지압 장군의 작전사령부   호앙반타이 장군의 숙소

지압 장군이 중요한 작전 결정을 직접 내렸다. 뿌돈산 정상에는 당시의 베트남군이 므엉타인 분지에 위치한 프랑스군 진영을 견시(見視)하는 망루가 남아 있다.

현지에서 구한 자료에 따르면 공정부대를 투하한 프랑스군과 이를 도운 미군은 공수작전 성공의 두 가지 비결을 유념하지 않았다고 한다. 첫째로 항공기는 바람의 작용을 피할 수 있을 만큼 낮은 고도를 유지해야 한다. 둘째로 바람의 속도가 언제 목표지점에 도달하는지를 고려해야 한다. 하지만, 프랑스군과 미군은 이 자연조건을 통제할 수 없었다.

디엔비엔푸 분지는 고도가 낮기 때문에 항공기가 분지의 길이와 주변 산세를 보면서 남북의 축을 따라 비행해야 한다. 동서 방향은 길이가 짧고 높은 산악인데다 베트남군의 대공포화가 집중되어 있기 때문에 대안으로 매우 높은 고도에서 투하해야 한다. 하지만 분지의 풍향과 풍속이 일정하지 않아서 그들은 투하의 방향과 속도를 예측할 수 없었다. 그래서 공수부대가 투하한 군수품은 대개가 베트남군의 보급품이 되었고, 투하된 공수부대원은 베트남군의 저격이나 협공으로 목숨을 잃었다.

현재의 므엉팡 진지 꼭대기에서 내려다보이는 므엉타인 분지는 디엔비엔푸 시내와 외곽 농촌지역이다. 예전에 이 일대의 주민들은 베트남 낀(京경)족이 아니라 베트남 북부 다른 지역처럼 중국에서 남하한 소수민족의 후손들이 많았다. 오늘날도 이 분지와 주변 고원지대에 살고 있는 인구의 약 40%는 타이(Thai)족으로 이들은 고유한 언어와 문자, 전통과 관습을 가지고 살고 있다. 타이족은 중국 남부의 쫭족(壯族, 장족=Zhuàngzú) 계열로 평원지대에 살았지만 베트남 주종족인 낀족에 고산지대로 계속 밀렸다고 한다.

타이족들은 하나님이 표주박을 막대기로 찔러서 인간을 끄집어냈다고 믿는다. 표주박에서 나온 첫 인간은 가장 검은 피부색을 가졌다고 한다. 그 후에 표주박은 므엉타인 골짜기의 한가운데에 서 있는 산이 되었다. 그래서 이들은 하노이에서 디엔비엔푸와 므엉타인 분지에 도달하기 위해 넘어야 하는 파딘(PhaDin) 고개를 '천국의 문'이라고 불렀다.

타이족은 이 분지에서 최대의 소수민족집단이고, 그 뒤를 이어 흐몽(Hmong), 다오(Dao), 다이(Day)족이 살고 있고, 낀족은 디엔비엔푸시에 많이 거주하고 있다.

타이족이 농사를 짓고 있는 마을 농경지

라오스, 중국과의 국경 근처에 위치하기 때문에 므엉타인 계곡과 주변 지역은 오랜 세월 많은 침략과 정치적 변화를 겪었다. 15세기에는 베트남의 레러이(Lê Lợi, 黎太祖려태조) 군대가 토착 주민들과 연합한 명나라 침략군들을 몰아냈으나 그 3백 년 후에 이 분지는 라오스에서 온 페(Phe)족이 차지했다. 타이족은 페 침략자들과 격렬하게 싸웠고 마침내 홍강 지류인 하노이 서북쪽에 있는 뚜옌꽝(TuyênQuang, 宣光선광)성 썬남(SơnNam)의 농민운동지도자인 호앙꽁쩟(Hoàng Công Chất, 黃公質, 1706~1769)의 도움으로 1751년 그들을 쫓아냈다. 호앙꽁쩟은 레 왕조의 북부집권세력인 찐(鄭)씨 정권에 맞서 1739년 '레 왕조를 부흥시키고 찐씨 정권을 멸망시키자(復黎滅鄭복려멸정)'는 구호를 내걸고 봉기했지만 1769년 사망하면서 아들이 중국 운남성으로 도주할 때까지 므엉타인 분지 일대가 반란의 최후 근거지였다.

프랑스 통치가 시작되기 전, 이곳 주민들도 베트남의 다른 고원지대 소수민족들과 마찬가지로 대부분 저지대로부터 고립되어 접촉이 드물었다. 19세기 들어 프랑스인들은 타이족과 다른 고원지대 주민들을 접촉하게 하고 그들의 땅을 개척하려고 했다. 그렇지만 원주민은 대체로 프랑스인들을 신뢰하지 않았기 때문에 프랑스인과 소수민족 간에는 갈등이 계속되었다.

독립 이후, 베트남 정부의 통치를 받게 된 주민들은 하노이 중앙정부와 타협하여 상당한 자치권을 부여받았다.

므엉타인 분지를 흐르는 남론(NamRom, 일부 발음 NamYum)강을 따라 계곡지역은 정글지대이지만 매우 비옥한 땅에 도시화되지 않은 농지에 벼농사를 주로 짓는 땅이 되었다.

이곳에는 전승기념일인 5월 7일과 지압 장군의 사망일인 10월 4일 많은 관광객과 추모객이 모여든다고 한다. 험한 산길이지만 내가 찾은 12월, 도로는 잘 포장되어 있었다.

므엉팡 전승공원의 승전기념 석조기념물

　지압 장군의 지휘 하에 1954년 5월 베트남군이 디엔비엔푸 전투에서 승리함으로써 베트남은 프랑스와의 오랜 저항 전쟁을 끝내는 분기점이 마련되었다. 이 승리로 1954년 7월 21일 프랑스와 제네바협정을 체결해 프랑스는 인도차이나 식민지에서의 군대 철수에 합의했다.
　므엉팡의 사령부에서의 귀로에 므엉팡 전승공원이 있다. 이 공원에는 화강암으로 웅장하게 조각된 승전기념 석조기념물이 해 질 녘에 그 위용을 더한다.

6. 동북부 국경지대 랑선

　중국과 국경을 접하고 있는 랑선(LangSon, 諒山양산)성의 주도 랑선시는 베트남 동북부 지방에 있는 베트남 1A 국도(QL-1A, 아시안 고속도로 AH-1)의 최북단 성도이다. 도시의 좌표지점은 북위 21도 50분, 동경 106도 45분이다. 이 성은 프랑스식민 당국이 1925년에 설립했다.
　과거부터 이 도시는 국경에서 탕롱 성채까지 연결되는 교통로에 위

랑선 시가지

치하여 베트남 봉건 왕조와 중국 왕조 사이에 많은 교류가 있었던 길의 중심이다. 또한 여러 세대에 걸쳐 베트남이 북쪽에서 쳐들어오는 적으로부터 국경을 보호하기 위한 많은 역사적 전투가 있었다고 한다.

역사문헌에 따르면, 랑선은 예부터 중국 한나라와 당나라 때, 행정기구가 있던 곳이라고 한다.

성의 2019년 인구가 781,655만 명이고, 시의 인구는 107,956명이다. 수도 하노이에서는 서북으로 약 160km 거리이고 공업도시인 박쟝(BắcGiang, 北江북강)을 거쳐 자동차로 3시간 내외가 걸린다.

교통

하노이에서 기차로 랑선시를 거치면 베트남 최북단 기차역인 동당(ĐồngĐăng, 同登동등)을 거쳐 중국 땅인 남녕(南寧, 난닝)과 광주(広州, 광저우)를 연결하는 교통·상업과 군사적 요지이다. 서북쪽에 있는 라오까이(LàoCai, 老街노가), 북쪽 중간에 있는 까오방(CaoBằng, 高平고평)과 함께 예부터 중국과의 국경지대였다.

랑선역   랑선박물관

　베트남에서 중국으로 향하는 관문으로 건설된 랑선 고대성채는 프랑스군이 동양인에게 세 번이나 패배한 곳이다. 첫 번째는 중국과 프랑스 전쟁(1884~1885)에 앞서 청나라 군대가 점령하고 있던 군사시설이었지만 프랑스가 통킹 전투의 일환으로 1885년 2월에 이곳에 침입하여 전투 2주일 만에 성채를 함락시켰다. 그 후 3월 24~25일, 랑선 바로 북쪽의 청나라 땅에서 벌어진 방보(BangBo) 전투(Zhennan Pass전투=鎭南關之役진남관지역)에서 프랑스가 패배했다. 프랑스군 1개 여단과 청나라 흑기군 수천 명(프랑스 측은 수만 명이라고 기록)의 전투에서 청나라 군대가 다수의 사상자를 냈지만 프랑스를 패배시켜 최후 승리를 거두었다. 1885년 3월 28일 프랑스군이 랑선에서 철수함에 따라 4월부터 이 지역의 중불(中佛)전쟁은 새로운 국면을 맞았다.
　두 번째는 20세기 들어 제2차 세계대전 때인 1940년 9월 22일 일제 육군 제5사단이 랑선에서 프랑스식민지 군대와 전투에 돌입하자 프랑스는 급히 퇴각했다.
　세 번째는 태평양전쟁이 끝나고 프랑스군이 랑선에 영구적인 수비대를 설치하여 중국과 국경 요새로 삼았다. 하지만 1950년 지압 장군이 이 요새를 공격하여 프랑스군을 퇴각시켜 제1차 베트남전쟁의 전환점이 되었다.
　이 도시는 1979년 중월전쟁 때에도 전투가 있었던 곳으로 도시가 대부분 파괴되었다는 인터넷 글들이 있으나 나는 이 도시에서 전흔을 전혀 보지 못했고 현지인에게 물어도 '대부분'에 대한 확답을 얻지 못했다. 여느 베트남 중소도시처럼 도심에 고층건물이 몇 개 있고 내가 묵은 빈펄(Vinpearl)호텔은 21층의 고층건물로 도시의 랜드마크였다. 이 그룹의 자회사로 베트남 도시 곳곳에 있는 빈컴(Vincom)미트도 호텔 바로 옆에 있다.

내가 이 도시에 온 2019년 11월 4일에는 이 성 출신의 베트남 초기 공산주의혁명가인 호앙반투(Hoàng Văn Thụ, 黃文樹황문수, 1909~1944) 탄생 110주년 행사에 추모공연까지 성대하게 진행되고 있었다. 호앙반투는 농촌지역에서 따이족 교사의 아들로 태어나 14세에 초등학교만 마치고 읍내로 나왔다. 그는 베트남국어와 한자를 모두 배워 한문에도 조예가 깊은 베트남 민족 시인으로도 알려졌다. 그는 호찌민(1890~1969)보다 후배지만 1911년생인 지압 장군과는 비슷한 연배로 프랑스식민 당국에 체포·투옥되어 일찍이 사형 당했다.

그는 랑선읍에서 독립운동 활동가가 된 친구들을 많이 만났고, 1926년부터 애국적인 청년단체를 결성하였고 중국 광서(廣西, 광시)성에 가서 공산당 정치훈련을 받고 귀국했으나 식민지당국의 엄중한 감시 속에서 어렵게 생계를 유지하면서 심지어 구걸까지 했다고 한다.

1930년, 그는 지인의 소

랑선의 독립영웅 호앙반투 탄생 기념 행사

개로 정비공장에 기계공으로 취직해 일하다가 베트남공산당의 랑선 담당으로 지명되어 공장을 그만두고 공산당조직 활동에 전념했다. 1934년 말, 그는 인도차이나공산당 전국대회에 참석했고, 1935년에는 당의 결정에 따라 중국과의 국경지대인 북부 고산지대에서 발행되는 '전투' 잡지의 편집장으로 일하면서 박썬(BắcSơn, 北山북산) 봉기를 주동했다.

그는 1937년 2월에 중국에서 인쇄하여 보낸 문서를 베트남어로 번역했고 당위원회 결정으로 까오방에 가서 대중운동을 이끌고 신문기사도 썼다. 그 후 프랑스의 감시가 심해지자 더 깊은 산간에 은신했다.

1938년 중반, 베트남공산당 초대 총서기 레홍퐁(LêHồngPhong, 黎鴻峰려홍봉, 본명 Lê Huy Doãn, 1902~1942, 사이공에서 옥사)이 소집한 당 회의에서 통킹 당위원회 상임위원에 선출되고, 1939년에는 북부 당위원회 서기로 지명되었으며 프랑스 당국의 감시 때문에 종종 변장하고 이름도 감추어 'Mr. Seven'과 'Mr. Ly'라는 이름을 썼다. 1939년부터 1943년까지 하노이 시당위원회를 재건하고 1940년 11월, 당 중앙위원회 위원으로 선출되었다. 제2차 세계대전이 발발하자 프랑스는 베트남 공산당원 수천 명을 체포했다. 그는 여러 지방으로 피신해 다니면서 일제 군대가 북부에 진주할 무렵(1940년, 남부는 1941년) 베트남 구국군 창설에 가담해 랑선의 구국군을 지휘했다.

1941년 초, 그는 까오방성 공산당의 책임을 맡아 호찌민의 귀국과 은신을 도왔다. 호찌민은 중국 운남성에서 광서성을 거쳐 까오방성의 팍보(PácBó, 北部북부) 동굴지대에 은신했고, 1941년 5월, 베트남민족해방동맹(越盟월맹, VietMinh)이 설립되자 이에 적극 가담했다.

반불독립운동이 거세지면서 그는 하노이에 비밀기관을 설립하고 은신하여 적극적으로 프랑스군을 상대로 선전전(宣傳戰)을 벌였다. 그는 독립운동 전사들을 모병하는 과정에서 1943년 8월 체포되어 많은 혁명 열사가 수감된 하노이의 호아로형무소에서 오전 9시부터 오후 3시까지 거의 매일 20회 이상의 악랄한 고문을 당했다.

그는 형무소에서도 투옥된 동지들에게 혁명이론을 전수하면서 불굴의 정신을 고무했다. 그는 자신이 사형될 것을 알아서 종종 자신에게 배당된 빈약한 음식 먹기를 포기하고 재소자 동지들에게 음식을 몰래 나눠주면서 '여러분이 싸울 수 있다면 여러분은 제아무리 식사가 빈약하더라도 그것을 먹어야 합니다'고 설득했다고 한다.

1944년 1월에 그는 사형 언도를 받고 1944년 4월 25일 새벽 6시에 35세의 나이에 처형되었다. 처형 집행 감독관이 '눈가리개가 필요하냐?'고 그에게 물었지만 그는 '아니다'라고 답했다.

판사가 최후 진술에서 '마지막 할 말이 있냐?'고 묻자 그는 '나처럼 나라를 도둑질당한 우리나라 사람들 중에는 삶과 죽음을 위한 투쟁에서 나 같은 사람의 희생이 필요하다. 하지만 결국 우리가 이길 것으로 나는 안다'고 답했다.

신부가 세례가 필요한지 그에게 물으니까 그는 '감사합니다, 저는 죄책감이 없습니다. 애국심을 갖고 나라를 구하는 것이 유죄라면, 지금 당신 나라에서 나치와 싸우고 있는 프랑스인들이 모두 유죄입니다. 그렇지 않습니까?'라고 응답했다. 집행감독관은 그의 말을 듣고 '진짜 강철 같은 공산주의자로군!'이라고 말했다고 한다.

지리와 기후

랑선 지역의 표면 암석은 수억 년 전에 형성된 석회암에 겹겹이 사암, 실트암, 점토, 규장질 등의 화산재가 퇴적된 것이다.

랑선은 열대 몬순 지역에 있지만 아열대지방 특유의 특징을 가져서 평균기온이 비교적 높지 않고, 겨울에는 오히려 쌀쌀하다. 연평균 기온은 섭씨 21~22도, 5~8월까지 우기에는 한 달 14~17일 월간

189~232mm의 비가 내리고 폭우가 쏟아지기도 한다. 10월부터 다음해 4월까지는 건기로 우리나라 가을과 초겨울 날씨에 한 달 5~9일에 31~97mm의 비가 내린다.

랑선 주요 관광 명소

까우 끼르아(Cầu KỳLừa) 다리

시의 서쪽에서 흘러와 남쪽으로 꺾어지는 끼꿍(KỳCùng)강 위에 건설된 교량으로 진입 국도의 서쪽에서 이 다리를 건너면 신시가지인 시의 남부와 옛 도심인 시 북쪽이 이어진다.

동낀 시장(Chợ ĐôngKinh쩌동낀, 東京동경)

끼꿍강 끼루아 다리 건너편에 있는 전통시장으로 가정용구, 의류, 공구, 간단한 가전제품을 비롯한 각종 상품을 팔고 있는 실내 시장과 그 주변에 천막으로 하늘을 가리고 노상 식당까지 있는 노점 시장이다.

랑선 대성당(Nhàthờ ChinhToa)

랑선 철도역에서 4번 국도를 따라 더 동쪽에 있는 천주교 성당이다. 성당 구내에는 이 지역의 특수한 석회질 바위들로 돌밭을 만들어 놓았다.

누이파이베산   누이파이베산에서 내려다보이는 시립운동장

누이파이베(Núi Phai Vệ)산

시내의 중심에 있어서 정상에서 도시 사방을 모두 내려다 볼 수 있다. 정상까지는 계단으로만 오를 수 있지만 매우 가파르고 정상에는 높이 90m의 깃대 위에 베트남 국기가 펄럭인다. 이 조그만 산채에는 약 1만 년 전과 5천 년 전에 만들어진 2개의 동굴이 있다. 동굴들은 1914년 프랑스인들이 발견했다고 한다.

동산을 오르며 내려다보면 어느 선진국 못지않은 커다란 축구장과 테니스장 등이 들어선 랑선시의 스포츠단지와 가까운 시내, 멀리 아마득한 곳으로 고산준봉들이 자연과 인공을 조화한 멋진 풍경을 뽐낸다.

찐또아 성당(Nhà thờ chính tòa)

랑선 시내의 남부로 쭈아띠엔(Chùa Tiên)사원에서 1km 남짓 서북쪽에 있는 이 성딩은 '랑선과 까오방' 교구의 대성낭(La cathédrale Saint-Joseph)으로 1923년 처음 건축되었다. 꾸아남(Cửa Nam)성당이라고도 한다.

랑선박물관

프랑스식민지 시대에 랑선 지역에서 식민주의자들과 주민들의 항쟁에 관련된 자료와 문서, 특히 이 성의 영웅인 호앙반투가 이 성을 비롯해 까오방성, 타이응우옌(TháiNguyên, 太原태원)성 등에서 활동할 당시에 사용한 자전거, 외투, 소수민족 의상, 천으로 된 가방, 세면대, 단검과 망치 등의 유품들이 전시되어 있다.

끼르아 야시장

11월 첫 주에는 호앙반투 탄생 기념행사로 매일 저녁 풍악을 울리고 있었고, 각종 약재, 꿀, 자연 식품 등을 파는 야시장으로 매일 밤 개장한다.

띠엔 사원(쭈아띠엔Chùa Tiên, 天塔천탑, 지엥띠엔Giếng Tiên)

랑선 시내의 끼꿍강에서 서남쪽 500m 거리에 있는 이 절은 코끼리 모양인 다이뜨옹(Đại tướng)산 초입에 있어 가파른 64개의 계단을 올라가야 한다. 종유석 사이에 있는 입구로 들어가면 동굴이 있다.

1460~1497년 무렵에 파이루옹(Phai Luong) 마을 사람들이 절을 세웠으나 많이 손상되어 이 동굴 산으로 이전했다. 이 절은 마을 사람들이 일상생활에 필요한 물을 구할 수 있도록 도와주는 신과 관련이 있다고 한다.

니타인 동굴(Động Nhị Thanh)과 땀지아오 사원(Chùa Tam Giáo)

니타인 동굴 속에 보이는 사찰이 땀지아오 절이다. 입구에서 뒷문 출구까지 길이 500m가 넘는 천연의 동굴로 1779년 5월에 발견되었다. 동굴은 꽤 넓고 많은 종유석이 다양한 모양으로 매달려 있거나 솟아올라 있다. 큰 동굴 입구에서 올려다보면 공자, 노자, 석가를 숭배하는 삼각탑이 있다. 동굴은 3개가 있으며 동굴 뒤로는 산맥이 있고, 땀타인(Tam Thanh)탑과 막 왕조 성채 등이 있다.

동굴로 올라가는 계단 아래에 도륭일진(道融壹眞)이라는 한자가 써진 분향용 작은 누각이 있고 그 기둥에는 유한산사적(柳漢山史蹟)이라는 글자가 보였지만 산 이름이 유한산인 모양이라는 것 외에는 까막눈이었다. 동양인이면서 이럴 때마다 한문 무식이 안타깝다.

땀타인 사원(Chùa Tam Thanh)

땀따인 사원은 땀따인 바위동굴 산 아래에 있는 웅장한 사원으로 산세 때문에 신비한 느낌을 더해준다. 이 절은 레 왕조(1428~1527) 시대에 건조되었다고 한다.

타인냐막(Thànhnhà Mạc, 막조 요새)

베트남 역사에서 반란정권으로 지칭되기도 하지만 150년간 부분정권으로 존속한 막(莫)씨 왕조(1527~1677)의 영토인 동북부 지방의 랑선

땀타인 사원

타인냐막 요새

에 남아 있는 요새인 뚜옌꽝(Tuyên Quang) 성채의 일부이다. 이 성채에서 베트남 무장독립운동 세력들은 프랑스군을 상대로 대포까지 동원해 공격했던 포대가 있었다.

7. 랑선성 동당과 중국·베트남 국경선 일대

동당(Đồng Đăng, 同登)시는 랑선성 까오록(Cao Lộc, 高祿고록)과 함께 2개의 시 가운데 하나이다.

동당 기차역은 랑선시의 북쪽에 있는 베트남 철도 하노이-동당선의 역으로 중국·베트남 국경선인 '우정의 고개'를 넘어 중국 광서성 핑샹(Pingxiang, 凭祥빙상)을 거쳐 난닝으로 연결되는 국제철도가 정차하는 역이다. 다른 외국인은 이 역에서 국제열차 승

동당역

김정은 위원장이 베트남 열차로 환승한 동당역과 역내 안내판

차가 불가능하지만 열차로 여행하는 베트남인과 중국인은 이 역에서 출입국 수속을 밟을 수 있다.

동당 기차역은 2019년 2월 26일 베트남 시간 오전 8시 15분 미국 트럼프 대통령과 북미정상회담에 참석하기 위해 북한(조선민주주의인민공화국) 김정은 위원장이 중국 특별열차로 이 역에 도착하여 내렸다가 베트남 열차로 환승한 역이다. 이 역에는 김정은 위원장이 이 역에 하차했을 때 베트남 정부가 최상급 의전을 베푼 사진이 전시되어 있다.

베이징-난닝-하노이(北京북경-南宁남녕-河内하내) 국제열차는 하노이 기차역을 출발하여 베트남에서는 마지막 역인 이 역을 경유해 중국의 베이징 서역까지 운행된다. 3일에 한 번씩 운행되는 베이징과 하노이 간의 철도 여행 총 시간은 36시간이다.

남북 간에 평화가 정착되면 중국을 거쳐 하노이까지 쉬엄쉬엄 중간에서 쉬면서 철도편으로 베트남 하노이를 거쳐 호찌민시까지도 갈 수 있을 것이다.

베트남 동당과 중국과의 국경선은 1979년 중월전쟁으로 폐쇄되었다가 1992년 국경통로가 재개되었다. 베트남 국내 차량은 모두 이 국경 관문 앞에 있는 동당 국경선 주차장에 주차하고 소형 카트로 옮겨

동당, 중국과의 국경 관문　　　　　　동당 출입국관리소

　탄 후에 국경 출입국관리소가 있는 우의관(友誼關)까지 갈 수 있다. 이 카트에 탄 사람은 거의 중국인이었지만 일본인들도 몇 있어서 그나마 짧은 대화를 나눴을 뿐, 베트남 땅인데도 이곳에서는 중국어를 모르니까 바보가 된 느낌이다. 이곳을 비롯하여 랑선성의 다른 지역 경제도 중국인이 좌우한다고 한다.
　승용차 1대의 주차비는 4만 동(2,000원)이고 1인당 카트 승차요금은 3만 동(1,500원)이다. 왕복이든 편도든 표는 한 번만 끊으면 된다.
　이 국경지점에서 자동차로 1시간이 소요되는 약 38km 떨어진 중국 땅에 '파카산(Faka Shan)-핑샹(Fakashan Pingxiang) 전투' 중국측 영웅기념비가 있는 능원(陵園)에 대한 안내판이 있다. 이 전투는 1979년부터 1991년까지 계속된 중월전쟁의 일부이지만 따로 떼어 '파카산(法卡山법잡산, 해발 511m)수복전투'라고 한다. 이 전투는 1980년부터 1984년까지(집중전투는 1981년 5~7월) 중국 광서성 핑샹(凭祥빙샹)시 남단과 베트남 랑선성 국경 사이에서 중국군과 베트남군 간에 벌어졌다.
　지금은 중국인과 베트남인이 이 국경관문을 거쳐 드나든다. 비자가 있는지 비자면제협정이 있는 나라 사람인지는 모르지만 이 우정의 국경관문을 거쳐 중국 쪽으로 가는 사람도 있고, 베트남 출국 스탬프를 받고 중국에 입국했다가 다시 돌아와 베트남 재입국 스탬프를 찍고 나오는 사람도 있었다.

동당의 국경선 건너 중국 땅 입구의 터널에는 '일대일로(一帶一路) 공향미래(共享未來)'라는 문구가 눈에 띄었다. 중국에서 유라시아 대륙을 연결하는 '하나의 벨트, 하나의 길로 나아가 함께 미래를 누립시다'는 짧으면서도 명쾌한 사자성어 2개의 위력적인 선전문구가 쟁쟁히 울리는 듯, 거의가 중국인이고 말을 거는 베트남 사람도 모두 중국어에 거리낌이 없다.

내가 '한국에서 왔다'고 하니까 깜짝 놀라며 한국 드라마를 읊어대는데 나는 드라마를 보지 않으니 할 말도 없어 더욱 왕따가 된 현장이었다. 국경경비대 초소 건너에 면세점이 있고 국경경비원에게 부탁하니까 친절하게 이 면세점 구역에까지 들어갈 수 있게 해주었다.

파카산은 1979년 중월전쟁을 끝내고, 이 산의 정상을 국경선으로 하고 중국과 베트남이 산의 절반을 나누어 1·2고지는 중국, 4·5고지는 베트남에 속하게 했다. 하지만 파카산 전투로 3번 고지는 중국 땅이 되었다.

중국 자료는 베트남군이 파카산 부근의 유리한 지형을 이용하여 중국 국경 군대와 민간인을 자주 습격했다고 하지만 서방측 자료는 중국군이 먼저 공격했다고 한다. 양측의 주장이 다르지만 기록을 보면 1981년 5월 5일 중국군 광서성 국경경비대가 파카산을 기습해 점령하고 즉시 방어에 돌입했다. 같은 날 베트남군 약 100명이 포병의 지원을 받으며 파카산으로 다시 반격했다. 광서성 국경경비대가 대응하자 베트남군은 퇴각했다. 5월 10일 해 질 무렵, 베트

파카산 전투 중국군 지휘관

남군은 파카산을 향해 약 2천 발의 포탄을 퍼붓고 병력을 증강하여 진격해 와 다시 이 국경진지를 점령했다. 중국군 현지부대는 추가 지원군의 도움을 받아 재반격해 진지를

동당의 베트남 국경 표지석

되찾았다. 5월 16일 아침에도 베트남군은 파카산에 치열한 포격을 가하고 세 방향에서 중국군 국경경비대를 또 공격했다. 마침내, 중국은 베트남군의 10배에 달하는 병력으로 2시간여의 전투 끝에 베트남군을 격퇴하고 진지를 다시 확보한 후에 7번에 걸친 베트남군의 공격을 물리치면서 파카산을 지켰다. 서방측도 중국은 1984년까지 이 지역에서 국지전으로 베트남군에 대응했다는 점을 인정한다.

1981년 전투 이후에 중국은 남쪽에서 북쪽까지 이 산 5개의 고지를 모두 차지했다. 이후의 전투는 이 산 남부 3·4·5고지에 집중되었다. 5월 19일부터 6월 7일까지 중국군은 여러 차례에 걸친 베트남군의 공격을 물리쳤기 때문에 중국 중앙군사위원회는 이 영토를 차지한 부대에 '파카산 영웅칭호'를 수여했다.

중국군의 자료에 의하면, 57일간의 이 전투에서 중국군은 이 능원에 묻힌 장병을 포함해 약 200명 이상이 전사하고, 베트남군은 705명 전사, 500명 이상이 부상을 당했다고 한다.

지금은 베트남 하노이와 중국 난닝 간에 국제열차가 다닌다. 민족이 달라도, 그렇게 치열한 전투를 치렀지만 시간이 흐르면 인류는 이렇게 평화롭게 살 수 있는 이성을 갖고 있다.

2008년 연말에 중국과 베트남 양국은 협의하여 파카산 1·2·3호 고

지(주봉 포함)는 중국 측 통제로 두고, 남쪽의 4·5호 고지는 베트남에 반환하였다.

2009년에 중국은 국경선 중간에 전사자를 추모하는 묘지 건설공사를 완료하고 파카산 전사자의 공적을 기리기 위해 파카산전투영웅능원을 설치하고 기념비를 세웠다. 이 기념비 일대는 그 수려한 풍경으로 핑샹시의 관광 명소가 되어 많은 여행객이 찾는다고 한다.

8. 중국 국경도시 까오방과 호찌민이 베트남에 진입한 아지트

까오방(CaoBẳng, 高平고평)성은 베트남 동북지역으로 이 성과 접하는 서남쪽의 성도 랑선에서 동북으로 130km 떨어진 곳에 성도 까오방시가 있다. 이곳은 중국과 국경을 접하기 때문에 역사적으로 중국의 일부이기도 했고, 베트남이기도 했던 수많은 분쟁이 되풀이된 소수민족 거주지역으로 이 성과 중국 광서성 사이에 현재의 국경선이 있다. 2019년 성의 전체 인구는 53만 명이고 까오방시 인구는 84,698명이다.

까오방 시내 거리

까오방 지역의 역사는 고대 베트남의 전설적인 왕국인 반랑(VănLang, 文郎문랑) 왕국(기원전 2524~258)으로까지 거슬러 올라간다. 베트남 민족이 세력을 확장하기 이전까지 이 지방에는 수천 년 전부터 살아온 원주민족이 있었다. 기원전 3세기 무렵부터 베트남의 최북단, 중국 광동성 서부와 광서성의 남부에 살던 고산지대 여러 부족의 연합인 어우비엣(ÂuViệt, 甌越구월) 왕국이 이 지역의 고산족과 서쪽의 중국 광동성, 남쪽의 중국 광서성 등을 통합하여 왕조를 건설하고 오늘날의 까오방에 수도를 정했다. 그 후에 따이족 봉건왕조가 중세까지 이 지역을 지배하여 고고학적 문화유산이 많이 남아 있다.

현재의 까오방성은 중국 송나라 때 꽝유옌(Quảng Uyên=Guangyuan, 廣源광원, 廣淵광연)이라고 불렀다. 이곳의 소수민족인 능(Nung, 儂농)족은 광서의 좡(壯장)족 계열 4대 호족의 하나이다. 좡족은 현재 중국 광서 좡족자치구, 운남, 광동, 귀주(貴州) 등에 주로 살며 현재 인구는 약 1천 7백만 명(중국 전 인구의 1.27%)이다.

능의 한 귀족은 송나라에 조공을 바치고 지역의 실권을 잡았다. 아버지가 죽은 후인 1042년, 17세의 아들 능찌까오(Nùng Trí Cao, 儂智高농지고, 1025~1055, 년훼호앙데(NhânHuệ HoàngĐế, 仁惠皇帝인혜황제)가 중국 서남부와 베트남 동북부에 달리(Dali, 大历대력)국을 창건

자칭 황제 능찌까오

해 황제를 칭하면서 독립을 선포했다. 하지만, 베트남을 통일한 리 왕조의 제2대 왕인 리타이똥(LýTháiTông, 李太宗리태종, 1000~1054, 재위 1028~1054) 군대의 공격으로 능찌까오는 포로가 되어 하노이의 탕롱황성에 감금되었다가 1048년 석방되었다.

좡족의 위대한 민족지도자로 숭상되는 그는 까오방으로 돌아와 곧 '남티안(Namtian, 南天남천) 왕국'을 창건하고 자신을 렌후이(Renhui, 仁惠인혜) 황제라고 선포했다. 이에 베트남 군대가 다시 공세를 취하자

능과 그 부하들은 북쪽에 있는 중국 송나라 땅으로 들어가 난닝을 점령하고 광동성 광주를 57일간 포위했다. 이어 빠른 기동력으로 송나라 깊숙이 북진했다가 1052년 10월 난닝을 재점령했다. 그는 해상으로도 광주(Guangzhou, 廣州)를 공격해 현지에 한유예(Hanyue)국을 칭건했다. 송나라 황제는 이전에 능과 전투를 벌였던 디칭(狄靑적청, 1008~1057) 장군을 파견해 능의 군대를 제압해 능과 그 민족들은 중국 운남, 태국, 라오스 등지로 뿔뿔이 흩어졌다.

그 후에 베트남은 여러 정변을 겪었다. 레러이가 창건한 레 왕조(1428~1527, 1532~1789) 때에 베트남에서는 자주 강력한 반란이 일어났다.

1527년에는 레 왕조의 권신 막당중이 반란을 일으켜 막 왕조를 열면서 막타이또(MạcThái Tổ, 莫太祖막태조)로 즉위해 레 왕조의 영토를 차지했다. 막 왕조는 개국 65년만인 1592년(임진왜란이 일어나던 해)에 레 왕조 부흥세력에 의해 아인또(AnhTô, 英祖영조) 막머우헙(Mạc MậuHợp, 莫茂洽막무흡, 1560~1592, 재위 1562~1592)이 탕롱 황성에서 축출되었다. 레 왕조의 권신인 찐뚱(TrịnhTùng, 鄭松정송, 1550~1623, 동킨찐(東京鄭)씨 3대 당주)이 막 왕조를 몰아내고 레 왕조가 복위시켰기 때문이다.

막 왕조의 잔존세력은 까오방으로 도주하여 명나라와 청나라의 보호 아래 독립정권을 선언하고 까오방을 수도(1592~1677, 85년간)로 지방정권으로서 북부 베트남 지역을 통치했다. 150년에 이르는 막씨 시대의 유적으로 왕조의 궁전이기도 한 사원들이 까오방 시내에서 약 12km 북쪽에 있는 까오빈(Cao Vịnh) 마을에 남아 있다.

19세기에 프랑스는 식민통치를 시작한 후에 이 지역의 행정중심을 까오방으로 옮기고 마을이 내려다보이는 언덕에 요새를 건설했는데 이 요새 성채는 현재 군부대가 주둔해 베트남인민군의 보안지역이 되어 있다.

유명한 관광지로는 막 왕조의 끼삼(Kỳ Sầm)사원, 꼬이빈(Coi Bin) 성당, 베트남과 중국의 국경에 있는 반지옥(Ban Giốc) 폭포와 탕헨(Thang Hen) 산악호수 등이 꼽힌다.

프랑스에 점령된 이후에도 까오방은 1920년대부터 베트남 애국운동의 중심지여서 북부지역 혁명의 요람으로 많은 독립운동 단체들이 이 지역의 산악에 근거지를 두었다. 베트남공산당도 이 지역을 혁명기지로 선택했다.

막 왕조 성채의 담벼락. 사전승락을 받지 못해 안에는 들어가지 못했다.

1941년 1월 호찌민도 본국 땅을 다시 밟고 까오방 시내에서 북쪽으로 56km 떨어진 팍보의 꼭보(Cốc Bó) 동굴에서 지압 장군과 함께 게릴라부대를 조직했다. 호찌민은 거친 지형의 이곳에 본부를 두고 중국에 지원을 요청하러 간 기간을 빼고 1941년부터 1945년까지 프랑스와의 반식민주의 독립투쟁을 지휘했다.

1979년 2월 27일 벌어진 중월전쟁 중에 중국 보병부대가 까오방 시를 점령하고 시내와 오랫동안 게릴라 활동의 기반이 되었던 동굴 대부분을 파괴했다. 후에 베트남 정부는 1996년 이 지역의 역사적 기념물들을 복원하고 조각물들을 다시 설치했다.

지리와 기후

산악 밀림이 성 면적의 90% 이상을 차지하는 이 성은 연평균 기온이 섭씨 22도로 온화하다. 겨울에는 비가 적고 구름이 끼는 날이 많으며 일조 시간이 짧다. 10월부터 다음 해 4월까지는 섭씨 15도에서 23

도 사이로 대체로 온화하고 며칠을 빼고는 한여름에도 27도 정도로 시원하다. 최저기온은 10월부터 4월까지 10도에서 19도이지만 12월과 1월에 영하 1도 내외로 떨어진 적이 있다. 5월부터 9월까지는 우기로 비가 내리는 날이 많으나 10월부터 3월까지는 비 오는 날도 적고 강우량도 소량이다. 성의 일부 산악지역에는 겨울에 영하의 날씨에 적설량이 많은 해도 있다.

까오방성의 특별한 민족 구성

까오방성은 다민족 거주지역으로 베트남의 주종족인 베트남 (Viet=Kin, 京경)족 외에도 따이(Tày)족(베트남 최대의 소수민족), 능(Nùng, 儂농)족[중국 광서성에 주로 사는 중국 최대의 소수민족 좡(壯)족 계열], 흐몽(Hmong, 赫蒙)족[중국 묘족(苗族)과 같은 민족], 다오(Dao=Yao, 瑤요)족, 산짜이(Sán Chay, 山泽산택)족 등 많은 소수민족이 살고 있다.

까오방은 국경의 산악지대이기 때문에 베트남의 다른 지방에 비해 경제적으로 열악하다. 산업은 농업과 임업에 집중되어 있다. 학교나 병원시설이 점차 개선되고 그동안 주요 문제였던 교통은 새 도로 건설로 많이 개선되었지만 베트남 북부의 오지임을 실감할 수 있다.

성도 까오방시

베트남 3번 국도 3번 국로(QL-3, 나라國길路의 약자 QL-3)로 수도 하노이에서 270km 거리에 있는 까오방시의 서북쪽에서 방강(Sông Bằng)과 히엔강(Sông Hiến)이 합류한다. 시의 좌표는 북위 22도 40분, 동경 106도이다. 2019년 인구는 84,698명이다. 중국 광서성의 국경과 불과 30km 떨어져 있다.

까오방 지역은 막씨 왕조가 패배한 마지막 요새가 있고 19세기에도 응우옌 왕조에 저항했던 곳이다. 또한 이 도시는 베트남군이 프랑스군을 상대로 첫 번째 결정적인 승리를 거둔 까오방 전투로도 유명하다. 까오방시에는 제2차 세계대전 당시까지 프랑스풍 디자인의 많은 건물이 있었지만 폐허가 되었다가 최근에 재건되었다. 호찌민이 이 지방에 들어와 시작한 베트남의 혁명투쟁역사와 등록번호 'BAC 808'인 호찌민의 승용차가 전시된 박물관이 있다.

1979년의 중월전쟁에서 중국군의 집중포격으로 크게 파괴되었다가 재건되었다.

까오방 시장(Chợ CaoBằng)

베트남에서 재래시장으로는 가장 크다는 싸인 시장은 북부지역의 여러 민족들이 서로 섞여 장사를 하고 있고, 베트남의 거의 모든 상품, 식품, 채소, 육류, 생선들을 팔고 있다. 중국이 가깝기 때문에 한자나 중국간자체 간판도 많고 중국어가 시장에서도 거리낌없이 통용되고 있다.

팍보의 호찌민 동굴

팍보(Pác Bó, 帕波말파)는 까오방 시내에서 52km 북쪽에 있고, 호찌민루트의 출발점(0km)으로 중국과 국경이 맞닿아 있다. 1941년 1월 28일 중국을 거쳐 호찌민이 30여 년 해외를 떠돌며 베트남독립운동을 벌이다가 처음 고국 땅을 밟은 곳이다. 능족이 많이 거주하는 팍보 계곡 근처는 국경선 지역이지만 지금도 철조망이 엉성하게 쳐져 있다.

1941년 2월부터 3월까지 7주일 동안 이 계곡의 동굴에 머물렀던

호찌민 주석이 앉았던 자리

호찌민은 혁명 무력을 창건하고 간부들을 훈련시켜 프랑스와 일본으로부터의 완전독립을 위한 무력항쟁을 이끌었으며, 소련공산당 역사 등을 베트남어로 번역하고, '독립베트남'이라는 신문도 발행했다.

1941년 3월 10일부터 19일까지 팍보에서 열린 베트남공산당 중앙위원회 제8차 회의는 베트남독립동맹회(약칭 베트민)를 조직했다. 1941년부터 일본이 패배한 1945년까지 베트민은 홍강 델타에 있는 북베트남 6개의 성에서 통치권을 확립했다. 1945년 8월에 일본이 항복하면서 호찌민은 '8월 혁명'을 하노이, 후에, 사이공으로 확대하고, 1945년 9월 2일 하노이에서 베트남의 독립을 전국에 선포했다.

이곳의 상점에서는 호찌민과 함께 혁명의 기념물을 전시·판매하고 있다. 팍보 근처의 개울과 언덕은 호찌민이 '레닌(Lenin) 개울'과 '칼맑스(Karl Marx) 산'이라고 이름을 붙였다.

팍보 동굴들은 그 역사성에 더하여 까오방성과 중국 국경을 따라 전개되는 풍경이 이색적이다. 숲이 우거지고 지표면이 날카로운 석회암 산악에 푸른 강과 초록색 논이 어우러져 있다. 진흙 담과 짚을 덮은 집이 있는 작은 마을 사이로 좁은 계곡이 흐른다. 호찌민이 중국 국경을 넘어 30년 만에 베트남에 다시 입국한 1941년의 장면은 지금도 크게 바뀌지 않았다.

이 유적지는 '호(胡) 아저씨'라는 친근한 이름으로 평생 독신으로 살면서 베트남 사람들의 존경을 받았던 그가 1969년 사망한 후 그의 업적을 찬양하고, 베트남공산당과 국가의 역사적 가치를 보존하고 장려

레닌 개울　　　　　　　　호찌민이 낚시질하던 물웅덩이

하기 위해 조성되었다. 1971년 2월 팍보박물관을 개장하여 이곳을 방문한 사람들이 베트남 역사를 다시 보고, 베트남이 54개 민족으로 구성되었음에도 불구하고 온갖 강대한 외세들을 상대로 꿋꿋하게 살아남은 비결을 느껴볼 수 있게 했다.

　까오방 시내에서 팍보까지 오가는 길에서 보면 높은 산은 푸르고 길옆으로 논으로 조그만 농촌부락과 양옥의 외딴 농가가 가끔씩 나타나곤 하지만 11월에도 황금물결이 출렁대는 논들이 이어졌다.

　나는 따이족인 호텔 직원과 함께 팍보까지 시외버스와 오토바이를 타고 갔다. 팍보 관광지 입구에서 국경선과 팍보 동굴 등의 유적지까지는 오토바이로 왕복했다.

　꼭보 동굴은 레닌 개울이 발원하는 곳으로 호찌민이 살았던 동굴인데 계단도 많고 바위도 날카로운 산길을 올라가야 한다. 호찌민은 사람이 살기 위해 이 협곡에 오리라고는 아무도 생각할 수 없는 곳에서 야채와 죽순을 스스로 채취해 스프를 끓여 먹으면서 지냈다고 한다.

　호찌민은 이따금 동굴에서 나와 이 계곡 개울을 따라 걷고, 때때로 개울가에 앉아서 낚시질도 했다. 그가 움직이던 모든 장소가 지금은 유적지가 되어 있다. 그가 걸었던 나무 다리 아래를 흐르는 '레닌 개울'은 물이 맑고 깨끗하고 조약돌과 자갈이 바닥에 깔려 있어 민물고기들이 헤엄치는 모습을 생생히 볼 수 있다. 이 개울에서는 워낙 투명한 물

지압 장군이 1975년에 심은 나무가 자란 모습 대나무 울타리 건너는 중국 땅이지만 풀 뜯는 소 주인은 베트남 사람인 국경선

속을 자유롭게 노니는 물고기들이 손에 잡힐 것만 같다.

거친 바위 산속의 동굴에서 내려다보이는 암벽에 호찌민이 쓴 '1941년 2월 8일'이라는 글자가 있다. 그는 능족의 간편한 전통복장을 입고 이 동굴 속 나무판 침대에서 잠을 잤지만 밤중에 동굴 옆에 불을 지피고 동지들인 팜반동, 지압, 풍찌끼엔(Phung Chi Kien, 冯志坚빙지견, 1901~1941) 등과 독립운동 과정과 방향을 토의했다.

계곡 길에는 1975년에 베트남 전쟁영웅 지압 장군이 식수한 나무가 크게 자라 그늘을 만들고 있고, 그것을 알리는 팻말이 있다.

이곳 동굴에서 호찌민은 훗날 베트남의 전쟁영웅 지압에게 혁명활동 수행에서 가장 우선할 것은 '공동의 이익(common benefits로 영역)'이라고 짧고 명확하게 말했다고 한다.

사람들은 못 들어가지만 국경선 너머에서 소는 풀을 뜯고, 논과 밭은 베트남 사람들이 들어가 농사를 짓거나 목축을 해도 된단다. 대국 중국답다는 느낌을 받았다.

판반동 수상이나 지압 장군은 베트남의 독립과 통일을 이루었지만 이를 보지 못한 채 형장이 이슬이 되었던 풍찌끼엔은 베트남 독립운동 초기부터 군사 부문에서 활동한 간부였다. 끼엔은 1926년 호찌민을 만나러 중국 광저우(廣州광주)로 갔다가 중국 황포군관학교에서 교육을 받고 1927년 12월 광저우 봉기에 참가했으며, 1930년 베트남공산당에 합류했다. 황포군관학교는 1924년 소련 정보원 보로딘(Mikhail M. Borodin)의 배후 지도로 손문이 설립한 중화민국육군사관학교로 초대 교장은 장개석이었고 모택동, 주은래, 엽검영(葉劍英) 등 공산주의자도 관여했으며 우리나라 사람으로는 김원봉이 이 학교 졸업생이다.

끼엔은 1931년 동방노동자공산주의 대학에 참석하기 위해 소련으로 가는 도중에 만주국에서 일본군에 체포되었다가

'이정표 108' 가는 표지판

풀려나 1933년부터 1934년까지 모스크바에 있는 동방노동자공산주의대학에서 공부하고 1934년 홍콩을 거쳐 귀국, 1935년 베트남공산당 중앙위원회 위원이 되었다. 그는 베트남 북부지역에서 활동하던 중 1941년 8월 까오방에서 프랑스인에 붙잡혀 참수형을 당했다.

호찌민이 귀국할 당시에 베트민의 전투 상대는 응우옌 왕조 최후의 황제인 바오다이를 내세워 베트남을 허수아비 독립국으로 삼아온 프랑스식민 당국과 새 점령군인 일본군과 싸우는 것이었으나 군사적으로 너무 약체였다. 이 때문에 호찌민은 1942년 8월에 장개석에게 도움을 요청하러 갔다. (→ 제1부)

팍보 동굴 입구에서 약 1km 떨어진 산속의 작은 판잣집에서 호찌민은 공산당 중앙위원회 회의를 열고, 무장봉기 준비, 베트민 조직 확대와 민족해방전투 군관구 설립을 결의했다. 판잣집 옆에는 그가 조국을 떠나 해외에서 민족해방운동에 뛰어들어 수많은 풍상을 겪고 백발이 성성한 50대의 초로가 되어 돌아오던 베트남·중국 국경선 '이정표 108'에 돌로 된 표지가 서 있다.

팍보 동굴 진입로인 호찌민루트 '이정표 108'에는 이 동굴과 함께 까

오방 소수민족 독립운동의 소년영웅 껌동(KimĐồng, 1929~1943, 본명 Nong Van Den)이 능 복장에 비둘기를 손에 든 동상의 모습으로 서 있다. 그는 4명의 구국소년단 소그룹의 장이었다. 그는 1943년 2월 15일 독립운동 조직을 보호하기 위해 자신을 희생하면서 그들을 추적하는 프랑스군을 딴 곳으로 안내하고 게릴라 부대의 비밀연락문을 입에 넣고 삼키는 등으로 항전하다가 14세의 나이에 프랑스군 총에 맞아 죽었다.

9. 홍강 북부의 타이응우옌과 삼성전자 타운 박닌

메콩 델타 북부의 중심 타이응우옌(ThaiNguyen, 太原태원)

하노이의 북쪽에 있는 타이응우옌성은 2019년 인구 1,286,751명이다. 내 귀에는 '타이뉴엔'으로 들린다.

프랑스식민주의자들에 항거하여 1917년 8월 30일부터 다음 해까지 계속된 타이응우옌 봉기는 유래 없던 프랑스령 인도차이나 최대의 가장 파괴적인 봉기였다. 이 지역에서 가장 큰 타이응우옌형무소에서 정치범, 일반 범죄자와 교도관들까지 참가하여 6일 동안 감옥과 프랑스 행정기관을 점거하다가 프랑스식민정부 병력의 증강으로 7일차에 진압되었다.

프랑스 보고서에 따르면 식민지 당국이 107명 사망하고 반식민지운동 세력이 56명 죽었다고 한다. 하지만 6개월이 지나도 프랑스군은 평정을 되찾지 못했다. 주동자들은 체포를 피해 자결을 택했다.

베트남 독립 후에 여러 차례 행정구역이 개편되다가 1996년 11월 타이응우옌시를 성도로 하여 현재의 성이 성립되었다. 성도인 타이응우옌시의 2019년 인구는 337,052명이다.

베트남 북부의 중심이어서 의약학대학을 비롯하여 병상 2,000개 넘는 종합병원 등 많은 병원이 있다.

시내에서 20km 떨어진 곳에 삼성전자 타이응우옌 공장이 있어서 많은 사람이 직간접적으로 삼성전자와 관계를 맺고 있다. 삼성전자에 근무하다가 은퇴한 사람들이 소규모 가게를 경영하고 있는데 이들도 몇 마디 한국어를 해득하여 시내에서도 단어 수준 정도의 의사소통은 별로 불편하지 않았다.

까오방~타이응우옌 리무진 버스

까오방에서 29인승 버스를 타고 QL-3(국로 3번)의 남쪽으로 쉬엄쉬엄 200km 거리를 내려오는데 7시간 가까이 걸렸다. 잠시만 쉬었다가 달려오면 4~5시간 걸린다고 했지만 중간의 큰 동네에서 점심식사도 느긋하게 하면서 거의 30분을 정차했고, 동네마다 미리 리무진 회사나 운전기사가 접수한 승객을 태워 주느라 대기 또는 정차했기 때문에 도착시간은 좀 지체되었다. 버스 요금은 13만 동(6,500원)이었다.

삼성전자 공장은 버스 정거장에서 남쪽으로 23km 떨어져 있고 자동차로 30분이 걸린다.

타이응우옌에서는 3성급인 서니 하우스 리조트(Sunny House Resort)에서 이틀을 묵었다. 골목 안에 있기 때문인지 이 리조트는 넓은 대지에 수영장까지 갖춰져 있지만 하루 방 값은 조식을 포함해 4만 원이 채 안 되었다. 조식은 미국식 빵이나 베트남국수 등 단순하다.

날씨나 물가와 분위기 등에서 겨울철 한두 달 살기로 우리나라 노인들도 와서 지내볼 만한 곳이다. 한국 서울에서 가사도우미 하루 일당은 11~12만 원이다. 집 한 채만 있을 뿐 수입이 별로 없는 노인들에게 각종 명목으로 세금을 걷어 가지만 국가로부터 사회복지 지원 혜택이 거의 없는 것이 우리나라 현실이다. 이런 곳에 와서 얼마간 살았으면 좋겠다는 생각이 들 것이다.

타이응우옌에서 하노이까지는 남쪽으로 83km 거리이다. 타이응우옌의 호텔에서 하노이까지 4인승 승용차에 합승을 주선해 주었는데 하노이 시내의 호텔까지 요금은 1인당 14만 동(7,000원)이었고 하노이공항 앞을 거쳐 시내 중심부까지 2시간이 채 걸리지 않았다. 장거리 노선버스는 5만 동(2,500원)에서부터 10만 동(5,000원)까지 시간이나 날짜에 따라 각각 다르다. 베트남 전화번호가 있으면 버스나 리무진을 예약할 수 있는 사이트로 VeXeRe 앱이 있다.

박닌(Bắc Ninh, 北寧북녕)

베트남에서 가장 작은 성(떤Tinh)인 박닌성은 하노이의 동북쪽에

박닌 중심가에서 삼성전자 공장 방향의 거리 간판

접해 있다. 2019년 4월 성의 인구는 1,368,840명, 박닌시 인구는 520,244명. 시의 좌표는 북위 21도 11분, 동경 106도 3분이다. 하노이에서는 동북쪽으로 35km, 타이응우옌에서는 동남 방향으로 54km이다.

1884년 3월 청불(靑佛)전쟁(Sino-French War, 中法戰爭중법전쟁, 1883.12.~1885.4.) 때, 프랑스군과 베트남을 보호하던 청나라의 흑기군(黑旗軍) 사이에 박닌 전투가 벌어져 청나라 군대가 패하고 프랑스가 박닌을 점령했다. 프랑스의 지배 아래, 박닌은 서양식 문화가 재빠르게 이식되어 이 지방의 정치, 경제, 문화의 중심지가 되었고 유럽에는 박닌 옻칠과 진주조개 공예품의 산지로 알려졌다.

1904년 철도가 부설되면서 박닌역이 개설되었다. 제2차 세계대전이 끝나기 무섭게 1946년 박닌에서는 베트민이 프랑스군을 기습했다.

어느 날 패키지여행을 온 한국 아주머니들이 엘리베이터에서 내게 "하노이에 처음 오셨나요?"하고 물어 "여기는 하노이가 아니고 박닌인데요. 하노이는 자주 오지만 박닌은 처음입니다"라고 답했더니 그들은 "하노이가 아니라고요? 하롱베이에 갔다가 하노이의 호텔에서 하룻밤 묵고 귀국하는 줄 알았다"고 하면서 "이 호텔, 10만 원 훨씬 넘겠지요?"하고 또 물어 "나는 호텔 사이트에서 개인 예약으로 아침 식사 포함 7만 원 정도인데 여행사에서야 미리 호텔을 수배했을 테니 더 싸게 잡았겠지요"라고 답했다. "그럼 1인당 3만5천 원이네요"하면서 덧붙여 "하노이도 아니고, 우리가 싸게 온 게 아니구나. 시내도 못 나가고…"해서 "여행사도 먹고 살아야 하니까 이문을 붙였겠지요. 여기 박닌, 삼성전자 때문에 한국말 하는 베트남 사람들 많아서 푸근한데요"라고 답했다.

박닌은 하룻밤 자고 공항에 갈 정도로 삼을 곳이 아니다. 2천 년 동안의 역사와 문화가 남아 있고, 시내에 들어가면 삼성전자 디스플레

박닌 문묘

이 공장 때문에 한국인에 대한 평판도 좋고 소통도 쉬우며, 한국식 밤 문화에도 접해 볼 수 있는데다 현지에서 조그만 사업이나 공장을 하는 한국 사람을 만날 기회도 많다.

박닌 주변 지역은 인구의 절반 이상이 농부로 일하고 있는 농촌지대이지만, 시내는 5성급 고급 호텔 피닉스(Phoenix)를 비롯하여 많은 호텔이 있고, 현대적인 쇼핑몰도 몇 군데 있다. 시내에 수준 높은 작품을 만들어내는 수공업 마을, 조각 마을과 도자기 마을도 있는 예술의 도시이고 유서 깊은 사원과 불탑도 많은 곳이다.

박닌의 관광 명소

박닌 문묘(Bắc Ninh VănMiếu, 北寧文廟북녕문묘)

내가 찾은 몇 곳 중에서 가장 주목했던 곳은 공자 사당인 문묘(文廟)였다. 하노이에만 문묘가 있는 줄 알았는데 실은 전국 곳곳에 공자를 모시고 유교식으로 배향하는 행사도 열리는 장소가 곳곳에 있다. 베트남의 문묘가 한국의 향교와 비슷했다.

박닌 문묘 안은 하노이 문묘보다 규모가 작지만 공자와 맹자의 가르침을 충분히 느낄 수 있다. 나도 한문 교육을 잘 받지 않아서 무식하지만 문묘에서 보이는 한문은 동아시아 국가 공통으로 서양에서 이를테면 '라틴어' 같다. 동서양 민족 간 평등과 균형을 위해 동아시아 지역에

바쭈아쑤 사원

서는 한문 교육을 활성화시켜야 한다는 생각을 다시 해 본다.

바쭈아쑤(Bà Chúa Xứ) 사원

빈떼(VĩnhTế) 마을에 있는 이 사원은 베트남 신화에 나오는 바쭈아코(Bà Chúa Kho, 창고 안의 숙녀) 여신을 모신 절이다. 그녀는 토속신앙에서 바쭈아쑤 또는 쭈아쑤타인머우(Chúa Xứ Thánh Mẫu, 主處聖母, 현실의 성모)에 대비되는 번영의 여신이라고 한다. 이 여신은 비즈니스, 건강 및 베트남 국경의 수호자라고 한다. 우기가 시작되는 음력으로 네 번째 달의 23일부터 3일 동안 이 여신을 위한 축제가 열리고 많은 신도가 이 절을 찾아 순례한다.

박닌 성당

박닌에 성당은 여러 곳이 있다. 그중 1892년 건설된 하노이 대교구 산하의 박닌 교구 대성당은 1960년 11월 교구가 되어 주교가 있는 성당이다.

현재의 주교는 베트남인으로 교구 신도 수는 2017년 139,138명으로 77개 구역에서 96명의 사제가 사역하고 있다. 성당 건물 앞에는 11월 중순 무렵인데도 'Merry Christmas'가 붙어 있었다. 성당 내의 게시판에 헌금 내역과 예결산 공고가 게시되어 있어 회계가 투명함을 신도가 아닌 누구나가 한눈에 알 수 있었다. 재직회 때만 이를 배포했다가 기밀을 이유로 다시 걷어가는 우리나라 교회들이 부끄럽다.

박닌박물관

박물관을 관람하려고 두 번이나 시도했지만 하루는 금요일 휴관일이라 문이 닫혀 있었고, 그 다음날은 구글에 개관일이라고 적혀 있었지만 늙수그레한 노인들이 몇이서 산책할 뿐 박물관 문은 여전히 닫혀 있었다. 부득이하여 사진이나 찍고 가려고 주위를 두리번거렸다.

산보하는 듯한 노인들에게 휴대폰 사진 찍기를 부탁했지만 모른다고 하여 주위를 살피다가 마침 가까이 오는 젊은이들에게 영어로 부탁하니 기꺼이 찍어 주겠다고 했다.

박닌박물관 앞 리타이또 석상

그들은 우리나라 경상북도에서 온 젊은이들과 통역 겸 같이 온 베트남 젊은 여성 셋이 일행이었다. 이들이 내 부탁을 들어주어 고마워서 저녁 식사라도 한 번 사겠다고 제안했다. 이들 중에 박 사장은 이곳에서 작은 피씨방을 운영하는 27세 여성이고, 황 사장은 소프트웨어 제작 회사를 차리려고 박닌에 온 35세 남성으로 육군에서 졸병으로 제대하고 한국에서 직장생활을 했었다고 한다. 그는 월 80만 원에 4층 건물을 세 내어 그 중 1개 층은 자신이 살고, 또 한 층은 직원들의 숙소로 쓰며 나머지 2개 층은 세를 놓을 작정이란다. 나더러는 언제라도 오셔서 월세 조금 내고 편안히 묵고 가시란다. 저녁 식사 겸해서 만난 그에게 나는 '바로 당신 같은 젊은이가 한국의 미래를 열어가는 주역'이라고 힘주어 격려했다. 그렇다. 우리나라 젊은이들 대개 대졸 고학력이지만 그들 부모들은 자기 자식 직장 빼앗는 줄도 모르고 노조를 통해 정년을 연장해 가면서 '꼰대' 노릇하는 사람이 부지기수다. 이들의 자녀 세대들은 캥거루족이 많은데도 동남아시아에서 미래를 찾고

제2부 베트남 북부 | 239

있는 그가 참으로 대견스러울 수밖에.

박물관 앞에는 베트남 리 왕조의 창시자인 리타이또 동상이 서 있다. 내가 간 날은 주말이라 많은 시민이 동상 주변 로터리를 반환점으로 하는 오토바이 경기에 참가하여 축제 분위기가 한껏 고조되고 있었다.

하노이에서 박닌까지 가려고 호텔에 택시를 부탁했더니 3만5천 원이라고 했다. 하지만 나는 직접 그랩(Grab)으로 택시를 불러 하노이의 쭝화 지역(한국인이 많이 사는 곳)의 한 호텔에서 픽업해 1시간 남짓 걸려서 박닌의 호텔에 잘 도착했다. 택시비는 1만5천 원이었다. 박닌에서 다시 그랩으로 하노이공항 국내선 터미널까지 택시를 불러 타고 왔더니 16,500원(33만 동)이었다. 출근시간이지만 박닌에서 하노이공항까지는 자동차로 1시간도 채 걸리지 않았다.

제3부

베트남 중부고원 일대

달랏 · 부언마투옷
쁠래이꾸 · 꼰뚬

1. 중부고원의 남쪽, 안남국(安南國) 여름 수도 달랏

베트남 중부고원의 남쪽인 럼동(LâmĐồng, 林同림동)성의 성도 달랏(ĐàLạt, 多樂다락)은 해발 1,502m에 위치해 있고, 프랑스식민지 시대때인 1905년부터 1915년 사이에 주로 피서지를 겸한 휴양도시로 개발되었다. 시의 좌표는 북위 11도 56분, 동경 108동 26분이다.

2019년 달랏시 인구는 230,105명이다. 럼동성의 2019년 총인구는 1,296,906명이고, 이 중에 도시 부문이 508,755명(39.2%), 농촌 부문이 788,151명(60.8%)이다.

프랑스식민정부가 작명한 이 도시 이름은 라틴어 'Dat Aliis Laetitiam Aliis Temperiem(어떤 이에게는 즐거움을, 어떤 이에게는 신선함을)'의 첫 글자를 모은 것이라고 한다. 일설에는 산악부족의 말로 'Da' 또는 'Dak'은 '물'을 뜻하고 'Lat'은 '사람들'이라는 뜻의 합성어로 이곳의 작은 개울 이름이었다고 한다.

1893년 처음으로 이곳을 찾아보고 개발 계획 수립에 나선 유럽인은 프랑스계 스위스 세균학자 예르생(Alexander Yersin, 1864~1943)이다. 그는 프랑스의 세계적인 생화학자인 파스퇴르(Louis Pasteur, 1822~1895)의 애제자로 프랑스령 인도차이나 총독을 맡았던 두메르(Paul Doumer, 1857~1932, 재임 1897~1902)에게 이 고원지대에 리조트

도시 건설을 요청해 도시계획이 수립되고 1907년에 최초의 호텔이 세워졌다. 하지만 도시가 모양을 갖추기 전인 1920년대 초기만 해도 이곳은 호랑이, 들소와 코끼리들이 자주 출몰하는 야생의 땅이었다.

단끼아 호수(Hồ Đankia)에서 흘러내리는 수변 지역과 람비엔(LâmViên) 산지 사이에 위치하는 이 도시는 북쪽에서 64km를 흘러온 깜리(CamLy), 다땀(ĐaTam), 다님(ĐaNhim)의 세 강 물줄기가 흘러 드는 곳에 댐을 막아 건설한 쑤언흐엉 호수(Hồ XuânHương)를 중심으로 서쪽에는 체육시설과 시장 관사, 호수 양쪽 언덕에는 크고 작은 호텔들이 들어서 있다. 호수에는 유람선이 오가고, 호반을 따라 수많은 레스토랑이 들어섰으며 언덕에는 골프장이 있고 더 산 쪽으로 달랏대학교 캠퍼스가 있다.

프랑스식민지 통치 기간에 프랑스는 이 도시에 큰 건물과 대로, 스포츠 단지, 골프장, 공원, 학교와 주택을 건설했다. 프랑스인 사제와 수녀들이 인도차이나 각지에서 온 학생들을 가르치는 기숙학교가 생겨 1969년 교사들이 추방될 때까지 개교해 있었다. 1929년에 기독교 선교사연합(Christian and Missionary Alliance)은 동남아시아에서 일하는 미국과 캐나다 선교사들의 자식들을 위해 이곳에 '달랏국제학교'를 설립했다가 베트남전쟁으로 1965년 태국의 방콕을 거쳐 1966년 말레이시아로 이전했다.

가톨릭신학교도 있었고, 1950년에는 남베트남의 군 간부를 양성하는 육군사관학교가 첫 졸업생을 배출했으며 깜리공항에는 조종사훈련학교가 있었다.

　제2차 세계대전 중인 1943년 프랑스의 친독 비시 정부의 프랑스령 인도차이나 총독 드꾸(Jean Decoux, 1884~1963, 재임 1940.6.~1945.3. 귀국 후의 나치 청산 재판에서 무죄 선고) 제독은 1년 중 6개월을 이곳에서 지내면서 스위스 풍경의 도로와 도시 외관, 수백 채의 프랑스풍 빌라와 왕궁 2개를 건설했다. 제1왕궁은 베트남 허수아비 왕인 바오다이의 여름 별궁이었고, 다른 하나는 총독 관저였다. 중국의 건축에 대해서도 상당한 견문이 있는 프랑스 건축가 베세이르(Paul Vesseyre, 1896~1963)는 1934년과 1937년에 로코코 요소를 배제한 새로운 설계와 장식으로 2개의 궁정을 만들었다.

　일제의 동남아시아와 남태평양 전투를 지휘한 남방군 총사령부가 1941년 11월 6일 사이공에 사령부를 설치했다가 전장 확대로 싱가포르, 마닐라로 옮겨 갔지만 미군의 필리핀 루손섬 상륙이 임박한 11월 17일 필리핀에서 다시 베트남으로 후퇴하면서 이곳으로 옮겨 있다가 종전을 맞았다. 남방군 총사령관은 데라우치 히사이치(寺內壽一사내수일, 1879~1946, 최종 계급 원수)는 야마구치(山口산구) 출신으로 초대 조선 총독(1910~1916)과 일제 수상(1916~1918)을 역임한 데라우치 마사다케(寺內正毅사내정의, 1852~1919, 원수 육군 대장)의 장남으로 도쿄에서 출생해 일본 육사를 11기로 졸업했다. 한국인 동기생으로는 대한제국 육군 정령(正領: 현재의 대령) 출신에 미국 캘리포니아 윌로우스(Willows)에서 한국 독립군 비행사를 양성했고 상해 임시정부 국무총리를 역임한 노백린(1875~1926)이 있다. 데라우치 총사령관은 패전 후에 건강 상태로 전범 재판정에 서지 않고 말레이시아에서 병사했다.

　달랏은 2차 세계대전 중인 1939년부터 1945년까지 프랑스령 인도차이나연방의 수도였다.

  1945년 8월 베트남에서 8월 혁명이 일어나자 베트남민족해방전선(NLF)이 달랏에 지방임시인민혁명위원회를 설립했다. 하지만 남베트남국은 1950년 4월 15일, 서부고원 5개의 성을 남베트남국 영토로 삼았고 달랏을 그 성도로 지정했다. 1951년 11월 10일, 바오다이가 달랏시의 경계를 정했고, 1950년대 중반에는 남베트남 소년단이 이곳에 국가훈련장을 설립하기도 했다.

  베트남전쟁 기간 중 달랏에서는 1968년의 뗏 공세 때, 단 한 차례 1월 31일부터 2월 9일까지 치열한 전투가 벌어졌다. 대부분의 전투는 달랏에 배치된 남베트남 군대가 미군의 지원을 받으며 남베트남 NLF와 벌였다. 베트콩의 로켓포 공격으로 남베트남군과 미군에 전사자가 발생했고 200명의 NLF도 전사했다. 몇 차례의 전투 끝에 남베트남군이 달랏을 장악했다.

  1975년 4월 3일, 베트남인민군과 NLF는 달랏을 완전히 점령했고 1976년 2월, 럼동성의 성도가 되었다. 1976년 6월 24일 통일국회가 소집되고, 7월 2일 국회 결의로 베트남사회주의공화국 럼동성의 성도로 재확인되었다.

  이 도시에서 만나는 사람들은 베트남 남부 사람들과 구별될 정도로 대개 키가 훤칠하고 피부색도 우리와 비슷해 혼혈들로 보였다.

  냐짱에서 달랏까지는 최단 코스가 135km, 자동차로 3시간여, 구도로는 178km로 4시간이 걸리는데 해발 1,500m의 고개를 넘는 험한 산길을 달려야 한다. 호찌민시에서는 300km 떨어져 자동차로 6~7시간 정도 걸린다.

  시가지는 시내에서 가장 큰 쑤언흐엉 호수를 따라 펼쳐져 있다. 인구는 1999년 12만 명에서 2019년 23만 명을 넘었으니 도시 발전이 빠르게 진행되고 있음을 알 수 있다. 고원지대의 서늘한 기후를 이용해

채소와 화훼류가 경작되고 있는데 한국인이 운영하는 농장도 있다. 냐짱에서 험한 산 고개를 넘으면 많은 비닐하우스가 길 아래로 시야에 가깝게 들어온다. 우거진 소나무 숲과 그 사이로 오솔길이 나 있고, 겨울에는 여러 색의 수국(水菊)이 피어나 도시의 색조를 다채롭게 한다. 1년 내내 잦은 안개도 이 도시의 특징 중의 하나이지만 시내는 베트남의 여느 도시처럼 오토바이 천지로 길 건너기에 익숙해져야 여행이나 생활이 편하다. 교통수단 가운데 특이한 것은 2인승 자전거이다.

현재는 베트남의 신혼여행지로 인기가 있다. 세계의 다른 곳처럼 중국인 단체관광객이 주를 이루지만, 때때로 들리는 백인과 흑인들의 말은 불어가 많았다. 2002년 달랏시 인민위원회에 따르면 전 인구의 67%가 불교, 카오다이, 천주교, 개신교의 순으로 종교를 믿고 있고, 각종 종교시설이 많다.

달랏 주요 관광 명소

랑비엔(LangBiang)산(Nui LangBiang)

시내에서 해발 2,167m인 이 산의 정상까지는 자동차로 18km로 40~50분 걸리지만 일반버스는 산 아래에 있는 버스정류장까지 12km만 운행한다. 도로 양편에 쭉쭉 뻗어 올라간 소나무 숲이 있고, 정상에는 많은 전설이 있는 남녀의 동상이 서 있다. 6인승 지프차를 많이 이용하고 택시나 오토바이로 이 산을 찾는 사람도 있다.

달랏 팔레스(Dalat Palace) 호텔

1922년 완공되어 인도차이나 중앙 고원지대에서 프랑스식민지 권력의 지배력과 레저를 상징하는 랑비앙 팔레스 (Lang-Bian Palace) 호텔을 개명한 것이

라고 한다. 행정과 상업 중심지에 자리 잡아 당시에는 주로 프랑스식 민정부의 고관들이 머물렀던 별장 같은 느낌을 주는 곳으로 고원지대와 소수민족에 관심을 가진 외국인들도 이따금 찾았던 꽤 유명한 곳이었다. 하지만 베트남전쟁 와중에는 사람들의 관심에서 멀어졌다가 1990년대 초 미국 DHL 회장인 힐블럼(Larry Hillblom)이 4천만 달러를 투자해 호화로운 호텔로 복원을 시작하면서 평범한 식당을 관광객 유치를 위한 웅장한 호텔로 개조했다.

뒤 파르크(Du Parc) 호텔

1932년 건설된 이 호텔은 4층으로 도시 중심인 쑤언흐엉 호수의 동남쪽 언덕에 있는데 1997년 노보텔 달랏(Novotel Dalat)으로 개업하였다가 약 2년간 수리 후에 2010년에 현재의 이름으로 개명하여 다시 문을 열었다.

이 호텔은 건설 초기에 식민지 시대의 관리, 사냥꾼, 모험가, 격동기의 상인이 묵었고, 현재는 세계 각국 여행자들이 많이 머문다. 1930년대에 유럽에 등장했던 것과 같은 종류인 쇠로 된 그물망(metal-caged) 속의 투명 엘리베이터가 독특하다. 이 호텔 바로 옆에 닭 모양의 종탑으로 유명한 달랏 대성당(성 니콜라이 대성당)이 있다.

뒤 파르크 호텔

달랏 대성당

바오다이 별궁

이 궁은 1938년에 완공되어 베트남 응우옌 왕조의 마지막 황제 바오다이가 여름 별궁으로 사용하면서 가족과 함께 주로 휴식을 취하는 장소로 사용했다. 바오다이의 집무실 및 왕과 왕비의 침실을 포함하여 26개의 방이 있었다. 현재도 벽의 장식, 침구와 때 묻은 욕조 등이 수선되지 않은 채로 보존·진열되어 있다.

바오다이는 1926년부터 1945년까지 프랑스식민지의 허수아비 왕이었고 일제 군부가 1945년 3월 11일에 베트남에 주둔하여 수립한 베트남제국의 역시 허수아비로 1945년 8월 30일까지 재위했다. 후에 북베트남민주공화국 최고고문(1945.9.~1946.3.16), 프랑스가 임시로 건국한 베트남국 주석(Chief of Vietnam, 1949.6.14.~1955.4.30.)을 지냈다). (➡ 제1부)

달랏 시장(Chợ ĐàLạt쩌달랏)

1929년 '쩌꺼이(Chợ Cây)'라는 이름의 나무 시장이 들어섰지만 1937년 큰 화재로 불타고 벽돌로 새 시장을 재건했다. 1958년 남베트남 건설회사가 현재의 이 시장을 건설했고, 1960년에 외관을 변경

바오다이의 별궁 정문과 침실

달랏 시장   달랏역

하고 증축했다. 1993년 4월 3일 달랏시 인민위원회가 주도하여 B동 건물을 건설했다. 3층 건물인 이 시장에서는 여러 가지 품종의 농산물, 특히 신선한 꽃, 채소와 과일들이 구비되어 있고, 스웨터를 비롯한 의류 제품, 고산 부족들의 정성이 들어간 수공예품 등이 저렴한 가격에 판매되고 있다. 시장 건물 입구에 많은 노점상이 있어 관광객들로 붐빈다.

이 시장은 오후 6시에 문을 닫는다. 6시 이후에 시장 건물로 들어오는 거리의 노점상으로 이루어진 야시장에 가면 그 또한 먹거리를 포함하여 많은 물건을 보고 사는 좋은 추억을 만들 수 있다.

달랏역(Ga ĐàLạt)

1932년부터 1936년에 걸쳐 지어진 달랏역은 판랑(PhanRang)-달랏 철도선(일명 Tháp Chàm-ĐàLạt 철도선) 84km의 종착역이다. 역사는 3개의 피라미드 지붕을 가진 프랑스 건축양식으로 지어져 식민지 시대의 역사를 간직하고 있는 느낌이다. 역사(驛舍)는 마치 유럽 철도의 어느 시골 정거장 같다.

베트남의 국가역사문화기념물로 등록된 역사 건물은 보존과 수리비용을 충당하기 위한 재원으로 이 역 구내 입장료로 5,000동(250원)을 내야 한다. 역 구내에는 옛 유물이 된 나무를 태우면서 증기를 발생시켜 운행했던 증기열차를 볼 수 있다. 과거에는 냐짱-달랏 노선과 사이공-달랏 노선이 운행되었지만 현재 운행 중인 유일한 철도노선은 7km로 일본제 새로운 디젤 기차가 달랏에서 짜이맛(TraiMat) 마을과 린프억 사원(chùa LinhPhước, 靈福寺영복사) 사이를 운행하고 있다.

쑤언흐엉 호수(XuanHuong Lake)

고산 지대의 작은 지류와 강물이 흘러들어 달랏 중심에 조성된 이 호수는 1919년 깜리강을 개발한 프랑스인들이 만들었다. 호수는 1923년에 완공됐지만 1932년 폭풍으로 대파되었다가 1935년에 더 무거운 돌을 쌓아 재건되었다. 둘레 약 5km, 길이 2km에 넓이 75,000평의 초승달 모양인 이 호수 가까이에 시립 정원과 예르생 공원이 있다. 그리고 대안 언덕에 처음에는 바오다이의 골프 코스로 조성되었다가 일반에게 개장된 골프장 등이 있다. 현재 이 골프장은 소나무 숲과 울창한 산으로 둘러싸여 아름다운 경관을 자랑하여 많은 골

쑤언흐엉 호수

프 여행객이 찾는다. 호수의 북쪽 끝에 있는 꽃 정원은 수국, 장미, 난초 등의 여러 꽃이 도시의 화사한 분위기를 더해 준다.

쭉럼티엔비엔(Thiền viện Trúc Lâm, 竹林禪院죽림선원)

쑤언흐엉 호수에서 달랏대학교 쪽으로 향하는 언덕에는 베트남의 쩐(陳) 왕조(1225~1400) 때 설립된 베트남 불교의 독특한 선종(禪宗)인 티엔파이쭉럼[Thiền phái Trúc Lâm, 竹林禪派죽림선파, 일명 쭉럼옌뜨(Trúc Lâm Yên Tử, 安子竹林안자죽림)]을 부흥시킬 목적으로 1994년에 완공된 선사가 있다. 불교의 선종은 명상을 통해 자립과 자아실현을 모색하고 있으므로 선원은 주로 단순한 구조와 평화로운 분위기이지만 비구와 비구니 구역은 일반에게 공개되지 않는다. 영어로 'TrucLam Monastery'로 널리 알려져 있다. 경내에는 인공호수인 뚜옌럼 호수(Hồ Tuyền Lâm)와 그 주변 산들이 조화를 이루고 주위에 미모사 나무가 심어져 있다.

쭉럼티엔비엔 야경

2. 세계 커피의 수도, 부온마투옷

발음도 다양하지만 흔히 부온마투옷(BuônMaThuột, 분메투옷 BanMêThuột, 班迷屬반미속)이라고 불리는 이곳은 중부고원지대 닥락(ĐåkLåk, 得勒득륵)성의 성도로 시 인구는 2019년 375,490명이고 닥락성의 인구는 1,869,322명이다. 이 도시는 슬로건으로 '커피의 수도'를 내세우고 있다. 미국 북 캘리포니아에서 '세계 올리브의 수도'를 내세우는 코닝(Corning)이 생각난다.

도시 이름의 발음은 각 민족의 발성 구조 탓인지 부온마투옷 또는 반메뚜옷 등 표기도 다양하다.

도시의 좌표는 북위 12도 40분, 동경 108도 03분이며 해발 536m이다. 메콩강의 주요 지류로 베트남 중부를 흐르는 세레뽁(Sêrêpôk) 강 이북, 매우 평평한 중부고원지대의 동쪽(이 일대를 베트남어로 '떠이응우옌 TâyNguyễn 지방'이라고 부름)에서 최대 도시로 꼽힌다. 부온마투옷은 하노이에서 약 1,300km, 호찌민시에서 350km, 다낭에서 약 548km 떨어진 중부고원의 중앙 지역에 있고 위 세 도시와는 국내선 항공편이 있다.

달랏에서는 89km 서북쪽이고, 격전지인 쁠래이꾸(Pleiku)에서는 남쪽으로 181km, 꼰뚬(KonTum)에서는 228km 남쪽에 있다.

베트남의 서부 국경지대인 만큼 주요 군사기지로 제3군관구와 제15군단 사령부가 있는 곳이다.

기후는 대체로 온화한 편으로 12월부터 다음 해 2월까지는 하루 평균기온이 섭씨 21도 전후로 날씨도 맑아서 여행하기 딱 좋은 때이다. 3월부터 6월까지는 25도 전후지만 우기인 7월부터 11월까지는 24도 전후로 비교적 선선하다. 연평균기온은 23.6도이다. 월평균 최저기온은 11월부터 3월까지는 18~19도, 4월부터는 10월까지는 20~22

도 선이다. 12월부터 4월 초순까지는 건기로 비 오는 날이 거의 없고 일교차는 크지만 비교적 시원한 날이 많다. 5월부터 우기에 접어들어 7~9월에는 한 달 24~25일 비가 내린다. 최근 연간, 8월 한 달 평균 강수량은 310mm로 연 강우량 1,800mm의 17%나 되는 집중호우가 내리지만 1, 2월 강우량은 매월 5mm에 불과하다.

1904년 프랑스식민 당국이 닥락성을 만들고, 부온마투옷(옛 이름은 락지아오LacGiao)을 산간 교역과 지방행정의 중심지로 삼았다. 예전부터 이곳에 살아온 원주민은 참어를 사용하는 에데(ÊĐê=Rade=Rhade)족이다. 베트남전쟁 후에 비엣(낀, 京)족이 많이 이주해 정착하고 있지만 이 도시 주민의 15% 정도인 4~5만 명이 중부고산지대 소수민족들이다.

프랑스식민지 시대 말에 바오다이 왕은 달랏의 여름 궁전에서 종종 가족과 함께 중부고원으로 휴가를 나왔기 때문에 부온마투옷에도 바오다이의 작은 궁전이 있다.

제2차 세계대전 때 일본은 인도차이나에 입성하여 남부 델타를 완전히 장악했지만 여전히 프랑스식민지 기구를 유지했다. 그러나 인력 부족으로 일본인은 1945년 쿠데타로 허수아비 독립왕국을 건설했을 때도 소수민족이 살고 있던 이 지역을 포함한 중부고원 일대의 외딴 산간오지는 프랑스가 관리하도록 내버려 두었다. 전후에 바오다이를 다시 앞세워 베트남국을 설립한 프랑스는 특히 중부고원지역에서 바오다이의 지위와 왕권이 특

부온마트옷 공항에서 시내 진입로

중부고원 전투에서 항복하는 프랑스군(1954년)

별히 유지되도록 도왔다.

베트남전쟁에서 1968년 뗏 공세를 거치며 공식적인 전쟁 지역이 되었다가 1975년에 이 도시에서 시작한 사이공 총공세로 남베트남 정부가 항복했다. 주변에는 커피, 차, 고무 농장이 있고 쌀은 도시 서쪽의 끄롱(Krong)강 계곡에서 재배되고 있다.

원주민 에데족

에데족은 아프리카 동쪽 마다가스카르섬으로부터 말레-인도네시아, 필리핀, 하와이에 걸쳐 주로 바다 위의 도서 지역에서 살아온 오스트로네시아어계의 말레이폴리네시아(Malayo-Polinesia)어족에 속한다. 모계사회를 특성으로 하는 이 민족은 주로 캄보디아에 사는 참족의 한 분파이다. 베트남 내 인구는 2009년 약 331,194명에서 2019년에는 398,671명으로 늘었다. 2009년 통계로 이들은 닥락성에 베트남 내 에데족의 90.1%, 이 성 인구의 17.2%에 해당하는 298,534명이 살고 있고, 동남해안 푸옌(Phú Yên, 富安부안)성(성도 뚜이호아TuyHòa, 綏和수화)에 20,905명이 살고 있다.

이들의 전통적인 가옥은 대나무와 목재로 만든 롱하우스(longhouse)이다. 이 집의 길이는 기둥(에데 말로 de)의 수로 측정된다. 그 집에 사는 한 처녀가 결혼하게 되면 그 집에는 한 방(compartment)만큼 집이 길어진다. 이는 에데족 결혼풍습에 따라 남편이 아내의 집에 들어가 사는 것임을 의미한다. 건물은 꼭 남북 방향으로 들어선다.

에데족 전통가옥 롱하우스   롱하우스 상점 여주인과 저자

  이 긴 집의 공간은 두 부분으로 나누어져 있다. 전체 면적 중 3분의 1에서 3분의 2는 가(Gah)라고 부르는 거실이고 나머지는 침실이다. 이 집에는 두 개의 문이 있는데 앞문은 남성용이고 뒷문은 여성용이며 계단도 두 개로 남성용 계단과 여성용 계단이 따로 있다.
  딸이 많은 집안의 롱하우스는 길이가 100m에 이르기도 하며, 3~9세대가 살 수 있고 그 규모에 대한 전통적인 설명은 '집이 징(gong)의 메아리(echo)만큼 길다'는 말로 표현된다.

중부고산지대 주민들의 민족사

  베트남에서는 중부고원지대의 원주민을 데가르(Degar)라 부른다. 불어로 산악인(Montagnard)이라는 뜻이다. 전쟁이 끝난 후에 베트남족이 남진(南進)하면서 낀족이 정부의 지원 아래 많이 정착하고 있다. 그 동안 산악부족민들은 남베트남 정부, 남베트남민족해방전선(NLF), 통일베트남의 공산당 정부에 이르기까지 베트남인 정착민들에 저항하여 투쟁을 계속해 왔다.
  참파 왕국과 저지대의 참족들은 전통적인 종주국으로서 고지대에 사는 이들 산악부족민의 자치권을 인정했다. 1945년 이후, '남진'의 개념이 확대되면서 베트남 중부 산악지역은 1946년부터 '프랑스령 남부인도차이나의 산악지대(Montagnard du Sud Indochinois)'로 명명되었다.

프랑스식민 지배 때까지 이 산악지역은 호랑이와 같은 맹수, 독수(毒水), 악령을 섬기는 미개한 지역으로 보았기 때문에 베트남인들이 이 지역에 거의 관심을 갖지 않았다. 프랑스가 이 지역의 산림, 광물, 농작물 재배에 좋은 비옥한 토지와 천연자원을 개발하였기 때문에 베트남인들도 그 지리적 중요성에 관심이 커져 새 이주자가 늘었다.

한편, 이 지역의 산악부족민들은 '피압박민족해방을 위한 연합전선(FULRO, Front Unifié de Lutte des Races Opprimées)'을 조직해 데가르의 자치를 목적으로 민족주의운동을 벌이다가 1969년 이후에는 반공게릴라부대로 전환하면서 남베트남 정부는 물론이고, NLF와 북베트남 정부 등 베트남인의 통치를 전면적으로 거부하는 반란을 일으켰다. 캄보디아는 처음에 중국의 원조를 받아 이들을 지원했다. 1970년 쿠데타로 시하누크 왕을 축출한 캄보디아의 친미반공정권 론놀(Lon Nol)은 FULRO로 하여금 남베트남 정부군과 NLF(베트콩) 모두를 학살하게 하였고, 이후의 공산정권인 크메르루주도 이들 산악부족의 베트남인 학살을 방조했다. 이들은 1992년 최후의 FULRO 전사와 가족 407명이 캄보디아의 평화유지군에게 무장해제당하면서 항복했다.

남북 베트남의 두 정권은 캄보디아에 대항하여 서로 이 지역에 진출한 베트남민족(낀족)의 정착 계획을 지원했고, 북베트남이 통일한 후부터 낀족 정착민들이 늘어나 중부고원지대 인구의 다수를 차지하게 되었다. 이에 2001년과 2004년에 통일된 베트남 정부에 대항하는 소수 산악민족들의 대규모 시위와 항의가 있었기 때문에 외국인들의 중부고원지대 방문이 일정 기간 금지된 적이 있었다. 현재는 학살의 현장인 부온마투옷 시내에서 비교적 중산층 생활을 하는 에데족들이 있고, 가난한 에데족은 주로 고산지대에 살고 있다.

베트남전쟁 중, 미국과 남베트남에서는 NLF(베트콩)이 닥락성 지역의 에데 부족민을 자신들의 지지자로 전향시킬 것을 특히 우려해 미군 특수부대가 '소수 산악민족 마을의 자기방어 프로그램'으로 '에데'를 훈련하는 민간인비정규전방어단(Civilian Irregular Defense Groups, CIDG) 계획을 수립했다. 하지만, 자의적인 계획 집행에 반발해 1964년 9월에 부온마투옷에서 에데족들이 반란을 일으켜 남베트남 정부군 및 베트남인들과 무력 충돌로까지 확대되기도 했다. 베트남전쟁이 끝난 후에 이들 에데족 가운데 상당수가 미국으로 피난해 주로 노스캐롤라이나주에 거주하고 있다.

부온마투옷 전승탑

현재, 이 도시의 대표적인 고등교육기관은 이 지역(떠이응우옌Tây Nguyên=닥락, 닥농ĐắkNông, 잘라이GiaLai, 꼰뚬, 럼동의 5개 성) 소수민족들의 고유한 문화를 보존하고 발전시키는 역할을 맡은 떠이응우옌대학교(Tây Nguyên University)이다. 1977년에 창립한 이 대학교는 베트남 전역을 비롯하여 특히 중부고산지대 지역사회의 요구에 맞는 전문적인 과학기술 인력을 양성하고 있다. 이 대학교의 주요 학부로는 의학과 약학부, 외국어학부, 사범학부, 임학농학부, 동물과 수의학부, 경제학부, 정치학부, 자연과학과 기술학부, 교양학부 등이 있고, 대학병원, 생명과학과 환경연구소, 부속고등학교 등이 있다. 교수진은 박사 학위 소지자 60여 명을 포함하여 약 400명이다.

부온마투옷 주요 관광 명소

예수성심천주교회

예수성심천주교회(NhàThờ Chính Toà Thánh Tâm Chúa Giêsu, Cathédrale du Sacré-Cœur)는 통칭 '부온마투옷 대성당(BuônMaThuột Cathedral)'이라고 불린다. 시내 중심의 5거리 로터리인 진승탑 바로 북쪽에 있는 이 성당은 1957년 프랑스 신부가 건축을 개시해 다음 해에 완공되었다. 신도 좌석은 1,200석이나 된다.

1967년 교황 바울 6세가 부온마투옷 교구 창설을 승인해 주교가 있는 교구 성당이다. 현재의 책임 사제는 꾸이년(QuyNhon, 歸仁귀인) 출신인 반(Vincent Nguyễn Văn Bàn, 1956년생)이다.

내가 이 성당을 찾은 3월 17일은 성 패트릭(St. Patrick, 서기 386~461)이 영국과 아일랜드에 그리스도교를 전파한 성패트릭의 날(St. Patrick's day)이었다. 나는 이날의 의미를 몰랐다가 산골도시에서 이 축제의 날에 많은 신도가 성당으로 모여드는 것을 보고 적지 않게 놀랐다.

예수성심천주교회

부온마투옷 감옥(Nhàtù BuônMaThuột)

시내 뜨언구(區) 딴투엇(TánThuật)에 있는 이 감옥은 1930~1931년에 프랑스식민주의자들이 중부 베트남 지역의 죄수를 격리, 수용하기 위해 설치해 주로 정치범들을 투옥하고 처형했던 곳이다.

감옥의 면적은 6천 평이고, 높이 4m, 두께 40cm인 벽이 사면을 둘러싼 부지 내에 U자형으로 건물이 배치되어 있고, 군 병사가 하루 24시간 감시했던 4개의 감시탑이 있다. 감옥 안에는 독립운동가들이 구금되어 잔인하고 혹독한 고문을 받으며 수감되고 처형되는 형상을 재현해 놓았다. 이 감옥에는 1930년부터 1945년 사이에 독립운동가를 포함하여 3,500명 이상의 정치범이 수감되어 있었다. 감옥 내의 설명에 따르면 잔인한 고문에도 불구하고 공산주의 수감자들은 이 감옥을 정치훈련장으로 바꿨다. 1940년 말, 감옥에 '충실한 힘'이라는 비밀조직이 결성되어 닥락성에 설립된 최초의 공산당 감방이 되고 지방 혁명운동에 이바지하면서 1945년 닥락성 봉기의 토대를 마련했다고 한다.

이 감옥은 1980년 베트남의 역사 유물로 지정되었고, 안내판에는 '적의 야만과 잔인함을 극복한 것은 공산주의 죄수들의 정신과 철의 의지였다. 그들은 형무소를 새로운 전선, 문화, 정치와 군사 토론의 훈련학교로 바꾸었고', '보찌꽁(Võ Chí Công, 武志公무지공, 1912~2011), 응우옌찌타인(Nguyễn Chí Thanh, 阮志清완지청), 또흐우[Tố Hữu, 素友소우, 초명 응우옌낌타인(Nguyễn Kim Thành, 阮

부온마투옷 감옥의 고문 장면(모형)

金成완금성), 1920~2002], 판당르우(Phan Đăng Lưu, 1902~1941) 등과 같은 베트남의 유명한 혁명운동가로 자란 곳'이라는 설명도 있다.

보찌꽁은 1942년 25년 징역형을 선고받고 이 감옥에 수감되었다가 1945년 3월 일제 점령 후에 석방되었다. 그 후에는 반불·반미 운동 지도자로 베트남선쟁 당시 남베트남 공산당 지도자였고, 베트남 통일 후 장관직을 거쳐 부수상을 역임했으며, 1987~1992 국가평의회 의장을 지냈다.

응우옌찌타인은 1943년 이 감옥에 수감되었다가 1959년 베트남인민군 대장으로 1965년부터 1967년까지 베트남 남부에서의 군사 지도자로 작전 계획을 입안한 후에 심장병으로 사망했다.

또흐우는 시인이며 혁명가로 1942년 이 감옥에 수감 중 탈옥하여 주로 공산당 선전 부문에서 일하다가 베트남전쟁이 끝난 후에 부총리급을 맡았다.

판당르우는 16세기 막(莫) 씨 왕조 마지막 왕의 15대 손으로 한자와 불어에도 능통한 지식인이며 약사에 잠사(蠶絲, 실크) 전문직 공무원이었다. 그는 마르크스주의와 관련된 많은 책을 번역했고, 언론인으로 변신해 공산당으로 활동하다가 체포되어 1930년부터 3년간 이곳에 수감되었다가 만기 출소했다. 당시의 간수들은 베트남어를 모르는 에데족이었으므로 그는 그들과 소통하기 위해 에데 말을 배우고 많은 공산주의 서적을 에데 말로 번역하기도 했다. 그는 1939년 공산당 고위 간부로 지하활동을 하던 중, 프랑스 당국에 체포되어 사형 언도를 받고 1941년 9월 사이공(호찌민시)에서 총살되었다.

이 감옥도 세월이 흐르면서 다른 목적으로 전용되거나 축소되었다가 1992년과 2006년에 복원되고 보수되어 요즘은 특히 닥락성의 역사와 베트남에 관한 일반정보를 더 많이 얻으려는 사람들이 답사하는 학습장이 되었다.

닥락성박물관(바오땅 닥락, Bảotàng ĐắkLắk)

고대에서부터 최근의 대불 항쟁과 베트남전쟁 시기에 이르기까지 중부 고산지대 주변에서 살아온 사람들의 다양한 삶을 더 잘 이해하게 전시물들을 잘 정돈해 놓은 민속박물관이다. 외국어는 불어가 먼저이고 그다음에 영어로 설명한 것이 다른 박물관과 다르다. 박물관은 이 도시의 중앙인 전승탑 로터리에서 다이러(大路대로) 응우옌땃타인(ĐạiLộ Nguyễn Tất Thành) 남쪽의 넓은 녹지에 있어 찾기 쉽다. 입장료는 3만 동(1,500원)이다.

닥락성박물관

세계커피박물관(World Coffee Museum)

'세계 커피의 수도'라는 이 도시에 '세계커피박물관'이라는 이름으로 14만 평의 넓은 대지 위에 박물관이 서 있고, 한 곳에서는 붉은색 토양을 파내고 건설공사가 한창 진행 중이었다. 세계 여러 나라에서 온 커피 애호가들이 입장료를 내고 들어와 커피의 역사를 비롯하여 커피용품 전시와 커피 관련 서적들에 관심을 보이고 있었다.

베트남의 유명한 커피 회사 '쭝응우옌(TrungNguyên) 레전드 그룹(Legend Group)'이 커피를 테마로 한 도시 프로젝트의 일부로 개관한 이 박물관은 이 도시를 세계의 커피 중심지로 돋보이게 하는데 한몫하고 있다. 박물관 건물은 중부고원에 거주하는 소수민족의 전형적인 건축양식인 '냐다이(NhaDai; 기둥 위에 세워진 롱하우스)'를 본떠서 지역문화를 형상화하고 있다.

　10년 동안에 걸쳐 건립된 이 박물관의 전시 물품은 독일 함부르크의 관광 명소인 엔스부르크커피박물관(Jens Burg Coffee Museum)이 오랜 세월 전 세계에서 수집하여 보유하고 있는 커피 문화와 관련된 1만 여 점이 넘는 자료 가운데 일부를 창립자인 쭝응우옌 회사 회장이 2010년에 이곳으로 옮겨 왔다고 한다.

　또한, 박물관에는 베트남에서 커피가 생산되기 시작해 브라질에 이어 세계 제2위의 커피 수출국이 된 지금까지 커피 생산 과정을 보여주는 도구들과 커피 관련 도서들을 전시·판매하고 있다. 이 박물관 단지에는 5천 명 이상의 주민이 거주하는 주택단지, 쇼핑센터, 공원, 학교와 병원 등을 건립하고 단지 일대를 커피나무로 덮을 계획이라고 한다.

　베트남은 2017년 10월부터 2018년 9월까지 180만 톤의 커피를 수출했다. 최대 수입국인 독일이 이 중에 12.5%, 그다음 미국이 9.6%를 수입해 간다고 한다.

　2013년 부온마투옷 커피 페스티벌이 처음으로 이곳에서 개최된 후에 매년 열리는 이 페스티벌은 2019년 제7회 때 '정글의 진수(The Quintessence of Jungle)'라는 주제로 3월 9일부터 16일까지 개최되었다.

　이 축제는 부온마투옷을 커피 원산지로 널리 알리고 전 세계 커피 업계에 베트남을 알리는 동시에 지역사회가 커피 재배자, 가공업자와 커피 상인들을 격려하는 기회로도 활용된다. 2019년 커피 페스티벌은 베트남전쟁 때인 1975년 3월, 30개 이상의 소수민족들이 힘을 합쳐 부온마투옷 전투에서 승전한 기념일을 택해 개최되었다.

　부온마투옷 시내에도 소수민족인 에데족의 마을이 있지만 택시 운전사를 잘못 만나면 20km가 넘는 곳에 있다는 에데 마을로 운전해 가면서 커피나무와 고무나무 앞에서 사진을 찍어 주는 등 시간을 끌 수 있다. 시내인지 먼 곳인지를 확인할 필요가 있다. 시내 에데 마을에는 부유한 에데 사람들이 살고 있고 가난한 에데 사람들은 시내에서 멀리 떨어진 곳에 살고 있다. 이 도시에서는 승차 전에 갈 곳이 정해지고 요금도 거의 정해지는 그랩 택시를 이용할 것을 권한다. 되도록 이면 영어 대신 거리나 숫자 등은 베트남어로 확실히 말하고 기억해야 좋다.

3. 중부고원의 격전지에서 탄생한 동남아 재벌의 신화 해글(HAGL) 그룹의 본향 쁠래이꾸

쁠래이꾸(Pleiku, 坡離俱파리구)시는 베트남 중부고원에 있는 잘라이(GiaLai, 嘉萊가래)성의 성도이다. 시의 좌표는 동경 108도, 북위 13도 59분이다. 쁠래이꾸를 방문하기 가장 좋은 계절은 건기인 12월에서 3월이다. 우기인 5월부터 10월까지 쁠래이꾸에 가는 사람은 여름철에 홍콩 가는 사람들처럼 힘들 것이다.

이 도시는 해발 740m에 위치하여 위도로는 열대인데도 특히 겨울 나기에 아주 쾌적하다. 2019년 시의 인구는 504,984명이고 잘라이성 인구는 1,513,847명이다. 몇 년을 비교하면 성 전체의 인구는 줄고 쁠래이꾸시의 인구는 늘고 있다.

예부터 주로 고산족(데가르Degar)인 바나(Bahnar=Bana)족과 기타 잘라이 소수민족이 살고 있었지만 지금은 베트남 54개 민족 중에서 주종족인 베트(낀)족이 많이 이주해 살고 있다. 성내 인구의 약 45%가 소수민족이라고 한다.

이 도시는 사거리가 교차하는 교통요지이다. 시 남북으로 14번 국도가 북쪽으로 꼰뚬과 남쪽으로 부온마투옷을 연결하고 있다. 동서로는 빈딘(BìnhĐịnh, 平定평정)성의 꾸이년에서 19번 국도가 이 도시를 거쳐 서쪽으로 캄보디아의 라타나키리(Ratanakiri)주를 거쳐 스또엥_ㄴ트렝(Stoenng Trêng)까지 연결되어 있다.

베트남전쟁 중 베트남민족해방전선(NLF=베트콩)이 미국 공군

꾸이년에서 쁠래이꾸에 진입하는 사거리의 표지판

기지 캠프 할러웨이(Camp Holloway)를 공격했다고 하여 북폭을 개시한 전투촉발지이기도 하다.

1975년 남베트남군이 시내를 불태워 버렸는데 1980년대에 소련의 원조로 재건되었다. 2001년과 2004년에 고원지대의 소수민족이 반정부운동을 일으켰기 때문에 2014년까지는 외국인 여행자가 출입하려면 허가를 따로 받아야 하는 장소도 있었다.

도시의 중심에서 동남쪽 약 2.5km 거리에 쁠래이꾸 버스터미널이 있고 꾸이년, 부온마투옷, 꼰뚬으로 가는 국내 버스 외에도 캄보디아와 라오스행 국제버스도 출발하는 교통요지이다.

도심에서 북쪽으로 2~3km, 택시로 10여 분 거리에 미국 공군이 건설했던 활주로가 오늘날 민간공항인 쁠래이꾸공항(SânBay Pleiku)이 되었다. 현재는 하노이, 다낭, 호찌민시에서 국내선이 취항하고 있다.

이 공항은 역사가 꽤 있다. 1962년 12월 남베트남 공군기지로 건설되어 베트남전쟁이 확전될 때는 남베트남 공군과 미국 공군의 기지가 되었다가 1975년부터 통일베트남의 민간공항이 되었다. 이 기지는 해발 760m로 1962년부터 1970년대 전반까지 베트남 중부고원의 미 육군 헬리콥터 기지였다. 기지 이름은 미국 육군이 건설한 헬리콥터 이착륙 시설로 1962년 12월에 미군 제81수송중대 최초의 전사자가 된 헬리콥터 조종사 찰리 할러웨이(Charles Holloway) 육군 준위의 이름에서 따왔다. 제81수송중대는 1963년에 UH-1 공격헬리콥터를 재배치해, 공격헬리콥터 중대가 되었다. 후에는 미군 제1항공여단 예하의 제52전투비행대대 사령부 설치를 위해 확장됐다. 최성기에는 UH-1 공격헬리콥터 2개 중대, CH-47중대, O-1정찰기중대, CH-54중대 그리고 기타 지원 부대가 있던 미군 거점이었다.

제1차 인도차이나전쟁 때의 쁠래이꾸

1954년 6월 제1차 인도차이나전쟁(베트남독립전쟁)이 끝날 무렵, 프랑스 육군 100모바일그룹(Groupe Mobile 100)이 쁠래이꾸와 부온마투옷 사이의 14번 도로를 재개하기 위해 쁠래이꾸에서 93km 동쪽인 안케(An Khê, 安溪안계)에서 프랑스군이 베트민과 치른 마지막 전투인 망양고개(Mang Yang Pass) 전투(일명 안케 전투=쩐닥뽀Trận ĐắkPơ)가 벌어졌다. 이 전투는 제1차 인도차이나전쟁의 마지막 전투였다. 1947~1949년의 까오방 전투, 1954년 5월의 디엔비엔푸 전투와 함께 프랑스가 대패한 3대 전투의 하나로 꼽힌다.

베트남전쟁 때의 쁠래이꾸

이곳은 베트남전쟁 동안 베트남 해안의 인구집중지역과 꾸이년 항구에서 서쪽의 중부고원지대로 가는 19번 도로의 전략적 주요 지점으로 군사 물류 유통의 요지였다. 또한 북부의 꼰뚬, 남쪽의 부온마투옷, 서쪽의 캄보디아 내 북베트남군 기지 사이에 있는 도시였기 때문에 남북베트남 모두에게 요충지로 인식되었다. 미국은 전쟁 초기 캠프 할러웨이를 중심으로 무장력을 확보했기 때문에 1965년 초의 NLF(베트콩)

캠프 할러웨이

큰 사건이 일어났던 미국 비행장 활주로는 조용한 민간공항이 되었다.

공격은 분쟁을 상승시키는 중요한 과정의 하나가 되었다.

　1965년 2월 7일 이른 아침, 베트콩의 비행장 공격으로 미군 8명이 전사하고 108명이 부상, 항공기 18대가 파괴되었다. 이 공격은 북베트남 수도 하노이에 코시긴(Alexei Kosygin, 1904~1980) 소련 수상이 방문하던 중, 2명의 미국 백악관 국가안보보좌관이 조사단으로 남베트남 수도 사이공에 도착한 다음 날 아침에 일어났기 때문에 미국은 이를 북베트남 정부의 도발이라고 보고 존슨 미국 대통령이 폭격을 결단하는 계기로 삼았다. 그러나 당시 북베트남 측은 전선부대와 사령부가 긴밀하게 제휴하기 위한 통신 능력이 없었으므로 이 공격은 다낭에 본부를 둔 북베트남군 제5군관구의 한 지휘관이 독자 판단하여 결행한 공격 인원이 불과 30명에 지나지 않은 소규모 전투였다고 주장했다.

　미국 존슨 대통령은 1965년 2월 일련의 보복 폭격을 명령했다. 미국군과 남베트남 공군은 베트남전쟁 중 이곳에 두 차례의 대규모 공중폭격 작전을 실시했다.

　제1차로 1965년 2월 7일부터 2월 24일에 걸쳐 미국은 7차례에 걸쳐 쁠래이꾸를 공격해 전쟁이 격화되는 기폭제 역할을 했다. NLF(베트콩)가 쁠래이꾸 비행장에 박격포 공격을 가함에 따라 미군이 보복에 나섰으나 베트콩은 캠프 힐리웨이에 있던 4대외 C-7 카리브, 4대의 경비행기, 5대의 헬기를 파괴했고 11대의 헬기에도 피해를 주었다.

　1962년부터 이 기지 주변에 미 육군 4사단이 배치되어 쁠래이꾸에서(1966.9.~1968.2.), 꼰뚬성 닥토(Đăk Tô, 得蘇득소)에서(1968.3.~4.), 다시 쁠래이꾸에서(1968.4.~1970.4.), 안케에서(1970.4.~12.) 많은 전투를 수행했다.

　1972년 6월 15일 방콕에서 홍콩으로 향하던 캐세이퍼시픽 여객기가 쁠래이꾸 상공 29,000피트(8,800m)를 비행하던 중, 객실 좌석 아래에 놓인 가방 속에서 폭발물이 터져 항공기가 파손되고 81명이 기내에서 사망하는 사고가 발생했고 폭격은 그 후에 더욱 맹렬해졌다.

그러나 1975년 초 북베트남군이 남쪽의 부온마투옷을 함락시켜 꾸이년에서 이곳에 이르는 19번 국도가 불안정해지자 남베트남 티에우 대통령은 쁠래이꾸로부터 남베트남군의 철수를 명령했다. 이 철수 과정에서 쁠래이꾸와 꼰뚬에서는 민간 피난민 10만 명 이상이 살해되거나 지원 없이 버려지기도 했다.

전쟁이 끝난 한참 후인 1997년 초에 처음으로 당시의 관계자들이 모인 일본의 한 학술회의에서 당시 베트남인민군 제5군관구의 히엡(Hiep) 장군은 미국 관계자가 사이공에 온 것도 몰랐고, 하노이에 코시긴 소련 수상이 왔다는 사실조차 알지 못했으며, 쁠래이꾸 공격 자체는 거의 잊어버렸던 수많은 사건 중의 사소한 한 사건이었다고 증언해 참가자들이 크게 충격을 받았다고 한다.

오늘날, 쁠래이꾸는 관광객이 많이 찾는 도시가 아니라 잠자기 좋은 도시, 편안하고 느긋하게 살기 좋은 도시라고 한다. 옛 조상들에 대한 추억 때문인지 거리에서 프랑스 사람들을 자주 만난다.

시내는 동서를 달리는 흥브엉 대로가 있고 이 길이 동쪽으로는 해글 호텔 로터리에서 레주안(Lê Duẩn) 길, 서쪽으로는 응우옌반꾸(Nguyễn Văn Cừ, 1912~1941, 공산당 총서기로 프랑스 당국이 공개 총살) 길로 갈라진다. 이 로터리에서 북쪽으로 응우옌땃타인(Nguyễn Tất Thành) 길이 호찌민박물관 로터리에서 판반동 길로 이어져 공항 쪽으로 북향하고 있다. 흥브엉 길의 서쪽 끝 로터리에서 남쪽으로 레타인똥 길, 북쪽 도심은 리타이또 길에 이어진다.

떼지어 돌아다니는 여행객은 많지 않지만 피부색이 다른 여러 사람이 느긋하게 볼거리를 찾고 한가하게 쉬는 모습을 거리 곳곳에서 만날 수 있다. 건장한 사람들은 오토바이로 이 도시 주변이나 멀리로는 캄보디아나 리오스까지 여행을 즐기고 있다.

호찌민 녹지공원 내 호찌민 동상

호찌민광장과 녹지공원

호찌민광장은 시내 동북쪽 꽝쭝의 판딘풍(Phan Đình Phùng, 潘廷逢반정봉, 1847~1896, 반불 무장투쟁을 지도한 유학자) 거리에 있다. 호찌민의 94회 생일인 1984년 5월 19일 개관한 호찌민박물관이 있고, 넓은 산책로 중간쯤에 호찌민 동상이 높이 서 있으며 주변은 넓은 녹지대이다. 근처에 잘라이성 박물관이 있다. 시의 서쪽 남북을 연결하는 쩐흥다오 거리와 동쪽 남북의 응우옌땃타인 길이 교차하는 부근으로 이곳을 중심으로 도시의 여러 길이 거의 방사선 모양으로 갈라지고 있다.

쁠래이꾸감옥박물관[Pleiku Prison, 냐라오(Nhà Lao) Museum]

홍브엉 길이 시내의 중간쯤에서 갈라지는 로터리의 북쪽은 쩐흥다오 거리이고 남쪽 퉁낫 거리에는 옛 프랑스식민지 시대에 주로 정치범들을 수용하던 감옥 시설이 박물관을 겸하여 그곳에서 야만적인 고문을 받다 죽거나 수감되었던 혁명가들의 추모관으로 일반에게 공개되고 있다.

| 쁠래이꾸감옥박물관 | 호아저씨 추모실 |

이 감옥은 1925년 건설된 후, 프랑스의 식민주의와 강압 정책에 저항하던 독립운동가들의 집과 같았던 곳으로 미국이 폐쇄했지만 통일베트남 정부가 1994년 국가유적으로 지정했다. 본관 앞에는 추모대가 있어 이곳을 찾는 이들이 향불을 켜서 많이 꽂아 놓았는데 그 향기가 '혁명적 전통의 대지에 발을 들여놓은' 느낌을 더해 준다고 설명하고 있다.

이 감옥박물관에서 남쪽 방향 그리 멀지 않은 곳에 '키다찌(Kitachi)' 라는 한식집이 있다. 종업원들에게 주인이 한국인이냐고 물어보았지만 '나는 몰라요'라는 답이었다. 가격은 김치라면찌개, 밥, 김치, 주스 1잔을 포함하여 89,000동(4,500원)이었다.

아인훙눕(Anh hùng Núp, 1914~1999) 장군 석상

아인훙눕 장군은 잘라이성 끄방(K'Bang) 지역의 바나족 마을에서 태어나 바나족과 에데족 사람들을 이끌고 프랑스식민주의자와의 싸움을 승리로 이끈 베트남 장군으로 중부고원의 자존심이라고 부른다. 시

에서는 중부고원 소수민족 가운데 영원한 국가 영웅으로 길이 기억되도록 중부고원의 주요 도시인 쁠래이꾸에 그의 형상을 세웠다고 한다.

그는 자신이 사는 마을 사람들을 붙잡아 강제로 이주시키는 프랑스인에 대한 증오를 키웠다. 1935년에 프랑스 군대가 마을에 들어오자 사람들은 숲속으로 달아났다. 그는 밀림 속에서 스스로 제작한 석궁을 가지고 프랑스군과 싸우기 시작해 1935년 혁명단체에 가입하고 1945년 지방정부에 합류했다.

프랑스와의 전쟁(1946~1954) 당시에 그는 소수민족을 동원하여 게릴라부대를 조직하고 프랑스군과 싸워 많은 인명 피해를 주면서 지역 전투에서 승리했다. 1954년에 제네바합의가 성립되면서, 그와 게릴라부대는 북쪽에 집결해 있다가 미군이 중부고원지대로 들어오자 1955년 혁명군이 되었다. 1963년에는 남부에서 전투하다가 1964년 피델 카스트로의 초청으로 쿠바를 방문했다.

그가 맡은 주요 직책은 잘라이-꼰뚬 조국해방전선 의장(1976), 제6차 전국회의 대의원 겸 상임위원회 위원(1976~1981) 등이었다.

끄파끌롱(Kpa Klong, 1948~1975) 석상

홍브엉 거리에서 가까운 도로공원에 중부고산지역 소수민족 출신인 한 전사 끄파끌롱의 석상이 서 있다. 우리가 베트콩이라고 불렀을 그는 아랫도리에 삳바만 걸치고 카빈총을 든 채, 파이프 폭탄을 던지려는 자세로 서 있다. 석상의 받침대에는 미군을 총으로 죽이고 수류탄만으로 미국 탱크를 공격하는 모습이 형상화되어 있다.

쭈아민타인(Chùa MinhThành, 明成寺명성사)

시내에서 2km 떨어진 서남쪽 언덕에 있는 불교 사찰로 경내에 9층 탑인 민타인(MinhThanh, 明成명성)탑이 있고 웅장한 사원과 조경이 명품이다.

쭈아민타인은 베트남 중부고원지대에서는 보기 드문 대형 사찰로 리 왕조와 쩐 왕조 시기의 양식을 재현한 독특한 건축물이 많다. 민타인 탑은 1964년에 건설을 시작하면서 이 지역은 물론, 베트남 전국에서 불교도들이 찾아와 예배하고 분향하는 장소가 되었다. 역사의 변화를 겪으면서 탑이 많이 손상되어 1997년에 탑의 복원이 시작됐지만 지금도 보수와 추가 시설 공사가 계속되고 있다.

10년에 걸친 작업 끝에 이 절은 16m 높이의 본당과 고산지역 민족들이 사용하는 목재로 만든 천정을 갖춘 독특하고 웅장한 건축물로 새롭게 단장했다. 본당 좌우 양쪽에 종탑과 이 지역을 발견한 조상을 존경하는 탑인 탑또카이썬(tháp Tổ khai sơn)이 있다.

사원 경내에서 가장 눈에 띄는 것은 높이 70m의 9층 싸러이(Xá Lợi) 불탑이다.

본당 출입문은 높이 6m, 두께 10cm이고 사대천왕상이 새겨져 있다. 본관 안에는 길이 6m, 높이 1.2m의 불단이 있고, 높이 8m, 길이 3.5m인 보살상이 내부의 네 모퉁이에 배치되어 있으며, 벽은 3,000개 이상의 삭은 불상으로 장식되어 있다.

고급 목재로 만든 18아라한(阿羅漢)상이 각각 높이 1.3m, 무게는

쭈아민타인 9층탑

300kg 가량인데 모두 금으로 도금한 것이다.

절의 중앙 마당에는 약 150평의 연못에 연꽃이 가득했고, 호수 한가운데에는 고요 속에 7.5m 높이의 흰 돌로 만든 아미타불 상이 웅장하게 서 있다. 호수 앞에는 30개의 돌계단을 올라가서 5.5m 높이에 4톤의 무게를 가진 베트남 최대의 향로가 있고 이 아름답고도 장엄한 공간에서 분향하고 불공을 드리는 사람들을 볼 수 있다.

쭈아민타인 경내

이 단지의 오른쪽에는 1970년에 이 탑을 창건한 스님을 경외하는 3층 탑이 있다. 이 탑은 고대 건축물이 아니지만 독특하면서도 장엄하고 수려하다. 탑의 왼쪽에는 종 2개가 달린 2층 종탑이 있는데, 그중 무거운 종은 3톤이나 된다. 지붕에는 승천하는 용, 크기가 각각 다른 물고기들이 세밀하게 조각되어 있다. 아침저녁으로 안개가 자욱한 산악도시의 태양 아래 종탑에서 울려 퍼지는 은은한 종소리가 기억에 남는다.

쭈아브우탕(Chùa Bửu Thắng, 寶勝寺보승사)

쭈아브우탕은 성심 성당에서 흥부엉 길의 남쪽으로 걸어서 5분 거

쭈아브우탕 7층 석탑, 부처님과 두 보살

리에 있는 사찰이다. 나를 안내해준 현지인은 이 절이 인류에게 평화가 가득한 삶을 안내하는 절이라고 한다.

 도심 속의 이 절은 동양식으로 된 여러 건축물의 꼭대기와 음양 지붕이 섬세하면서도 조화롭게 꾸며져 있고, 용무늬가 새겨져 있다. 주요 색채는 노란색이며 문과 기둥에는 많은 한자가 새겨져 있다.

 멀리서도 보이는 이 절의 사리탑은 7층 높이의 거창한 탑으로 1930년에 지어졌으며, 오랜 기간 피난처로도 사용되었지만 전화로 많이 파괴되었다가 1992년에 복원되었다고 한다.

 절의 정문에 들어서면 지하 1층을 포함하여 4층인 본관이 있고, 보승사(寶勝寺)라는 현판이 높이 걸려 있다. 본관 건물은 정교하고 웅장한 무늬들로 장식되어 있는데 입구에는 황금색으로 만든 두 마리의 용이 조각되어 있다. 좌측에는 남자 모습의 부처님이 중앙에, 여자 모습의 두 보살이 그 좌우에 우아하고 인자한 모습으로 서 있다. 그리고 뜻은 모르지만 많은 한자가 이곳이 우리와 그리 먼 외국이 아님을 깨우쳐 준다. 조금 덧붙이면 서유럽이 라틴 알파벳으로 쉽게 소통하며 하나가 되듯이 한자를 알고 소통하면 동아시아가 하나가 될 것으로 생각한다.

탕티엔 성당

타인떰 성당

탕티엔 성당(Nhàthờ Thăng Thiên)

탕티엔 성당은 흥부엉 대로와 호찌민공원에서 남쪽으로 내려오는 두 번째 길인 레러이 길이 만나는 삼거리에 있다. 1960년대 초에 건설되었고 부설 고아원이 있다. 1996년에 재건을 시작해 1998년에 입당했는데 중부고산지대 특유의 공동주택 형식으로 지어 놓았다. 성당 내에는 1,200석의 예배석이 있다고 한다.

타인떰 성당(Nhàthờ Thánh Tâm, 성심 성당)

타인떰 성당은 흥브엉 거리의 가장 동쪽으로 로터리 부근에 있는 성 도미니크 계열 천주교 성당이다. 1982년 부활절에 잘라이 마을 12명의 형제자매에게 세례를 베풀고, 교육 사업을 개시하여 1988년까지 학생 수가 348명이 되었다. 천주교 교리문답과 도덕적 영성운동 등의 천주교 교리도 학습한다. 해 질 녘에 초등학생으로 보이는 아이들이 잔디밭에서 축구 놀이를 하고 있고 벤치에는 엄마들이 아이들을 데리러 와 담소를 나누는 모습이 은혜롭고 평화스럽다.

둑안 호수 공원에서 25세 유치원 교사인 미녀와 함께

둑안 호수(Hồ Đức An)와 지엔홍 공원(Côngviên DiênHồng)

뺄래이꾸 시내에 있는 둑안 호수 공원은 도시의 중심인 우체국에서 1.5km 남쪽에 있다. 북쪽에서 오는 쩐흥다오 길과 동서의 대로인 흥 브엉 길이 교차하는 지점의 남쪽 통녓(ThốngNhất, 統一통일) 길에서 멀지 않다. 호수를 중심으로 일대가 공원으로 여러 종류의 식물들이 자라는 식물원도 있고, 안으로 들어가면 악어와 거북이, 새 우리, 원숭이, 샤모아(Chomois, 영양의 일종)도 볼 수 있다고 한다. 고산이라 일찍 해가 진다.

그리 크지는 않지만 열대 수목 사이로 새들이 지저귀고 물고기들이 노니는 파란 호수가 그림 같다. 낚시질이나 조그만 배로 노 젓기를 즐기는 이도 있다. 공원 내에는 아기자기한 작은 정원, 축소판 고산족의 집(rong)과 징(gong), 겉보기는 오두막이지만 내실이 잘 갖춰진 방갈로, 식당, 커피숍(Highland, 커피의 본명인 Tay Nguyen Cafe 가게) 등이 있다. 아마도 낭만이라는 추상명사도 이 모양을 표현하는 말이 아닐까 싶다.

나도 그야말로 80살 괴테도 반할 만큼 아름다운 25세의 유치원 여교사와 호반을 거닐고 출렁다리를 걸었다. 호수 입구에는 게스트 하우스, 식당 등이 갖춰져 만남의 장소로 쓰이는지 많은 자동차와 오토바이가 주차하고 있는 모습이 전화로 시달린 도시임을 망각하게 한다.

쁠래이꾸 축구 스타디움(Sân vận động Pleiku, Pleiku Stadium)
이 스타디움은 다목적 경기장으로 수용 인원은 13,000명 정도이다. 주로 축구 경기가 열리고 베트남 축구 리그에 소속하고 있는 '호앙아인 잘라이(Hoang Anh Gia Lai, 약칭 HAGL) 축구클럽'의 홈구장으로 사용하고 있다. 해글 축구팀은 베트남 유수의 기업가가 2001년 창단한 프로축구팀으로 국내 최상급이다. 해글 축구팀 본부가 쁠래이꾸에 있다.

해글(HAGL) 그룹의 성공 스토리

베트남과 동남아시아에서 유명한 해글(HAGL) 프로축구단을 창단한 사람은 베트남의 신흥재벌로 호앙아인잘라이 그룹(Hoang Anh Gia Lai Group, HAGL, 중국어 宏安加莱集团굉안가래집단)을 창업한 도안응우옌둑(Đuàn Nguyên Đức, 段阮德단완덕, 1962년생)이다. 그가 이 도시에서 소기업으로 출발해 자력으로 동남아시아의 신흥재벌인 해글(HAGL) 그룹을 일궜다. 이 그룹은 베트남 유수의 기업집단(재벌)으로 프로축구팀

해글 미얀마 빌딩숲과 호텔

해글 미얀마센터타워				해글호텔 잘라이

을 비롯하여 각 분야로 사업을 확장해 베트남 경제 발전의 신화를 써 나가고 있다.

축구 애호가로도 유명한 그는 축구를 사업 확장에 잘 이용했다. 그는 2001년부터 매년 축구에 상당한 자금을 투자하고 2002년 동남아시아 최고 득점자를 해글(HAGL) 축구팀에 스카우트해 V-리그에서 이 축구팀이 최초로 두 번 우승한 팀으로 만들고 베트남 최고의 프로축구팀 가운데 하나로 키웠다. 이어, 해글 브랜드는 국내외에서 더욱 유명해졌다.

이 그룹은 미얀마에 수억 달러를 비롯해 라오스에 10억 달러, 캄보디아에 1억 달러, 태국에 수천만 달러를 투자하여 동남아시아 경제 발전에서 매우 비중이 높은 기업집단이 되었다.

해글 그룹은 미얀마에도 2013년 12월 3억 달러를 투자해 미얀마 정부로부터 양곤에 호텔, 쇼핑몰, 사무실 및 아파트를 포함하는 대규모 개발 사업승인을 받아 이를 3년 만에 완공했다. 수도 양곤에서 '아웅산 수치' 여사가 사는 가장 번화하면서도 정치 경제의 중심지인 미드타운 소재 인야(Inya) 호수 서쪽 가까이에 해글 빌딩이 있다. 2015년 완공된 22층 건물(타워 1)과 26층 건물(타워 2)에 미얀마 최대의 쇼핑몰인 미얀마센터타워(Myanmar Center Tower) 5개 층에 미얀마 최대의 현대식 대형 쇼핑몰인 미얀마 플라자(Myanmar Plaza)를 개장했다. 쇼핑몰 이외의 층은 사무실로 쓰고 있다.

이 쇼핑몰 외에도 사무실, 호텔, 주거용 아파트 등 5개 건물이 들어선 복합건물 지구인 이 센터의 대로변에는 2016년에 스페인계 5성급 호텔인 '멜리아 양곤(Meliá Yangon)'이 입주해 베트남 민간자본 주도로 이 일대를 최고급 주상복합지구로 바꾸어 가고 있다.

도안응우옌둑은 10명이나 되는 형제자매의 한 자식으로 빈딘성에서 출생해 1965년 3살 때 가난 때문에 쁠래이꾸로 이사해 이곳에서 성장했다. 부모가 여전히 고용노동자로 현장에서 일했기 때문에 가족의 삶은 빈딘에서의 삶과 크게 다르지 않았다. 둑은 1982년 이곳에서 고등학교를 졸업하고 호찌민시에 있는 대학에 입학시험을 치러 갔지만 4년에 걸쳐 계속 낙방했다. 그는 '내게는 교육받을 기회가 오지 않으므로 다른 길을 택해야 한다. 모든 강은 큰 바다에서 만나지만 흘러가는 물길은 각각 다르다'고 자신의 생각을 정리했다.

그는 1990년에 쁠래이꾸에서 직원 200명을 채용하고 수동으로 톱질하여 이 지역의 가정에서 공부하는 학생들의 책상과 의자를 만드는 작은 공장을 시작한 후에 일반 가구 제작으로 사업을 확장했다. 이 공장을 모체로 둑은 1993년에 '호앙아인 쁠래이꾸(HoangAnh Pleiku)' 회사를 설립하고 시 교외에 목재 가공 공장을 세웠다. 2002년 이후에는 화강암을 처리하는 기업을 갖춰 사업을 다각화하면서 부동산과 호텔을 건설했다.

2006년에는 목재, 고무, 수력, 부동산과 프로축구 등의 많은 사업 영역을 가진 호앙아인잘라이 합자회사(HoangAnh GiaLai Joint Stock Company)를 지주회사로 키우고 2008년에 호찌민 증권거래소(HoSE)에 주식을 상장해 주식시장의 큰손이 되었다.

그는 잘라이를 대표하는 세계적인 사업가로 아내와의 사이에 3명의 자녀를 두고 있다. 현재 그의 가족들은 싱가포르에 살고 있다. 큰딸은 외국계 은행에서 일하고 있다. 2011년에 월스트리트저널(Wall Street Journal)은 그를 동남아시아에서 가장 유력한 30명의 사업가 중 1명으로 평가했다.

에너지 산업 쪽에도 관심을 가진 해글은 주로 수력발전 사업에 투자해 2009년 베트남 북부 중앙의 타인호아(ThanhHóa, 清化청화)성에 2개의 댐을 건설했고 중부고산지대에도 댐을 건설하고 있다. 라오스에서도 3개의 수력발전소와 28MW 화력발전소를 건설해 운영하는데 이 전기는 생산원가가 베트남보다 30% 정도 높기 때문에 라오스에 판매한다.

해글은 광업에도 손을 뻗어 베트남의 중부고원, 남중부 해안과 북중부 해안 및 라오스의 쎄꽁(Xekong) 지방에 여러 개의 자회사와 합작회사가 있다.

그는 이어 부동산 사업에도 진출해 2012년부터 2016년까지 호찌민시의 중류층을 대상으로 한 주거용 부동산 건설사업을 벌였다. 해글은 내가 들렀던 쁠래이꾸의 해글 호텔 외에도 호찌민시, 달랏, 다낭, 냐짱, 꾸이년 등에 4~5성급 호텔과 리조트 체인을 갖고 있다.

또한, 해글은 라오스 비엔티안에 2009년 동남아시아 게임을 위한 선수촌을 건설하면서 그 대가로 동북부에 있는 아따쁘(Attapeu) 지방(베트남 꼰뚬에서 도로 연결)에 고무나무 경작권 등을 확보했고 고무 농장은 고무에 더해 그룹의 목재 가공과 가구 제조에 사용될 3백만 큐빅미터의 목재 공급을 가능하게 했다. 해글에서 생산하는 고무를 구매하는 주요 고객은 유럽의 다국적 타이어 회사인 미슐랭(Michelin)이다. 미국의 대중적인 자동차여행용 지도는 미국자동차협회(AAA, 트리플에이)가 만들지만 유럽의 그것은 미슐랭이 만들 정도로 유럽의 큰 회사 하나가 그의 거래처이다.

해글은 베트남 잘라이성과 닥락성 외에 라오스와 캄보디아에 고무농장과 함께 라오스와 캄보디아의 삼림벌채와 토지 취득과 관련하여 큰 영향을 갖게 됐다. 2011년 11월에 해글은 제당업에도 진출해 라오스 아따쁘 지방에 공장을 건설하고 2013년 1월부터 정제 설탕을 생산하기 시작했다.

축구단 운영

둑은 베트남 최고의 프로축구팀 중 하나로 키운 해글(HAGL)의 브랜드를 국내외의 마케팅에 적극적으로 활용했다. 2015년에 해글은 티켓 판매, 광고와 셔츠 판매 등으로 약 200억 달러의 수입을 올렸다.

2007년 그는 젊은 선수들을 모집하고 훈련하기 위해 해글 축구 아카데미를 설립했다. 2011년 다른 프로축구팀 사업주들과 합자하여 프로축구 토너먼트 운영전문기업인 '베트남프로축구합자회사'를 설립했다. 또한, 그는 2008년 베트남 최초로 자가용 제트기를 보유하고 은퇴한 공군 영웅 응우옌타인쭝[Nguyễn Thành Trung, 1947년생으로 미국 공군에서 훈련받은 남베트남 공군 장교로 재직 중에 메콩 델타의 벤쎄(Bến Tre) 공군기지(당시 수도 사이공에서 45km 서남쪽)에서 1975년 4월 8일에 F-5E기로 출격해 사이공의 독립궁전(현재의 통일회관)을 폭격했고 최초로 보잉 767과 777을 조종한 베트남 파일럿]을 초빙해 그가 조종하는 개인 비행기로 출장을 다니기도 한다.

우리나라 김동현 선수가 2021년부터 해글 축구팀에서 뛰고 있다.

재무관계

해글(HAGL)은 베트남 국내 은행 대출 외에도 국제 금융시장에 진출하여 고무와 수력발전소 건설에 소요되는 자금을 조달했다. 또한, 싱가포르에서는 회사채도 발행했는데 주요 투자자 중 하나는 싱가포르 정부 소유의 테마섹 지주회사(Temasek Holdings)이다. 해글 그룹의 재정 중 총부채의 70% 이상이 장기고정자산이므로 유동성 위험이 크지 않다.

자본주의라고 하지만 우리나라는 한국전력과 한국수자원공사 등 국가자본이 댐 건설과 전기 생산 및 판매를 하는 것과 비교해, 사회주의 국가라고 하지만 베트남은 댐 건설과 전기 생산 및 전기 판매까지도 민간기업이 맡아 하고 있다. 이제 자본주의니, 사회주의니, 좌파·우파 따위의 정보기관과 공안검사들이 자주 쓰는 말은 정말 그만 써야 할 때가 되었다.

음식 이야기

이 도시에서 추천할만한 식당은 시가의 동남쪽에 있는 4성급 호텔 해글(HAGL) 1층의 아카시아(Acacia) 식당이다. 이 식당은 가장 정갈한 음식을 제공하고 있고, 이 호텔의 나이트클럽이나 가라오케도 깔끔한 분위기를 즐길만한 곳이다. 나는 아침 식사를 제공하는 3성급 호텔에 머물면서 죽(짜오Cháo)과 쌀국수를 가리지 않았고 고급식당이든, 길거리 식당이든 주로 쌀국수, 반미(BánhMì, 베트남식 샌드위치), 육식 등을 골라잡아 즐겼다.

내가 쁠래이꾸 여행에서 가장 생생하게 기억에 남는 저녁 식사는 둑안 호수와 지엔홍 공원 부근의 식당에서 25세 유치원 여교사와 함께 먹은 '따로 베트남 비빔 쌀국수'인 분짜(BúnChà)와 소고기 육수 맛이다.

4. 중부고원의 북쪽 인도차이나 3국 국경 인접도시 꼰뚬

베트남 중부고원의 한 성인 꼰뚬성의 성도 꼰뚬(Kon Tum, 崑嵩곤숭)시는 북위 14도 23분, 동경 107도 59분이 그 중심좌표이다. 성의 2019년 인구는 540,438명이다. 시 인구는 1989년 4월 34,063명, 1999년 58,064명, 2009년 86,362명, 2019년 148,570명으로 인구 증가가 매우 빠른 편이다.

베트남전쟁의 격전지로 도시가 많이 파괴되었지만 시 외곽에 프랑스식민지 시대의 흔적들이 남아 있고, 여러 소수민족의 마을도 재건되고 있다. 이곳은 산골 중소도시로 지금은 편안하고 한적하지만, 소수민족이 많이 거주하고 라오스나 캄보디아와의 국경선이 가까워 흥미로운 곳이다.

지리적 위치와 기후

북쪽은 꽝남(QuảngNam, 廣南광남)성, 동쪽은 꽝응아이(QuảngNgãi, 廣義광의)성, 남쪽은 잘라이(GiaLai, 嘉萊가래)성이고, 서쪽은 국경을 사이에 두고 라오스(아따푸Attapeu)와 캄보디아(라타나키리Ratanakiri)에 접하고 있다.

지명의 유래는 베트남어가 아니라 소수민족인 바나(Bahnar, 巴那파나)족의 말로 꼰(Kon)은 마을, 뚬(Tum)은 호수를 합친 것이다. 바나어는 오스트로아시아어족의 몬-크메르어파에 속한다. 베트남의 바나족 전체 인구는 2009년 227,716명에서 2019년 286,910명으로 늘었다. 2009년 통계로 66% 이상의 바나족이 잘라이성에 살고 있고 이 성에도 민족 전체인구의 23.7%, 성내 인구의 12.5%인 5만 4천 명이 살고 있다.

바나족 외에도 배후의 고산지역에는 몬-크메르어족인 세당(Sedang,

쁠래이꾸에서 진입하는 꼰뚬 남쪽의 사거리

Xơ Đăng, 疏登소등=응으이 쏘당(Người Xơ Đăng)]족이 2009년 베트남 전체 169,501명 중에서 104,759명(61.8%), 지에찌엥(GiehTrieng, 粲塡채정)족이 2009년 베트남 전체 63,322명 중에서 이 성에 32,644명(62.1%)이 살고 있고, 말레이-폴리네시아어족에 속하는 소수의 잘라이(Jarai, Gia Rai, 嘉淶가래)족, 라글라이(Raglai, Ra-glai, Radlai)족, 렌가오(Rengao)족 등의 소수민족 거주지가 있다. 최근에는 베트남의 다수민족인 베트족(낀족)이 많이 이주해 오고 있다.

　소수민족이 사는 각 마을에는 사람들이 특별한 날에 모이는 길고 거대하여 매우 인상적인 공동주택인 롱(Rong)이 있다.

　날씨는 3월부터 6월까지 무척 덥고 이어 우기가 6월부터 10월까지이다. 일조량이 많고 비가 적어서 여행하기 좋은 때는 12월부터 2월까지다. 이때는 아침저녁으로 쌀쌀한 느낌이 들고, 낮에는 우리나라 늦가을 날씨와 비슷하다. 옛날에는 말라리아모기가 많았던 중부고산지대이므로 모기에 물리지 않도록 긴 옷 입기를 권장했지만 신기인 여행 철에는 꼰뚬 시내에서는 모기 보기가 힘들다고 한다. 12월과 1월 한낮에는 좀 더운 편이라 짧은 옷을 입지만 저녁에는 서늘하므로 긴 옷을 입는 것이 좋다.

역사

프랑스 가톨릭 선교사가 고산부족에 대한 선교를 목적으로 1851년에 처음으로 이곳을 찾은데 이어 곧 프랑스식민주의자들이 침입하여 중부고원지대의 여러 민족을 분열시키면서 꼰뚬 일원을 장악했다. 이 선교사들은 이 먼 곳에 사는 소수민족을 개종시키는데 꽤 성공적이었다. 프랑스는 1892년에는 꼰뚬에 처음으로 집정관을 보내고 1904년에 법원을 설치했으며 뒤이어 고산지역 일대를 여러 작은 마을 단위로 쪼개어 지배했다.

1945년 8월에 꼰뚬 일대에서도 혁명정부를 구성하고 자치를 시작했으나 1946년 6월 26일 프랑스식민 세력이 재침하여 통치하다가 1954년 2월 중부고산지대에서는 유일하게 꼰뚬 지역이 먼저 베트남인민군에 점령되었다. 1965년에는 사이공 정부의 지배하에 들어갔다가 1972년부터 치열한 전투 끝에 민족해방전선(NLF=베트콩)이 일부 지역을 점령해 차지해 들어오다가 1975년 베트남인민군이 사이공을 차지한 후에 통일베트남의 한 성이 되었다.

베트남전쟁 때는 호찌민루트의 주요 지점이었다. 1967년 11월의 닥토 전투, 1972년 3월 3일부터 6월 5일까지 북부고원전투, 4월 23일 제2차 닥토 전투, 5월 26일부터 27일까지 2일간 꼰뚬 전투가 이 성에서 일어났다.

최근에 토지분쟁으로 이주민인 베트족(낀족)과 소수민족 간에 갈등이 있다고 하나 시내는 조용했고, 시내를 남북으로 가르며 동서로 흐르는 닥블라(Dak Bla) 강변은 젊은 남녀들로 낭만이 넘치고 있었다.

하지만, 베트남전쟁 때 이곳은 대량으로 살포된 고엽제의 피해자가 많은 곳으로 1981년에 하반신이 결합된 쌍둥이가 태어나 1988년 수술로 하반신을 분리했지만 형은 2007년에 죽고, 동생은 아직 살아 있다고 하는 안타까움이 있는 도시이다.

꼰뚬성의 소수민족

베트남의 인구 통계 순위별로 이 성에 살고 있는 소수민족들을 소개한다. 베트남 총인구는 96,208,984명으로 이 중 85.3%인 82,085,826명이 베트족(낀족)이고 그 외가 소수민족이다.

바나(Bahnar, 巴那파나)족

바나족은 중부고원의 다른 많은 소수민족과 마찬가지로 죽제품 만들기, 조율된 합주용 징(銅鑼동라) 등의 많은 전통 악기를 만든다. 이들 악기는 쌀로 만든 술을 마시거나 군무(群舞)를 포함하는 의식이 있을 때 연주한다.

바나족의 역사적 인물로는 떠이썬 왕조[Nhà Tây Sơn, 西山朝서산조, 1778~1802, 수도 꾸이년(1778~1793), 후에(1786~1802)]의 초대 황제인 응우옌반냑(Nguyễn Van Nhạc, 阮文岳완문악, 1743~1793, 재위 1788~1793)의

꼰뚬박물관 앞의 소수민족 형상들

아내 야도(Ya Đô)를 꼽는다. 현대에 와서는 마을 사람들을 이끌고 프랑스식민지배자들과 싸웠던 영웅 딘늡(Dinh Nup), 최근의 인기가수 시우 블랙(Siu Black, 1967년생) 등이 유명하다.

이들의 민속축제 중에 양(Yang) 신에게 감사의 뜻으로 물소를 바치는 의식이 있다.

세당(Sedang, Xơ Đăng, 疏叄소등)족

세당족은 주로 농업에 종사하며 가축과 가금류를 많이 키우고 있다. 무생물에게도 영이 있다고 믿는 애니미즘(Animism)을 믿는다.

이들은 주로 논농사로 쌀을 재배하지만 쟁기와 써레 같은 농기구를 사용하지 않고 물소와 사람이 흙을 밟는 방식으로 논을 고른다. 이들의 일반적인 작업은 농작물 재배 외에 사냥, 낚시, 바구니 세공, 직물 짜기이지만 철광석을 원료로 쇠를 강화하는 단조 등도 행한다.

마을마다 롱(Rong)이라고 부르는 공동주택이 있고, 공동묘지가 있다. 집들은 옹기종기 모여 있다. 상호 밀접한 관계를 맺고 서로 상부상조한다. 마을 대표는 가장 존경받는 사람으로 마을의 모든 업무를 관할한다.

이 민족이 거주하는 일부 지역에서는 다세대 가정을 이루어 길쭉한 집에서 함께 살지만 오늘날, 핵가족 시대에는 개별 주택을 짓기도 한다. 사람의 이름에서 성은 없지만 이름으로 성별을 구분하여 남성의 경우 A, 여성의 경우 Y(예: 아농(A Nhong), 이헨(Y Hen)라는 접두사를 쓴다. 결혼식은 간단하지만, 결혼식이 끝난 후에 신혼부부는 남편이나 아내의 가정에서 돌아가며 살며, 한쪽 가정에서만 사는 경우는 거의 없다.

전통적인 의식과 축제 중에 물소를 찌르는 의식이 가장 생생하게 열린다. 노래, 춤, 둥근 모양의 악기 두드리기와 옛날이야기를 좋아한다. 남자들은 무술뿐만 아니라 공동주택 스타일의 건축 기술이 뛰어나고 조각과 회화에 능숙해야 더 좋은 평가를 받는다. 공동주택은 양쪽 면에 가파른 상승 표면을 가진 지붕으로 이루어져 있는데 재료는 현지에서 채집한 나무와 식물이며 못이나 철사를 사용하지 않고 조립한다. 이 공동주택은 마을의 모임 장소로 쓰이며 실제로 건축 작품인 동시에 문화적 산물이다.

지에찌엥(GiehTrieng, 綵塡채정)족

지에찌엥족은 죽은 사람의 몸을 관에 넣어 나무 위에 걸어 놓는 풍습이 있다. 최근에 유명 인사로는 쁠래이꾸 프로축구팀의 하프백을 맡은 아후인(A Huỳnh)이 있다. 이들은 전통적으로 산지로 이동하며 생업으로 화전 농업에 종사하면서 북쪽의 산지에서 남하했지만 항불전쟁 이후에는 전화를 피하기 위해 이동을 반복하다가 전쟁이 끝나고 1976년 베트남 정부의 산지민족정착정책과 1985년의 토지법 시행으로 다수가 이 성의 평지로 내려와 거주하게 되었다.

교통편

베트남전쟁 때는 악명 높은 호찌민루트였지만 오늘날 꼰뚬은 쁠래이꾸에서 잘 포장된 14번 도로를 따라 48km 북쪽에 있어 자동차로 약 1시간 거리이다. 꼰뚬시는 잘라이성의 경계와 제일 가까운 남쪽에 있다. 이곳에서 동북쪽인 다낭으로 가는 길은 가장 거친 산악 지형이므로 쁠래이꾸에서 접근하는 것이 편하다.

다낭이나 냐짱에서 하루 5달러에 오토바이를 빌려 타고 이곳까지 여행 온 중년의 유럽인 남녀 한 쌍을 만났다. 그만큼 요즘의 베트남 산길은 안전하다.

버스는 다낭이나 냐짱에서 직접 오는 편도 있다. 쁠래이꾸, 닥토, 달랏이나 부온마투옷에서 다낭으로 가는 버스도 이곳에서 대부분 정차한다.

꾸이년에서는 198km, 부온마투옷에서 246km, 냐짱에서 436km이고 다낭까지는 300km이다.

라오스의 아따푸나 팍스(Pakse)로 가는 관문인 보이(Bo Y) 국경선으로 가려면 닥토를 거쳐서 가야 하는데 꼰뚬에서는 81km 거리이지만 길이 험해 2시간 정도 걸린다. 로컬버스가 닿는 국경선에 제일 가까운 응옥호이(Ngoc Hoi) 마을은 국경선에서 20km 떨어져 있다. 꼰뚬에서 라오스의 아따푸는 200km로 4시간 거리라고 하니까 국경선을 지나 2~3시간 이상을 달려야 하는 곳인데 국경선을 넘어가도 30~40km 사이에는 라오스의 작은 마을도 없다고 한다.

쁠래이꾸에서 출발하는 국제버스가 꼰뚬에 정차했다가 국경선을 넘어 라오스로 간다. 호텔에서 만난 사람들은 오토바이로 국경횡단 여행을 한단다.

시내의 볼거리로는 나무 성당(Wooden Church)과 그 뒤의 바나 고아원, 가톨릭 주교관과 신학원 등이 있다. 꼰뚬에서 가장 인기 있는 관광거리는 토착산악부족의 마을이다. 소수민족 언어로 소통이 가능한 가이드와 반드시 함께 가야만 실수로 그들의 금기를 깨뜨리는 일이 없다고 한다. 꼰뚬 시내 동서쪽에도 바나족 마을이 있다고 하나 거의 소통이 어렵다고 한다.

꼰뚬 시내에서 그들의 집합장소인 롱(Rong)을 보았지만 수많은 외국 관광객들이 넘쳤다. 멀리 떨어져 있는 마을에는 다양한 종류의 롱과 잘라이족의 공동묘지도 볼 수 있고, 현지인들과 쌀로 만든 술 파티에 참여할 수도 있다고 한다.

대부분의 베트남 도시에는 대표적인 민족 영웅으로 몽골군을 물리친 쩐흥다오 장군과 인도차이나 공산당 초대 서기로 프랑스식민 당국에 체포되어 사이공에서 처형된 쩐푸(Trần Phú, 陳富진부, 1904~1931)의 이름을 딴 거리가 많다. 꼰뚬 시내에도 동서대로가 쩐흥다오 거리이고 남북으로 뻗은 길이 쩐푸 대로이다. 도시가 작으므로 길도 그렇게 길지 않지만 쩐흥다오 거리에는 관공서가 많고, 쩐푸 거리에는 상가가 많다.

식당은 쁠래이꾸에서 꼰뚬으로 들어오는 '닥블라 다리(Cầu Đăk Bla)'를 건너 오른쪽인 응우옌후에 거리와 강변에 많이 있지만 영어로 된 메뉴를 갖춘 음식점이 거의 없었다.

꼰뚬의 알려진 호텔로는 3성급인 엥도신느(Indochine) 호텔이 있다. 이 호텔에서는 낮에 맛난 커피를 마시고 웨딩도 구경할 수 있다. 이 호텔 외에는 고급 호텔이라고 해야 대부분이 2성급 이하이다.

베트남전쟁 때의 꼰뚬(KonTum) 전투

1972년 3월 30일, 미국에서는 부활절 대공세(Easter Offensive)라고 하고 북베트남에서는 응우옌후에(NguyenHue, 阮惠완혜) 작전이라고 부르는 결정적인 전투가 남베트남 지역에서 벌어졌다. 북베트남군은 이 전투에서 모두 3개의 전선을 전개했다. 제1군단은 3만 명으로 북위 17도의 DMZ를 가로질러 남으로 진격했고, 제3군단은 캄보디아에서 사이공 함락을 목표로 남부의 빈푸억(BìnhPhước, 平福평복)성 안록(AnLộc)을 공격했다. 제2군단의 2개 사단 이상 병력은 중부고원지대의 꼰뚬시를 쳤다. 베트남인민군은 꼰뚬과 중부고원지대를 점령한다면 남베트남의 반을 차지하는 것으로 보았다.

그래서 꼰뚬 전투에는 베트남인민군 320사단, 2사단, 3사단 전투부대 일부, 중장급이 지휘하는 지방 NLF(베트콩)부대가 남베트남군 22사단, 23사단, 제6레인저부대, 미 육군 제7항공대와 미국 공군 및 정보기관 요원으로 참전한 민간인 고문관을 상대로 치열한 전투를 벌였다. 베트남인민군과 NLF(베트콩)은 2~4만 명의 막대한 병력 손실을 감수했고, 1975년 3월 최종적인 전투에서 승리했다. 미군은 육군항공대를 중령으로 제대하고 1962년부터 베트남에 고문단의 일원으로 참전하여 사실상의 육군 소장 대우를 받던 민간인 신분의 밴(John P. Vann, 1924~1972)이 꼰뚬 전투 개시 3일 만에 헬리콥터 사고로 죽었다.

꼰뚬 주요 관광 명소

꼰뚬박물관(바오땅 꼰뚬, BảoTàng KonTum)

꼰뚬 시내를 흐르는 닥블라강 서쪽에 있다. 박물관 내부에는 베트남 중부고원지대 원주민인 여러 민족의 종족별 역사 문화를 보여주는 다양한 전시물들이 있고 밖에는 베드남전쟁과 관련된 군사 차량들이 전시되어 있다.

고산주민들의 농경 기구와 낚시 도구, 장신구 만들기, 민족마다 다른 직물 제조 방법 등은 미국 인디언박물관에서도 흔히 볼 수 있었지만 특별히 눈길을 끄는 것은 술독인지 장독인지 모르는 각종 모양의 옹기들이 진열되어 있는 것이었다.

꼰끌로르(Kon Klor) **현수교**(Cầu treo Kon Klor)

꼰뚬 시내를 흐르는 닥블라강의 동쪽 쩐흥다오 길의 도로 위에 놓인

닥블라강 위의 꼰끌로르 현수교

292m의 자그마한 현수교로 시내에서 소수민족이 거주하는 산악지역인 꼰끌로르 마을로 향하는 교량이다.

1994년 건설되었는데 홍수 때는 물살이 세기 때문에 파손되어 자주 보수공사가 이루어진다. 최근의 보수는 2018년 3월에 행해져 나는 운 좋게 이 다리를 건널 수 있었다. 자동차와 오토바이도 지나다니지만 때로는 소달구지가 이 다리를 건너느라 차량들이 막히기도 한다. 중부고원지대 주민들의 대형 주택인 롱(Rong)이 시내에서 다리로 가는 길 왼편에 있다.

꼰뚬 성당(냐토찐또아 꼰뚬Nhà thờ chính tòa Kon Tum)

시내의 응우옌후에 거리 동쪽에 있는 이 성당은 외국인들에게 건물 대부분이 나무로 되어 있어 목조교회, 즉 꼰뚬목조교회(Kon Tum Wooden Church)라고 불리고 현지에서는 이 교회의 공식 명칭으로 '꼰뚬의 머리 교회'라는 뜻을 가진 냐토고꼰뚬(Nhà thờ Gỗ Kon Tum)이라고 부른다.

1850년 프랑스 가톨릭 선교사들이 고산지대 소수민족들의 개종을 목적으로 이곳에 파

송되었다. 1913년에 신도수가 크게 늘어나자 더 견고한 성당을 만들기로 결정하고 교구민과 코끼리를 동원해 성당 건설에 필요한 단단한 나무를 많이 모았다. 이 축적된 목재들로 1918년에 완공한 이 목조 성당은 500석 규모이다.

이 성당은 바나족 주거의 기둥 모양과 결합된 로마 건축양식으로 설계되었고 높이 25m의 십자형 지붕과 위아래 2개의 지붕으로 이루어진 건물이다. 천정과 벽은 볏짚을 섞어 지었다.

그 이후로, 이 목조 성당은 두 차례의 큰 전쟁(프랑스와 미국)과 이곳의 가혹한 기후 조건에도 불구하고 건재하고 있다. 1995년에 이 목조 성당은 수용 규모를 두 배로 확장했지만 예전 부분과 새 부분이 잘 조화되고 전체 구조가 거대한 십자가처럼 보이게 했다. 성당의 건축자재는 철목(ironwood)과 장미목(rosewood) 등의 목재로 4개의 줄에 가지런히 배열된 100개 이상의 기둥을 포함한다. 두 줄은 실내에 있고 다른 두 줄은 벽 가까이 있는데 모든 기둥은 직경 40cm로 번쩍이는 검은 색이다.

내부에는 중부고산지대 소수민족의 풍습과 전통을 소개하는 전시실이 있고 여기서 2개의 동서 방향 길 북쪽에 주교관이 있다.

냐롱꼰끌로르(Nhà Rông Kon K'lor)

고산족들이 회합을 갖거나 축제를 갖는 장소로 오스트로네시아 인종이 사는 태평양의 작은 섬나라 팔라우에서 본 바이(Bai)라는 이름의 길고 큰 집과 비슷하다. 하지만 지붕의 재질이 바이는 나무이지만 냐롱(Nhà Rông)은 풀인 것이 달랐다.

인류학적으로 보아 이 건축물은 아프리카의 마다가스카르섬에서 인도양의 스리랑카, 인도네시아, 태평양의 현재 미국 땅인 하와이에까지 널리 퍼져 살아 온 오스트로네시아어족들의 전통적인 종족 보존과 의

팔라우 섬의 바이   나롱꼰끌로르

식을 위한 문화유산이다. 이 공동주거에서 원로회의나 추장의 외부 손님 접대가 이루어졌을 것으로 추측된다.

꼰뚬 주교관(Bishop's House of Kon Tum)

꼰뚬 교구 주교의 주택과 신학교가 있는 큰 건물로 쩐흥다오 거리의 동쪽에 있다. 최초의 프랑스 선교사들은 주로 산지 종족에게 천주교를 교육하여 성직자가 되게 하고 소수민족 마을 사람들을 개종시켜 프랑스의 식민주의 정책에 동조하게 만드는 일을 맡았다.

1932년 1월 18일 설립된 이 특수교구의 초대 주교 자넹(Martial Jannin, 1867~1940)은 1935년부터 1938년에 걸쳐 꼰뚬 신학교를 건축했다. 당시에 지은 목조건물은 아직도 주교관이며 오래된 물품, 지도, 악기, 후기 선교사와 부족단체가 사용한 도구를 전시하고 있다. 또한 이들 선교사들을 중심으로 성경을 소수민족언어로 번역하고 사전도 편찬했다고 한다. 1932년 당시에는 29명의 외국인과 베트남 성직자,

꼰뚬 주교관

160명의 소수민족 교리전도사가 봉사했다고 한다.

이 교구의 두 번째 주교 시온(Jean Sion, 1890~1951)은 1946년 신학교를 설립하고 1947년에 부족 여성을 위한 교회를 건립했다. 1975년 4월 베트남인민군이 꼰뚬을 점령한 이후에는 외국인 선교사들을 강제출국시켰다. 북베트남 정부가 교회시설을 압수하고 폐쇄하기도 했으나 이 교구 최초의 베트남인 주교 록(Alexis Phạm Văn Lộc, 1919~2011)은 1995년에 은퇴할 때까지 이 성당에 봉직했다. 현재의 주교는 하노이 출신으로 달랏 신학교 출신인 훙(Luy Gonzaga Nguyên Hùng, 1952년생) 신부이다.

최근에 이 교구는 고아, 고엽제 등으로 인한 신체장애를 가진 소수민족의 건강관리, 교육 및 숙박시설을 제공하고 직업기술교육을 실시하며 소수민족을 위한 복지 프로젝트를 개발하면서 성직자 양성도 계속하고 있다. 이 건물 안쪽에 소수민족박물관이 있다.

제4부
남북분계선 북위 17도선 이남과 베트남 중부 해안

4

동하, DMZ(비무장지대), 케산,
빈목 땅굴, 후에, 다낭,
호이안, 쭈라이, 꾸이년

1. DMZ의 남단, 남베트남의 최북단 동하

 옛 남북베트남의 군사분계선(DMZ)인 북위 17도선 부근으로 남쪽에서 가장 가까운 도시가 동하(Đông Hà, 東河동하)시이다. 우리나라로 치면 강원도 고성군 휴전선 비무장지대 남쪽에서 최북단인 셈이다. 이 시가 소속된 베트남 중부의 꽝찌(QuảngTri, 廣治광치)성은 2019년 인구가 632,375명이고 동하시 인구는 95,658명이다.

 다낭 시내에서 12인승 리무진이 1인당 17만 동(8,500원)으로 170km를 중간 휴식시간을 포함해 4시간 쯤 달려 동하 시내의 호텔까지 데려다 주었다.

 베트남전쟁 때는 미 해군과 해병대 기지가 있어서 미군과 남베트남군이 북위 17도선을 넘어 북진하기 위한 중요 군사거점이었다. 하지만 이 시는 1975년 4월 30일 베트남전쟁에서 사이공이 함락되기 3년 전인 1972년 5월 31일, 북위 17도선 이남이지만 이미 북베트남군에 점령되었다. 이 도시의 좌표는 북위 16도 49분 49초, 동경 107도 05분 50초이다.

 동하는 응우옌 왕조(1802년 창건)의 수도 후에(Huế, 化化)에서 서북으로 70km(자동차로 1시간 30분), 베트남 남북 분단 시대의 북베트남 최남단인 꽝빈(QuảngBình, 廣平광평)성의 성도인 동호이(ĐồngHới, 洞海동해)에서 남동쪽으로 100km(자동차로 1시간 50분), 꽝찌읍(QuảngTri Thịxã, 市社廣治시사광치)에서 동쪽으로 15km(자동차로 약 20분) 거리에 있다. 꽝찌읍은 고대 성채가 있었던 도시지만 현재는 인구가 2만 명 정도인 큰 마을이다. 동하에서 서쪽으로 15km(자동차 약 20분) 거리에 깜러(CamLộ, 甘露감로)가 있고, 라오스와의 국경 마을인 라오바오(LaoBảo, 牢堡뢰보, 2019년 인구 약 3만 명)까지는 서쪽으로 80km(자동차로 1시간 40분) 거리이다.

동하는 베트남의 남북을 종단하는 1번 국로(QL-A1)와 인도차이나 반도의 동서경제회랑(East-West Economic Corridor, EWEC)을 횡단하는 9번 국로가 교차하는 곳이다. 동서경제회랑이란 미얀마의 모람인(Mawlamyine)에서 동서 직선으로 태국, 라오스와 중부 베트남을 관통하고 동하에서 남쪽 방향으로 꺾어 내려가 남중국해에 면한 다낭까지를 연결하는 국제도로망으로 1998년 착공해 2006년 12월 12일 개통한 전장 1,450km의 국제도로이다.

9번 국로는 1930년대에 프랑스식민주의자들이 라오스 지역에 커피와 고무 농장 등의 단일작물 플랜테이션을 많이 만들고, 이를 동하의 해안으로 옮겨 수출하려는 야심찬 계획 하에 험한 산중에 개설했던 도로이다.

동하 시내에는 베트남의 사이공과 하노이를 남북으로 종단하여 연결하는 통일 철도의 동하 기차역(Ga ĐôngHà)이 있다.

동하역

기후

동하의 날씨는 고온다습한 열대기후에 속하며, 우기와 건기의 두 계절로 구분된다. 겨울에는 하이반 고개(Đèo HảiVân, 嶺海雲, 영어 HaiVan Pass, 해발 496m)가 북쪽에서 불어오는 찬 공기를 막아주지만 한편으로 다낭 이남에서 불어오는 따뜻한 공기를 차단하기 때문에 겨울은 비교적 쌀쌀하다. 가장 더운 계절과 가장 추운 계절의 평균 기온 차이는 9~10도에 이르고 추운 동북 계절풍은 11월에서 다음 해 3월까지, 따뜻한 서남 계절풍은 4월에서 9월까지 분다.

2019년 6월 초의 낮 기온은 섭씨 34~35도, 체감온도는 44도로 매우 무더웠다. 1968년 베트남전쟁 때 사이공강 주변의 날씨가 그러했다.

비는 우기인 9월부터 12월까지 4개월 동안 연중 강우량의 약 80%가 내린다. 9월에서 11월에 폭풍우를 동반한 태풍이 주로 찾아와 해수면이 상승하고, 홍수가 발생하기도 한다.

베트남전쟁 때의 동하

동하는 20세기 초까지도 남북을 연결하는 간이기차역이 있는 작은 마을이었다. 프랑스식민지 시대부터 전쟁터가 되고 베트남전쟁 때는 남북 베트남의 경계인 북위 17도선에 가장 가까운 남베트남의 도시로 미국 해병대의 전투구역이었다.

동하는 베트남 DMZ(비무장지대)를 따라 전개된 미국 해병대를 지원하는 전략적으로 매우 중요한 미군 전초기지였다. 미군 제3해병사단은 이 지역에 대한 전반적인 통세권을 가졌다. 미 해병사단의 정보에 따르면 1968년 1월 뗏 공세 때, DMZ 지역에는 북베트남군과 남베트남민족해방전선(NLF=베트콩) 병력이 40,943명인 것으로 추정되었다. 1단위까지 추정하는 정보가 정말 맞는지 믿겨지지는 않지만, 4년 뒤인 1972년 3월 31일 동하는 부활절 공세 당시에 남베트남 도시로서는 처음으로 북베트남인민군에 점령되었다.

1968년 1월 약 41만 명의 미국과 남베트남군이 동하에 장기 주둔할 계획이었지만 북베트남군은 1972년 3월에 부활절 공세(베트남에서는 춘·하계 대공세)를 시작해 5월에 동하 일대를 장악했다.

오늘날 동하는 유럽 사람들의 역사 문화 답사 여행과 과거의 미군과 남베트남 사병 출신들이 추억 여행으로 많이 찾아오는 DMZ 투어 상품의 인기로 도시 경제에 큰 도움이 되고 있다.

이 지역 출신 정치 거물 레주안

이 성 출신의 대표적인 저명인사인 레주안(Lê Duẩn, 黎筍려순, 1907~1986)은 호찌민의 후계자로 베트남을 이끌어 남북베트남을 통일한 초대 베트남 공산당 중앙위원회 서기장을 지낸 최고정치지도

레주안 탄생 100주년 기념우표

자이다. 레주안 거리의 동하 시장 부근에 그의 입상이 서 있다.

그는 철도원 출신으로 1928년 신베트남혁명당(인도차이나공산당의 전신)에 입당해 활동하다가 1930년부터 1936년까지 투옥되었다. 1939년에 당 중앙위원에 선출되었지만 1940년에 다시 투옥되어 1945년 8월 석방되었다. 1945년 9월 2일 호찌민이 북베트남민주공화국을 건국한 후에 주로 남부 베트남에서 활동하다가 1951년 당 정치국원이 되었다. 후에 남부 베트남의 공산당 지하조직 확대를 지도하면서 남부 중앙위원회 서기를 맡았다.

1957년에 하노이에서 당 제1서기 직무대행을 맡았다가 1960년 당 제1서기에 당내 서열 제2위에 올라 당무의 실질적인 총괄책임자로 베트남전쟁 당시 노동당을 이끌었다. 1969년 호찌민이 사망하면서 당 주석이 공석이 되고 제1서기로 당의 정상에 올랐다. 베트남이 통일되고 1976년 7월 2일 베트남사회주의공화국이 건국되어 12월 베트남노동당이 베트남공산당으로 개칭되면서 당 서기장에 취임해 국가의 최고지도자가 되었다.

이어 그는 계획경제 실시로 남베트남을 급속한 사회주의 경제체제로 이끌었다. 외교에서는 소련과의 관계를 강화하고 중국을 멀리 했다. 1979년 12월 중국이 지원하는 캄보디아의 폴 포트 정권(크메르루주)을 전복시키기 위해 캄보디아 침공을 결정하고 국내의 중국인을 추방 또는 망명하게 했으며, 1979년에는 중월전쟁으로 국제적인 고립을 초래해 경제적인 어려움에 빠졌다. 경제난을 타개하기 위해 농산물 거래 일부 자유화(1980), 가격 통제 폐지(1985) 등을 실시했으나 대폭적인 인플레이션이 뒤따라 국민들의 불만이 컸다. 당내에서도 근본적인 경제개혁이 불가피하다는 다수 의견이 제시되었지만 그는 신병으로 더 이상 정치를 계속할 수 없었다. 통일 이후의 정책 때문에 그의 대중적 인기는 그리 높지 않다. 1986년 초, 그는 신병 치료차 소련에 머무르다가 귀국해 7월에 사망했다.

같은 해 12월, 공산당대회에서 시장경제 제도를 도입하는 '도이머이(刷新쇄신, 개방·개혁)'정책을 도입했다.

베트남 DMZ 답사

DMZ의 도시 동하 근처에 미군과 북베트남 정규군의 격전지 케산(KheSanh, 溪生계생), 북위 17선 이북의 북베트남 지하 피난터널로 유명한 벤하이(BếnHải, 瀿海변해)강 북쪽의 빈린(Vĩnh Linh, 永靈영령), 남북

각 5km에 이르는 비무장지대를 사실상 가로지르는 히엔르엉 다리(까우 히엔르엉Cầu HiềnLương) 등이 필수 관광코스이다.

어느 나라를 막론하고 전쟁보도는 전쟁 중에 전투지에 파견된 종군기자, 사진가나 영상기사가 사진을 찍고 기사를 송고한 것이다. 때로는 군 정훈 관계자가 연출자가 되거나 조감독이 되어 병사들을 사실상 연기자로 동원하는 경우도 종종 있다.

종군기자 역시 사령부에서 예하부대가 바쁘게 올린 전투 경과보고를 토대로 각 언론기관의 요구에 맞게 뉴스거리를 가공하는 경우도 많아 때로 오보 소동이 벌어지기도 한다.

나는 베트남전쟁에 관한 미국 중심의 기록을 챙겨보지만 베트남 측 주장은 다른 것이 많으므로 쌍방의 주장을 공정하게 취재하여 집필했다.

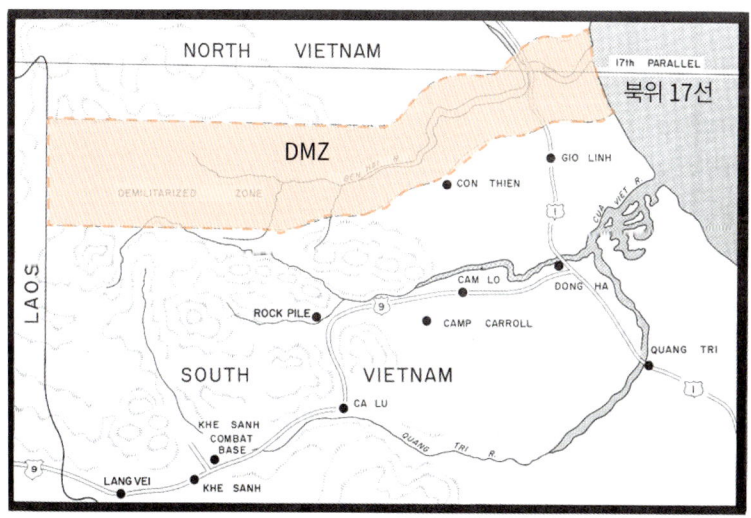

베트남 DMZ 지도

2. 케산 전투의 진실을 몰랐던 참전자들

케산(KheSanh, 溪生계생) 전투는 1968년 1월 21일부터 4월까지 동하 시내에서 서남쪽으로 63km 떨어진 베트남 9번 도로(QL-9, AH-16) 부근에서 미군 케산 전투기지(베트남어 따껀Tà Cơn)를 두고 벌어진 전투로 베트남에서는 '9번 도로 전투(찌엔직드엉 찐Chiến dịch Đường 9)'라고 한다. 9번 도로는 베트남의 꽝찌성과 라오스의 사바나케트(Savanakhet)를 연결하는 도로 구간으로 베트남 서쪽 국경선에는 라오바오(LaoBào) 출입국관리사무소가 있고, 일대에는 커피와 아보카도 플랜테이션이 있다.

케산은 당시 북위 17도선을 따라 남북 양쪽이 각각 5km씩 정한 DMZ(비무장지대)에 자리한 마을로 꽝찌성 흐엉호아(HướngHóa, 向化향화) 현청 소재지이다. 흐엉호아현에는 꽝빈성에서 남북으로 뻗은 쯩썬(TrườngSơn, 長山장산)산맥(영어 Annamite Range, 안남산맥)을 따라 뻗은 호찌민루트의 격전지인 케산, 랑버이(LàngVây, 영어 Lang Vey)와 다크롱(Dakrong) 계곡이 있다. 현재는 계곡 사이를 막아 만든 라오꾸안(Rào Quán)댐과 수력발전소가 건설되어 산악소수민족이 거주하는 대부분의 산간마을에도 전기가 공급되고 해외 가전 수입품과 베트남 각지에서 생산된 물품이 이 산골에 보급되어 삶의 질이 해변도시 못지않다.

세계 각지에서 베트남 DMZ 답사를 위해 찾아온 관광객 중에는 유럽인이 많았다. 나의 개인 가이드인 여성도 영어와 불어로 안내가 가능한 사람이다.

현지 자료에 따르면, 일찍이 이 지역의 원주민은 소수민족으로 프랑스식민주의자와 그 하수인의 압제와 착취에 대항히어 봉기한 적이 있고, 프랑스가 패전으로 물러나자 지역 공산당이 중심이 되어 새 사회

흐엉호아 삼거리에 있는 승전탑   흐엉호아 삼거리 오른쪽이 옛 미 해병 케산기지

를 건설하려던 곳이었다. 하지만, 1954년 7월 20일 제네바협약에 따라 이 지역은 미국이 지원하는 남베트남의 최북단에 위치하게 되면서 미국과 남베트남 정부는 북베트남과 라오스로부터의 침투를 막기 위해 백색벨트(white belt=no man's land)를 만들려고 계획했다. 미군은 흐엉호아 지역에 군사기지를 설치하고 잦은 폭격에 독극물과 고엽제 등을 살포하고 9번 도로를 따라 사격선을 설치했다. 이에 고향을 빼앗긴 지역주민들은 게릴리기 되었고 베트남인민군 정규군과 연대하여 미군과 사투를 벌이다가 1968년 7월 9일 최후 승리를 거두었다고 쓰고 있다.

  이 전투가 한창이던 때에 나도 해군 탱크상륙함의 수병으로 베트남 해역에 있었지만 북위 17도선 아래 남베트남 영역에서는 이렇게 치열한 전쟁이 벌어지고 있었던 것은 까맣게 몰랐다.

  이 전투에 대해 미국과 북베트남 쌍방은 서로가 승전했다고 주장하고 전과 보고도 판이하다. 베트남 주둔 미군 사령관 웨스트모어랜드와 북베트남의 디엔비엔푸 승전 영웅 지압 장군이 지휘한 전투였던 만큼 양쪽 언론도 편견을 갖고 보도했을 수 있다.

1964년 이 지역을 방문한 웨스트모어랜드 대장은 이곳이 북부 베트남에서 라오스를 경유하여 남부 베트남으로 이어지는 호찌민루트의 '닻(anchor)'이라는 말로 전략적 가치를 평가했다. 그는 이 지역에 주둔하고 있던 북베트남인민군을

영·불어에 능통한 현지가이드가 가리키는 곳이 영어로 케산기지

섬멸하여 케산을 확보하면 꽝찌성과 후에 지역 등 해안선을 따라 더 남쪽으로의 진격을 차단할 수 있을 것으로 보았다. 미군은 강력한 내륙진공작전을 전개하면서 공중폭격과 지상 포대의 포격으로 이곳에 배치된 북베트남군을 물리치고 비행장을 비롯한 대규모 진지를 건설해 미 해병 3사단의 다수 병력을 이곳에 배치했다.

1966년 말 미군은 꽝남(QuangNam, 廣南광남) 지역에서 수색과 파괴 작전을 벌이면서 다낭에 주둔하고 있던 미 해병 제3사단 9연대 1대대와 3연대 1대대를 이곳으로 이동시켜 미군 케산기지를 건설했다. 미 해병대와 함께 남베트남군 4개 대대, 미 육군 2개 포병대와 탱크연대도 9번 도로 연선에 배치됐다. 미 해병은 1,200m의 활주로를 갖춘 평방 약 2km의 기지를 확보하고 그 남북의 고지에 4개 전초기지를 설치했다. 베트남인민군은 1968년 뗏 공세에 앞서 호찌민루트의 안전을 확보하고 프랑스와의 전쟁을 승리로 이끈 디엔비엔푸 전투와 같은 상징적인 승리를 달성하기 위해 정규군 4개 사단을 투입해 케산 일대를 포위하고 미군과 남베트남군을 섬멸하려는 작전 계획을 세웠다.

호찌민루트로 연결되는 닥롱교

    현지 자료에 미군은 1967년 11월 개시된 작전부터 1968년 7월까지 두 차례에 걸친 큰 전투에서 전사자 1,489명 이상, 부상자는 7,579명 이상, 미 공군 5~20명이 더 전사했고, 7명이 실종됐다. 남베트남군은 정규군 229명 전사, 436명 부상, 민간인 비정규방위대 1,000~1,500명의 전사 또는 실종, 랑버이 지역전투에서의 포로 250명에 남베트남을 돕는 라오스왕국군의 피해는 미상이다.

    미국 측의 통계는 1968년 1월 21일부터 7월 9일까지만 미군과 연합군 병력 손실이 전사 2,800~3,500명, 전상 9,000명 이상, 실송 7명, 포로 250명 이상이라고 한다.

    미국 측 자료는 케산 전투에 6,000명의 해병대, 제1기갑공수사단 2만 명에 공군 등 모두 45,000명이 참전했다고 하지만 여기에 남베트남군, 남베트남 비정규민병대, 미 육군부대와 라오스왕국군은 포함되지 않았다. 북베트남 측 자료는 1968년 초에 미군은 해병 3개 연대를 비롯한 28,000여 병력을 포함하여 9개 포병대대, 1개 기계화중대 등 45,000명의 병력을 배치하고 있었다고 한다. 당시 베트남인민군은 케산 방면 포위군으로 304사단과 308사단 16,900명, 9호 국도 방어병력으로 320사단과 324사단 16,900명 등 약 34,000명과 예비병력으로 325사단이 참가했고 지역 게릴라부대가 합세했다고 한다.

미국 자료는 베트남인민군 전사자가 10,000~15,000명이라고 하지만 미군베트남원조사령부(MACV. 1962~1973 운영)의 비밀보고서에는 전사자가 5,550명뿐이라고 한다. 북베트남군 자료는 3월 중순 이전의 전상자가 1,436명이고, 전투 중인 1월 20일부터 7월 20일까지 전사자는 2,469명으로 합계 4,905명이라고 한다.

전쟁 중 적아 쌍방의 병력과 전·사상자 숫자는 항상 정확하지 않은 게 역사적으로 정상이다. 당시에도 미국 CBS방송은 미국 측이 확전을 위한 전공(戰功) 부풀리기를 위해 북베트남군 병력을 줄이는 오보를 했다고 하여 웨스트모어랜드 장군으로부터 명예훼손 소송을 당했다가 합의하여 진실 여부 규명을 피했다. 케산 전투도 마찬가지이다.

이 지역은 예전부터 원주민인 브루(Bru, Klu라고도 표기, 옛날의 반 끼에우Van Kieu족) 등 고산부족들의 고향땅이었다. 브루족은 오스트로네시아어족의 몬크메르어파에 속하는 소수민족으로 라오스와 태국에도 수만 명이 살고 있다. 그들의 말뜻으로는 '숲속에 사는 사람'이라고 한다. 베트남 내 브루족 인구는 2009년 74,506명에서 2019년 94,598명으로 증가했다. 2009년 통계에 따르면 이 민족은 꽝찌성에 베트남 내 민족인구의 74%인 55,079명이 살고 있다.

1968년에 베트남공산당 중앙위원회(Politburo)는 뗏 공세와 남베트남 전역에서의 봉기를 성공적

케산 부근 브루족 산간마을 주거지

으로 추진함에 있어, 미군과 남베트남군을 케산 지역에 묶어두기 위해 베트남인민군과 케산 지역 지원병들을 이 전투에 투입했다.

이곳 산악민족들은 다수가 온몸과 마음으로 베트남인민군을 도왔지만 랑버이에서 잡힌 포로 중에는 미군 쪽에 붙은 극소수의 산악부족민도 있었다고 한다.

이 지역 땅의 4분의 3에 독극물과 고엽제를 뿌려 식용인 농림산물과 기타 식물들을 황폐화시킨데 대한 분노로 이 지역주민인 소수민족들은 자발적으로 베트남인민군에 합류하였고, 3,000여 명의 소수민족 지원병들이 꽝찌와 후에 공격에도 자발적으로 나섰다. 고산부족 사람들이 자신들은 나무뿌리를 캐먹으면서도 베트남인민군 전투원에게 비축해둔 20톤의 쌀을 내주었다. 미군은 케산에서 프랑스군이 디엔비엔푸 평원에 집결하여 벌인 전투에서의 패전 경험을 반복하지 않으려고 했지만, 베트남인민군은 전술을 바꾸어 미군을 분산시키고, 보병보다 포탄을 퍼부어 병사들의 사기를 떨어뜨리는 대응방식을 사용했다.

미군 측의 전투 경과

베트남인민군은 1968년 1월 31일 뗏 공세가 시작된 이후 수비에 치중하는 미군을 상대로 적극적인 공격에 나섰다. 북베트남은 2월 중순에 더 북쪽에 있던 사단 예비병력 3,000명을 추가 투입해 한때 병력 비율이 4배나 되었다. 미군은 2월부터 4월까지 77일간의 전투기간 중 1,120회에 달하는 공수작전을 펴고 공군, 해군, 해병대의 폭격기로 약 114,000톤의 폭탄을 투하했다. 미군은 1월 21일부터 3월 31일까지 육군과 해군 폭격기가 24,000회 출격했고, 공군의 B-52폭격기도 2,700회나 출격했다.

1968년 2월 미군은 베트남 주둔군 규모를 505,000명으로 증원하면서 케산 일대에도 병력을 증강했다. 케산에 투입된 연합군 26

케산 전투를 위해 특별 제작한
미 해군 OP-2E Neptune 폭격기

케산 전투 당시의 미군 폭격

개 대대 중 5분의 2가 미군이었다. 1일 평균으로 환산해 폭격기도 매일 300회씩 출격해 폭탄을 퍼부었고 881고지 남쪽의 한 육상포대는 81mm 박격포를 1,000발이나 연속 발사해 포신이 발갛게 달아올라 병사들이 오줌을 누어 포신을 식혔다는 기록까지 있다.

베트남인민군의 대응

미군의 맹폭에도 굴하지 않고, 베트남인민군은 흐엉호아 지역주민들로부터 식량과 물의 공급, 부상병 치료를 받아가며 대공포로 응사하면서 미군에 대한 포위를 풀지 않았다.

이전에도 1967년 4월부터 5월에 걸쳐 케산기지 주변에서 양측 사이에 소규모 충돌이 있었지만, 베트남인민군은 1968년 1월 31일의 뗏 공세에 대비해 본격적으로 1월 20일부터 이곳 공략을 시작했다.

케산기지에 들어섰던 '9번 도로 전승기념관' 내의 전시물에 따르면 1968년 흐엉호아 해방 작전에 참전한 베트남인민군 측 병력은 보병 5개 사단에 246독립연대 제3대대, 3개 지역 보병연대, 6개 포병연대, 3개 반항공연대, 2개 탱크대대, 공병 1개 연대와 2개 대대, 6개 수송대대, 특공 1군단 5중대, 1개 정찰대대, 1개 화학중대 등의 규모였다.

북베트남 정규군 304사단이 서쪽에서, 325사단이 북쪽에서 포격을 개시하면서 케산 서북쪽의 845고지와 950고지를 공격해, 랑버이

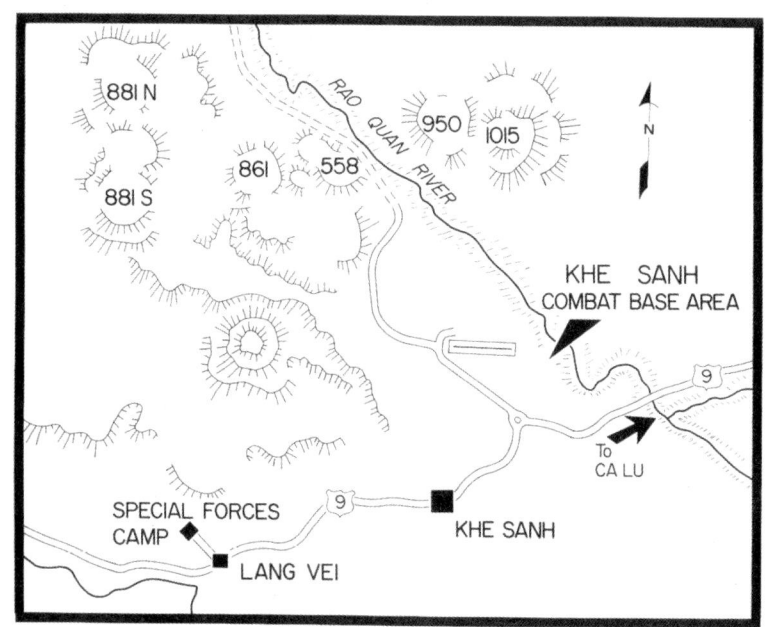

케산기지 일대의 주요 고지들

와 케산을 포위하고 참호를 파서 미국 해병 제3보병사단(사단장 톰킨스 Rathvon M. Tompkins 중장, 1912~1999) 2개 연대와 남베트남 육군 공수부대에 육박했다. 케산기지 동쪽은 이미 베트남인민군이 차지했기 때문에 베트남인민군은 2만 병력으로 서쪽과 북쪽을 압박하여 미군의 보급로를 끊었다. 인민군은 미군이 15년 전 프랑스군처럼 지상보급로가 끊겨 공중 보급을 하지 않을 수 없게 만들려는 전술이었다.

베트남인민군은 부대를 동쪽 해안부로 이동해 미 해군의 해상 접근을 차단하면서 1968년 2월에는 동쪽의 DMZ 남쪽 히에우강 전투에서 미군을 물리쳤다. 이때부터 베트남인민군은 케산 북부의 832고지, 845고지, 950고지를 장악하고 미국 해병 제26연대(연대장 로운즈David E. Lownds 대령, 1920~2011)를 포위했다. 케산 서부의 3개 고지를 장악한 베트남인민군은 라오바오에서 까루(CàLu)에 이르는 9번 도로 통제권을 확보했지만 미 해병은 지하참호에서 완강하게 저항하며 증원 병력의 도착을 기다렸다. 베트남인민군의 포위가 시작되면서 미국 존슨 대통령은 백악관에서 테일러(Maxwell Taylor, 1901~1987) 합참의장에게 '어떤 대가를 치르더라도 케산이 새로운 디엔비엔푸가 되게 해서는 안 된다'고 공개적으로 독전 지시를 내렸다.

비밀 해제된 미국 문서에 따르면 웨스트모어랜드 장군도 맥아더 원수가 한국전쟁에서 생각했던 것처럼 이 전투에 원자폭탄 투하 계획까지 검토했지만 이 지역 토양의 특수성 때문에 효과가 크지 않을 것이라는 맥나마라 국방장관 등의 반대로 무산되었다. (McNamara, Robert. 'Memorandum for the President, 19 February 1968'. Khe Sanh Declassified Documents)

미 해병대가 이 더운 밀림에서 엄청난 인명 손실을 내고 있음에도 불구하고 언론은 자국민에게 미군이 전쟁에 승리하고 있다는 기만적 언론보도로 선전전을 벌이고 있었지만, 사실상의 전세는 미군 측에 불리했다.

베트남인민군 측의 전투 경과

베트남인민군은 1968년 1월 중순경부터 미군이 장악하고 있는 따마이(TaMay) 요새를 뺏기 위해 보병연대 단위 전투에 처음으로 러시아제 탱크로 무장한 탱크중대를 동원했다. 베트남전쟁에서 북베트남 측이 야전에 탱크를 동원한 것은 이것이 처음으로 미군 측에서는 큰 소동이 벌어졌다. 이 전투 끝에 인민군은 미군에게서 다수의 무기와 장비를 노획했다.

베트남인민군은 탱크, 포병, 보병 합동으로 총공격을 퍼부었다. 당시 민 해도 우리는 북베트남 정규군과 남베트남민족해방전선(NLF=베트콩)을 구별했으나 이곳 전투 현장에 와 보니 그 구별은 무의미했다.

1968년 1월 20일부터 2월 7일에 걸쳐 북베트남 측은 9번 도로 서쪽의 요새들을 파괴하고, 국도를 다시 개통했다. 1월 21일에는 흐엉호아에 있는 미군 현지 사령부를 접수해 200명의 미군을 포로로 잡았다. 2월 6일 저녁과 7일 아침에 걸쳐 인민군 198탱크대대는 보병과 함께 케산에서 서쪽으로 10km 떨어진 미군 특수부대의 랑버이 요새를 제압하고 케산기지를 압박해 들어 왔다. 케산기지는 일찍이 프랑스군 요새가 있던 바로 바깥에 1962년 8월 미군 특수부대가 건설한 활주로가 있는 곳이었다.

이곳은 해발 230~320m로 미군 350여 명과 군사고문단 30여 명이 지하참호, 요새, 벙커를 만들어 철조망으로 에워싸고 지뢰를 매설해 9번 국도를 봉쇄하려는 미군과 남베트남군의 최대 군사 거점이었기 때문에 수많은 폭격기를 동원해 주변 침입을 차단했다.

베트남인민군은 이 요새를 파괴하기 위해 198탱크대대와 정규군 304사단 24연대, 325사단 101연대에 더하여 특공중대, 러시아제 방수탱크 PT-76 등으로 비밀리에 부대를 이동하여 갑작스런 공격으로 전선의 주도권을 잡아, 쌍방 대치 상황의 균형을 깨뜨려 나갔다. 미군 자료에는 9대의 탱크가 공격해 온 이 전투에서 미군 24명 전사에 11명 부상, 남베트남과 소수 산악부족(주로 부르족) 500명 가운데 316명이 전사했다고 한다.

1968년 2월 6일 오후 5시경, 베트남인민군 제9탱크중대는 8대의 탱크로 베트남과 라오스의 국경선을 넘어 미군 주둔지에서 서쪽으로 불과 2km 떨어진 라오바오 부근 세뽄(Sepon)강의 교량 부근까지 내려갔다. 베트남인민군은 미군의 주의를 분산시키기 위해 랑버이에 대한 포격을 계속했지만 미군은 이를 감지하고 케산과 랑버이 양쪽에서 포탄을 쏘고, 폭격기로 로켓탄과 화염을 토해내 베트남인민군의 진격을 막았다.

이날 밤 11시 25분경, 장애물을 헤치며 계속 전진한 베트남인민군 제9탱크중대는 미군의 반격을 무력화시켰다. 미군은 적의 탱크가 예측하지 않았던 남쪽 방향에서 나타나자 당황하는 사이에 인민군 325사단 1연대 3대대가 미 군사고문단이 있던 320고지 바로 앞까지 진출했고, 그 사이에 제3탱크중대가 304사단 24연대와 협동으로 9번 도로 서부지역을 점령했다.

1968년 4월 들어서 2~3월의 뗏 공세가 진정국면에 들어가자 미군은 케산기지를 수복하기 위해 제1공수사단, 3개 공수대대와 남베트남군으로 케산 일대를 포위해 지상전투를 벌였지만, 그 사이에 베트남인민군은 9번 도로를 따라 라오스 국경 부근으로 후퇴해 병력을 전개했다. 미군은 케산기지 400m 가까이까지 육상포를 퍼붓고, B-52폭격기가 2~3km 단위로 폭격을 가해 기지 외곽을 봉쇄했다. 낮 동안에는 미군이 육상과 공중에서 케산에 계속적으로 강력한 공습을 가했기 때문에 인민군은 포위망을 그대로 유지하기 힘들었지만 인민군은 케산의 서부를 끝끝내 포기하지 않았다.

6월 1일 미 해병 3사단은 케산에서 베트남인민군을 축출하기 위한 새 작전을 전개했지만 막대한 인명 피해를 입었고, 베트남인민군은 케산 서부의 미군 요새들을 계속 공격해 지상과 공중 간의 교신기능을 마비시켜 버렸다. 케산이 포위·고립되자 미 해병대는 9번 도로로부터 철수해 남쪽으로 이동했다. 미군의 방어선은 동하와 끄아비엣(CửaViệt, 남중국해로 흘러드는 강 입구)으로 이동했고, 인민군은 케산 일대의 9번 도로 연선에 대한 공격강도를 더욱 높였다. 6월 26일 미군사령부는 공중폭격과 지상전투를 더 이상 유지하기 어려워 케산 포기를 선언했지만 인민군은 포위 공격을 더욱 강화해 7월 9일 케산-흐엉후아 일대를 완전 점령했다.

요약하자면, 베트남인민군은 이 전투에서 미군 해병 병력과 공수부대 등을 케산 부근의 9번 도로 부근으로 끌어내 지리적 난관과 늘어난 보급선 등으로 작전을 어렵게 했다. 인민군은 미군의 강력한 방어 체계에 직접적 파괴를 가하고, 미국의 수뇌부가 있는 케산을 파괴하여 장기간 고립시킴으로써 미군 해병대와 공수부대를 산악지대로 옮기게끔 유도했다. 그 후에 인민군은 미군이 긴급 대응할 수 없게 전선의 모든 도시와 마을들을 신속히 공격하고 접수해 버려 미군사령부는 케산으로부터 철수하지 않을 수 없었다.

전승기념박물관에 진열된 한 패널에는 인민군이 170일 동안 밤낮없는 전투에서 미군 전사 또는 포로 11,900명, 78대의 군용차량 파괴, 197대의 항공기를 격추 또는 파괴하고 마침내 흐엉호아 주민 1만여 명을 완전 해방시켰다고 기록하고 있다.

전투 쌍방의 전과 통계는 서로의 통계 기산날짜와 통계 단위나 방법들이 달라 타당성과 정확성은 각각 다르다.

전쟁의 영향

1968년 6월 30일, 영국 BBC는 '케산의 포기가 요충지를 포기했다는 뜻뿐만 아니라 정책과 환상을 포기했다는 함의를 지닌다. 미군의 모든 노력은 케산의 견고한 요새처럼 피괴되어 버렸다'고 방송했다. 베트남인민군 신문은 '케산이 승리한 시골마을'이라고 강조했다.

170일 이상의 전투와 포위 끝에 북베트남군과 인민은 케산과 케산 인민위원회에 승리의 깃발을 게양했다.

미국은 패배를 인정하지 않지만 이 전투를 변곡점으로 파리협상이 진행되었고, 전쟁의 확대가 멈췄으며 북베트남과 NLF(베트콩)의 사기를 드높여 준 것이 사실이다. 호찌민은 '케산 전투의 승리가 인민, 군과 당의 힘과 승리의 전략을 보여주고 남베트남에서의 대승에 크게 기여했다'고 평가했다.

현재 케산이 위치한 흐엉호아현은 폭탄과 화학물질의 집중 세례를 딛고 재기하여 2014년 기준으로 연평균 8.8%의 경제성장을 기록했으며 산악마을로 재생하고 있는 중이다. 치열한 전투 현장이었던 호찌민 루트의 9번 국도는 라오바오 상업지구와 동하 시내를 연결하는 주요 도로의 기능뿐만 아니라 동서경제회랑으로서의 역할을 잘 수행하고 있다.

전쟁이 끝난 후, 이 지역 소수민족들은 뒤에 정착한 베트남 낀족과 함께 인근 국가인 라오스와 선린(善隣)관계를 유지하여 국경선의 안전은 잘 보장되어 있다.

전쟁보도의 진실성과 공정성에 대한 기대

미군의 전투 역사 기록에는 북베트남군이 15년 전의 승리를 재현하지 못하고 케산기지의 포위를 풀었지만 미군도 북베트남 세력권 내에 있는 케산기지의 유지비용이 많이 들고, 참호에 대한 항공 폭격의 위력이 상대적으로 낮았기 때문에 7월에 들어 기지를 파괴하고 철수했다고 한다. 그래서 미군은 전술적으로 승리했지만 최전방 케산기지를 포기했다는 것이다. 이후에 뗏 공세와 함께 케산 전투는 미국 여론에 큰 영향을 미치고, 베트남전쟁 반전운동 지지자를 증가시키게 되었다고 주장한다. 군부가 패전 이후의 상황 전개를 언론의 책임 탓으로 돌리는 전쟁보도의 과오를 슬쩍 뒤집어 써 주는 것이 소위 '국익을 위해' 미국 언론이 수세기 동안 행해온 변함없는 근성이다.

하지만, 미국에서는 그 다음에 진실을 밝히는 많을 학자들과 출판사가 맡는다. 그런데 우리나라에서는 현대 정치나 현대사와 관련된 분과 학문별 학자들이 정치 현실에 개입하기에 바빠 연구를 게을리 하고 출판은 책이 팔리지 않으니 짤막한 '학술논문'이라는 형식에다 제 주장과 '학술지 심사자'라는 남의 주장을 섞어 쓴 글들로 늘 역사적 진실을 덮

9번 도로 케산 전승기념박물관   미국 케산기지 흔적

어 버린다. 한국 출판계는 출판사가 대중성 있는 잘 팔리는 책 하나로 몇 년을 버텨야 하니 '언론 출판의 자유'가 산업적으로 보장되기 어려운 구조이다.

1968년 베트남에 참전하고 있던 한국군 중에 북위 17도선의 이남 일부가 이미 북베트남(당시 월맹) 정규군에 점령되었다는 사실을 아는 사람이 몇이나 될까? 옛 격전지를 찾았다가 전쟁 언론과 전쟁 특파원의 '받아쓰기'와 '전쟁놀이'가 하나의 연극이고 관람기라는 생각이 들었다.

하지만, 미군(9천 명)과 남베트남군(3만3천 명), 합계 4만2천 명은 1971년 1월 30일, 9번 국도에 재진입하여 케산전투기지를 재점령하려는 작전을 개시했다. 2월 8일 두 군대는 병력을 5만5천 명으로 증강하고 무장을 대폭 강화하여 남부 라오스를 침공했지만 미군 지상군과 군사고문단은 라오스로 월경하지 않고 항공, 포병과 군수품을 지원했다. 그래도 남베트남군은 베트남인민군에 밀려 재설치한 케산전투기지로 퇴각했다가 다시 베트남인민군 땅굴 부대와 포병의 공격을 받고 1971년 4월 6일 이 지역에서 완전히 철수했다.

3. DMZ을 사이에 두고 바로 북쪽, 빈목 땅굴

베트남 현지어로 디아다오 빈목(Địa đạo VịnhMốc, 地道詠木지도영목)이라고 부르는 빈목 땅굴(VịnhMốc Tunnel)은 꽝찌성 빈린(Vinh Linh, 永靈영령)현 빈목 지역의 현무암 지대에 사람들이 파 놓은 땅굴이다. 빈목 지역은 북위 17도 남북경계선 바로 이북인 벤허이강의 북쪽에 있다. 이 땅굴들은 베트남전쟁 당시 지역주민들이 폭격을 피해 살아남으려고 1965년경부터 1972년경까지 판 것으로, 내부 구조는 매우 정교하고도 복잡하다. 땅굴을 뚫은 사람들은 주민, 공무원, 게릴라 대원 등이었다.

빈린은 1069년 베트남 리(李) 왕조(1009~1225) 시대의 무장 리트엉 키엣(Lý Thường Kiệt, 李常傑리상걸, 1019~1105)이 남진하면서 발견한 지역으로 새들이 조잘대고 원숭이가 소리치는 조용한 자연을 보존하면서 사람들이 천년 가까이 잘 살아오던 지역이다.

하지만, 이곳 현대사는 굴곡이 심하다. 베트남의 항불 독립운동이 승리로 끝났지만 '제네바협정'이라는 이름으로 그들의 고향은 군화 발에 유린되기 시작했다. 북베트남민주공화국과 프랑스의 휴전을 주선하면서 2년 후인 1956년 총선거를 통해 통일베트남이 건국할 때까지 빈목마을 바로 아래, 북위 17도선은 남과 북의 잠정적인 군사분계선이 되었다. 하지만 이 분계선은 1974년 미군이 완전 철수할 때까지 '최전방'을 뜻하는 다른 이름이었다.

빈린에는 '씨앗이 있으면 나무가 생길 것이니까 어려운 운명일지라도 눈물을 감추라'는 전래된 민요가 있다고 한다. 빈린의 지신(地神)은 아마도 20세기의 그 어려움을 예비하고 있었는지도 모를 일이다.

1971년 6월 뉴욕타임스와 워싱턴포스트에 그 진실의 일부가 밝혀진 이후 미국과 북베트남 간의 긴장이 고조되면서 빈린은 북베트남 폭격(北爆)의 주요 목표지점이 되었다. 또한, 북폭을 마치고 남쪽으로 돌아오는 미국 폭격기가 군사분계선 북쪽에서 남은 폭탄을 마구 투하하는 장소이기도 했다. 남베트남 쪽에서는 맥나마라 라인(McNamara Line)이라는 이름으로 불렸던 벤허이강의 북쪽에 수많은 지상 포화를 퍼부었다. 맥나마라 라인은 남중국해에서 베트남 비무장지대를 따라 동쪽으로는 케산에 이르는 지역의 도로와 산길에 첨단 열 감식장치를 설치해 정교한 전자감시를 실시하는 장벽 시스템으로 지상에서 폭격이 가능한 적지를 파악하는 전략적 요소였다.

남중국해에서는 미 해군 제7함대가 계속하여 이 지역에 함포사격을 퍼부었다. 이 때문에 빈목 주변은 '폭탄주머니'로 불렸지만 마을 주민들은 폭격을 피하기 위해 땅굴을 파기 시작했다. 처음에는 비교적 얕게 팠지만 미군의 폭격 강도가 더해지면서 이를 견딜 수 있도록 점점 더 깊게 파야 했다. 그래서 땅굴은 3층 구조까지 크게 3종류로 지하 12m형, 15m형, 23m형이 있다.

이 지역 일대는 미군의 육·해·공에 걸친 폭격을 모두 받았지만 주민들은 이 폭격에 능동적이고 자주적으로 대응함으로써 인간의 무한한 잠재능력을 후세와 만천하에 보여주는 현장을 만들어 놓았다.

당초에 빈목에는 국경경비대용 땅굴과 2개의 게릴라용 땅굴 등 3개가 있었다가 전투와 협동을 위해 3개 터널이 하나의 내형 땅굴로 연결되고 길이 1,701m에 13개의 출입구를 갖췄다. 13개 출입구 중에 7개는 바다를 향하고, 6개가 언덕 위를 향했다. 땅굴은 사람들의 안전과 장기간의 사용을 위해 아주 과학적으로 건설되었다. 땅굴을 따라 2~4인 가족용 피난처가 있었는데 땅굴 바닥은 배수가 가능하게끔 2~3도 경도로 비스듬하게 만들었다. 3층 땅굴은 1층이 깊이 8~10m, 2층이 12~15m, 3층은 23m였다.

1965년부터 1972년에 걸쳐 8년 동안 빈목 땅굴 안에는 약 600명의 주민이 살았다. 그들은 땅굴 안에 우물, 부엌, 60여 명이 모일 수 있는 회의장과 기타 생활공간을 만들었다. 지하 땅굴에서 분만도 하고 아이들도 키웠다. 여기서 태어난 아이가 60여 명이라고 한다. 좀 성장한 아이들은 대나무로 위장한 숲속에 놀이터를 만들어 놀게 했지만 이 위장된 유아놀이터에도 폭탄이 퍼부어져 지표면이 깊게 함몰했다.

미군이 이 지역에 투하한 폭탄은 50만 톤 이상으로 주민 1인당 약 7톤의 폭탄을 쏟아부었지만 이들은 불사조처럼 살아남은 것이다.

빈목에서 구한 안내 책자에는 '독립과 자유보다 더 귀한 것은 없다'는 신념을 가슴에 새기며 '다이아몬드는 전투의 연기 속에서 더욱 빛났다'는 글귀로써 땅굴 속 인간의 생존생활사를 축약해 주고 있다. 그 많은 폭탄도 인간의 생존 의지를 꺾지 못했다. 20세기 현대인이 그야말로 가장 원시적인 기술공법으로 땅굴을 파고 생존해 간 역사를 증언하고 있다.

처음에 이곳 주민들은 지상에 여러 형태의 피난처를 만들었지만 맹폭격을 견뎌낼 수 없었다. 그들은 1963년 말 무렵부터 주로 게릴라 부대원들을 중심으로 빈린의 현무암 지대에 깊이 6~7m에 길이 6~7m의 피난용 땅굴을 파기 시작했다. 1966년 중반에 빈린에는 1,300개의 피난처가 만들어졌고, 전체 배수로의 길이가 1,300km로 국토 전체 길이의 절반에 이르렀다. 하지만 이 땅굴들은 길이가 짧고 깊이가

빈목 일대의 땅굴 분포도

빈목 땅굴의 출입구

얕아서 폭격으로 많은 인명이 희생되는 것을 막을 수 없었다. 1967년 한 해에도 폭격으로 얕은 땅굴들이 무너져 100명 이상이 압사했다.

이에 주민과 게릴라들은 더 길고 깊은 땅굴을 파기 시작해 1968년 말에는 빈린 지역 15개 공동체의 70개 마을이 거의 땅굴을 가지게 되었다. 이 땅굴은 사이공 부근의 꾸찌 땅굴(Điạđạo CùChi, 地道枸枝 지도구지)처럼 피난처인 동시에 전투용 초소가 되었고 그에 더해 30m 깊이까지 파고 들어간 생존용 땅굴이었다. 빈린 지역의 땅굴은 대략 2,000km에 달하는 지하 배수로와 중소형 땅굴을 빼고도 114개 마을에 터널 총길이만 40km 이상이다.

빈린의 땅굴은 지하에 살고 있는 사람들의 마을로 집, 회의장, 의료시설, 행정관리기구, 학교, 유치원 등이 있었다. 각 마을별로 큰 땅굴(main tunnel)에는 각자의 가정집으로 가는 갈래 길, 붕괴 시에 피난할 대피소, 부엌, 창고, 우물, 환기용 창문 등이 있었으며 천정 높이는 1.6~1.9m, 폭은 0.9~1.2m이다.

폭탄 세례 속에서 땅굴 파기는 정말 어려운 일이었고, 거기다 굴을 파낸 새 흙이 공중에서 발견되면 그곳에 폭탄을 퍼붓기 때문에 더 많은 땅굴을 파야 했다. 땅굴을 파는 방법으로 먼저 50m 깊이의 우물을 판 다음, 4~5명이 한 조가 되어 서로 다른 방향에서 땅굴을 판다. 땅속 깊은 곳을 파들어 가면서 상대방 쪽에서 파들어 오는 사람을 만나기 위해 그들은 어둠 속에서 외계인처럼 벽을 두드리거나 지하의 메아리를 듣는 소통 방법도 익혀 갔다. 폭격으로 불바다가 되는 이곳에 이 많은 지하시설을 만들기 위해 빈린 사람들이 흘린 피와 땀, 많은 양의 물자, 인력, 생명을 담보한 구체적 사실은 필설로 모두 전하기 어렵다.

땅굴의 마을회의장에는 40~80명이 모임을 가질 수 있었고 회의는 물론, 예술 공연까지 했다. 하지만 땅 속의 삶은 특별히 배려된 회의장, 환자 간호실, 출산장 외에는 모두 빛의 부족에 허덕이지 않을 수

빈목 땅굴 속 공연

없었다. 땅굴 속 취사도 지상으로 연기가 보이는 것을 막아야 했기 때문에 특수기구를 만들어 요리하고 연기가 작은 땅굴로 스며든 뒤에 지상으로 배출되게 했다.

땅굴 속에서 태어난 아이들의 재롱이 이 척박한 삶 속에서도 베트남인의 불멸을 상징했다고 한다. 더욱 놀라운 것은 이 땅굴 속에서도 마을마다 예술 팀을 만들어 '노래 소리로 폭탄 소리를 압도하자'는 슬로건을 내걸고 실천했다고 한다.

빈린의 땅굴은 주거와 마을 활동뿐만 아니라 지방정부가 일하는 곳이고 군인이 복무하는 곳이기도 했다. 빈닌의 파도 치는 바닷가에는 죽어서도 고향 흙에 묻혀 이 지역을 수호하겠다는 사람들의 묘지와 누각도 지어졌다.

이 땅굴 마을은 거기에 더해 북에서 남으로, 남중국해[베트남에서는 비엔동(Biển Đông, 東海동해)=국제적 명칭은 남중국해]의 껀꼬(Cồn Cỏ, 堚鞋군고) 섬에 주둔하는 북베트남군에게 보급되는 수십 톤의 식량과 무기창고 역할도 맡았다.

1972년 꽝찌성의 3분의 2기 북베트남 수중에 넘어갔을 때, 이 땅굴 마을은 '강철의 요새'를 지켜낸 용감한 사람들로 기록되었다.

이 땅굴들은 전쟁이 끝난 오늘날 주요한 관광지가 되었다. 사이공 부근 꾸찌 땅굴이 공격하는 미군을 잡는 덫이었다면 이곳은 미군의 육

빈린 해변과 해안의 무덤들

관광지로 변한 DMZ 가장 가까운 해변공원 입구

해공 폭탄을 인력으로 막는 두더지 집이었다.

DMZ의 흔적 히엔르엉 다리 강둑과 국기게양대

베트남 DMZ(비무장지대)는 북위 17도선 남북 양쪽 5km의 지역으로 양쪽 군대가 이 지역에서 무장을 하지 않기로 선언하였지만 실제로는 벤허이강을 따라 비무장지대의 폭이 다소 달랐다. 비무장지대 북쪽인 벤하이강(Sông Bến Hải) 강북의 히엔르엉교(Cầu HiềnLương, 賢良橋현량교)는 꽝찌성 빈린현 벤하이강 위에 부설되어 남북 베트남을 양분하는 다리인데 동하 시내에서 서북쪽 32km, 빈린현 중심에서는 남쪽으로 7km에 있다.

이 다리는 1954년부터 남북이 통일될 때까지 남북 베트남 경계선의 일부였지만 1972년 5월 케산 전투에서 북베트남이 승리한 후에는 사실상 북베트남 관할 하에 들어갔다. 벤하이강은 쯔엉선(TrườngSơn)산맥(안남산맥)에서 발원하여 동쪽으로 약

벤허이강 하구의 어촌 마을. 현재, 남북은 튼튼한 다리로 잘 연결되어 있다.

70km를 흘러와 북쪽의 빈린현과 남쪽의 조린(Gio Linh, 㞐靈유령)현 사이를 흘러 남중국해에 면한 끄아뚱 비치(Bãibiển Cửa Tùng)에 이른다.

이 다리는 프랑스식민지 시대에 두 번째 부두(second wharf)를 뜻하는 현지어를 잘못 알아들어 벤하이(베트남어 '하이'는 '둘'이란 뜻)강이라는 이름으로 불리게 된 강 하구에 강철로 만든 길이 165m 정도의 좁은 보행자전용 다리였다.

1954년 7월에 체결된 제네바협약에 따라 이 강은 북위 17도선을 가르는 강의 이름으로 세상에 알려지고, 1956년 7월, 2년 후의 총선 때까지 북위 17도선이라는 잠정적인 경계선으로 남북 양쪽의 비무장지대(DMZ) 중앙선이 되었다. 하지만 총선에서 북베트남(베트남민주공화국)의 호찌민에게 패배할 것이 확실해지자 형식상, 베트남 남부만의 단독선거로(그것도 부정선거 의혹 속에) 남베트남 대통령에 당선된 지엠이 반대하여 남북 총선이 실시되지 못했기 때문에 1954년 7월부터 이곳은 남북 두 정권의 분계선이 되었다. 이 잠정적인 분계선이 위치하는 벤하이강은 베트남전쟁이 계속되는 1975년까지 21년 동안 국토분단의 아픔을 상징하는 곳이었다.

본래 DMZ는 남북이 북위 17도선에서 5km씩 물러난 군사적 완충지대로 마련했지만 이 다리에서 북쪽 DMZ는 2.5km이고, 남쪽은 4.5km가 떨어져 있는 등 일정하지는 않다. DMZ의 무이시(Mũi Si)부터 벤땃(Bến Tất) 사이에는 프랑스어와 베트남어로 1km마다 흰색의 표지판이 설치되었으나 더 서쪽 산악지대로부터 라오스 국경까지는 지형상의 어려움으로 표지판이 설치되지 않았다.

벤하이강 하구의 공동생활 구역인 이곳은 강 하나를 사이에 두고 나라의 구별이 없던 시대에서 갑자기 비무장지대의 분계선이 그어지면서 강둑 하나를 사이에 두고 남북 양쪽 뚝방에서는 안타까운 일들도 많이 벌어졌다.

내가 읽은 여러 글 중에서 가장 기억에 남는 것은 '강물에 빠진 아이를 북쪽 마을 사람들이 구조하면 북쪽 뚝방으로 데려갈 수밖에 없었다. 아이는 남쪽 뚝방에 서 있는 '어머니'를 불렀다. 아이가 부르는 소리가 들릴 때 어머니는 울 수밖에 다른 도리가 없었다.' 강폭은 백수십 미터밖에 안 되지만 뚝방 사람들은 그 후 20여 년 동안 서로 만날 수 없었다. 그들은 신호를 통해 서로 소통했다. 예를 들어 남쪽에 있는 사람이 죽었으면 상복을 입고 얼굴을 감쌌다. 체포된 사람이 있으면 등 뒤로 두 손을 묶어 보였다. 장례식에는 4개 그룹이 등장했다. 남쪽에 있는 사람이 죽으면 남쪽 뚝방을 따라 시신을 운구했고, 북쪽 사람들은 시신을 배웅하기 위해 북쪽 뚝방 길을 따라 걸었다. 나머지 두 그룹은 강물 속에 그림자를 보여주는 일을 맡았다.

내가 이곳을 찾은 날 마침 장례식을 끝내고 돌아가는 사람들의 모습을 볼 수 있었다. 흰 옷 입고 장례식을 지내는 모습이 내가 피난 가서 시골에 살 때 본 모습을 연상시킨다.

매년 음력설(뗏)이나 명절 때는 일가친척들을 찾기 위해 뚝방으로 나갔지만 사람들이 너무 많아 서로 찾기가 어려웠다. 남쪽 경찰은 남쪽 사람들에게 일가친척을 찾으러 뚝방으로 못 나가게 위협하거나 심지어는 구타하고, 심지어 강북의 친척을 만나러 경계선을 넘으려는 생각을 머릿속에만 품었다는 이유로 살해되기도 했다. 지금은 승전자인 북베트남 측의 기록이지만 '1954년부터 1964년까지 북쪽에서는 적을 발견했어도 그들에게 발포하지 않았다'고 한다.

남쪽에 있는 많은 사람은 북쪽에 남편이나 아내가 살아 있으면 그것으로 협박을 받았기 때문에 남편과 아내를 버려야 했다. 우리나라에서도 연좌제로 이런 일이 비일비재했던 이산가족의 슬픔과 한을 기억하지만 베트남인들은 분단 21년 만에 다시 만날 수 있었다는 점이 70년 이상 분단되어 이 세상에서 다시 만나지 못하는 우리와 크게 다르다.

1957년의 히엔르엉 다리   히엔르엉 다리는 1967년 미군의 폭격으로 붕괴되었다.

히엔르엉 다리의 역사

베트남 1번 국도[QL-1A. QL은 한자 國路(국로)의 베트남 말 Quoc Lo의 약재]의 히엔르엉교는 베트남 남북통일의 기념물로 이곳에 건립되어 있다. 남쪽에는 거대한 통일기념관이 있고, 북쪽에는 정교한 모자이크 장식의 받침대 위에 거대한 깃대(게양대)가 있다. 이 게양대에는 호찌민 주석이 웃음을 띠고 전승을 축하하는 형상이 지역 관광상품으로 한몫하고 있다. 이 교량은 2001년에는 히엔르엉강 뚝방에 복원한 역사적 유물로 1952년 프랑스가 처음 만든 교량을 업그레이드한 작품이다.

프랑스식민지 시절인 1928년, 강폭이 100m일 때 빈린의 주민들을 동원하여 폭 2m의 인도교와 수송용으로 철제교량과 페리 부두를 건설했다. 1943년에는 교량을 보수하여 경차들이 통행할 수 있는 다리로 보강했고, 1950년에 프랑스가 군사용 목적으로 길이 162m에 폭 3.6m인 콘크리트 교량을 만들어 10톤의 중량을 견딜 수 있게 했으나 2년 후에 게릴라의 습격으로 폭파되었다. 1952년 프랑스는 다시 길이 178m, 폭 4m의 새 철제교량을 만들어 18톤의 무게를 지탱할 수 있게 했다. 이 교량은 남북 각 89m를 두 부분으로 나누고 각각 다른 색을 칠해 놓았으나 15년간 존재하다가 1967년 미군의 폭격으로 붕괴되었다.

비무장지대의 업무 처리를 위해 다리를 건너 남쪽 경찰서로 가는 북쪽 경찰들

1973년에 이 지역을 점령한 북베트남 측이 벤하이강에 가설한 부교 형식의 다리

1972년부터 1974년까지 북베트남이 사실상 이 지역을 점령하면서 남부의 전투지역을 지원하기 위한 군수물자를 수송할 목적으로 옛 다리 서쪽 20m에 임시 교량을 건설했다. 1974년에 북베트남군은 길이 186m, 폭 9m에다 양쪽에 1.2m의 인도를 갖춘 새 교량을 건설했다. 후에 점점 교량이 노후화되어 1996년 길이 230m, 폭 11.5m의 현대식 교량이 대체 건설되었다.

분단 후의 강 남북과 교량의 역사가 갖는 의미

제네바협정에 따라 이 비무장지대의 경비는 양쪽 경찰 병력이 맡았다. 히엔르엉 강둑을 따라 비무장지대를 감시하기 위해 사람들이 건너갈 수 있는 1개 교량과 거룻배용 9개 부두 등 10개소에 검사초소가 있었다. DMZ 규칙 준수를 지키는 양측 경찰서가 양쪽 둑 가까이에 있었다. 양측 경찰서는 교량의 양쪽에 있었는데 북측 경찰서는 히엔르엉에, 남측 경찰서는 쑤언호아(Xuân Hòa)에 설치됐다. 양쪽 경찰서 인원은 각각 20명을 넘을 수 없게 제한했고, 주민들의 거주지에 들어가는 것은 엄격히 금지됐지만 경계선을 넘어 시장 거래나 사업을 하는 것은 허용되어 경찰은 그 사람들을 검사하는 임무를 맡았다. 또한, 각 경찰은 상대방 경찰이 제네바협약을 준수하는지를 서로 감독했다. 캐나다,

현재의 히엔르엉교 북쪽 국기 게양대

인도, 폴란드 등 국제감시단이 이들 쌍방의 업무를 감독했다.

1954년부터 1965년까지 12년 동안 북부의 경찰서는 미군과 남베트남군의 협정 위반에 대해 항의하는 장소였다. 총소리 없는 전쟁터였지만 군의 선전전으로 마이크 소리가 시끄러웠던 비무장지대 내에서 경찰의 결정, 정보와 감시 및 규칙 위반에 대한 다툼은 잦았지만 북부 경찰과 남부 경찰은 정상적인 관계를 유지했다. 경찰들 간에 더러 말싸움도 있었지만 대화로 서로의 고민을 풀었다.

1965년 전선이 북베트남까지 확대되면서 이 강은 양측의 군사 대결장이 되어버렸다. 양쪽(미국+남베트남 대 북베트남)은 서로 고성능 스피커로 DMZ 부근 주민에 대한 민사심리작전의 하나인 선전전을 강화하는 경쟁을 벌였다. 그 후에 미군의 북폭이 시작되면서 폭탄 소리가 이 선전 스피커 소리를 압도했다.

강둑에는 양쪽의 경찰서가 매일 국기를 게양했다. 국기 게양도 선전전의 핵심 도구의 하나였기 때문에 북쪽 국기 게양대도 많은 수난을 당했다. 1954~1956년간 북베트남 경찰은 12m 높이의 소나무로 게양대를 세웠고, 남쪽의 프랑스는 쑤언호아 경찰서에 15m 높이로 게양대를 세웠다. 후에 북측이 18m 높이의 소나무로 게양대를 높이자 남베트남은 30m 높이로 콘크리트 게양대를 세웠다. 북측은 오전 6시 30분부터 오후 6시 30분까지 국기를 게양했다.

1965년 2월 8일 남베트남 공군 조종사 키(Nguyen Cao Ky, 1930~2011, 남베트남 수상 1965~1967, 부통령 1967~1971, 1975년 남베트남 패망 시 미국 망명. 1970년대 마약 밀수와 관련된 비리로 미국 CIA의 굴레를 벗어날 수 없었다는 설이 유력하다. 2004년 귀국, 말레이시아의 병원에서 폐암 사망)가 게양대 폭격을 시도했으나 실패했다. 1965년 9월 17일 폭격기 편대가 이 게양대를 폭격했지만 북베트남의 대공포 견제로 항로를 변경했다가 오폭하여 남베트남 경찰관 28명을 포함한 52명이 피폭 사망했다.

1967년 8월 2일 미군은 함포 사격으로 이 게양대 폭파에 성공했으나 북베트남은 11차례나 12~18m 높이의 목조 게양대를 재건했다. 미군의 함포 사격으로 게양대가 폭파되던 날, 북베트남 병사도 몰래 강을 건너가 남베트남 국기 게양대를 폭파해 그 이후에 남베트남은 게양대를 재건하지 않았다.

이 지역이 북베트남군에 점령된 후인 1973년 임시 지방혁명정부가 35m 높이로 철제 게양대를 재건했고, 2001년에는 노후화되어 붕괴될 우려가 있어 38.6m로 다시 세우고 게양대 아래에는 승전을 기념하는 장식들을 첨가한 것이 지금 보는 것과 같다.

4. 프랑스의 도움으로 건국한 응우옌 왕조 143년의 수도 후에

후에(Huế, 化和, 베트남에서는 '훼'라고 해야 알아듣는다)는 베트남 중부에 있는 도시로 트아티엔-후에(ThừaThiên-Huế, 承天승천-化和)성의 성도이다. 2019년 인구는 355,230명이다. 지리적으로 베트남 국토 남북의 거의 중앙에 위치해 하노이는 북쪽으로 700km, 호찌민시는 남쪽으로 1,100km의 거리에 있다. 도시 좌표는 북위 16도 28분, 동경 107도 36분이다.

도시 평균 높이가 해발 15m로 남중국해 해안으로부터 16km 거리에 있고, 안남산맥의 지맥(支脈)이 도시의 배후를 둘러싸 시가는 언덕에 둘러싸여 있다. 평지에 조성된 도시 가운데를 흐엉강(HươngGiang,

香江향강)이 서쪽에서 동쪽으로 흘러와 북쪽에서 남쪽으로 흘러온 보장(BòGiang, 蒲江보강)과 합류하여 동중국해에 이른다.

흐엉강이 도시의 중앙을 가로질러 도시를 남북으로 나눈다. 북쪽 구시가와 남쪽 신시가 사이에는 쯔엉띠엔 다리(Cầu TrườngTiền, 場錢橋장전교), 푸쑤언 다리(Cầu PhuXuân, 富春橋부춘교) 등의 교량이 놓여 있고, 거룻배도 있다. 9월부터 11월까지의 우기에는 종종 흐엉강이 범람하여 1820년에는 구시가에 있는 성벽이 물에 잠기고, 1904년에는 쯔엉티엔 다리가 홍수로 떠내려간 일도 있다.

베트남에서는 대체로 투언호아(ThuậnHóa, 順化순화)라고 부른다. 14세기 쩐 왕조가 설치한 순주(順州)와 화주(化州)의 2개 행정구역 중에서 화주의 한자음인 호아(hoá)가 전화되어 후에(Huế)가 되었다. 베트남 중부의 응우옌 왕조는 프랑스의 도움으로 서부 산악지역 농민군으로 일어선 떠이선 왕조(1778~1802)를 제압하고 후에를 수도로 삼았다(1802~1945). 후에에는 궁정을 비롯하여 많은 능묘가 유네스코 세계문화유산이고 궁정 예능인 아악(雅樂)이 무형문화유산으로 등록되어 있다.

후에 시내를 유유히 흐르는 흐엉강

후에 쯔엉띠엔 다리

후에는 9월부터 11월까지의 우기에 집중호우로 저지대가 물에 잠기고, 흐엉강의 교량이 유실될 정도로 홍수가 도시를 할퀸다. 5월부터 9월까지는 평균기온이 섭씨 28~29도를 넘는 날이 많아 무덥다. 2월부터 5월까지 4개월은 평균기온 섭씨 18~22도로 비 오는 날도 거의 없고 지내기에 쾌적하다.

도시의 역사

기원전 111년에 전한(前漢)이 설치한 남비엣(NamViet, 南越남월)국 9개 군의 하나인 리난(Rinan, 日南일남)군 소재지와 2세기 말에 시작해 8세기 중엽까지 존재한 참파 왕국의 람읍(LâmẤp, 林邑임읍, Linyi, 서기 200~750) 왕조의 수도가 현재의 후에에서 3km 서쪽에 있었던 것으로 추정된다. 람읍 시대에는 인도차이나반도 내륙의 물품을 중국으로 선적하는 항구였다. 중세 초기까지는 참족이 많이 살았지만 북부에서 베트족이 남하해 와서 이 지역의 농장주 등으로 명문가를 이루었다.

1307년 쩐 왕조(1225~1400) 시기에 다이비엣(ĐaiViệt, 大越대월)과 참파 사이에 체결된 협정에 따라 이 일대는 다이비엣에 할양되었고, 1401년부터 1402년까지 베트남 중북부에 존재한 호(냐호NhàHồ, 家胡가호) 왕조(1400~1407, 수도 타인호아)는 베트남 북부와 흥강 델다의 유민을 이곳에 이주시켰다. 1407년에 호 왕조를 멸망시킨 중국 명나라가 안남을 지배하면서 쩐 왕조의 생존자들이 명나라에 충성을 맹세했지만 지역의 토호들이 1413년까지 명나라에 저항했다. 1558년 중부 베트남 꽝남의 쭈어 응우옌(主阮주완, 1558~1775) 정권의 응우옌호앙(NguyễnHoàng, 阮潢완황, 1525~1613)이 입성하여 이 지역의 베트족화(京族化경족화)를 완료하면서 다이비엣과 참파의 국경도시가 되었다.

16세기부터 시작한 쩐 왕조의 세력가 동낀찐씨(東京鄭氏동경정씨)와 꽝남응우옌씨(廣南阮氏) 간의 남북조시대(1539~1775) 중 남북전쟁 기간

[찐-응우옌펀짜인(Trịnh-Nguyễn phân tranh, 鄭阮紛爭정완분쟁), 1627~1672]에 후에는 꽝남응우옌씨의 본거지가 되고 1636년에 후에가 푸쑤언(PhuXuân, 富春부춘) 도성으로 완성된다. 꽝남응우옌씨 시대에 푸쑤언은 남중국해 무역의 중심지로 발전했다.

떠이선 왕조가 응우옌 정권을 전복한 1774년에 레 왕조의 북부실권자 찐씨가 1786년에 떠이선 왕조의 응우옌반후에[Nguyễn Van Huệ, 阮惠완혜, 1753~1792, 떠이선 왕조 대월국(大越國) 제2대 황제, 재위 1788~1792, 일명 응우옌꽝빈(Nguyễn Quang Bình, 阮光平왕광평), 꽝쭝호앙데(QuangTrung Hoàngđế, 光中皇帝광중황제)]가 푸쑤언을 점령했다. 응우옌반후에는 푸쑤언 점령 후에 북평왕을 칭하면서 꽝빈에서 데오하이반(하이반 고개)에 이르는 지역을 지배했다.

프랑스의 도움으로 응우옌 왕조를 창시한 쟈롱[GiaLong, 嘉隆帝가릉제, 1762~1820, 재위 1802~1820, 응우옌푹아인(Nguyễn Phúc Ánh, 阮福映완복영)]은 푸쑤언을 제압하고 1802년 이곳을 응우옌 왕조의 수도로 정했다. 쟈롱 황제는 프랑스 양식으로 별 모양의 성곽을 가진 황성 건설을 계획하고 쟈딘(GiaĐịnh, 嘉定가정, 현재의 호찌민시)에 두었던 디엔타이호아(ĐiệnTháiHoà, 太和殿태화전)을 1805년 후에로 옮겨와 황궁 건설을 시작했다. 근대 베트남 중부 왕조의 이 궁성을 황타인후에[HoàngthànhHuế, 皇城化황성화, 다이노이(ĐạiNội, 大內대내), 낀타인(Kinhthành, 京城경성)]라고도 한다.

응우옌 왕조 시대의 후에는 중국의 영향을 받은 낀족 문화에 참 문화를 혼합한 도시로 발전되었다. 제4대 황제 뜨득[TựĐức, 嗣德帝사덕제, 1829~1883, 재위 1847~1883, 초명 푹홍님(Phúc Hồng Nhậm, 福洪任)]은 꽝남응우옌씨의 정사 '다이남특룩(ĐạiNamthựcục, 大南寔錄대남식록)'을 편찬하고 건축사업도 대대적으로 전개해 현존하는 왕궁과 교외의 제릉(帝陵)을 정비했다.

1883년에 프랑스가 후에를 점령하고 후에조약을 체결한 다음 해인 1884년 파트노트르(Jules Patenôtre des Noyers, 1845~1925)와 '보호조약(파트노트르Patenôtre 조약)'을 체결해 우리나라 을사보호조약과 마찬가지로 베트남(당시 국호 대남국大南國)은 프랑스의 보호국이 되고 응우옌 왕조의 왕들은 대부분이 황제라는 이름의 허수아비로 제2차 세계대전 말까지 이곳의 궁전에 살았다. 1945년 8월 24일에 제13대 황제 바오다이는 베트남 8월 혁명으로 프랑스와 일본 두 나라의 허수아비 왕 자리에서 퇴위하고 후에를 떠났다. 이들의 여름 황궁은 중부고원의 남쪽인 달랏에 있었다.

1963년 남베트남 응오딘지엠 정부(1955~1963)의 불교 탄압에 항거하여 민주화를 요구하면서 후에에 있는 쭈아티엔무(Chùa ThiênMụ, 天姥寺천모사)의 틱꽝득(Thích Quảng Đức, 釋廣德석광덕, 1897~1963) 스님이 사이공에서 분신하면서 군사쿠데타의 기폭제가 되었다. 쿠데타로 티에우가 집권하고 있던 1968년의 뗏 공세 때는 1월 31일부터 2월 24일까지 후에에서 치열한 전투가 전개되어 2,800~6,000명의 공무원, 경찰, 교사, 학생이 피살되었다.

도시 구성

시내 중심인 쩐흥다오 거리의 동바 시장(쩌동바Chợ ĐôngBa)은 콘크리트 2층 건물로 1층에는 잡화, 야채와 과일류, 2층에는 의류를 판매하고 있다. 1986년의 태풍으로 붕괴되었다가 재건된 시장 부근의 거리에 음식점, 전자제품 판매점, 잡화점 등의 상점이 줄지어 들어서 있다.

후에 시가지와 교외에는 응우옌 왕조 시대의 유적이 다수 남아 있다. 흐엉강 북안(좌안)의 구시가지에는 황궁, 관료와 서민들이 살던 마을이 있고, 남안(우안) 신도시는 프랑스인 거주지였던 곳으로 관공서, 학교, 병원, 호텔 등이 들어서 있다.

후에 왕궁

구시가에는 성벽에 둘러싸인 바둑판 모양으로 남쪽에 성벽과 해자로 둘러싸인 황궁이 있다. 응우옌 왕조의 건조물들은 중국식 건축양식에 바로크 건축과 베트남의 전통 건축을 혼합한 것이 특징이다. 베이징의 자금성(紫禁城)을 모방·축소한 왕궁의 동쪽에는 국자감과 육부 등의 관청이 있었다.

성벽은 한 변이 2.2km, 높이 6.6m, 폭 21m이고, 외부에 해자가 파져 있다. 성벽에는 11개의 문이 있다. 성벽 건설에는 각지에서 모은 기와와 목재를 가져와 3만 명이 동원되었다.

1968년 뗏 공세 때 NLF와 북베트남인민군이 구시가를 공격했지만, 성벽은 손상되지 않았다. 성벽 밖에는 1804년에 흐엉강의 통행을 감시하기 위해 강의 물결과 거센 강바람을 견딜 수 있는 둥근 형태의 요새를 쌓아 올려 건축한 쩐빈다이(Trấn Bình đài, 鎮平台진평대)와 쩐하이타인(Trấn Hải thành, 鎭海城진해성) 등이 있다. 황궁과 남쪽의 능묘 건축에는 청나라에서 초빙한 풍수지리 전문가의 자문을 받았다고 한다.

왕궁의 남쪽에 망루로 사용되던 깃발탑(Kỳ Đài, 旗臺기대)이 있다. 깃발탑의 받침대 높이는 17.4m, 탑의 꼭대기까지 높이는 29.6m이다.

후에 왕궁 태화전

후에 왕궁 정문인 응오몬과 출입구를 둘러싼 해자   왕궁 깃발탑

깃발탑은 베트남전쟁과 천재지변으로 여러 번 파괴되었지만 1969년에 재건되었다. 깃발대의 좌우에는 9문의 대포가 설치되어 있고, 오른쪽 4개의 대포는 사계절을, 왼쪽 5개의 대포는 오행사상을 뜻하고 있다. 대포가 실제로 사용되지는 않았지만, 영적인 힘으로 황궁을 수호하는 역할을 한다고 믿었을 것으로 보인다.

왕궁 지역은 세로 604m, 가로 622m, 높이 4m, 두께 1m의 성벽이 보호하고 있다. 성벽 바깥을 둘러 판 해자의 수량은 사방의 수문으로 조절한다. 왕궁의 건물 상단은 악령의 침입을 막기 위해 도자기나 유리 조각으로 장식을 만들어 놓았다.

응우옌 왕궁 건축은 2개 건물의 지붕을 결합하여 하나의 건물로 만들어 공간을 넓히는 것이 특징이다. 두 건물의 지붕 사이에는 빗물을 흐르게 하는 차양이 설치되어 있지만, 이 차양만으로 베트남의 집중호우를 처리하기 어려워서 누수와 목재 부식의 문제가 있다.

왕궁 정문인 응오몬(NgoMôn, 午門오문)은 정오가 되면 태양이 문 바로 위에 오게 설계된 문으로 남향이다. 문은 여러 입구가 있지만 중앙의 출입구가 황제 전용의 문이었다. 중앙 입구는 철책으로 폐쇄되어 있어 현재는 사용할 수 없다. 응오문이 완성된 1834년에 문 위에 목조 2층 건물에 5개의 전망대를 설치했다 건설 당초의 이 문 위에는 금박이 부착되어 있었다고 한다. 흰개미 때문에 큰 피해를 입은 응오문 역시 중국 베이징의 자금성 오문을 모방하고 있다.

 응오문을 지나면 왼쪽과 오른쪽 길 사이에 연못이 있다. 연못의 왼쪽 공간에서는 황제가 타는 코끼리와 말을 키웠고 오른쪽 공간에 막사가 있었다. 황궁의 중앙에는 정치의 중심인 디엔타이호아(ĐiệnTháiHòa, 太和殿태화전, 아래 태화전)이 있고, 태화전의 후방에는 담으로 둘러싸인 궁궐이 있다. 태화전은 세로 30.5m, 가로 44m, 높이 11.8m이고 지붕, 기둥, 왕좌에는 황제의 상징인 용이 새겨져 있다. 1968년 태화전은 전화(戰火)로 파괴되었다가 1970년에 재건되었다. 태화전의 중앙에는 황제가 앉는 금박 의자와 받침대가 설치되어 있다. 그 외의 궁내 시설은 다음과 같다.

○ 히엔럼깍(HiênLâmCác, 顯臨閣현림각=세묘(世廟)]

 역대 황제와 황후를 모신 사당으로 태화전의 서쪽에 있다. 그 정원에는 응우옌 왕조가 통일베트남의 염원을 기원하는 9개의 솥이 놓여 있다. 솥에는 역대 황제의 이름과 베트남 각지의 사계절 풍경이 새겨져 있다. 중앙의 가장 큰 솥은 쟈롱(嘉隆帝가륭제)에게 바친 것이다. 이 건축물의 보존 상태는 비교적 양호하고, 1947년 프랑스군 재상륙으로 피해를 입었지만 곧 복구되었다.

○ 꿍디엔토(CungDiênThọ, 延壽宮연수궁)

 1803년 쟈롱이 어머니를 위해 지은 집이다. 예전에는 중국식 램프

히엔럼깍(현림각)   꿍디엔토(연수궁)

를 걸 수 있었지만 전재와 도난으로 손상되었다가 재건되었다.

○ 꿍안딘(CungAnĐịnh, 安定宮안정궁)

카이딘(KhảiĐịnh, 啓定帝계정제, 1885~1925, 재위 1916~1925) 12대 황제. 이름이 응우옌푹브우다오(Nguyễn Phúc Bửu Đảo, 阮福宝幬완복보도), 개명 푹뚜안(Phúc Tuấn, 福晙복준)으로 즉위하기 전 거주하던 서양식 건물(양관)로 마지막 왕인 바오다이가 대관식을 가질 때까지 거주했다.

○ 주옛티두엉(DuyệtThịĐường, 閱是堂열시당)

왕족이 아악을 감상하던 극장을 복원한 건물로 궁중음악과 궁중무용을 공연하고 있다.

○ 황제의 능묘

도시 외곽의 남쪽, 흐엉강 상류의 언덕에 응우옌 왕조 역대 황제의 능묘가 있다.

티엔토랑(ThiênThọ Lăng, 天授陵천수릉)

쟈롱 황제의 능묘로 후에 시내에서 20km로 떨어진 기장 남쪽에 있다. 1814년에 죽은 첫 왕비의 무덤이 조성되어 면적은 다른 능묘의 5배나 될 만큼 넓지만 황폐한 상태에 있다. 자연지형을 활용하여 구성된 능묘는 3구획으로 나눌 수 있으며, 앞 구역에는 황제의 업적을 기록한 비석, 중앙 구역에는 위패와 유품이 있고, 가장 안쪽 구역에 시신이 묻혀 있다. 능묘 구역에 황제의 가족묘도 있다.

히에우랑(Hiếu Lăng, 孝陵효릉)

제2대 황제 민망(Minh Mạng, 明命帝명명제, 1791~1841, 재위 1839~

민망 황제의 능묘

1841)의 능묘로 시내에서 12km 거리에 있는 깜케(Cẩm Khê)산에 1840년부터 1843년에 걸쳐 1만 명을 동원하여 조성한 곳으로 랑민망(Lăng MinhMạng)이라고도 부른다. 오늘날은 공원이 되어 시민들이 많이 찾는 휴식처가 되었다.

능묘 건설은 왕이 살아 있을 때 시작했지만 아들인 제3대 티에우찌(Thiệu Trị, 紹治帝소치제. 1807~1847. 재위 1841~1847)의 통치시절에 완공된 능묘로 자연지형을 잘 활용하고 화려하게 조성되어 있다. 마당에 늘어선 코끼리, 말, 관리의 석상은 죽은 영혼을 보호하기 위해 만들었다. 부지 내에는 황제와 황후의 위패가 안치되어 있는 전각 등의 건물과 연꽃 연못 등이 있다.

우기에는 부지 내의 연못에 물이 흘러오기 때문에 수문을 사용하여 연못의 수량을 조질하고 있다. 홍수와 태풍 때 종종 침수되어 외벽과 부지 내의 소나무가 피해를 입었다. 황제의 무덤은 언덕 위에 있지만 시신은 무덤에 묻혀 있지 않고, 실제 매장 장소는 미상이다.

쑤엉랑(Xương Lăng, 昌陵창릉)

제3대 티에우찌의 묘로 왕궁에서 약 8km 떨어진 흐엉투이(Hương Thủy) 지역에 있다. 1993년 12월 유네스코 세계문화유산으로 지정됐다. 이 능묘는 응우옌 왕조에서 잘 사용하지 않는 서북쪽을 향한 유일한 무덤이라는 특징이 있다.

티에우찌는 생전에 부왕의 묘소인 히에우랑을 건설했지만 자신의 능은 평평한 산에 만들어 많은 노동력이 필요한 웅장한 지상건축물을 원하지 않았다. 이에 따라 왕릉은 1848년 2월 건축을 시작해 40일 만인 3월 하순 완공되었고 시신은 지하에 안치했다.

흐엉강이 능묘 앞을 흐르고 그 건너편에는 응옥쩐(Ngọc Trân)산이 있고 뒤에는 멀리 떨어져 구름 속에 가려진 낌응옥(Kim Ngọc)산 등이 있어, 황제의 영면을 보호하는 장엄한 자연벨트 구실을 하고 언덕, 논과 주변의 녹색정원이 능묘를 고요하고 평화롭게 해 주고 있다.

랑뜨득(Lăng Tự Đức, 嗣德陵사덕릉)

제4대 뜨득의 무덤으로 시내에서 12km 떨어진 흐엉강 서쪽에 있다. 투이쑤언(Thủy Xuân) 마을의 좁은 계곡에 원래 별장으로 설계된

뜨득의 능묘 끼엠랑

중국식 건축물의 능이다. 사후에 무덤으로 개축되고 이름이 끼엠랑(KhiêmLăng, 謙陵겸릉)으로 바뀌었다. 부지는 사원과 능묘로 나뉘어져 있다. 수려한 풍치 속에 지어진 정교한 건축물로 부지 중앙에 큰 호수가 있고, 작은 배를 타고 갈 수 있어 생전에는 뱃놀이와 낚시 등에 사용되었다. 뜨득은 응우옌 왕조의 군주 중에서 가장 장기간 통치한 왕으로 백여 명의 처첩이 있었지만 아들을 얻지 못했다. 자신이 직접 비문을 쓴 비석은 베트남에서 가장 큰 비석으로 500km 이상 떨어진 채석장에서 4년이나 걸려 운반해 왔다.

뜨득은 죽기 훨씬 전에 자신의 무덤 건설을 계획하고 1864년부터 1867년에 걸쳐 부지의 주요 부분에 자신과 그의 생애 동안 많은 아내를 위한 궁중 휴양지 역할을 할 사원을 함께 건설했다. 능묘 건설에 많은 노동력과 세금이 필요했기 때문에 1866년에는 쿠데타가 일어났으나 진압되었다.

안랑(An Lăng, 安陵안릉)

제5대 왕으로 1883년 7월 20일부터 23일까지 3일 동안 재위하고 사형당한(餓死아사) 죽득(DụcĐức, 育德帝육덕제, 1852~1883, 재위 1883)의 무덤으로 도심에서 2km인 안끄우(An Cựu)에 있는 무덤 중의 하나이다. 이곳에는 왕과 왕비의 능, 왕자의 무덤 등 42기의 무덤이 있다. 무덤은 무덤 영역과 사당의 구역으로 나누어 서로 평행하게 배치되어 있고 두 구역 모두 벽이 있다. 그의 아들로 프랑스로부터 독립을 지키려고 저항하다 인도양 동쪽의 외딴 섬 레위니옹(Réunion)에 유폐되었던 타인타이(ThànhThái, 成泰帝성태제, 1879~1954, 재위 1889~1907, 초명 Nguyễn Phúc Bửu Lân, 阮福寶嶙완복보린)와 왕비의 능묘, 그의 손자로 타인타이의 아들이며 역시 항불운동을 전개하다 축출되어 부왕과 함께 레위니옹에 유배되었다가 1987년에 프랑스에서 이장한 주이떤

[DuyTân, 維新帝유신제, 응우옌푹호앙(Nguyễn Phúc Hoàng, 阮福晃완복황), 초명 Phúc Vĩnh San, 福永珊복영산, 1900~1945, 재위 1907~1916)]의 능묘와 베트남의 마지막 왕비인 주이떤의 모후 등 응우옌 왕조 왕족의 묘가 있다.

응릉(ỨngLăng, 應陵응릉)

제12대 카이딘 황제(KhảiĐịnh, 啓定帝계정제)의 묘로 흐엉투이(HươngThủy)읍 투이방(Thủy Bằng) 마을의 쩌우쯔산(núi Châu Chữ) 가파른 언덕 위에 있다. 1920년부터 1931년까지 11년이 걸려 완공한 능묘로 내부 벽과 천장이 도자기와 유리로 장식되어 있다. 바로크뿐만 아니라 불교와 힌두교 사원과 천주교 성당의 특색도 포함하여 동양과 서양의 건축양식을 혼합했다. 내부에는 금박이 부착된 황제의 동상이 놓여 있고 동상의 약 9m 아래에 시신이 안치되어 있다. 그의 아들이 응우옌 왕조 최후의 허수아비 왕 바오다이이다.

카이딘 황제의 능묘 응릉으로 오르는 계단

종교시설

쭈아티엔무(Chùa ThiênMụ, 天姥寺천모사)

쭈아티엔무 7층 탑

이 지역의 호족으로 초대 쭈어 응우옌(阮主)이 된 응우옌호앙(Nguyễn Hoàng)이 원주민이던 참족이 흐엉강 북쪽에 쌓아놓은 벽돌 언덕 위에 1601년 건축한 사찰이다. 21m 높이의 7층 탑인 탑프억주이옌(Tháp Phước Duyên, 慈仁塔자인탑)이 경내에 있다. 탑의 각층에는 불상이 안치되어 있고 거북이 석상의 곁에는 불경의 구절, 황제의 업적과 사원의 건립연도 등이 기록되어 있다. 본당 뒤편에는 이 절 소속으로 남베트남 지엠 정권의 불교 탄압에 항거하여 분신한 틱꽝득 스님이 생전에 사용하던 영국제 자동차 오스틴(Austin) A95가 전시되어 있다.

후에 대성당(냐토 동쭈아끄우테 Nhà thờ Dòng Chúa Cứu Thế)

1959년 미국의 원조로 건립된 이 성당은 유럽의 대성당 건축과 베트남의 전통 건축양식이 혼합된 건물이다.

디엔혼첸(Điện Hòn Chén, 혼천殿)

원래 참족의 신앙인 힌두교의 전설상 여신 포나가르(Lady Po Nagar), 얀포나가르(Yan Po Nagar, 杨婆那加양파나가)를 모시던 신전이다. 힌두교를 믿는 베트남인은 성모 티엔이아나(Thien Y A Na)라는 칭호로 이 여신을 숭배해 왔다고 한다. 이 신전은 도심인 쯔엉띠엔 다리(Cầu Trường Tiền)에서는 흐엉강 강변을 따라 서남쪽으로 15km 깊숙이 들어간 응옥쩐 산록에 있다. 산 이름은 민망왕이 옥잔을 떨어뜨렸다는 일화에서 유래되었다고 한다.

참족의 민속전설에 따르면, 포나가르 여신은 지구에 내려온 천상 황제의 딸로 모든 종류의 침향(沈香)과 쌀을 창조했고, 쌀의 향기를 발산하여 사람들이 벼를 심도록 권장한다고 한다.

이 신전은 1832년 3월에 민망왕이 수리·확장해 여러 신과 다른 많은 종교를 허용했다. 1886년에 친불파 동카인(ĐồngKhánh, 同慶帝동경제, 1864~1889, 재위 1885~1888)은 왕위에 오른 것을 성모에게 감사드리며 전국적인 연례행사를 열었고 왕이 어머니를 '자매'라고 부르면서 모두 이 성모의 제자라고 주장했다.

오늘날 이 신전은 종교적 유물이 아니라 조경건축유물로 많은 사람에게 알려져 있다. 후에 평야를 둘러싼 산맥 기슭이 흐엉강 깊숙한 언덕 위에 자리 잡아 강, 마을, 산과 함께 방문객들에게 종교적 신념과 영성을 제공받는 명소 중 하나로 여긴다. 왕실 의식과 민속신앙이 결

디엔혼첸

합한 유일한 신전으로 장엄한 산악과 가파른 해안의 험준한 절벽이 어울려 신비로움을 더해 후에 사람들의 영적 생활과 미신을 연결하는 중요한 위치를 차지하는 곳이라고 한다. 이 신전은 음력 3월과 7월 축제 기간에 수천 명의 방문객을 끌어들이는 독특한 문화적 명승지이다.

가옥

후에의 전통가옥은 사각형의 주거인 로이(Roi), 로이를 발전시킨 루옹(Ruong), 상점인 포(Pho) 등 3가지로 나뉜다. 로이는 중부 베트남 주택의 원형으로 서민의 주택뿐만 아니라 왕족 여성의 집도 이와 같다. 궁전과 전통가옥은 기본적으로 동일한 구조로 궁전은 '큰 주택'이다.

정원이 딸린 저택인 루옹은 한때 구 귀족·왕족·고급 관료의 주거였다. 루옹은 작지만 고급스러운 자재를 사용하고 안채의 남쪽에 설치된 정원에는 칸막이, 연못, 화분, 우물 등이 있어서 면적이 넓었다. 정원 곳곳에 나무와 꽃을 심어 그늘을 만들고 아름답게 꾸며 조상에 대한 제사 장소로도 사용했다. 정원은 비파와 쟁 등의 전통악기를 연주하고 무술을 연습하는 장소이기도 했지만, 최근에는 집주인이 카페와 노래방으로 개축한 예도 있다.

중국인 거주지역에 있는 복건성 향우회관

수상가옥과 수상생활자

흐엉강에는 지붕이 있는 작은 배에서 일생을 보내는 수상생활자들이 많이 있다. 한 배에 5명에서 10명의 가족이 살고 있는 안채 역할을 맡은 배, 고기잡이와 수송에 사용하는 거룻배를 갖추고 있다. 수상생활자는 흐르는 강물 곳곳에 모여 작은 마을을 형성하여, 그 모습이 마치 '1만여 개의 나룻배' 같다고도 한다. 전통적으로 수상생활자는 목조 선박을 사용해 왔지만, 최근에는 발동기와 조명용 배터리를 설치한 것도 있다. 또한 관광객을 위해 황제가 타던 용선(龍船)과 봉선(鳳船)을 건조해 선상에서 전통음악을 연주하는 영업을 하는 사람도 있다.

후에 시당국은 최근에 주민의 정신생활과 문화생활 향상을 이유로 수상생활자의 육상 이주를 추진하고 있지만 생계 문제가 있으니 쉬운 문제는 아닌 것 같다.

흐엉강 북쪽의 수상가옥

음악

옛 응우옌 왕조의 궁정에서 아악 등의 음악이 연주되었지만, 왕정이 폐지되면서 이 전통은 단절됐다. 후에의 건조물이 유네스코 세계유산으로 등록된 후 1994년부터 유네스코가 무형문화재의 조사를 진행해 국제회의에서 계승자가 극소수인 궁중음악과 제사의 전통이 근근이 존속하고 있음이 확인되었다. 이어 궁중음악의 계승자 육성, 제례용 음악과 전통무용의 복원, 후에 아악의 무형문화재 등록 등을 하고 있다.

후에의 음식 문화

후에 어떤 식당의 다양한 메뉴

후에 요리는 고추를 사용해 매운 맛이 나고 접시에 나오는 요리는 한입에 넣을 만한 크기이다. 쌀가루를 사용하여 찐 요리가 많다. 고추가 많이 사용되는 것은 후에의 원주민인 참족이 향신료를 많이 사용했던 음식 문화의 자취로 보인다.

시내에는 풀코스로 응우옌 왕조 시대의 궁정요리를 제공하는 레스토랑도 있고, 궁중요리의 레시피가 관리들의 가정으로 전해져 대중요리로도 전수되어 색다른 음식 맛을 내는 식당도 있다. 그러나 식비와 재료가 한정되어 있기 때문에 관광객들이 찾아가는 요리점은 궁중요리와 달리 매우 간단한 것만 있지만 그래도 나는 숭어회를 과식하여 속이 불편했던 기억이 있다.

후에 요리 품목은 분보후에(Bún Bò Huế, 粿餔化, 후에 소고기 쌀국수), 껌헨(Cơm Hến, 조개 국물에 말은 쌀밥), 쌀가루를 물에 타서 찐 다음에 고추를 많이 넣은 국물을 곁들인 따로 국밥, 녹두를 넣은 떡, 특수한 나뭇잎에 싼 팥떡 등 색다른 것들이 많다.

박물관

후에 궁정미술박물관은 1845년 왕성 동쪽에 건설된 건물에 1923년에 개장한 것으로 참파 시대의 미술품과 응우옌 왕조의 궁정용품이 전시되어 있다.

군사박물관은 응우옌 왕조 시대의 국자감(国子監) 건물을 전용한 시설로 베트남전쟁 초기에는 미국인 고등학교로 사용되다가 전후에는 베트남전쟁에 관한 자료를 전시하는 박물관으로 사용하고 있다.

교통

하노이와 호찌민시를 잇는 통일 철도의 후에역이 있고, 남쪽 교외에 국제공항이 있어 국내 각지에 항공기가 취항하고 있다.

구 시가지의 북쪽과 신시가지의 남쪽에 위치한 버스터미널에서 시외노선버스가 있고, 시내버스도 자주 운행되고 있다. 다낭에서는 9인승 또는 12승 리무진을 쉽게 탈 수 있다.

버스터미널

5. 남베트남 북단의 군사도시에서 통일베트남 관광 중심이 된 다낭

다낭(Danang, 沱㶞, 峴港)은 베트남 중부 최대의 항구도시로 2019년 인구가 1,134,310명인 중앙직할시이다. 다낭은 하노이에서 남쪽 759km, 호찌민시에서 북쪽 960km 거리에 있는데 서쪽은 산으로 둘러싸여 있고, 동쪽은 남중국해에 면해 있다. 다낭시의 경계는 북쪽으로 하이반(Hải Vân) 고개를 넘어 후에이고 서남은 꽝남성이다.

프랑스식민지 시대에는 뚜란느(Tourane)라고 불렸다. 현재의 지명은 참 말로 큰 강 하구를 뜻하는 다낙(da nak)에서 유래되었다는 설 등이 있다. 17세기에는 께한(Kẻ Hàn=Han 시장)이라는 별명으로 하이반 고개의 산기슭 마을이라는 뜻으로 사용되기도 했다.

도시의 기원은 서기 192년 고대 참파 왕국으로 거슬러 올라간다. 참파의 전성기 세력권은 후에에서 붕따우(VungTau)까지였다. 인드라푸라(Indrapura=현재 꽝남성 탑동주영Tháp Đồng Dương)는 서기 875년부터 1000년까지 참파 왕국의 수도였다. 현재의 다낭 지역 부근에는 심하푸라(Simhapura, 사자의 도시라는 뜻)가 있었는데 그곳이 고고학 유적인 짜끼에우(Trà Kiệu)와 세계문화유산인 미썬 성지(탄디아 미썬Thánhđịa MỹSơn, 聖地美山성지미산)이다.

서기 982년에 인드라푸라 왕은 하노이 주변의 왕국인 다이비엣국과 싸워 레 호안에게 패배해 서기 1000년경에 멸망했다.

다이비엣의 참파 침략은 11세기 후반까지 계속되어 참파 왕국은 리 왕조에 북부 3개의 영지를 내놓게 되었다. 얼마 지나지 않아 베트남민족 농민은 옛 참파의 황무지를 논으로 개간하면서 해안의 좁은 평야를 따라 남쪽으로 이동해 왔다. 다이비엣 베트족의 남진은 몇 세기 동안 계속되어 15세기 말에는 옛 참파의 영토 대부분을 병합했다.

독립왕조시대

16세기에 호이안(HộiAn, 會安회안)은 꽝남응우옌 정권의 도읍지인 후에의 외항으로 남만무역이 행해지는 국제무역항이었지만 당시에 다낭은 작은 어촌에 불과했다.

18세기가 되자 투본(Sông ThuBồn, 秋盆江추분강) 하구에 있는 호이안 항이 상류에서 흘러온 모래의 퇴적으로 사용할 수 없게 되었기 때문에 한강(Sông Hàn=Hàn giang, 瀚江한강) 하구의 다낭항이 성장하기 시작했다. 1835년 민망 황제가 모든 유럽 선박의 다낭 입항을 허용하는 칙령을 내리면서 다낭은 베트남 중부의 최대 항구가 되었다.

프랑스령 인도차이나 시대

1847년 4월 15일, 프랑스 무장 함선은 프랑스 선교사들이 박해를 받았다는 일방적인 이유로 '다낭 포격(Bombardment of Tourane)'을 가했다. 1858년 9월, 나폴레옹 3세(1808~1873, 제2공화정 민선 74.3%의 대통령 1848~1852, 쿠데타 1851, 제2제정 황제 재위 1852~1870)의 명령으로 프랑스와 스페인 연합함대가 다낭에 상륙해 코친차이나 전투(1858~1862)가 발발했다. 이 전투의 마무리인 제1차 사이공조약(1862)에 이어 베트남의 많은 땅을 프랑스에 빼앗긴 뒤 통킹 전투(1883.6.~1886.4.)를 거쳐 1887년 10월 프랑스령 인도차이나연방이 성립되었다. 1889년 프랑스령 인도차이나 총독은 다낭을 꽝남성에서 분리해 뚜란느라고 명명하고, 하노이, 사이공, 하이퐁, 후에와 함께 5개의 총독직할지 중 하나로 삼았다.

1965년 3월 미국 해병대가 상륙하여 현재 다낭국제공항 자리에 대규모의 미군기지를 건설하고 1967년에는 직할시가 됐다. 1968년 뗏 공세에 남베트남민족해방전선(NLF=베트콩)이 미군에 대규모 공격을 가한 베트남전쟁의 격전지 중 하나이다.

베트남전쟁이 끝난 후에 북베트남은 다낭시를 꽝남성과 합병하여 '꽝남다낭성'으로 했다가 1996년 7월, 성에서 분리하여 다시 직할시가 되었다. 공항·항만·창고·은행·공장·해안리조트 등이 잇따라 건설되면서 다낭은 대규모 산업도시로 발전하고 있다.

하이반패스 미 해병 초소

지형과 기후

다낭은 지형적으로 해발 700~1,500m의 험난한 안남산맥(Annamite Range=다이누이 쯔엉선 Dãy núi TrườngSơn)이 북에서 서북으로 뻗어 있고, 해안은 백사장과 염분을 포함한 땅이 남쪽과 동쪽에 펼쳐져 있다.

열대 몬순기후로, 9월부터 다음 해 3월까지는 태풍 시즌에 우기이고 4월에서 8월은 건기로 크게 두 계절로 나뉜다. 연평균 기온은 섭씨 25.9도, 연간 평균습도는 81%, 연평균 강수량은 1,505mm이다.

평균 최고기온은 10월에 섭씨 29.6도에서 다음 해 1월에는 24.8도까지 시원해졌다가 4월부터는 더워져 9월까지 31도에서 34도를 넘을 정도로 덥다. 평균기온은 1월이 21.7도이고 10월이 26.4도에서 점점 시원해져 1월에는 21.7도까지 내려간다. 4월에는 다시 27.2도까지 올라오고 5월부터 9월까지는 29도를 넘는다. 일평균 최저기온은 11월부터 다음 해 4월까지 18.5도에서 23.3도, 6~8월은 25.5도까지 올랐다가 10월부터 23.2도로 시원해진다.

강우량은 우기인 9월 350mm, 10월 613mm, 11월 366mm로 10월에는 평균 강우일이 21일을 넘고 집중호우가 내린다. 이 무렵에는 남중국해를 지나는 태풍의 영향을 받아 수재가 발생하는 해가 많다. 내 경험으로 육·해상을 막론하고 10월 다낭 여행은 피하는 게 좋다.

다낭 주요 관광 명소

시장

한 시장(쩌한Chợ Hàn)은 다낭에서 가장 유명한 시장으로 한강의 서쪽 번화가에 있는 역사 깊은 전통시장이다. 옷, 실크, 보석, 안경, 꽃, 커피, 홍차, 와인, 뱀 술, 말린 과일, 생선 등의 다양한 상품을 팔고 있

다. 간단한 한국어를 구사하
는 점원들이 친절하게 상품을
안내하지만 가격은 잘 흥정해
야 한다.

한 시장

미썬 성지

다낭 교외인 꽝남성에 있는 1천 년 전 고대 참파의 신성한 유적지로, 옛날에는 70개 이상의 사원이 있었다고 한다. 하지만 1960년대 베트남전쟁 때 대부분이 파괴되었고, 남아 있는 일부가 1999년 유네스코 세계문화유산에 등록되었다. 발굴된 많은 조각과 석상 등은 다낭 시내 용 다리(Cầu Rồng) 근처의 참박물관에 전시되어 있다.

미케(MyKhe, 美溪미계) 비치

20km에 이르는 백사장이 일품으로 베트남전쟁 당시 미군 전용 휴양지로 사용되었다. 다낭 시내에서 불과 4~5km 떨어져 있다. 내가 1968년 수병으로 여러 차례 이 항구에 드나들었지만 미군 전용이어서 한 번도 접근할 수 없었던 곳이다. 오늘날의 해변은 조용한 편이고 남

다낭 미케 비치

북으로 죽 뻗은 자동차 도로변에는 많은 휴양시설, 호텔과 리조트들이 있어 휴가를 즐기기 아주 좋은 해변이다.

박미안(Bac My An, 北美安북미안) 비치

시내 중심부에서 동남쪽으로 7km 떨어져 있다. 4km에 이르는 백사장에 연이어 고급 호텔이 들어서 있고 각국 여행객들이 비치를 찾고 있다.

응우하인선(Ngũ Hành Sơn, 五行山오행산=Marble Mountain)

다낭 시내에서 호이안으로 가는 남쪽 방향 12km 거리의 비치에서 가깝고 석회암이 노출된 야트막한 산봉우리이다. 156계단을 올라간 정상에서는 남중국해의 해안 모래언덕들이 한눈에 들어온다. 석회석으로 된 동굴들에는 예전에 참족이 살았지만 응우옌 왕조 때 그들을 내쫓고 산 주위에 거대한 불탑을 건설하고 동굴 안에는 많은 불상을 안치했다.

바나힐(Bà Nà Hills, 婆那山바나산)

1919년 다낭 시내에서 40km 서쪽의 안남산맥에 프랑스인들이 건설한 리조트로 베트남에서는 2013년 3월 29일에 5,800m 길이의 케이블카를 설치하여 해발 1,487m 높이까지 올라간다. 단일 케이블카로는 세계 최장이라고 한다. 바나힐리

바나힐리조트 내의 유교식 사당

조트 일대는 해안 근처보다 고도가 더해져 섭씨 10도 이상 시원하며 각종 오락기구와 음식점, 호텔, 성당 등이 들어서 있다.

누이선짜(Núi Sơn Trà, 岪山茶예산차)의 쭈아린응(영응사)

안남산맥이 다낭 동쪽으로 돌출한 곳으로 다낭 시내에서 20km 떨어진 동북쪽 반도에 있는 해발 850m의 산으로 남쪽에 커다란 관음상이 서 있는 쭈아린응(Chùa Linh Ứng, 靈應寺영응사)이 있다. 이 절에서는 멀리로 남중국해의 수평선, 다낭 해안과 비치, 항만을 관조할 수 있고 시내에 가까우면서도 경관이 뛰어나 수많은 관광객이 북적인다.

용 다리(까우롱Cầu Rồng=梂蠪, 龍橋용교=Dragon Bridge)

용 모양으로 디자인된 교각이 이색적인 한강 위에 놓인 교량의 하나로 길이 666m, 폭 37.5m의 6차선 자동차도로와 보행자전용도로가 같이 있다. 미국 건축회사의 설계로 2009년 7월 베트남 건설사가 시공, 2012년 10월 26일 완공됐다. 하지만 개통은 다낭 해방 38주년

영응사(쭈아린응) 불상과 불당

다낭 용 다리

기념일인 2013년 3월 29일 실시했다. 이 다리는 용머리에서 불을 뿜어내거나 분수를 방출하는 주말 밤에 수많은 관광객이 모여드는 다낭의 명물이다. 롱 다리의 동쪽에는 크루즈 배가 정박하는 DHC 마리나(Marina) 잔교가 있고 서쪽에는 시청, 다낭박물관, 고급 호텔, 한 시장, 콩 시장, 다낭 대성당 등이 있다.

이 다리가 다낭국제공항에서 미케 비치나 논느억(Non Nước, 嫩渃) 비치에 접근하는 최단거리 직통 코스이다.

교통

다낭은 베트남, 라오스, 태국, 미얀마에 이르는 동서경제회랑 도로의 종점이다. 항공은 베트남 제3의 공항인 다낭국제공항이 중부 베트남의 현관 노릇을 하고 있다. 현재의 다낭국제공항은 베트남전쟁 중에 유명한 미국 공군기지로 1968년 5월 1일 하루에 2,595대가 이착륙하여 발착 항공기수 세계 최고를 기록한 적이 있다.

현재 국내선은 하노이, 호찌민시, 하이퐁, 빈, 부언마투옷, 달랏, 냐짱, 쁠래이꾸 등에 취항하고 있고, 국제선은 한국 인천, 일본 도쿄, 중국 광주(廣州), 싱가포르, 캄보디아의 프놈펜과 시엠립, 홍콩, 타이페이 등에 취항하고 있다.

다낭역   다낭 노보텔과 정부종합청사

　기존의 제1터미널은 국내선 전용이고, 2017년 5월 완공한 제2터미널은 국제선 전용이다.

　철도는 베트남 남북철도(통일철도)의 다낭역이 있고, 베트남 남북을 잇는 국도 1A(QL-1A)의 구 도로는 하이반 고개(Pass)를 넘지만 2005년에 개통된 신도로는 하이반 터널을 뚫어 후에 쪽으로 연결된다. 이 터널은 길이 6.28km로 동남아시아에서 가장 긴 터널이다. 터널의 개통으로 구불구불한 하이반 고개를 지나는 시간보다 30분에서 1시간이 단축되고, 통행의 위험도 감소되었다. 이외에도 다낭과 꽝응아이성을 잇는 고속도로가 계획 중이다. 베트남 중부고원을 거쳐 라오스까지 잇는 동서횡단도로 국도 14B의 동쪽 끝이 다낭이다.

　한강과 그 지류에는 여러 다리가 가설되어 있으며, 하구에서 남쪽으로 순서대로 최근에 완공된 베트남 최장의 현수교인 투언프억 다리(Cầu ThuậnPhước, 順福橋순복교, 폭 18m, 길이 1,850m로

신설된 동서회랑도로의 다낭 터널

2009년 완공된 베트남 최장의 현수교), 한강 다리(Cầu SôngHàn, 폭 13m, 길이 488m로 2000년 베트남 기술로 만든 교량), 용 다리, 쩐티리 다리(Cầu Trần Thị Lý, 길이 731m, 2013년 완공), 하이쩌우 구역(Hải Châu)과 응우하인선 구역(Ngũ Hành Sơn)을 연결하고 14B 고속도로의 호아껌(Hòa Cầm) 고가도로로부터 띠엔사항(Cảng Tiên Sa, 仙沙港선사항) 부두를 연결하는 뚜옌선 다리(Cầu Tuyên Sơn, 폭 25m, 길이 529m로 일본 자본의 일부 투자를 합쳐 2004년 개통) 다리, 응우옌반쪼이 다리[Cầu Nguyễn Văn Trỗi, 폭 10.5m(자동차도 8.5m), 길이 514m로 군사용으로 1965년 완공] 등이 있다.

항만

다낭항은 한강 하구에서 다낭 만내에 걸쳐 일반 잡화, 컨테이너화물, 목재, 시멘트 등의 터미널을 설치하고 있다. 다낭항이 확장되면서 남중국해의 대양에서 직접 액세스할 수 있는 항구가 되고 입출항 수로가 수심 등의 제약이 적다는 좋은 조건에 따라 베트남 중부의 주요한 대외무역거점이 되었다.

다낭 항구는 호찌민, 하이퐁에 이어 베트남에서 3번째로 큰 항구이다. 다낭 항구는 수출입 물동량과 국내 화물을 모두 선적 또는 적하하고 있으며 여객 수송도 맡고 있다.

이 항구에는 띠엔사 터미널과 한강 터미널의 두 개 터미널이 있다. 띠엔사 터미널은 최대 흘수 11m로 화물선과 대형 여객선 등 45,000톤급의 중형 탱커가 사용할 수 있고 쏭한 터미널의 22km 이내는 최대 흘수 6~7m에 5천 톤급 선박까지 이용 가능하다.

항구는 당초 여객선용으로 설계되지 않았지만, 다수의 유람선이 다낭항에 정박하는데 그 수는 최근 증가하고 있는 추세이다.

6. 수백 년 국제무역항에서 격전지를 거친 다낭 인근의 필수관광지 호이안

호이안(HộiAn, 會安회안)은 베트남 중부 꽝남성의 도시로 다낭에서 남쪽으로 30km 떨어진 투본강(Song ThuBồn, 秋盆江추분강) 하구에 위치한 역사 깊은 항구도시이다. 2019년 인구는 93,040명. 프랑스와 스페인 등 유럽인은 파이포(Faifo)라고 불렀다. 중국인 거리를 중심으로 오래된 건물이 남아 있고, 1999년 '호이안' 옛 거리가 유네스코 세계문화유산으로 등록되었다.

호이안으로의 교통편은 다낭국제공항에서 노선버스도 있고, 다낭 시내에서 황색 공공버스도 있다. 다낭국제공항을 기준으로 자동차로 30~40분 걸린다. 호이안 구시가는 시간대에 따라 자동차나 오토바이의 진입이 금지될 때도 있어 버스정류장에서 호텔까지는 걷는 것이 낫다.

호이안은 참파 시대의 옛 항구로 16세기 참파가 베트남족에 남쪽과 서쪽으로 밀려나고 후에에 꽝남응우옌씨 정권이 수립되면서 그 외항이 되었다.

호이안은 16세기 말부터 포르투갈인, 네덜란드인, 중국인, 일본인이 내항해 국제무역항으로 번영을 누렸다. 1601년에는 꽝남응우옌씨가 일본 쇼군 도쿠가와 이에야스(德川家康덕천가강)에게 편지를 보내 정식 국교를 요구하면서 일본 막부와의 거래가 급속히 확대했다. 일본 막부의 공식 허가를 받은 일본 무역선이 약 30년간 71척이 호이안에 입항했다. 호

호이안을 왕래한 일본 주인선(朱印船)

이안에 많은 일본인이 이주해 대규모의 일본인 거리가 형성됐고 이전의 중국인 거리도 확대되었으며, 1623년에는 네덜란드 동인도회사의 사무소도 설치되었다. 얼마 후에 에도(江戶) 막부의 쇄국정책으로 일본인의 왕래가 끊어지고 네덜란드도 1639년에 사무실을 폐쇄했다.

호이안 거리는 현재에 이르기까지 다양한 건축물, 도시계획, 조경설계 등이 보존된 전통가옥과 마을들이 남아 있어 당시의 번영을 지금도 보여 주고 있다.

호이안의 역사

하지만 17세기 들어 명나라가 멸망하고 청나라가 들어서면서 명조의 유신 정성공(鄭成功, 1624~1662, 복건성福建省 출신으로 일본 나가사키 부근에서 태어난 한족 아버지와 모계 일본인의 아들)이 타이완으로 들어가 현지를 지배하고 있던 네덜란드 세력을 몰아냈다. 그리고 그는 대명(大明)국 연평왕(延平王)정권(明鄭명정정권, 재위 1661~1662)을 수립하자 청나라가 중국 대륙 남부 연안 거주를 금하는 조치를 취하고 베트남 내에서도 떠이썬 정권이 수립되는 정치사회적 요인과 투본강의 퇴적에 따른 자연요인 등으로 19세기에는 호이안이 그 역할을 다낭에 넘기면서 도

호이안의 역사를 품은 투본강

호이안 옛거리 그림　　　18세기 호이안

시도 쇠퇴했다. 현재 베트남 돈 2만 동 지폐의 뒷면에 호이안이 인쇄되어 있다.

주요 건축물

일본교(라이비엔끼에우Lai Viễn Kiều, 來遠橋래원교, 까우녓반Cầu Nhật Bản, 日本橋)

폭 3m, 길이 18m의 중국 스타일 돌다리로 아치가 있는 교량이다. 1593년에 일본인이 건설한 것으로 당시의 일본인 마을과 중국인 거리를 연결하는 다리였다. 교량 중간에 작은 절 쭈어꺼우(ChùaCầu, 橋寺교사)가 있었다. 현재의 다리는 1986년에 보수된 것이다.

다리의 원래 이름은 1719년에 쭈어 응우옌 제6대 쭈어인 응우옌푹쭈[(Nguyễn Phúc Chu, 阮福澍복완주, 1675~1725), 민브잉(MinhVương, 明主명주=히엔똥HiềnTông, 顯宗현종, 재위 1691~1725)]이 논어의 한 구절에서 따온 것이라고 한다. 원숭이띠 해에 건축이 시작되어 개띠 해에 끝났기 때문에 다리의 양쪽에는 원숭이와 개의 나무 조각상이 있다.

다리 중앙에 있는 절에 들어가는 것은 유료이지만 다리의 통행만이라면

무료이다. 다리 입구에는 문턱이 설치되어 있어 자동차는 통행할 수 없지만, 자전거나 오토바이를 끌고 통행할 수 있어 시민들이 일상생활에 이용하고 있다.

차이나타운의 흔적

중국인 거주자인 객가(客家, Hakka)들이 출신 지역별로 건설한 여러 채의 큰 건물들이 있다. 1773년에 건설된 복건회관(福建會館), 1786년에 건설된 광조회관(廣肇會館), 해남회관(海南會館), 조주회관(潮州會館) 등이 호이안 올드타운에 남아 있다.

관우사당(미에우꾸안데Miếu Quan Đế, 廟關帝묘관제)

중국의 삼국시대(한, 촉, 오) 때, 촉나라의 명장인 관우(關羽, ?~219년)를 모신 사당으로 호이안 구시가 서쪽에 있는 중국식 건물이다. 현지에서는 쭈아꾸안꽁(Chùa QuanCông, 關公寺관공사)라고도 한다.

꾸엉탕의 집(냐꼬 꾸엉탕Nhà cổ Quâng Thắng, 廣勝家광승가)

약 300년 전에 지어진 중국식 민가로 방과 방 사이에 정원이 있고

광조회관

호이안 사 후인(Sa huỳnh)
문화박물관

벽에는 아름다운 조각이 새겨져 있다. 또한 욕조와 같은 물받이 통과 부엌 등이 당시 거주민들의 생활상을 보여준다.

딴끼의 집(Nhà cổ Tấn Ký, 進記家진기가)

유네스코 세계문화유산 등록하기 전 '베트남사회주의공화국(통일베트남)의 국보 제1호'로 지정된 주택이다. 중국 광동 출신의 어부로 무역업에 종사하던 딴끼가 지은 집으로 그 후손 7대가 거주하였다.

풍흥의 집(Nhà cổ Phùng Hưng, 馮興家풍흥가)

일본교 바로 건너편 오른쪽에 있는 건물로 약 200년 전에 중국 무역상인 풍흥이 지은 목조 건물로 현재도 8대손이 살고 있다. 베트남식, 중국식과 일본식이 혼합된 건축양식으로 이 건물에서 처음에는 실크와 도자기, 유리제품 등을 판매했다. 오늘날은 1층 로비에서 차를 마실 수 있고, 2층에는 기념품을 판매하고 있으며 베란다에서는 호이안 구시가를 바라볼 수 있다.

호이안 부두 선착장

7. 한국 해군 해병의 피땀이 스민 기아자동차 공장도시 쭈라이

남베트남의 항구마다 정이 들었지만 쭈라이(ChuLai, 茱萊수래, 당시에는 '출라이'라고 불렸음)는 내게 특별한 추억이 있는 곳이다. 탱크상륙함 덕봉(LST-808) 함상에서 밤새도록 어딘지 알 수 없는 쭈라이의 숲과 땅을 향해 경기관총을 들고 볶았던 추억이 있어서 이곳을 다시 찾은 늙은 수병은 해안선과 협수로, 굴곡이 심한 반도 그리고 그 바다에 감격하지 않을 수 없었다. 이 땅은 지금 베트남사회주의공화국 중부의 주요한 공업도시로 베트남인민군의 기지이지만 전쟁 이전에는 푸른 숲이 해풍을 막아주는 해변과 작은 어촌 마을이 있었던 곳이라고 한다.

한국은 1964년 9월부터 1973년 3월까지 베트남전쟁에 군 의료진, 비전투부대, 전투부대의 순으로 병력을 파병했다. 한국 해병 청룡부대(해병 제2여단)가 1965년 10월 9일 깜라인(Cam Ranh, 당시 캄란으로 부름)에 도착해 그 일대를 평정하고 같은 해 12월 청룡 1호 작전을 전개하면서 뚜이호아로 이동했다가 1966년 8월에는 이곳 쭈라이에 배치되었다. 청룡부대는 이 지역에서 제3대대 제11중대가 짜빈동 야간기습 방어전투 등에서 커다란 전과를 올렸다. 이어 1967년 12월부터 1968년 1월에 걸쳐 이곳에서 77km 북쪽에 있는 호이안으로 이동해 1972년 2월까지 주둔하다가 철수했다.

청룡부대가 6년 반 베트남에 파견된 기간, 참전병력은 연인원 37,340명(장교 2,166명, 사병 35,174명)에 전사 1,202명(장교 42명, 사병 1,160명), 부상 2,904명(장교 99명, 사병 2,805명)으로 부대별로 가장 높은 비율의 인명 손실이 있었다.

해병 청룡부대는 깜라인(1965.10.9.~1965.12.25.), 투이호아(1965.12.26.~1966.9.18.), 쭈라이(1966.9.19.~1968.1.6.), 호이안(1968.

베트남 해양경찰 본부

쭈라이 해변 식당

1.7.~1972.1.29.)의 순으로 주둔지를 옮겼다. 해병대가 독립해 있는 나라도 있지만 대개 해병대는 어느 나라에나 있는 해군 육전대로서 상륙전투를 맡기 때문에 인명 손실이 크다. 이 중에서도 쭈라이에서 매우 치열한 전투를 벌여 가장 많은 전·사상자가 발생했다.

호이안에서 쭈라이는 자동차로 넉넉잡아 1시간 30분이 걸린다. 쭈라이의 전선지역에 가서 내가 승조한 상륙함이 협수로에 투묘하고, 함상에서 밤새 총포를 쏘아야 했던 그 바다를 찾았지만 아사무사(경상도 북부 사투리로 전라도 사투리의 '아리까리'와 같은 뜻)했다. 해변 식당에서 점심을 먹는 사이에 당시 항해했던 수로를 회상해 보고 대개 짐작은 했지만 자동차 운전사가 그새 이리저리 수소문을 했던지 식사 후에 우리 상륙함이 투묘해 있었던 협수로, 바다와 가장 근접한 육시로 안내해 주었다.

쭈라이는 다낭 이북 최전방의 미군들에게 매우 중요한 기지였다. 해병 청룡부대는 꽝남성의 동남단과 맞닿은 '출라이'라고 불리는 곳으로 꽝응아이성 북쪽의 짜봉강(Sông Trà Bồng)과 남쪽의 짜쿡강(Sông Trà Khúc)이 남중국해로 흘러드는 분기점에 형성된 빈즈엉(Bình Dương) 섬 주변의 빈썬(Bình Sơn), 썬틴(Sơn Tịnh), 짜봉 일대에 주둔했다.

현재의 쭈라이는 꽝남성 누이타인(Núi Thành, 崀成예성)현에 속한 공단, 항구, 해외자본 투자지구가 되어 있고, 잘 정비된 대로가 공단 둘레와 항만을 연결한다.

꽝남성은 베트남 남부를 침공한 프랑스와 베트남의 응우옌 왕조 사이에 체결된 최초의 식민조약인 영토할양을 포함한 제1차 사이공조약(1862년, 壬戌條約)에 반대하여 베트남의 항불 게릴라전투를 최일선에서 지휘한 독립투사 쯔엉딘(Trương Định, 張定장정, 1820~1864)의 고향(빈썬)이고 현재의 베트남 수상인 응우옌쑤언푹(Nguyễn Xuân Phúc)의 고향으로 반식민주의 운동과 민족의식이 남다른 곳이다.

이 성 남쪽의 꽝응아이성은 호찌민정권의 2인자 팜반동(Phạm Văn Đồng), 베트콩 사령관 쩐반짜(Trần Văn Trà, 陳文茶진문차, 1919~1996, 호찌민작전(1975.3.~4.30.)의 부사령관, 최종계급 중장, 통일베트남 국방차관)의 고향이다.

이렇게 중부 베트남에서 공산주의자의 활동이 두드러진 곳으로 유명한 험지인 꽝남성과 꽝응아이성에서 한국군은 공격과 진지 수비를 맡았다. 청룡부대가 1967년 12월 호이안으로 이동을 시작하면서 이 지역에는 미 육군 보병 제23사단 11여단 20연대가 투입되었다.

현재의 쭈라이공항과 공업단지는 꽝남성 누이타인현의 남쪽 지역으로 인접한 꽝응아이성으로 출입하는 관문이고 베트남전쟁 기간 미군의 전진기지인 다낭을 보완하는 비행장과 미 해병대가 주둔해 있던 곳이다.

오늘날 이 지역의 대표적인 관광지로는 1997년부터 꽝남성의 성도가 된 땀끼(TamKỳ, 2019년 인구 115,240명) 인근의 깨끗한 해변이 유명하다.

쭈라이 군사기지에서 남쪽으로 32km 떨어진 꽝응아이성의 동북쪽인 바랑안(Ba Làng An) 곶 일대는 1966년부터 청룡부대의 전술구역이 된 곳으로 베트남 참전 해군·해병 출신들이 대부분 기억하는 특기할만한 곳이다. 이 반도에서 해군 수병 제102기(1959~1960년 입대인 지덕칠 하사(1963년 1월 28일 임관, 전사 후에 중사로 승진)가 1966년 9월 3일 해병 제2여단(청룡부대) 1대대 2중대 3소대 위생하사관으로 각종 작전(비봉작전, 용안작전, 투망작전 등)에 참가했다.

그가 작전에 투입된 이 반도는 청룡부대가 오기 전인 1965년 9월, 남베트남 해

한국 진해 해군작전사령부에 있는 지덕칠 중사 동상

병대와 육군이 현지의 NLF(베트콩)을 소탕했다고 미군이 발표했음에도 불구하고 베트콩이 정기적으로 출몰하는 강력한 요충지였다. 미군이 베트남 민간인을 집단학살한 밀라이(Mỹ Lai) 마을 사건(1968.3.16.)이 청룡부대가 짜빈동 진지방어 전투(1967.2.14.~ 2.15.)를 펴기 직전인 1967년 2월 1일 전투에서 지덕칠 하사가 속한 제1대대 2중대 3소대가 이 반도에서 미 해군의 수심측량작업 엄호작전 중에 베트콩에게 포위되었다. 이어 교전 중 전방에서 부상당한 해병 소대원 3명을 구출하기 위하여 뛰어 들어 응급처치를 히디가 자신도 어깨와 다리에 관통상을 입었다. 그럼에도 그는 부상병을 후송시킨 후 전우의 소총을 들고 다가오는 베트콩 2명을 사살했다.

계속되는 전투에서 새로운 부상자 3명을 응급치료 하던 중 50m 전방에서 일렬횡대로 공격해오는 베트콩 20여 명을 발견하고 연속사격을 가했다. 지 하사는 심한 출혈로 소대전투지역 후방에서 응급치료를 하던 중 후방에서 공격해온 베트콩 3명을 사살하고, 다른 방향에서 접근해오는 베트콩에 근접사격을 가해 5명의 베트콩을 다시 사살했지만 8발의 총탄을 맞아 심한 중상을 입고 헬리콥터로 후송 중에 전사했다.

쭈라이 전투승전기념비

전사 후, 1967년 4월 16일 해군 하사에서 중사로 1계급 특진과 함께 태극무공훈장이 추서되었고 진해 해군작전사령부(옛 통제부) 광장에 그의 동상이 세워져 있다.

나는 해군 수병 127기로 1966년 7월 입대해 진해에서 12주간 고된 훈련을 받았다. 내 동기생 약 400명 가운데 장기복무 예정자가 200명이고, 수병이 200명 가까웠다. 그중 절반 정도는 위생병과로 배정되고 상당수가 청룡부대 위생병으로 투입되었다. 동기생 중에도 상당수가 청룡부대 위생병으로 죽거나 다쳤다.

해병대원은 초기에 무거운 M-1소총을 사용하다가 전투 성과를 인정받아 M-16으로 무장했지만 해군 위생병과 하사관들은 카빈총으로 경무장하고 구급의료장비를 짊어진 채, 청룡부대의 말단 소대에까지 배치되었다. 위생병은 베트남인들에게 '박시(의사)' 소리를 들으며 대우를 받았지만 해병 각급 부대의 작전에서 가벼운 무장으로 생명을 담보하는 악전고투를 무릅썼다.

내가 승조한 함정이 쭈라이에 드나들 때 청룡부대는 이미 호이안으로 이동(1967년 12월)하고, 주둔지역은 미 육군이 인계 받았지만, 베트콩과 북베트남 정규군은 더욱 강화되어 현재 꽝남성과 꽝응아이성의 경계에 위치한 만내의 끼하 반도 서쪽에 있는 LST 램프에 접안하기가 어려웠다. 우리는 이 만 내의 협수로에 투묘하고 정박하면서 24시간 전투 배치를 유지했다. 당시 베트콩의 거점으로 지금 지도상으로 보면 섬으로 보이는 지역과 북쪽으로 돌출한 끼하 반도 사이의 협수로 해상에서 박격포 등으로 무장한 베트콩의 공격에 맞서 정박하여 군수물자를 하역하는 함정의 승조원은 끊임없는 함포 사격과 근거리에 대한 경기관총(LMG) 사격, 작게 일렁이는 파도에도 권총을 응사해야 했다. 하지만, 꼬박 밤을 샌 전투배치를 끝내고 여명을 거쳐 붉은

전우 윤순상 통신하사

태양이 떠오르면 활기 찬 새 아침이 생존을 확인해 주던 곳이다.

다낭에서 대략 동남쪽으로 약 90km 떨어진 쭈라이 기지는 다낭으로 드나드는 주요 인력과 군수물자의 교통량이 많아서 다낭 기지를 보완하는 해군시설과 비행장 등의 군사시설이 있었다.

우리가 쓰는 쉬운 말로 '베트콩의 소굴'이던 이 지역은 1965년 5월 6일 남베트남군 제2사단과 미 제9해병사단 3대대가 확보했고, 이어 미 해병 1개 연대, 해병항공대, 해군이동건설대대 등으로 구성된 제3해상원정여단이 제트기 이착륙이 가능한 활주로를 건설했다. 1965년부터 1970년 9월까지 비행장을 포함하여 미국 해병대가 이곳을 주요 기지로 활용하다가 1970년 10월에 미국 육군에 이 기지를 인계해 그들이 1971년 11월까지 사용했다.

미 해병대는 비행장의 동쪽인 끼하 반도에 전투기지와 헬리콥터 시설을 건설하여 1967년 4월에 미 육군 특수임무부대(US Army Task Force Oregon)에 인도했고, 한국 해병 청룡부대가 호이안으로 이동하면서 1971년 11월까지 미 육군 제23보병사단 본부가 이곳에 주둔했다.

당시 상륙함이 출입하던 쭈라이 협수로

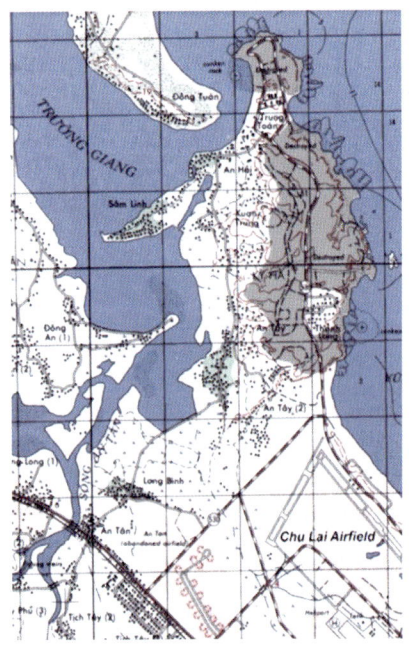

쭈라이 해안. 발 모양이 섬이고, 현재는 고급 리조트가 있다

당시에 '쭐라이'라고 부르던 이곳, 우리 LST함이 드나들던 비치는 남쪽에서 북쪽 방향으로 돌출된 끼하 반도의 끝부분과 짜봉강이 베트남 동해(남중국해)로 흘러드는 곳인데 수로의 안쪽은 현재도 밀림에 뒤덮여 있었다. LST함이 투묘했던 지점은 쯔엉지앙강(Sông Trường Giang) 3갈래와 한 줄기인 안딴강(An Tân)이 합류하여 바다에 이르는 수로였다.

하지만, 오늘의 이 수로는 총성 대신에 잔잔한 파도가 조수 따라 밀려왔다 빨려나가는 바다와 강의 평화로운 합류 지점이다.

우리가 밤새 각종 포화에 의존하여 투묘 상태로 하역하며 버티던 협수로 건너편의 밀림은 하늘에서 보면 말미잘 모양인 땀하이(Tam Hai) 섬이었고 현재는 4성급 호텔로 육상에서 떨어진 절경 속에 환상적인 여행지 '르 도메인 드 땀하이 리조트(Le Domaine De Tam Hai Resort)'가 들어서 있었다.

지금은 그 당시의 미군과 남베트남 측 군사기지에 베트남 해양경찰 본부를 비롯하여 많은 해군 부대가 배치되어 있다.

베트남전쟁의 미국 자료를 보면 미 해군과 해병대는 다낭비행장이 협소하고 항공기가 과도하게 이착륙하여 혼잡해질 것을 예상해 쭈라이에 1964년 후반기에 제트기 이착륙이 가능한 활주로 길이 8,000피트

(2.4km)의 비행장 건설에 착수했다. 다낭 기지를 보조하여 쭈라이에 주둔하는 해군·해병 항공대, 해병대 지상병력, 해군 해안경비부대에 대한 물류 지원을 위한 작업은 매우 어려운 조건에서 진행됐다. 특히, 이 지역의 막강한 NLF(베트콩)와 북베트남 정규 병력은 해안지대 근처의 도로와 철도 통행을 가로막았고 항공 운송 자원은 제한적이었다.

남중국해의 거친 파도를 헤치며.

해상은 NLF(베트콩)의 공격으로부터 상대적으로 안전하지만, 계절에 따라 자연 조건이 해상 수송을 엄중하게 위협했다. 쯔엉지앙강 입구에는 전쟁 초기에 해안 시설이 거의 없었고 많은 모래 가루가 해안의 작업과 건설을 방해하여 대형 함정이 계류 또는 접안할 수 있는 항구가 없었다. 특히 동북부 해안은 늦가을부터 시작되는 우기에 연안은 질풍노도가 몰아치는 바다에 노출되어 1965년에는 해안선 방파제와 연료선이 모두 손상되기도 했다.

영구적인 기지 건설을 위한 중간 단계로 미군은 LST함이 필리핀의 수빅(Subic)만과 일본의 사세보(佐世保좌세보) 기지에서 탄약을 실어오면 다낭이나 남베트남 델타 은밀한 지역에 보관하기도 했다. 한국 해군은 언제, 어디서 NLF(베트콩)가 출몰할지 모르는 메콩강 유역의 탄약비축 기지에서 이들 물자를 쭈라이 등에 수송했다.

1965년 가을까지는 LST보다 작은 상륙함인 LSM(Landing Ship Medium)이 만조시간에 맞춰 쯔엉지앙강 건너의 임시 램프에 접안해 군수물자를 양륙했다. 1966년 봄에 준설선이 수심 16피트의 협수로를 확보함으로써 대형 상륙함인 LST, 연료바지선과 연안화물선을 포함한 더 큰 함선들이 마침내 항만과 비치에서 군수물자를 양륙할 수 있게 되었다. 기후 조건 때문에 1967년 1월에는 미군 LST-912함이 접안 후에 이안이 불능한 상태로 좌초되어 쭈라이 항만의 운항을 오히려 방해했다. 이 함정이 쭈라이 연안에서 18피트 높이의 파도로 닻이 찢겨져 나간 후, 해변의 바위에 부딪쳤던 적이 있었기 때문에 해군 함정은 조함(操艦)이 매우 어려운 곳이었다.

하지만 미군은 물류 상황을 개선하기 위해 영구적 기지 건설을 계속했다. 1967년까지 해수면에서 송유관을 통해 연료를 비축할 수 있는 단단한 탱크로 간이 유류탱크를 대체했다. 험준한 언덕길인 도로와 램프 시설 덕분에 해군은 최대 6대의 LST를 동시에 접안할 수 있게 되어 쭈라이 지역은 곧 다낭에 이어 남베트남에서 두 번째로 분주한 군항이 되었다. 쭈라이 주둔 해군병력은 1970년 6월 물류 시설이 더 남부지역으로 이전된 후에 감축됐다. 미군 감축으로 쭈라이 기지는 1971년 5월 베트남 해군에 넘겨졌다.

당초에 미군이 건설했고, 초기에 한국 해병이 지켰으며, 한국 해군과 미국을 비롯한 연합국 해군이 포탄을 비롯한 각종 군수물자를 실어 나르던 남베트남군 최전방의 군사기지 시설들은 오늘날 거의 베트남 인민군 부대가 흩어져 주둔하는 군사지역이 되어 있었다.

미 해병대의 쭈라이항공기지(Chu Lai Air Base)는 꽝남성 최대의 도시인 땀끼시에서 가까운 곳에 건설되었으나 남베트남의 수도인 사이공이 함락되어 패망한 이후에 거의 방치되면서 통일된 베트남사회주의공화국의 군사 비행장으로 불규칙적으로 사용되기도 했다. 폐허가 되나시피 했던 비행장 부지와 활주로는 2005년 베트남 남중부 지방의 주요 공항인 쭈라이국제공항으로 거듭났다. 이 공항은 현재 행정구역상으로 꽝남성 땀끼시 누이타이현의 쭈라이 경제개방지역 내에 있으며 활주로 길이가 3,050m에 달할 정도로 베트남 국내에서 최대급이

쭈라이 타코-기아공장 출입도로   쭈라이 타코 공장

다. 이 공항에서 인근의 북쪽 땀끼와 남쪽 꽝응아이로 여행객을 위한 무료 셔틀버스가 운행되고 있다.

   베트남 중부의 새 관문이 된 쭈라이국제공항에서 그리 멀지 않은 곳에 2001년에 한국의 기아자동차가 베트남 현지기업인 쯩하이(Truong Hai) 자동차회사(THACO)와 합작 투자하여 자동차 공장을 건설했다. 현재 이 회사는 '타코-기아(Thaco-Kia)'라는 베트남 브랜드의 자동차를 생산하고 있다. 베트남 사람들은 이 공장에서 생산되는 '빈 패스트(Vinfast)' 브랜드의 자동차를 자국산으로 자랑한다.

   이제 쭈라이는 명실상부하게 남베트남 중부지역의 중공업 공장지대의 중심이 되어 가고 있다. 꽝남성과 꽝응아이성 경계 지역인 이곳에는 2018년 12월 7개의 공업시대와 하이테크 농업지역, 공항 업그레이드 등을 주요 내용으로 하는 '쭈라이자유경제구역 마스터플랜'이 승인되어 한참 개발 중이다. 베트남의 경제 성장 가능성이 높아질수록 이 지역의 가치도 상승할 것이다. 부동산 때문에 나라가 흔들리는 우리나라 기업이나 개인투자자들이 옛 선배들의 피와 땀이 얼룩진 이곳에 투자하여 전화를 딛고 평화의 싹을 틔우고 자라게 해서, 그 과실을 베트남인과 함께 나눔으로써 분단조국에서 한 시대를 살았던 파월 병사의 세대들이 후손들에게 값진 삶을 살았음을 인정받는 날이 올 것으로 믿는다.

8. 일본 패잔장병들이 양성한 베트남인민군의 요람 꽝응아이(QuảngNgãi, 廣義광의)성 일대

　세계사는 변한다. 영원한 초강대국이 없는 것처럼 영원한 우방도, 영원한 적국도 없다. 제2차 세계대전에서 미군과 일본군은 치열한 전투를 벌였던 강적이었다. 전쟁이 끝나고 일제는 패전하여 미국의 간접통치를 받게 되었지만 베트남에서는 패전 사실을 받아들일 수 없었던 일제 황군 장교들이 베트남민족해방동맹(약칭 베트민)의 무장력을 키워 내 결국 아이러니컬하게도 미군은 일본의 황군 정신력과 전투기술로 무장한 베트남군에게 패전했다. 미군의 조역이었던 한국군은 상해임시정부가 일제 군대와 직접적인 무장전투를 크게 벌인 적은 없지만 결국 일제 황군에게 전투기술을 전수받은 베트민(베트콩)을 포함한 베트남인민군에게 많은 전술적 승리를 했음에도 불구하고 결과적으로 미군의 패배와 운명을 같이했다.

　일제가 패전했지만 북위 16도선 남부의 영연방군(주로 영국인도군)에 항복하지 않았던 일본군 장병들은 대동아전쟁의 표어에 부응하여 귀축(鬼畜)인 서양의 군대들과 싸우는 베트남인민군을 도와 그들의 장교들을 키웠다.

　대표적으로 일제 육군 남방군 산하 독립혼성 제34여단 사령부 참모였던 이가와 세이(井川省, 1913~1946) 소령은 베트민에 무기 사용법과 참호 파는 방법, 전투 지휘 방법, 야간전투훈련 등을 가르쳤다. 그의 부하인 당시 23세의 청년 장교 나카하라 미쓰노부(中原光信, 1922~2003) 소위는 이름마저 응우옌민응옥(Nguyễn Minh Ngọc, 阮明玉완명옥)으로 바꾸고, 꽝응아이육군중학(쯔엉룩쿠안쫑혹 꽝응아이Trường Lụcquân trunghọc Quảng Ngãi, 廣義陸軍中學광의육군중학)의 교관이 되어 베트남인민군 장교를 양성했으며 이외에도 장교와 하사관이 참여했다.

일본 패전 후, 그들이 일제가 허수아비로 세운 왕정 아래에서 다시 옛 종주국인 프랑스의 '도로 식민지'가 된 베트남에는 700~1,000명 정도의 일본 군인이 남아 있었고, 항공기와 탱크를 비롯한 무기도 있었다. 프랑스령 인도차이나의 일부였던 라오스와 캄보디아에도 잔류 일본군이 있었지만, 그 수는 베트남에 비해 미미했으므로 인도차이나 주둔 일제 남방군 패잔 장병 대부분은 베트민과 협력했다고 볼 수 있다.

주로 베트남 중남부에 남은 일본군인은 베트남독립전쟁(제1차 인도차이나전쟁)에서 베트남인의 군사교육을 맡았다. 1954년까지 계속된 베트남독립전쟁에 참가하여 전사한 옛 일본군은 베트남의 열사 묘지에 묻히기도 했고, 생존자는 프랑스의 패배로 전쟁이 끝나고 1954년 일본으로 귀국했다. 이들은 후에 베트남에서 훈장을 수여받기도 했고, 일본·베트남우호협회 등의 단체를 설립하여 양국의 우호관계 증진에도 힘을 기울였다.

나중에 중국공산당은 베트민에 무기를 제공했지만, 베트민이 처음 사용한 개인 병기는 일본군이 사용하던 38식 소총이 많았다.

꽝응아이육군중학의 장교 양성

꽝응아이성의 성도는 북위 15도 부근에 위치한다. 이 성의 북쪽에 꽝남성, 남쪽에 빈딘성, 서쪽에 꼰뚬성이 있고 동쪽은 남중국해[베트남에서는 동해(비엔동)라고 함]에 접하고 있다. 성도는 하노이에서 남쪽으로 883km, 호찌민시에서 북쪽으로 838km에 위치하여 베트남의 한 중간에 있는 성이라고 할 수 있다.

베트남인민군의 호앙반타이(Hoàng Văn Thái, 黃文太황문태) 총참모장은 장기화가 예상되는 베트남민족해방전쟁에서 그때까지 실시하던 1개월 정도의 단기 군사훈련으로는 불충분하다고 생각해 현대전의 지식과 기술을 가진 중·상급 간부의 부족을 해결하기 위해 이 학교의 설립을 계획했다. 이 계획에 따라 꽝응아이육군중학은 프랑스와 제1차 인도차이나전쟁 중인 1946년 6월 1일 응우옌썬(Nguyễn Sơn, 阮山완산, 1908~1956) 장군을 교장으로, 제5군구 군간부인 도안쿠에(Đoàn Khuê, 段奎단규, 별명 보띠엔찐(Võ Tiến Trình, 武進程무진정), 1923~1999]를 정치위원으로 하여 설립된 베트남 최초의 육군사관학교이고 교관 다수가 일제군 출신이다.

응우옌썬은 베트남인민군과 중국인민해방군(八路軍팔로군)의 군인이었다. 그의 본명은 부응우옌박(Vũ Nguyên Bác, 武元博무원박)이지만 중국의 황포(黃埔)군관학교 시절에는 이영사(李英嗣), 중국공산당 활동가로서는 홍수(鴻秀, 洪水)라는 이름을 썼다. 그는 제1차 인도차이나전쟁의 후에 전투에서 승리를 거두었고 그가 지휘하는 부대가 방어하는 타인호아 등은 해방구가 되어 프랑스군은 굳이 이곳에 침입하려고 하지 않았다.

이시이(石井卓雄석정탁웅) 일본 육군 소령은 베트민의 군사고문으로 응우옌썬을 보좌했다. 응우옌썬은 문필과 예술 방면에도 재능이 있어서 그의 제4군관구는 일종의 '문화 근거지'이기도 했다. 1948년 호찌민은 그에게 베트남인민군 소장(당시 최고 계급) 계급을 부여했다.

그는 중국 인민해방군으로 활동한 중국공산당 경력 때문에 반중 감

베트남인민군 소장 응우옌썬 겸 중국인민해방군 소장 홍수

정이 강한 베트남인이 불만을 제기해, 1950년 호찌민은 어쩔 수 없이 그를 중국으로 돌려보냈다. 중국으로 돌아온 홍수는 중공 중앙통일전선부 등에서 일하다가 중국인민해방군 난징(南京남경) 군사학원을 졸업하고 중국인민해방군 총참모부에 근무했다. 후에 '전투훈련' 잡지사 사장을 맡았으며 1955년 9월 중국 정부는 중국인민해방군 소장의 계급과 1등해방훈장 등을 수여했다.

1956년 초, 그는 폐암 말기 진단을 받아 중국에서 최선을 다해 치료했지만 가망 없는 자신의 건강 상태를 스스로 파악하고 귀국을 희망했다. 1956년 9월에 모택동(毛沢東), 주은래(周恩來), 엽검영(葉劍英), 팽덕회(彭德懷) 등 중국공산당과 국가지도자들이 그의 귀국을 환송했다. 그는 10월 21일 고향인 하노이에서 사망했고 베트남정부는 국장(國葬)으로 장례를 치렀다. 모택동은 그의 죽음에 '홍수 동지는 수십 년 동안 중국인민의 해방 사업에 멸사봉공하였으므로 중국인민은 영원히 그에게 감사한다'고 조위했다.

설립 당시의 정치위원 도안쿠에는 베트남전쟁 당시에 남부에서 전투를 지휘했고 통일 후에 육군 대장으로 국방장관, 베트남공산당 정치위원, 당중앙위원회 부서기 등을 역임했다.

꽝응아이육군중학 학생들은 부대 또는 공산당 지부의 추천을 받은 중학교(소수민족은 초등학교) 졸업 또는 실전 경험이 있는 자로서 입학시험에 합격한 10대 후반에서 20대 초반인 약 400명의 남자들이었다.

학생들은 4개의 대대로 나누고 각 대대에는 지도교관 1명, 보조교관 1명, 통역 1~2명이 배속되었다. 교관은 교련(실기지도를 수반한 강의)을 담당하고 부교관은 교육 내용의 실연(전투 동작 등)이나 전장생활에 필요한 잡다한 지식을 전수했다.

교관·보조교관과 의무관은 모두 일제 출신 육군 장교와 하사관이었다. 그들이 전후에 일본으로 복귀하지 않고 잔류한 데는 여러 이유가 있다고 한다.

① 일본 본토가 미군의 폭격으로 초토화된 데 따른 절망감 ② 전쟁범죄로 소추되어 학대를 받게 될지도 모를 공포심 ③ 의지할 가족의 상실 우려 ④ 베트남 독립운동가를 도와주면서 생긴 베트남에 대한 호감 ⑤ 태평양전쟁의 초지(初志)대로 베트남인과 함께 백인과 싸우기로 결정한 것 등이다.

일본군은 패전 이후 5~7개월 동안 현지에서 각 부대에 '불간섭·비행동' 방침을 취하고 있어서 많은 장병이 베트남독립운동 지원에 나섰다. 호찌민이 박애정신으로 이들을 '새 베트남인'이라고 불러 그들이 성심성의껏 베트남인과 행동을 함께하는 동기를 유발시켰다. 이 학교의 일본인 주요 교관은 다음과 같다.

- 제1대대: 교관 다니모토 기쿠오[谷本喜久男곡본희구남 소위(베트남 이름 돈훈(董雄돈웅), 독립혼성 제34여단 정보장교], 보조교관 아오야마 히로시[青山浩 중사(찐콴)]
- 제2대대: 교관 나카하라[中原光信중원광신 소위(응우옌민응옥, Nguyen Minh Ngoc, 阮明玉완명옥), 제34여단 정보장교], 보조교관 오니시[大西某(통칭 콴)]
- 제3대대: 교관 이가리 와쇼[猪狩和正저수화정 중위(후안라이(潘來반래), 제2사단 제29연대 제3대대 9중대장], 보조교관 야마누마[柳沼利伝治류소리전치 상병(반) 제2사단 보병 제29연대]
- 제4대대: 교관 가모도쿠치[加茂德治가무덕치 중위(반후에, 潘惠반혜), 제2사단 제29연대 제3대대 9중대 제2소대장], 보조교관 미네기시[峰岸貞意봉안정의 병장(장꾸억롱(陳國隆진국륭) 제2사단 제29연대 병사]
- 의무관: 사카이 히데오[酒井秀雄주정수웅 상병(레찌운), 제2사단 야포병 제2연대 위생병]

도쿄만에서 일제의 항복 서명으로 1945년 9월 2일 제2차 세계대전은 끝났지만 대동아전쟁터였던 베트남에서 제1차 인도차이나전쟁 중에 서구 식민세력과의 전투에 참전하여 본명을 남기고 이름이 확인된 다음 몇 명의 개인사를 통해서 이대을모기기 무지개보다도 더 짧은 순간에 명멸하는 허황한 한 순간의 정신적 취기(醉氣)임을 알 것 같다.

이가와 세이(일본군 육군 소령)

이가와 세이(井川省, 정천성, 1913~1946)는 일본 육사 제47기생(1933년 4월 입교, 1935년 졸업)으로 기병소위로 9월에 임관되었다. 그는 1944년 4월에 일본 육사를 제57기로 졸업한 다가키마사오(高木正雄고목정웅, 朴正熙박정희 전 한국 대통령)의 육사 10년 선배가 되며 일본군 육군 소좌(우리나라 소령)였지만 제1차 인도차이나전쟁에 참전해 전몰했다.

극우파의 상당한 배경을 가진 그는 1942년 소령으로 승진해 몰루카제도(Moluccas, 현재 인도네시아의 동쪽으로 파푸아섬에 가까운 섬들) 전투에 투입되었다가 1945년 3월, 남방군 총사령부로 전보되어 5월, 독립혼성 제34여단 참모로 베트남 후에에서 종전을 맞았다.

1945년 5월, 그의 부대는 후에에서 현지의 베트민 조직과 비밀리에 상호불가침협정을 맺었다. 후에의 옛 왕궁에는 일제 육군 독립혼성 제34여단이 프랑스군으로부터 노획한 무기 수천 점과 탄약이 보관되어 있었다. 그는 일본 패전 직후 부하인 나카하라 미스노부(中原光信중원광신) 소위에게 명령하여 무기보관소의 자물쇠를 풀어 놓아 베트민이 무기를 가져 갈 수 있게 방조했다.

패전 당시, 일본군 제34여단의 주둔지는 북위 16도 이북이어서 중화민국군에 무장 해제를 당하고 다낭 서쪽의 고원지대 바나힐 휴양지에 자주캠프를 설치하여 여단주력부대의 장병을 자활시키는 조치(농업 경영 등)를 강구했다.

이가와는 몇몇 부하와 함께 후에의 사령부에 머물다가 마침내 1945년 9월 2일 독립을 선언한 베트남민주공화국 중앙에서 남부항전위원회 주석 겸 제5군구 사령관으로 파견되어 온 응우옌썬 장군과 친분을 맺었다. 이가와는 일본어로 된 일본 보병 매뉴얼 등을 불어로 번역하면서 베트민의 대불전략·전술과 병력 훈련에 관한 지침도 집필했다. 또한 중·소대장 급 간부의 군사교육을 실시하는 한편, 베트민군이 취해야 할 전술에 대해 응우옌썬과 일상적으로 의견을 교환했다.

그는 1946년 3월 21일에 공식적으로 베트민 세력에 합류했다. 1946년 4월 이가와는 프랑스군과의 방어전을 지도하기 위해 지프를 운전하면서 수십 명의 베트민 병사를 이끌고 중부고원의 요충지로 통하는 산간 국도의 중간 지점에 이르렀을 때 프랑스군의 매복공격을 받았다. 일행 중에 있던 소년병에 따르면, 이가와는 프랑스군이 쓰러뜨린 나무가 길을 막고 있어 지프를 멈추고, 권총을 찬 채 하차한 후 트럭에 타고 있던 베트민 병사 모두에게 긴급대피를 명령하는 순간, 전방에서 프랑스군이 기관총을 소사해 병사 몇 명과 함께 전사했다.

프랑스군 관련 자료에는 이가와의 시체에서 베트민이 취해야 할 전술에 대한 메모가 발견됐다고 한다. 그 메모에는 프랑스군의 가장 큰 약점 부분을 반복적으로 공격하여 상대를 혼란상태에 빠뜨리는 '특공대' 육성 계획이 적혀 있었다고 한다.

이가와는 사후에 일본 훈장을 받고 전사자로 야스쿠니 신사에 배향되어 있다. 신사의 전사 날짜는 실제 전사한 날부터 2개월이나 늦은 1946년 6월 20일이다.

이가와의 장인은 시모모토 구마야(下元熊弥하원웅미, 1882~1945) 일제 육군 중장이다. 시모모토는 고치(高知) 출신으로 1903년 11월에 일본 육사를 제15기로 졸업했다. 그의 조선인 동기생 김응선(金應善, 1881~1932)은 대한제국군에서 선발되어 유학했다가 1931년 일제군 육군 소장으로 전역한 친일파 군인 30명 중의 한 사람이다. 시모모토는 1930년 8월 소장으로 진급하고 1932년 독립혼성 제24여단장으로 제1차 상해사변에 참가했다. 1934년 8월에 중장으로 진급하면서 시모노세키(下關하관) 요새 사령관, 1937년 중일전쟁에 일제 육군 사단장으로 참전하고 1938년에 소집이 해제되었다. 그럼에도 그는 종전 후인 1945년 9월에 자결한 철저한 극우파이다.

이 같은 배경을 가진 충실한 황군 이가와는 일제의 패전 후에 공산주의자가 주도하는 베트남민족해방투쟁을 돕는 길을 선택했다. 그가 택한 것은 이데올로기가 아침이 오면 사라지는 한 줌 이슬에 불과함을 보여주는 한 사례이다.

이시이 다쿠오(일본군 육군 소령)

이시이 다쿠오(石井卓雄석탁웅, 1919~1950)는 히로시마현 출신으로 1940년 2월 육군사관학교를 53기로 졸업하여 이가와 소좌(소령)의 6기 후배가 된다.

한국인 동기생 신응균(1921~1996, 일제 육군 소좌, 대한민국 육군 중장, 창씨개명한 일본 이름은 히라야마 가쓰도시)은 일본 육사 26기생인 신태영(平山輔英평산보영, 1891~1959)의 아들이다. 신태영은 대한제국군 유년학교 재학 중에 국비로 일제 육사에 유학, 일제 육군 중좌, 대한민국 육군 참모총장을 거쳐 국방부장관을 역임했다. 신태영·신응균 부자는 우리나라 '일제강점하 반민족행위 진상규명에 관한 특별법'에 따라 군인 부문 30명의 친일반민족행위자에 포함되어 있다.

이시이도 일제 패전 후에 베트남민족해방을 위한 제1차 인도차이나 전쟁에 참전하여 전몰했다. 그는 1941년 11월 일제 제38군 제55사단의 기병연대 중대장으로 버마 전선에 투입됐다가 1945년 6월 소좌로 승진했다. 7월에 제55사단은 버마에서 캄보디아로 이동했다가 프놈펜에서 패전을 맞았다.

패전 당시 일제 육군의 최연소 영관급 장교였던 이시이는 종전 후 제55사단의 장병들과 함께 베트남독립전쟁에 참여하겠다는 취지를 사단사령부에 보고하여 사단사령부의 이해 아래 송별회까지 받고 베트남으로 떠났다. 그는 1945년 10월 1일 가네도시 슌에이(兼利俊英, 겸리준영, 일제 육사 제54기, 일제 육군 제55사단 보병 제144연대 제2대대장) 소좌를 비롯한 장병과 함께 트럭을 타고 베트남에 잠입했다. 그는 북베트남민주공화국 남부항전위원회에 영입되면서, 캄보디아 국경선에 인접한 롱쑤옌(LongXuyên, 龍川용천)에서 그 지방의 베트남독립전쟁에 참전할 일본군 지원병을 모았다. 하지만, 그는 지원자 중에서 병역의무 때문에 입대한 병사들은 귀국을 종용했다. 그는 직업군인이 다른 나라의 독립전쟁에 가담할 수는 있겠지만 일본에 가족을 남겨두고 온 소집병사들은 그렇지 않다고 부하들을 설득했다. 그는 베트남독립전쟁에 참여하면서 '하나야(花谷화곡)', '찐찌증(陳志勇, 진지용)', '돈'이라는 이름을 썼다.

그는 1946년 5월 꽝응아이육군중학의 교관에 이어 다른 일본군 출신과 함께 실전 경험을 가진 베트민 소·중대장급 초급지휘관의 재교육을 위해 꽝응아이 군정(軍政)학교를 설립했고 제5군구의 뚜이호아(TuyHòa, 綏和수화) 부근에 일본인 교관으로 구성된 뚜이호아 육군중학도 설립했다. 뚜이호아와 빈호아(NinhHòa, 寧和령화)에서는 민병대와 게릴라를 훈련시켰고 꽝응아이 성내에 있는 하사관학교의 책임도 맡았다. 그의 보조교관은 다카노 요시오(高野義雄고야의웅) 준위(일제 제2사단 보병 제29연대)였다.

1948년 말에서 1949년에는 베트남민주공화국 남부위원회 대표단이 북부로 돌아가고 프랑스군이 북상해 오면서, 그는 꽝응아이에서 제308소단(일본군 대대급)을 인솔하여 동행했다. 제308소단은 이시이의 지도에 따라 '어디서나 이기는 제308소단'이라는 군가가 베트남 중부 전역에서 유행할 정도로 정예부대였다. 1949년에는 베트남민주공화국 중앙이 베트남 북부를 포위한 프랑스군 병력 분산과 후방교란을 목적으로 남부에도 정예부대를 투입하여 전투를 확대·전개하였다. 이시이는 남부항전위원회의 지시를 받아 남하하는 베트민 대대(일본군 중대 상당)의 고문을 맡았다. 꽝응아이성에서 편성된 이 부대는 일본군 약

20명이 핵심 주력이었다.

1950년 5월 20일, 이시이는 베트남 남부에서 프랑스군과 교전 중에 오야마(大山대산) 준위와 함께 프랑스군이 부설한 지뢰에 접촉하여 전사했고, 사후에 전몰자로 야스쿠니 신사에 배향됐다. 베트남전쟁이 시작되기 전에는 제1차 인도차이나전쟁 당시에 이시이의 부하들이 그의 공을 기리는 비석을 사이공(현재 호찌민시)에 건립했고 그 비석은 후에 시코쿠(四国사국)섬 가가와현(香川県향천현) 젠쓰지시(善通寺市선통사시)에 있는 육상자위대 부지 내로 옮겨졌다.

나카하라 미쓰노부(일본군 육군 소위)

에히메(愛媛애원)현 출신인 나카하라(中原光信중원광신) 응우옌민응옥(Nguyen Minh Ngoc, 阮明玉완명옥) 소위는 1944년 호세이(法政법정)대학을 단축 졸업하고 구마모토 육군예비사관학교를 졸업하면서 베트남 후에에 부임해 1945년 7월부터 정보장교로서 베트민과 연락을 취했다. 베트민은 당시에 프랑스군과 싸우고 있었기 때문에 일본군과는 우군이 될 수 있었다. 그는 일본 패전 직후에 상관인 이가와(井川) 소좌의 지시에 따라 프랑스군으로부터 노획하여 왕궁에 보관되어 있던 무기고를 무인화하라는 명령에 따랐다.

그는 1946년 1월경 다낭 서쪽의 바나힐 휴양지에서 말라리아에 걸려 구 일본군 자주캠프를 탈주해 베트민의 차량으로 다낭에 가서 병후 요양을 한 후 빈딘(Bin Dinh)에 가서 이가와와 합류했다. 캠프를 탈주하는 날에는 하사관 10여 명이 '베트민에 참여할 거라면 동행시켜 달라'고 호소했지만, 그들의 귀국과 장래를 우려하여 거절했다. 제34여단에서는 그 뒤에도 하사관들이 개별적으로 탈주하여 베트민에 참가했다.

그 후 베트민의 군사훈련에 전념하고 있었지만, 1946년 4월 상순에 해안선을 따라 북상중인 프랑스군을 저지하기 위한 전술지도 차 뚜이호아에 파견되었다가 귀대하자, 이가와는 전술지도를 위해 베트민을 이끌고 중부고원의 요충지 쁠래이꾸로 출격하려고 했다. 나카하라도 동행을 요청했지만 이가와가 거절해 그와 생사가 갈렸다.

그는 1946년 4월, 베트남민주공화국의 남부항전위원회 주석 응우옌썬 장군이 신설한 꽝응아이육군중학 제2대대 교관을 맡았다. 그는 같은 해 썬 장군이 중남부 전선의 작전을 지도할 때 동행하여 공격 방법에 관한 몇 차례의 조언으로 2천 명 가까운 프랑스군을 섬멸하고 수천 자루의 총을 노획하는 공을 세웠다.

1947년에 베트민군은 홍강 델타의 남딘(Nam Định) 포위전투에서 두꺼운 벽으로 둘러싸인 방적 공장과 프랑스군 캠프 사이에서 많은 사상자를 내고 퇴각했다. 이때, 나카하라 소위는 연대사령부에 야포 직사를 요청하고 스스로 작전을 지휘하여 프랑스군에게 많은 타격을 입혔다. 그 후 나카하라는 지압 총사령관 직속 참모로 임명되었다.

베트남민주공화국의 하노이 방위군이 프랑스군의 포위작전으로 궁지에 빠졌을 때, 지압 장군에게 야간 도하 탈출을 제안해 이를 성공시켰다. 1948년 4월 레티엣훙[Lê Thiết Hùng. 1908~1986. 포병사령관(1954~1956), 포병사관학교장(1956~1963), 최종계급 육군 중장, 조선 주재 북베트남 대사 1963~1970]이 교장(1948~1954)을 맡은 쩐꾸옥뚜언(Trần Quốc Tuấn, 陳國峻진국준) 육군사관학교에서 일본군 동료들과 함께 교관으로 일했다.

1951년부터 1954년까지 일본인 몇 명과 함께 베트남인민군 참모본부 군사훈련국에서 활동하면서 일선에서의 대공(對空) 사격 방법과 군사기지 공격 방법을 연구했고, 베트남민주공화국의 제1급 전승훈장 등을 수여받았다.

베트남독립전쟁이 끝나고, 1954년 11월 일본에 귀국한 후에는 베트남에 우호적인 일본 회사 등으로 구성된 일본베트남무역위원회를 조직하고 두 나라의 경제교류에 진력했다.

그는 1990년 베트남 외무장관 응우옌꺼탁(Nguyễn Cơ Thạch, 阮基石완기석, 1921~1998)의 방일에 즈음해 마련된 공식만찬에 초대되었다. 베트남군 총사령부에서 지압 장군의 비서로 일했던 탁 외상은 '이 자리에는 옛날 정글에서 우리와 함께 싸운 응우옌민응옥 씨가 여기에 있습니다. 우리는 총사령부에 함께 있었습니다. 지압 장군은 응옥(나카하라) 씨의 의견을 경청했습니다'라고 소개했다.

1996년 하노이의 육군호텔에서 열린 훈장 재수여 축하모임에는 꽝응아이육군중학에서 그의 동료 교관들도 함께 참석하였다. 이 자리에는 그들의 제자인 꽝응아이육군중학 졸업생으로 수많은 전장을 누빈 베트남군의 장성급 고위간부 다수가 같이 했다.

역설적인지 운명적인지 우리 주월 한국군은 일제 잔류 장병들이 처음 교육·훈련시킨 북베트남 장병을 포함한 NLF(베트콩)와 생사를 건 전투를 벌였다.

다니모토 기쿠오(일본군 육군 소위)

다니모토 기쿠오(谷本喜久男)는 1922년 도토리(鳥取조치)현 출신으로 일본 육군 나카노(中野중야) 학교 분교를 졸업하고 정보장교로 1944년 후쿠오카에서 대만을 거쳐 베트남으로 파견되었다가 패전 직후 제34여단 섭외부에 근무하고 있었다. 중부고원 휴양지인 달랏의 일본군 경비대원 몇 명이 베트민의 공격을 받아 포로가 된 사건의 처리 협상에서 만난 베트민 간부를 존경하여 베트남독립전쟁 참여를 결심했다. 1946년 4월 꽝응아이육군중학 교관으로 제1대대를 맡았다. 프랑스와의 전쟁이 끝난 후 1954년 귀국하여 제대하고 고향의 초등학교 교장으로 퇴직했다.

가모도쿠지(일본군 육군 중위)

가모도쿠지(加茂德治가무덕치, 1919~2012)는 일본 후쿠시마(福島)현 출신으로 제2차 세계대전이 끝난 뒤의 베트남독립전쟁 기간 동안 베트남에서 교관과 군사고문으로 일한 기록인《꽝응아이육군사관학교-베트남 전사를 양성하며 함께 싸운 9년간》(曉印書館, 2008)을 출간했다. 그는 현지에서 만난 베트남 여인과의 사이에 자식을 두었다. 디엔비엔푸 전투가 끝난 뒤에 그는 중국을 경유해 1954년 11월 30일 일본으로 귀국했다.

9. 떠이선 농민 왕조의 수도· 한국군 맹호부대의 격전지 꾸이년

우리나라에서 1968년에 '퀴논'으로 부르던 꾸이년(QuyNhơn, 歸仁귀인)은 베트남 중남부에 있는 빈딘(Binh Dinh)성의 성도로 2019년 인구는 290,053명이고 성의 총인구는 1,486,918명다. 도시의 좌표는 북위 13도 46분, 동경 109도 13분이다.

꾸이년은 11세기에 다낭에서 천도한 참파 왕국의 수도였다. 참파 왕국은 중부 베트남에 존재했던 오스트로네시아어족의 캄보디아계인 참족이 세운 나라이다. 참파 왕국의 북부에 있던 비자야(Vijaya, 藩籠번롱) 왕조는 1471년 베트남 레 왕조에 의해 멸망되었다.

이곳은 명나라 때, 정화(鄭和, 1371~1433, 본래 곤명昆明에 살던 무슬림계 색목인 환관)가 7차례(1회에 2~3년씩 소요)에 걸쳐 원정항해(1405~1433)를 하면서 기항했던 곳이다. 1620년대에 포르투갈 예수회 선교사들이 들어온 적이 있다.

18세기에 일어난 떠이썬(TaySon, 西山서산) 왕조(1778~1802, 24년간 집권)가 1740년 봉기하여 1771년 꾸이년을 점령하고 응우옌 3형제의 주도로 1787년 큰형 응우옌반냑(Nguyen Van Nhac)이 초대 황제로 즉위하고 1789년 청나라의 승인을 받았다. 꾸이년은 떠이

정화함대 목선

썬 왕조의 초대 황제와 그 막냇동생인 제2대 꽝쭝 황제 응우옌반후에(Nguyen Van Huệ) 집권 때인 1788년부터 1792년까지 왕조의 수도였다. (→ 제1부)

떠이썬 왕조는 베트남을 남북으로 나누어 지배하던 세력들인 찐(鄭)씨와 응우옌(阮)씨에게 24년간이나 위협적이었다. 떠이썬 왕조는 주로 농민들로 이루어진 무장력으로 응우옌이 지배하던 베트남 중부의 안남 지방과 찐씨가 다스리던 베트남 북부의 수도 하노이까지 제압했다. 이 엄연한 왕조를 혁명정권이나 반란정권으로 기술한 역사책들은 베트남 판 식민사관의 산물이라고 생각한다.

방콕으로까지 도망쳤던 응우옌 정권의 후예인 응우옌푹아인(Nguyen Phuc Anh)이 프랑스의 도움을 받으며 떠이썬 세력과 격전을 벌이다 1801년 1월 자딘에서는 패배했지만 1801년 3월 꾸이년 공방전을 벌인 끝에 떠이썬을 패퇴시켰다. 아인은 북진하여 후에를 쳐서 옛 쭈어 응우옌의 땅을 회복하고 1802년 7월에는 탕롱(하노이)에 입성했다. 아인은 청나라에 요청해 베트남으로 국호가 승인되고 베트남 전국을 통치하는 응우옌 왕조의 국왕으로 책봉되었다. 프랑스의 후원을 받은 응

우엔 왕조가 나름대로 독립을 지키려고 애썼지만 '세상에 공짜는 없는 법!'. 점점 프랑스의 침략은 더해지고 식민화되어 갔다.

1941년 7월에는 일본군이 남부 베트남을 점령하면서 꾸이년도 일제에 장악되었다. 1960년대 후반부터 1975년까지의 베트남전쟁 때는 미군과 함께 한국군 맹호부대가 주둔했다.

오늘날, 꾸이년은 베트남 중부의 주요 항구로 다낭, 냐짱과 함께 상업과 관광 중심지의 하나이다. 기후는 9월부터 12월까지가 우기로 특히 10월과 11월에는 폭우가 쏟아지는 날이 많다. 11월부터 2월까지 4개월을 빼고는 최고기온이 거의 30도를 웃도는 날이 대부분이다. 1월 중순부터 3월 중순까지가 여행 최적기이다.

꾸이년은 하노이에서 남쪽으로 1,080km, 호찌민시에서 북쪽으로 650km, 다낭에서 남쪽으로 320km 거리에 있다. 꾸이년의 공항은 시내 북쪽에 있는 푸캇공항(Sân bay PhùCát)으로 하노이, 호찌민시와 다낭에서 국내선이 운항하고 있다. 철도는 베트남 남북선(통일철도)의 꾸이년역과 지에우찌(DiêuTrì)역이 있지만 지에우찌역이 시내에서 10km 서쪽에 있는 더 큰 철도역이다. 시가지의 남쪽에 비치가 있고 해안을 따라 리조트 개발이 한창이다.

꾸이년역

참파 유적지인 미썬 성지

역사적으로 비자야라고 불린 이 지역은 베트남 내 참족 초기 유적지 중의 하나로 참파 왕국의 금탑과 상아탑이 남아 있다. 베트남의 리 왕조 때인 1069년 비자야의 요새를 공격해 참파 왕국의 북부(현재 꽝빈성과 꽝찌성)을 빼앗았다. 1145년 크메르(Angkor)가 다시 비자야를 정복했지만 1149년에 베트남이 탈환했다. 후에도 비자야는 때때로 크메르에 지배되었고 크메르 왕은 앙코르와 참파에서 성공적인 군사작전으로 참족의 지지를 받았다. 베트남과 비자야의 전쟁은 15세기에 다시 크게 일어나 결국 비자야가 패배하고 1471년 레 왕조에 의해 멸망하고 참족들은 더 남쪽으로 내려갔다.

비자야가 베트남 레 왕조(1428년 건국)에 복속되어 일종의 보호령으로 남으면서 비자야 남쪽 지방의 참파는 판두랑가(Panduranga) 왕조로 현재의 닌투언(NinhThuận, 寧順령순)성, 현재 판랑(PhanRang) 일대와 빈투언(BìnhThuận, 平順평순) 판티엣(PhanThiết) 일대에서 1832년까지 응우옌 왕조에 의해 멸망될 때까지 존속했다.

한편, 중남부 베트남을 지배한 '쭈어응우옌' 집권기(1558~1775)에 각지에서 많은 반란이 일어났지만 그 중 가장 강력한 세력은 떠이썬(Tay

Son, 西山黨) 지도자인 응우옌(본성은 胡였으나 모계로 개성) 3형제[응우옌반냑(阮文岳), 반르(文呂), 반후에(文惠)]였다. 이들은 처음에 일치단결하여 '쭈어응우옌(阮主)'의 땅 많은 곳과 '쭈어찐(鄭主)'의 땅 여러 곳을 차지하고 영토를 3분할했다. 이 중에 막내인 '반후에'가 '쭈어찐'의 형제 간 권력 싸움을 이용하여 하노이에 침입하자 레 왕조의 황제가 북쪽으로 달아나 청나라에 구원을 요청했다.

반후에는 '꽝쭝후앙데(Quang Trung Hoàng đế, 光中皇帝)'의 이름으로 청나라 군대와 싸워 하노이의 탕롱성에 입성했고 청국으로 달아난 레 조의 마지막 황제 찌에우통데(Chiêu Thống Đế, 昭統帝소통제, 1765~1793, 재위 1786~1788)는 결국 베이징에서 죽었다.

떠이썬 조의 꽝쭝 황제가 된 후에는 쯔놈을 정식문자로 채택하고 《사서삼경》을 쯔놈으로 번역케 했으며 1789년에 부패한 옛 과거시험을 폐지하고 새로운 과거시험을 실시해 대개혁을 시도했다. 하지만 1792년 꽝쭝 황제가 39세의 나이에 갑자기 죽고, 권력 다툼이 벌어진 사이에 '쭈어응우옌'의 후손인 아인이 프랑스군의 도움을 받아 1790년부터 자딘 지방(사이공 일대)을 공격해 일진일퇴를 거듭하던 끝에 1801년 떠이선에 패배했다. 하지만 아인은 1799년 이후 계속된 꾸이년 공방전에서 1802년 3월 승세를 잡고 7월에 북진을 계속, 7월 20일 탕롱에 입성해 응우옌 왕조를 탄생시켰다.

꾸이년의 항구

베트남의 접근 수로 20km에 평균 수심 30m인 국가일반항구로 19번 국도를 거쳐 라오스와 캄보디아 동남부를 연결하는 요지에 7개의 부두가 있다. 제일 북쪽에 컨테이너 부두를 겸해 선체 중량(DWT) 3만 톤급 선박이 정박하여 연간 400만 톤의 물동량을 취급하는 꾸이년항이 있고, 쩐흥다오 대로를 따라 한투옌(HànThuyên) 부두, 함뚜

(HamTu) 부두, 티나이(Thị Nại) 항 등이 있다.

빈딘성의 남쪽을 흐르는 꼰강 (Sông Côn)을 따라 저지대의 중심에 위치한 옛 참파 시대부터의 주요 항구였던 자리에 새로 건설된 티나이항에는 서쪽의 고원지대에서 고급 목재를 공급받아 수출하는 전용부두가 있

꾸이년항 출입문

다. 이 항구는 남베트남 시절에 해군 군항으로 사용했으나, 베트남 통일 후에는 출입항로 준설을 거쳐 부두 길이를 160m로 크게 확장하여 1만 톤 이상의 선박 정박이 가능하여 연간 80만~100만 톤 이상의 물량을 취급하는 종합 항구로 탈바꿈했다.

티나이항에는 현재 6개의 부두가 있다. 1~3번 부두는 수심이 17.5m에 200~300m 길이이고, 4·5번 부두는 수심 29.3m 길이가 355m로 이 5개 터미널이 2만 톤급 선박을 수용할 수 있다. 특히 6번 부두는 수심 25m, 길이 500m로 최대 10만 톤급의 선박을 수용할 수 있다. 베트남 정부의 계획에 따르면 2020년까지 꾸이년 항구를 특화된 항구 지역으로 만들어 8만~10만 톤급의 선박을 수용할 수 있는 논호이(NhơnHội) 항구 지역을 추가 건설할 것이라고 한다. 꾸이년항이 취급한 물동량은 2020년 1,100만 톤에 이른다.

꾸이년은 내가 베트남전쟁이 가장 치열했던 1968년 뗏 공세 때 처음으로 상륙한 항구였기에 개인적인 추억이 많이 있는 도시이다. 하지만 너무나도 황당할 정도로 발전한 도시 속에서 내가 참전한 당시의 베트남전쟁에 관한 자료 찾기와 박물관 관람, 옛 추억 더듬기는 아주 어려웠다.

빈딘박물관

　빈딘박물관 내에 전시된 사진 앞에서 나는 무의식적으로 숙연해졌다. 그 사진에는 4개의 증오비가 한국군의 전적지에 세워져 있고, 그곳 전시된 사진 아래에 배치된 '맹호사단장 윤필용 소장' 명의의 문화센터에 시멘트로 만든 현판 표지가 진열되어 있었다. 이것들이 전쟁의 진실과 선전의 허구를 대조하며 웅변하고 있었다.

　한국군이 1966년 2월 12일부터 3월 17일까지 작전 중 빈딘성 빈안 (BìnhAn)의 떠이빈(TâyVinh, 西榮서영) 마을에서 많은 양민을 학살했다는 자료는 전시되어 있지 않다.

　당시 이 지역에서는 큰 전투인 '매셔(Masher) 작전'이 벌어지고 있었다. 이 작전에서는 미 육군 제1기갑사단, 남베트남군 보병 제22사단, 한국군 수도사단(맹호부대) 등 3개 사단이 북베트남 정규군 2개 연대와 베트콩 게릴라 1개 연대 등 적 도합 1개 사단이 치열한 전투를 벌였다. 이 작전의 최고지휘관은 미 육군 제1기갑사단장으로 공수부대 지휘에 능한 킨너드 2세(Harry Kinnnard Jr. 1915~2009) 장군이, 북베트남군에서는 지압반끄엉(Giáp Văn Cương, 甲文强갑문강, 1921~1990, 베트남인민군 최초의 해군 중장, 1977년부터 1980년, 1984년부터 1990년 2회에 걸쳐 베트남인민해군 사령관 역임) 제독이었다.

빈딘박물관

　당시 한국군을 포함한 전투의 지휘권은 미군에 있었지만 주월 미군사령관인 웨스트모어랜드 장군은 작전보고서에서 '한국군과 긴밀히 협력하지만 미국과 베트남 부대와는 별개의 전술적 실체이며 미국의 작전 통제 하에 있지 않았다. 1966년 1월 24일부터 3월 6일까지 작전 중에 2,389명의 알려진 적〈known enemy〉을 사살했다'고만 밝혔다〈AP통신 2000년 4월 9일 자〉.

빈딘박물관에 전시된 시멘트 표지판에는 1969년 8월, 맹호사단장 윤필용 소장 명의로 다음과 같은 글이 쓰여 있다.

'본 문화센터는 평화와 자유를 희구하는 월남국민들에게 문화활동의 전당을 제공하기 위하여 맹호부대 전 장병의 정성과 한진상사주식회사 사장 조중훈 씨의 도움으로 건립한 것이다.'

그 시멘트 표지판 위에는 증오비가 서 있는 아래의 현장 사진과 캡션이 있었다.

꾸이년박물관에 전시된 집단학살 증오비의 기록들을 보면서 나는 국가가 먼저 사과하고 병역의무자들을 그 전쟁터에 용병으로 보낸 당시 한국 정권실세의 비자금을 찾아내 배상을 해줘야 마땅할 것으로 생각되었다. 베트남전쟁 참전을 대가로 미국이 한국에 제공한 자금의 실태와 사용처를 밝히고 이를 횡령한 자의 재산이 개인명의든, 재단명의든 몰수하여 이제는 노구의 몸으로 고엽제 피해에 시달리는 특히 병역

윤필용 소장 명의의 문화센터 건립기념 표지

1965. 12. 22.
Tân Giản(Phước Hoà, Tuy Phước),
한국군이 54명을 집단학살

1966. 1. 9.
Kim Tài(Nhơn Phong, An Nhơn),
한국군이 37명 집단학살

1966. 3. 23.
Nho Lâm(Phước Hưng, Tuy Phước),
한국군이 143명 집단학살

1966. 9. 23.
Trường Thạnh(Cát Tiến, Phù Cát),
한국군이 88명 집단학살

의무 복무자들에게 돌려줘야 할 것이다. 이것은 제2대 주월한국군사령관 이세호 장군이 생전에 밝혀 보려던 일이기도 하다.

꾸이년을 방문할 우리나라 사람들이 많은 것을 감안해서라도 이 증오비만은 딴 곳으로 옮겨 줄 것을 교섭하면 어떨까? 이제는 70대 이상 할아버지가 된 참전자들이 이곳을 방문하는 후손들에게 비록 국가의 요구에 따랐다 하더라도 참으로 낯부끄러운 일이기 때문이다.

베트남 참전이 경제 발전의 신화를 이룩했다는 것만으로 결코 민간인 학살을 정당화할 수 없다. 참전 노인들도 베트남 파병이 한국 경제

부흥에 기여했다는 자부심만 되풀이 주장하지 말고 자신이 살기 위해 일어났을 수 있는 전쟁범죄에 대해 깊이 회개할 것을 소망한다.

베트남전쟁 때의 꾸이년 부근

꾸이년과 빈딘성의 촌락은 항구도시로서의 전략적 위치와 도로교통망으로 1960년대와 1970년대에 베트남전쟁에서 특별한 역할을 했다. 1966년 빈딘성 전역에서 미군이 NLF(베트콩) 병사들을 수색하는 격렬한 전투가 벌어지자 주민들은 피난해야 했고, 1966년 말에는 난민촌 수용인원이 13만 명을 넘었다. 가장 큰 캠프는 꾸이년 시내에 있었는데 3만여 명이 해변에 만들기 쉬운 피난처나 단순히 모래 위에서 잠자는 등으로 불결한 생활을 했다.

1960년대 초, 꾸이년은 농촌지역의 긴장이 고조됨에 따라 어부와 농부들의 건강 상태가 급속히 악화된 미개발 도시였다. 뉴질랜드는 미국의 개입이 본격화된 1963년 미국의 압력으로 빈딘 일대에 의료팀을 보냈지만 자원봉사자 모집은 어려웠다. 뉴질랜드 의료진은 유명한 냐짱 해변을 선호했지만 미국인 의사들이 이미 냐짱에 들어왔으므로 결

빈딘박물관에 남아 있는 패전의 상징 미 육군 야전포

국, 꾸이년에 도착하여 민간인 사상자를 치료하면서 1975년까지 머물렀다.

빈딘에서 일한 뉴질랜드 의사들에 따르면, 이곳에는 결핵이 만연했고 상수도가 갖춰지지 않았으며 현지인들은 '영양 부족과 원시생활', '사람의 똥이 어디서나 발견되고', '더러운 집에서 생활'하며, 해변은 '거대한 화장실'로 사용되었다고 한다. 내가 본 바로는 1968년 사이공을 제외한 베트남 전역이 그러했다.

당시 빈딘 지역은 명목상 남베트남 정부의 영역이었지만 대부분은 전쟁 개시 후 약 20년 동안 공산주의 활동의 온상이었다. 벼농사를 짓는 논, 빽빽한 열대 정글과 좁은 산길은 NLF(베트콩)와 북베트남군에게 좋은 전투지가 되어 1960년대 초에는 꾸이년 주변의 농촌이 공산군의 작전 중심이었다.

전쟁 격화와 맹호부대의 주둔

오키나와에서 출항한 미 해병대가 1965년 7월 꾸이년에 처음으로 상륙했다. 미군은 곤충, 독사, 막사에서 음식을 훔치는 원숭이, 큰 소리로 짖어대는 붉은 갈색의 유인원 등 빈딘성의 자연문제에 직면했다. 열대 상태에 익숙하지 않은 병사들은 모든 도로에 철조망을 설치하고 매일 밤 일몰에서 해돋이까지 통행금지시간을 정하고 도시에 삼엄한 바리케이드를 두른 수비대 막사를 지었다.

1965년에 미국의 공격용 전투기가 꾸이년에 도착했다. 조종사들은 당시 도시중심부에 있는 작은 활주로의 허접한 비행장에 대해 강하게 불평을 제기해 미군은 꾸이년 서북쪽 30km 떨어진 푸캇(Phù Cát) 마을에 공군기지를 건설했다. 푸캇은 총 100여 대의 비행기와 수만 명의 인력이 주둔하는 중요한 공군기지의 하나가 되었고, 꾸이년은 남부 베트남 전역에서 수행된 항공작전기지로서의 역할을 맡았다. 그래서

1960년대 미국의 유명한 스타급 연예인이 미군을 위해 자주 위문공연을 했다.

하지만, 옛 꾸이년 비행장 자리에 들어선 대형 판매시설인 코업(Co.op) 마트의 12월은 50년 만에 나그네가 되어 찾아간 내게 유난히 두드러진 크리스마스 장식으로 전쟁과 평화를 대조하여 확인시켜 주었다.

코업(Co.op)마트의 2018년 크리스마스 장식

현재 꾸이년의 민간공항이 된 푸캇의 외곽은 1960년대 후반 남베트남의 밀림과 산악에 위치한 베트콩의 은신처를 파괴하기 위한 네이팜탄 공격과 고엽제 살포 대상의 중심부였다.

한국 육군 수도사단(맹호부대)은 1965년 11월 꾸이년에 도착하여 1973년 3월까지 주둔하면서 빈딘성 일대의 산악과 평지에서 베트콩을 찾아내어 섬멸하는 임무를 맡았다. 맹호부대는 미군과 협조하여 꾸이년 남쪽 15km 해안선의 동굴들을 비롯한 주변의 절벽과 촌락지역에 대한 정찰을 통해 수집한 정보를 미국 전투함정에 제공했다. 한국군은 빈번히 베트콩의 벙커를 습격하고 육박전으로 게릴라를 압도했다.

미군 연합군의 주요 목표는 농촌지역에 숨겨진 NLF(베트콩)기지를 뿌리 뽑겠다는 것이었다. 또한, 미국의 연합군은 1965년부터 1968년까지 동서를 잇는 19번 도로로 꾸이년에서 북서쪽으로 80km 떨어진 안케(AnKhê)와 같은 시골마을, 꾸이년 북쪽 50km의 푸미(PhùMỹ) 해안, 북쪽으로 80km 떨어진 봉썬(BồngSơn) 등에서 대규모 지상전을 벌였다.

저자의 대학 같은 과 동기인 맹호
고(故) 이승현 병사의 망중한

1968년 1월 뗏 공세가 시작되기 3주 전 베트남인민군과 NLF(베트콩)이 꾸이년을 강타했다. 기차역을 중심으로 며칠 동안 치열한 전투가 지속됐고 양측에서 많은 인명이 살상되었다. 연합군이 며칠 후에 베트콩을 몰아내, 전쟁의 나머지 기간은 대부분 전투가 없었다.

1968년 뗏 공세 때의 첫 입항과 얽힌 나의 사연들

이 해 음력설은 1월 30일이었다. LST-808(덕봉)함은 이날 다낭으로 향하던 함수를 당시 이름 '퀴논'으로 돌렸다. 이날 쓴 내 일기 메모에는 '함내가 한증막을 연상할 만큼 무척 덥다'는 것과 '이 더위를 극복하고 파도를 이겨야 하며, 베트콩과 싸워 이겨야 한다'고 다짐하면서도 아직 반바지 착용 지시가 없음을 투덜대고 있다.

우리 상륙함은 1월 31일 새벽 전투배치 상태로 꾸이년 외항에 투묘했고 밤새 조명탄을 쏘아 올리며 함 주변을 경계했다. 이날 낮, 한국에서 승함한 대학생 위문단을 하선시켰다. 정보기관에 포섭된 이들은 각 대학 총학생회 간부와 대학신문 기자들이었다.

이들이 항해 중 부식 투정을 하는 바람에 우리 사병들은 휀다(fender: 함선이 나른 물체와 부딪혔을 때 충격이나 손상을 방지하기 위해 함 측면에 매어둔 무거운 기구)를 메고 갑판 상을 구보하고, 내부반으로 쓰이는 함내 침실에서는 원산폭격, 기수 빳다 같은 기합을 받아야 했다. 이들이 내 끼니 앓던 이가 빠진 것처럼 시원했다.

지금 생각하면 참 철없는 학생회 간부들이라고 생각되지만 당시의 이들은 그 후로도 군사정권은 물론이고 오늘날의 이 정권까지도 출세가도를 달려온 사람들이 많다. 한 마디로 이들은 정보공작기관에 포섭된 군사정권 하의 '사꾸라'에 이은 '프락치'라고 할 수 있는 자들이었고 이들이 당시의 학생회를 움직였으니 민주화운동은 다른 지

퀴논 부두에 접안한 LST 함수에서

하조직이 맡았다. 그들 학생님(?)들이 젊은 시절에 변신한 '잘 나가던 친일파' 선배들을 여태까지 두둔하는 것은 당연한 일일 것이다. 그들은 군부독재시대가 끝나기 무섭게 민주화시대에도 학생회 활동을 훈장처럼 써먹고 있는 자도 있다. 모두가 다 그렇다는 말은 아니다. 그래서 진실한 역사는 자서전이 아니라 제3자가 쓴 글 행간에 있다. 좋은 책은 주의 깊게 읽어야 한다.

이들 중에는 내가 재학 중에 입대한 대학교의 학생회 간부도 있었다. 이때 승함했던 학생 중에 현재 미국에 살고 있는 한 동창과 이들의 불만과 함상 투쟁(?)에 대해 의견을 나누었던 적이 있다. 내 막역지우(莫逆之友)의 한 사람인 그는 나에게 미국의 용병이었던 과거를 반성하라고 주문하기도 하여 서로의 모자람을 상호 인정하면서 웃고 말았다.

그의 말에 따르면 그들이 말썽을 부린 이유는 그들을 회유하는 정보기관 요원이 아니라 우리 함의 내게는 하늘같은(?) 장교들과 사소한 충돌이 원인이었다고 한다. 나는 함상에서는 누구나 함장, 부장(부함장), 작전관, 갑판사관, 포술장으로 이어지는 지휘라인의 지시에 따라야 안전 항해가 보장된다는 점을 설명하며 흘러간 옛날의 입장 차이에 대해 이야기를 나누었다.

대학생 위문단을 맞이하는 맹호부대

함정이 출항하면 수병들은 3교대로 주야 각 4시간씩 8시간의 항해 임무를 수행하느라 심신이 지쳐 있다. 더구나 베트남 해역은 전지라 장병들은 취침시간과 생활시간(식사시간과 용변시간)도 보장되지 않은 채, 지정된 함포나 무더운 기관실에 전투 배치해 있어야 했다. 그런데 더해 우리 수병들은 이들 때문에 추가 기합까지 받았다. 우리 수병들은 당시 동갑 인구 중에 5% 정도로 '선택된 사람'이라고 할 대학생 가운데서도 특출한 학생회 간부와 대학 언론인들이 같은 또래의 젊은이가 전쟁터로 향하는 함상에서 부식이 나쁘다는 이유로 수병들을 괴롭히는 원인을 제공하는 짓을 묵묵히 받아들여야 할 뿐 다른 선택이 없었다.

하지만, 당시에 나는 이들이 단지 '철부지' 수준이 아니라고 생각했다. 오늘날의 말로 하자면 만주 벌판에서 항일무장 독립투쟁에 나선 전사와 투사 가족들을 밀고하는 일제 앞잡이 '간도특설대'의 '프락치'만큼이나 증오스러웠다. 군부독재의 적폐를 청산할 때, 이들의 정보공작 동조행위도 정죄해야 할 것이다.

이들을 같은 또래가 병역의무를 치르는 베트남으로 보내 회유하면서 대학 내외에서 사실상의 '정보원'으로 키운 당시 징권의 생계형 정보낭국사나 대학의 학생처 관계사들의 반성과 사죄가 아직도 없다. 그들은 1990년 이후의 민주화시대에도 각종 공직이나 교직에서 오히려 더 빨리 승진하여 지도층이 되었다.

미국의 대학생들은 이 당시에 반전운동으로 위스콘신대학교 스틸

링홀 폭파 사건을 일으켰고, 나중에 대통령이 된 클린턴(Bill Clinton, 1946년생)도 이 대열에 앞장섰다. 베트남에 해군 장교로 참전 중 부상으로 제대한 뒤에 참전자를 중심으로 반전시위를 이끌던 케리(John F. Kerry, 1943년생, 2013~2017 국무장관 역임)도 2004년에 민주당 대통령 후보까지 올랐다.

나와 대학 같은 과 20명 정원의 남학생 19명 중에 3명이 베트남전에 참전해 있었다. 한 친구는 육군 맹호부대 소총수로 이곳 꾸이년의 이름 모를 산하에 있었고, 또 한 친구는 냐짱의 야전사령부에 근무하고 있었는데 다른 한 친구는 이 위문단의 일원이었다.

거의 모두가 '없이' 살던 당시였지만 우리 배가 귀국선이 된 그 다음 해 베트남을 방문한 또 다른 대학생 위문단들은 우리가 먹다 남은 비상식량인 C레이션, 양담배, 양주 등에 유혹되어 함수가 파도에 부딪쳐 찢어진 배에서도 그렇게 착할 수가 없었다. 이게 재학 중 입대하여 죽거나 다치지 않고 귀국하는 또래에 대한 당시 특출한 특혜 대학생의 몰상식과 무례와 욕심이었다.

나의 '퀴논' 첫 상륙 추억

2월 1일, 내 일기에는 '베트콩이 구정 휴전을 어기고 공세를 취해 어제는 곳곳에서 시가전이 벌어졌고, 어제 우리가 해안을 내리 두른 함포사격으로 VC 3명이 사살되었다는 '소문'이 함내에 돌고 있다'고 쓰고 있다. 2월 2일에는 '시내에 VC의 시체가 널려 있기 때문에 상륙하지 못 한다'는 사정을 적고 있다. '소문'을 우리는 그대로 믿었다.

1968년 4월 7일 퀴논항에 두 번째 입항했던 기록도 있다. 부두에 접안했다가 야간에 외항에 투묘한 것으로 기억되는 어느 날 밤에도 '금속성 음향이 고요한 수면을 일그러뜨린다'고 쓴 것으로 보아 함상에서 상륙함의 빈약한 장포인 20mm 함포나 40mm 함포 사격과 경기관총(LMG) 소사가 있었던 것 같다. 여러 항구를 여러 번 드나든 곳도 있어 당시의 군율 또는 관습으로 금지된 일기 대신에 내가 쓴 메모의 암시성 글 내용이 오늘날 모두 정확하게 기억되지는 않는다.

당시 퀴논은 내가 베트남에서 처음 입항한 항구이지만 상륙하지 못했으므로, 나중에 외출하여 사복을 입고 상륙했을 때 전우와 찍은 사진의 배경인 극장은 현재 꾸이년 문화관이 되어 있고, 당시의 로터리에 있던 팔각정 자리에는 떠이선의 꽝쭝 황제가 말을 타고 칼을 휘두르는 형상이 서 있다.

그 옛 추억이 이 짧막한 메모와 함께 내 머리를 다시 채운다.

'다시 찾아온 퀴논항. 인가는 멀리 있고 하역용 지게차만이 시커먼 연기를 뿜으며 탱크 갑판(Tank Deck)을 오르내릴 뿐 삭막한 풍경이다. 초록빛 바다는 아주 고요한 여느 항구처럼 모든 걸 받아들이고 있지만 부근의 초계정과 우리 배에서 발사되는 총포탄이 적아가 구분되어 싸우는 전지의 해역임을 더욱 짙게 느끼게 하고 있다.'

이런 비애와 분노, 경이로움과 이국정서의 유혹 때문에 나는 '퀴논항' 꾸이년을 베트남의 어느 항구보다도 꼭 다시 보고 싶었지만 50년이 지난 2018년 12월 하순에 처음으로 이곳을 다시 찾았다.

우리 LST함이 출항하던 꾸이년의 바다가 보이는 해변

오랜 해상생활 후 상륙한 퀴논 영화관 앞에서 사복을 입고 천 수병과 함께.

당시 퀴논 영화관은 꾸이년 문화원으로 재건축되었다.

베트남전쟁의 상흔

미국연합군은 1969년까지 꾸이년 주변의 인구밀집지역에서 NLF(베트콩) 대부분을 몰아냈지만 NLF(베트콩) 세력은 빈딘성 농촌지역으로 깊숙이 파고들었고, 1971년에는 꾸이년과 푸캇 이외의 빈딘성 전역에서 지배력을 다시 확립했다.

빈딘 지역에서의 지상전은 동굴 사용에 주목할 만하다. 농부들은 들판에 곡식과 보급품을 보관하는 수백 개의 동굴을 파놓았다. 이 동굴들은 전쟁 중에 겁에 질린 주민들의 피난처가 되었고 공산군(베트남인민군인지 베트민군인 베트콩인지는 모르지만)과 무기의 이상적인 은신처도 되었다.

1965년 한 미군 장교가 가스 사용을 불허하는 지침을 위반하면서 꾸이년의 16km 북쪽에 있는 동굴에 수백 명의 베트콩 병사들과 현지 주민들이 은신처에서 나오지 않을 수 없게 하려고 최루가스 수류탄을 던지도록 명령해 국제적으로 맹비난을 받았지만 전쟁을 반대하지 않았던 서방의 신참기자들은 오히려 이를 지지했다. 뉴욕타임스조차도 꾸이년의 최루가스 사용에 대해 '어떤 효율적인 작전 유형보다 분명히 더 인간적인 작전'이라는 사설을 실었다고 한다. 이러한 움직임으로 존슨 미국 대통령이 장군들에게 화학무기 사용금지 명령을 철폐하고 오히려 사용 장려를 지시했다고 한다. 전쟁은 기자들에게 무섭지만 흥미로운 취재 거리이고, 군수품 공장에게는 바로 '돈'이지만 병사들에게는 목숨이었다.

그럼에도 베트남인민군과 NLF(베트콩)의 힘은 계속해서 성장했고, 1975년 초반 중부고원지대에서의 승리에 이어 빈딘성을 차지했다. 인민군은 1975년 3월 초 꾸이년에서 쁠래이꾸를 연결하는 19번 국도와 푸캇 공군기지를 공격했고 남베트남군은 큰 손실을 입어 이 지역을 포기했다. 남베트남 공군은 푸캇공항 활주로에 58대의 항공기를 버렸다. 남아있던 7천 명을 넘는 남베트남 군인들은 꾸이년 항구로 달려가 남쪽으로 도망가는 배를 급하게 탔다. 더 이상의 저항이 없자 인민군은 신속히 전진하여 1975년 3월 31일에 푸캇 기지와 꾸이년시를 점령했다. 꾸이년시가 지방 해방일로 매년 기념하고 있는 이날은 사이공 함락 1개월 전이다.

전쟁이 끝난 후 빈딘성에서는 토양정화가 주요 관심사가 되었다. 베트남의 미국 화학무기 주요 기지 중 하나인 푸캇과 꾸이년에는 350만 리터 이상의 고엽제(Agent Orange)가 축적되어 있었다. 화학물질이 환경으로 누출되면 토양은 수십 년 동안 계속 오염되어 다이옥신과 관련된 선천성 기형과 암 발생이 많아진다.

다낭, 비엔호아와 함께 푸캇 공군기지는 2010년에 미국과 베트남의 합동조사에서 가장 오염된 지역의 하나로 분류되었으며, 정화비용이 6천만 달러를 넘을 것으로 추산됐다. 미국은 빈딘성에 겨우 2백만 달러를 제공하여 공항 근처의 작은 표토층(表土層)을 안전한 매립지로 옮기고는 베트남정부도 2012년에 이 지역에 오염물질이 없다고 선언하는 큰 행사를 가졌다.

독립적인 과학자들은 2016년 현재 공항 부근의 토양이 여전히 허용기준의 400배 이상에 달하는 다이옥신을 보유하고 있다고 지적하면서 논쟁의 여지가 있는 결정이라고 주장한다.

당시 고엽제가 뿌려졌던 해변 밀림에도 작은 나무가 자라고 있다   전쟁의 상처 위에 세워져 있는 꾸이년 대성당

우리들이 시야를 확보하기 위해 베트남의 여러 비치 앞 풀이나 들판에 뿌린 제초제가 바로 고엽제였다.

전쟁 때의 흔적은 거의 사라졌지만, 특히 농촌에는 아직도 상처가 남아 있다. 빈딘박물관에는 탱크와 곡사포를 비롯하여 베트남인민군이 포획한 미국과 남베트남 무기를 부지 노천에 전시하고 있다. 베트남전쟁 당시에 꾸이년 인근의 공항지역, 시 외곽지역, 해변 근처와 도심의 주요 지역에도 미국연합군의 수많은 군사기지가 있었다. 그래서 도시외곽의 미개발 지역에서는 아직도 당시의 탄환과 군사장비가 찾아지고 있다고 한다.

빈딘박물관 앞마당에는 더위를 식히며 앉아 있을만한 벤치가 있지만 정문 옆에는 맛난 커피와 반미를 파는 카페가 있다.

현재, 꾸이년은 빈딘성의 중심으로 수출입, 항만 서비스, 수산물 어획과 가공 및 관광지로 개발이 한창 진행되고 있다. 농업, 임업, 양식업 등의 전통적인 산업에 대신하여 도시는 점점 더 서비스 중심으로 변하고 있다.

도시 산업의 대부분은 1-A 국도를 따라 도시 서쪽의 푸따이(Phú Tài) 산업단지 주변에 집중되어 있다. 꾸이년은 가구 제조와 목재가공의 주요 중심지로 빈딘성의 삼림뿐만 아니라 잘라이성과 꼰뚬성 등의 중부 고원지대, 심지어는 캄보디아의 라타나키리와 라오스의 아따푸에서까지 원료용 목재를 조달하고 있다. 농수산물을 가공하거나 건축자재와 종이제품 생산업체가 많지만 아직 외국인의 투자는 그리 활발하지 않다.

제5부

베트남 남부

호찌민시 · 타인뚜이하 · 비엔호아
미토 · 붕따우 · 판티엣과 무이네
깜라인 · 냐짱 · 푸꾸옥

1. 다시 찾은 호찌민시

베트남에서 인구가 가장 많은 도시로 2019년 4월 시점에서 인구 8,993,082명인 호찌민시의 관문은 사이공 떤선녓(Tân Sơn Nhất)국제공항(전에는 '탄산누트'라고 부름)이다. 시의 면적은 2,061.41km²로 우리나라 서울특별시 605.25km²의 3.41배이다.

옛날의 사이공(柴棍자곤, 중국어 西貢서공)은 호찌민(Hồ Chí Minh)시로 이름이 바뀌었지만 내가 해군 수병으로 1967년 말부터 1968년 한 해를 꼬박 지내고 1969년 초 귀국할 때까지 승함했던 '주월한국군 해군수송전대(백구부대)' LST-808(덕봉함)의 모항이었다.

땅에 사는 사람이 머나먼 남지나해(남중국해의 당시 명칭) 해상의 뱃사람으로 전투배치되어 함포 사격을 가하며 언제 어디에서 포탄과 총알이 날아올지 모르는 북쪽의 다낭항, 남쪽 어느 강변의 탄약창, 포로수용소가 있던 푸꾸옥(PhúQuốc, 富國부국)섬까지 항해한 세월은 벌써 50여 년 전이다. 항해 중에 나는 때로 함미 40mm 포의 탄약수, 함교 견시(見視), 함교 전화수, 전투배치나 정박 또는 접안 중에는 경기관총 사수나 조수, 현문 당직 수병과 하사관으로 근무했다. 항구에 도착하면 무엇보다 먼저 노후화된 함정의 깡깡(녹 벗기기)과 페인트를 칠하고, 탄

모항 사이공 부두에 우현 접안한 LST-808(덕봉함)

사이공 수상버스 선착장   사이공강의 야경

약을 비롯한 군수물자들을 선적 또는 양륙하는 20세기의 노예 짐꾼으로 병역의무를 수행했다. 당시의 모항인 이 항구를 다시 찾는 추억은 늘 새롭다.

그때, 출동 후에는 상륙지, 계류 부두나 비치 근처에 물을 섞어 마구 뿌려대던 제초제가 고엽제라는 것도 몰랐고 그 후유증이 죽을 때까지 남고 후대에도 나타난다지만 아무리 고역이어도 베트남 인근의 바다나 항구마다 얼마나 오고 싶던 모항 사이공이었던가?

베트남전쟁 당시 주월한국군 해군수송전대 사령부가 있던 사이공 강변에는 베트남사회주의공화국(통일베트남) 해군의 한 사령부 건물이 증축되어 있었고, 벽은 네이비 블루를 대체해 베트남군의 누런색으로 칠해져 있다. 강변 부두에 장식품으로 비치된 포신은 1968년 수병들이 사령관의 전투 태세 점검을 받던 당시의 포신 그대로였다.

내게 추억 어린 사령부 건물의 사진 촬영을 시도했으나 정문을 경비하는 수병에게 저지당했다. 나는 50여 년 전에 내가 탄 함정의 사령부가 있던 곳이니 추억 삼아 한 번 들어가 보게 당직사관에게 요청해 달라고 했더니 웃기만 할 뿐 손을 저었다. 언론기관 소속 아닌 자유여행 작가로서의 취재 한계이다.

우리 함정이 이따금 계류하던 강변은 사이공강의 수상버스 선착장으로 변해 있었다. 베트콩이 박격포를 끌고 1발 장전하여 우리 함정쪽으로 포탄을 쏘아대면 우리 함정에서도 함포로 응사하던 강 건너편 넓은 초원과 밀림은 쭉쭉 뻗어 올라가는 빌딩의 숲으로 우공이산(愚公移山)의 현장임을 실감케 했다.

상륙함의 수병이 종전 후에 모항이었던 사이공(호찌민시)을 다시 방문할 때마다 날로 변화·발전하는 경이로운 모습에 놀라면서 옛 추억을 회고할 수 있는 흔적들을 본다. 조명탄 터지고 포탄이 작렬하던 사이공강에는 밤새 유람선이 떠 있고, 강 건너 밀림은 고층 건물과 새로운 공사 현장으로 요란한 불야성이다. 조명탄이 강 주변을 밝게 비추는 한밤을 지난 새벽 미명에 베트콩의 박격포에 한국 해군 함정의 하사관이 희생되기도 했던 그 위험한 강은 낭만이 흐르고 박격포 날아오던 강 건너편 밀림은 호찌민시의 신흥개발지구가 되었다.

예전에 미국대사관 자리에 있는 전쟁흔적박물관(Vietnamese War Remnants Museum, 통칭 '전쟁박물관')을 비롯하여, 중국계 화인(華人) 다수 거주지 쩌런(Chợ Lớn, 중국어 提岸제안, '큰 시장'이란 뜻), 호찌민루트의 사이공 쪽 끝부분인 꾸찌 터널(디아다오 꾸찌Địa đạo Củ Chi, 地道枸枝지도구지) 등이 요즘의 주요 관광지이다. 시내는 자유롭게 쉬다 걸으면서 둘러볼 수 있고, '그랩(Grab) 앱' 덕분에 자동차나 쎄옴(오토바이 택시) 이용도 쉽다.

50년 전의 대로 주변 모습은 확연히 달라져 기억은 희미하지만 추억을 되새길 수 있었던 시내의 한 주상복합 소규모 아파트는 낮은 층에 상가들이 들어섰음에도 알아차릴 수 있었다.

당시 사이공 부두에 있던 남베트

사이공시의 옛 모습을 어렴풋이 보여주는 낡은 노변 아파트

쩐흥다오 장군 입상

남공화국 해군본부 내의 주월한국군 해군수송전대(백구부대) 사령부에서 주월한국군사령부로 가는 대로에 서 있던 베트남 대몽 항쟁의 영웅 쩐흥다오 장군의 동상은 사이공 강변의 방사형 로터리로 이전되어 있다.

내가 걸어 다니던 거리에는 높이 262m에 52층인 비텍스코(Bitexco) 금융타워 건물이 시내와 사이공강을 조망할 수 있게 건설되어 있다. 입장료는 약 10달러 정도이고, 65세 이상은 할인이라고 한다.

우리가 시속 10~12노트(knot, 1노트는 1해리=1,852km를 달리는 속도, 18.5~22.2km)로 항해하여 종일 걸렸던 사이공과 붕따우 사이는 이 부두에서 출발하는 쾌속 여객선으로 2시간이면 도착할 수 있다. 호텔 로비에서 만나 1968년의 이곳 거리와 건물들을 찾아보고 싶어 대화를 나누게 된 젊은 아가씨들은 당시의 거리 모습을 설명하는 나에게 '무슨 100년 전 옛날 얘기를 하느냐'고 핀잔을 주었다.

1970년대의 한국과 오늘의 한국 모습을 비교하면서 박정희 대통령 덕분이라는 사람도 많지만 베트남은 호찌민(1969년 사망) 없이도 사이공을 이렇게 천지개벽시켰다. 바로 그 동력은 '건강한 사람들'이 있기 때문이다.

오늘은 같은 시대를 살아온 사람들이 피땀을 흘리며 노력한 결과물이다. 일제 강점기부터 출세주의자로 성장하여 그 숱한 억울한 생명을 죽이고, 개인들의 인생을 왜곡시켰던 선대들의 악령에게서 벗어나야 세상을 바로 볼 수 있다. 그 한 방법이 현장을 확인하는 여행길에 나서고 다시 쓴 역사책을 읽는 것일 수 있다.

하노이와 비교하여 오늘날의 호찌민시민들은 베트남 상업의 중심지에 사는 사람답게 몸맵시도 더 세련되고 영어 대응이 훨씬 수월하다. 예전에 LST함 함수의 40mm 포가 설치된 41포대에서 부럽게 바라보던 '투도(Tudo, 자유라는 뜻, 베트남 읽기로 뚜조)' 거리를 이 젊은이들은 알지 못했다.

옛 사이공강 가까운 중심대로는 더욱 넓혀져 보행자 중심도로가 되어 있었고, 그 끝에는 호찌민시 인민위원회 건물이 들어서 있었다. 그래도 변하지 않고 그 자리에 있는 것은 '사이공 노트르담 대성당'과 그 옆의 '사이공 우체국' 건물이었다.

2013년 3월에는 우체국 옆 거리에서 기념품 등을 파는 상인들과 관광객들로 열기가 가득하던 상점들은 2019년에 가 보니까 모두 우체국 건물 안으로 들어가 있었다.

베트남공화국(사이공 정부)의 최후

1975년 4월 21일 티에우(Nguyễn Văn Thiệu) 남베트남공화국 대통령이 사퇴를 발표했다. 후임에는 남베트남 정부의 원로로 1960년대에 대통령과 수상을 지낸 쩐반흐엉(Trần Văn Hương, 陳文香진문향, 1902~1982) 부통령이 취임했다. 비둘기파로 알려진 흐엉은 정전 협상을 기대했지만 파리협정이 발효되자 떤선녓 공군기지에 머무르던 북베트남 정부대표단은 1일 23일 흐엉과의 평화협상을 정식으로 거부해 존재 의의를 잃은 흐엉은 4월 21일 취임 후 불과 8일 만에 사임했다.

후임으로 4월 29일에 즈엉반민(Dương Văn Minh) 장군이 대통령에 취임해 평화협상을 제안했지만 북베트남 정부대표단은 이 역시 거절했다.

수도 사이공 함락의 혼란을 두려워한 남베트남 정부 상층부의 가족과 부유층은 4월 중순부터 잇달아 민간항공 편으로 국외 탈출을 시도했지만 떤선녓 공군기지도 포위 공격을 당했고 이 공항을 이착륙하는 민간항공기 운항이 4월 26일 '사이공 총공격'으로 전면 중지되었다.

일반시민들은 정권 몰락이 임박했음을 인식하고 남베트남의 통화인 피아스트르(Piastre)를 금, 다이아몬드, 미국 달러로 교환하면서 자국 통화 가치는 폭락했다.

미국과 남베트남군의 전선은 완전히 붕괴되고 북베트남군이 사이공 시내의 군사시설 등 중요 거점에 대한 육상포격과 공중폭격을 가했기 때문에 사이공 시내는 혼란 상태에 빠졌다. 사방에서 북베트남의 지상군이 시내로 진격해와 떤선녓 공군기지도 포위되고 활주로나 각종 설비가 파손됐기 때문에 남베트남군 수송기는 발착할 수 없게 되고 지상군에 대한 지원도 불가능했다.

미국 정부와 군은 4월 28일 국가안전보장회의를 열고 미군·대사관 직원과 연방정부 관계자, 미국 민간인 그리고 미국과 관계가 깊었던 남베트남 정부 상층부가 사이공에서 철수할 방법에 대해 긴급토의하고 '사이공 철수작전'을 발령했다.

작전 개시 후, 시내에 있던 미국 정부기관과 미군, 남베트남군의 관련시설에서 미군이나 정부관계자, 티에우(Nguyễn Văn Thiệu) 전 대통령과 키 전 수상을 비롯한 남베트남 정부 고위층과 그 가족, 체류 미국인들이 남중국해 붕따우 앞바다에 대기하는 미 해군의 항공모함과 대형 함정을 향해서 남베트남군과 미군 헬기, 소형 선박 등으로 필사적으로 탈출했다. 항공모함 갑판에서는 연달아 날아오는 헬기가 착함하기 무섭게 곧 바닷속에 투기하여 후속 헬기와 군용기의 착함 장소를 확보했다.

미군의 공식기록에 따르면 미군과 남베트남 헬리콥터가 사이공 시내와 항모 사이를 682차례 왕복하여 1,300명 이상의 미국인을 탈출시켰고, 그 몇 배에서 수십 배의 남베트남인도 탈출했다. 작전 중에 수중 투기된 미군과 남베트남군의 헬기는 45대에 달했다.

미국과 함께 베트남전쟁의 참전국 국민인 한국인은 '미국인이나 남베트남인의 퇴거 활동으로 손이 모자란다'는 이유로 미국 군용기로의 탈출 동행이 거부되고 체류 한국인의 대부분이 반한 감정이 강한 사이공에 남았다. 김영관 주베트남 대사는 탈출했으나 공관 직원인 중앙정보부 요원 이대용 공사를 비롯한 9명의 외교관은 억류되었다. 6명은 1년 후에 귀국했으나 이 공사 등 3명의 정보요원은 5년 후에 귀국했고, 극소수를 뺀 잔류 한국인은 사이공 시내의 국제적십자사 지정지역의 병원에 대피하여 박해는 면했지만 귀국하지 못했다. 우리나라 국민이 억류될 위기 상황에서 한국 해군은 LST-810함을 출동시켜 1975년 4월 6일부터 5월 16일까지 대사관 잔류 직원 일부와 해외동포 등 1,335명을 한국으로 안전하게 귀국시켰다. (→ 제1부)

북베트남군은 미국 적십자 국제위원회의 요청을 받아 사이공시에 체류하는 미군과 민간인이 완전히 철수하기까지 사이공 시내에 돌입하지 않았다. 미국군과 미국대사관은 철수 후에 북베트남 정부에 넘어가지 않도록 총 360만 달러를 철수 전에 소각 처분했다. '돈'은 총이다.

4월 30일 오전에는 전날 취임한 즈엉반민 대통령이 대통령궁에서 남베트남 국영 TV와 라디오로 전투의 종결과 무조건 항복을 선언했다. 이후 남베트남군 패잔병과 북베트남군 사이에 소규모 충돌이

대통령궁에 진입한 베트남인민군 탱크

있었지만 오전 11시 30분에 북베트남군 탱크가 대통령 관저에 돌입하면서 민 대통령 등 남베트남 정부의 국무위원은 모두 북베트남군에 억류되고 사이공은 함락되었다. 남베트남공화국이 무너지면서 제2차 인도차이나전쟁, 다른 말로 베트남전쟁은 미국의 패배로 끝났다.

호찌민 시립박물관에서 짚어보는 남부 베트남 현대정치

호찌민 시립박물관은 1885년 프랑스식민지 시대 때 프랑스 건축가가 상업용 전시관 용도로 지은 건물로 베트남 응우옌 왕조의 쟈롱 왕궁(딘쟈롱DinhGiaLong, 嘉隆宮가륭궁) 자리이다.

이 박물관은 현재의 리떠쫑(Lý Tự Trọng) 거리와 남키코이응이아(Nam Kỳ Khởi Nghĩa) 거리의 모퉁이에 있다. 성인의 입장료는 3만 동(1,500원)이고 개관 시간은 오전 8시부터 오후 5시까지다. 베트남 독립궁전에서 350m 거리에 있다.

이 박물관은 우아하고 인상적인 건물로 고고학 유물, 도자기, 오래된 도시 지도와 여러 민족의 결혼 전통을 전시하고 있고, 2층에서는 독립투쟁에 관한 광범한 자료를 볼 수 있다.

건물 아래에는 철근 콘크리트로 된 벙커와 견고한 복도가 있다. 통

호찌민 시립박물관

시립박물관 궁 지하 벙커 회의실

일궁전까지 뻗어있는 지하의 통로에는 거실, 주방과 대형 회의실이 있지만 터널 대부분이 침수되어 일반에게 공개하지 않는다.

1963년 11월 미국 CIA의 지원을 받은 즈엉반민 장군이 쿠데타를 일으켰을 때, 당시 남베트남공화국 초대 대통령인 응오딘지엠(Ngô Đình Diệm)과 그의 동생으로 비밀경찰 총수인 누(Nhu)가 이 건물 지하실에서 중국인 집단거주지인 쩌런의 짜땀(Cha Tam) 성당으로 도망가기 직전에 숨어 있었다. 지엠은 1962년 2월 27일 남베트남 공군기가 폭격했을 때 현재의 독립궁전 자리에 있던 대통령 관저가 폭파되어 이곳에서 임시로 거주 중이었다. 쿠데타가 발발하자 그는 달아났지만 중국인 집단거주지 쩌런에 있는 성당 인근에서 손이 뒤로 묶인 채, 11월 2일 민 장군의 직속 부하로 살인 전문가인 응우옌반늉(Nguyễn Văn Nhung, 阮文戎완문융, 1919/1920~1964) 소령에게 피살되었다. 늉은 1964년의 또 다른 쿠데타 와중에 의문사했다. 암살 공작은 우리나라도 해방 직후에 많이 있었지만 이렇게 증거를 완전히 없애기 때문에 인간의 재판으로는 진실을 밝혀낼 수 없다. 알고 싶은 진실을 알기까지는 세월의 기약이 없다는 말이다.

불교도 탄압에 항의하여 후에에서 온 틱꽝득 스님이 1963년 6월 11일 사이공의 캄보디아 대사관 앞에서 소신공양(분신)한 뒤 5개월이 채 못 된 1963년 11월 2일 지엠도 피살되었다. 당시의 베트남 정책을 다루던 미국 대통령 케네디(John F. Kennedy, 1917~1963)도 11월 22일 암살당했지만 아직도 그 배후는 여전히 의문 속에 가려져 있다.

그 후에 이 건물은 1966년 10월부터 1975년 4월 30일 함락 때까지 남베트남공화국 대법원 자리였다. 이곳의 역사에 남베트남공화국의 역사가 잘 반영되어 있다.

정원에는 미군으로부터 노획했지만 민족해방전선(NLF=베트콩)으로 전향한 남베트남 조종사가 1975년 4월 8일 대통령궁(현재의 통일궁전)을 폭파하기 위해 조종했던 미제 F-5E 제트기와 4월 28일 현재의 국제공항인 떤선녓 공군기지를 공격하여 미군기 26대와 다수의 군수물자를 파괴한 A-37전투기를 포함한 다양한 군사 장비가 전시되어 있다.

호찌민 시립박물관 마당에 전시된 인민군 항공기

1963년 11월 쿠데타의 주역인 민 장군은 쿠데타 성공 후에 군사혁명평의회 의장으로 2개월여 집권했지만 혁명위원회 내에서 지엠 피살을 놓고 그 책임에 대한 의론이 분분하여 2개월 후인 1964년 1월의 응우옌카인(Nguyễn Khánh) 육군 대장이 주도하는 또 다른 쿠데타로 실각했다. 민 장군은 일단 태국으로 망명했다가 2월에 귀국해 다시 대통령을 맡았지만 다음 해인 1965년 2월 군부 강경파의 쿠데타로 다시 망명길에 올랐다. 그는 1968년 'Foreign Affairs' 잡지에 베트남 전투를 지지하는 글을 기고한 후에 미국의 도움으로 재입국해 제3세력으로서 정치 활동을 재개했다. 민 장군은 1975년 4월 남베트남 항복 2일 전에 제4대 대통령에 취임, 베트남민족해방전선(NLF) 측과 항복 협상을 매듭짓고 패망 후에 미국에 망명하여 살다가 LA 교외 패서디나(Pasadena)에서 죽었다.

응우옌카인은 1965년 2월까지 약 1년간 혁명평의회 의장 겸 수상으로 재임했다. 그러나 그가 여러 차례의 쿠데타에 참가한 전력으로 미국의 신뢰를 잃었고 그의 집권 후에 남베트남 사회가 혼란하고 불안정해져서 민족해방전선(NLF) 세력이 더욱 신장되었다. 1965년 2월 25일, 카인이 미국의 베트남정책에 대한 불신을 표명하고 NLF를 인정할 가능성을 보이자 프랑스군에서 교육받은 응우옌까오끼(Nguyễn Cao Kỳ) 공군 사령관과 베트민의 전력을 가졌지만 미국에서 다시 군사

타협중인 응우옌까오끼(좌)와
응우예반 티에우(우)

교육을 받은 티에우가 다시 쿠데타를 일으켰다. 약 2년간 티에우가 군사혁명평의회 의장(국가원수)을, 끼가 수상을 맡았다가 1967년 9월 티에우가 미국이 원하는 헌법하에서 38%의 다수 득표로 대통령에 당선되었다. 부통령은 끼가 맡았다. 티에우는 제2대 남베트남 대통령에 취임해 야당과 언론기관을 탄압하여 '작은 독재자'라는 야유도 받았지만 1971년 10월 선거에서는 거의 100%의 득표로 재선되었다.

끼는 남베트남이 붕괴한 후에 미 해군 미드웨이(Midway)함 편으로 피신해 미국 캘리포니아에서 주류판매점과 소규모 무역업을 하다가 통일베트남 정권에 유화적인 모습을 보여 2004년에 귀국, 2011년 호흡기 질병으로 말레이시아에서 사망했다.

응우옌카인은 1965년 2월 실각한 후에 프랑스로 망명했다. 남베트남이 붕괴하자 1976년 가족과 함께 미국으로 이주해 캘리포니아주 새너제이(San Jose)에 살았다. 그는 텍사스주와 캘리포니아주, 중미 온두라스(Honduras)공화국의 베트남 교포 기업에서 활동하면서 2005년부터 자유베트남 망명정부의 수반을 맡았지만 2013년 새너제이에서 당뇨병으로 사망했다.

티에우도 한때 베트민에 가입했기 때문에 이를 희석하고자 철저한 반공주의자로 변신해 북베트남과의 협상 일체를 거부했다.

한국 언론인이 음모와 반역의 역사를 바로 이해해야만 미국 주류 언론의 시각과 의견으로부터 독립된 정확한 사실을 공정하게 전달하는 올바른 언론이 될 수 있을 터이다. 현재까지 정보선전전의 일환으로 과거에 주입된 '월남전' 이야기로부터 베트남 역사의 진실을 알려면 독자들이 현철(賢哲)해야 한다.

호찌민 통일회관

호찌민 통일회관 자리의 건물 이름은 시대에 따라 여러 번 변했다. 1873~1955년은 노로돔 궁전(딘노로돔Dinh Norodom), 1955~1975년까지는 독립궁(Independence Palace, 딘독립Dinh Độc Lập, 營獨立영독립) 또는 대통령궁이었고 1975년부터는 통일궁[Reunification Palace, 호이쯔엉통녓(Hộitrường ThốngNhất, 會場統一회장통일)]이라고 부른다.

1871년 캄보디아 국왕의 이름을 붙였던 이 대형 건물은 1887년부터 1945년까지 코친차이나 프랑스 총독관사(governor's palace)로 사용되었다. 1945년 일본군이 점령하면서 일본군 본부로 사용되다가 1945년 9월 프랑스군이 접수하여 사령부를 두었다. 1954년 디엔비엔푸에서 프랑스가 패전하고 철수하여 1955년 남베트남공화국이 수립되면서 '독립궁'으로 개명됐다. 1962년 2월 27일, 남베트남 공군 전투기 2대가 지엠 대통령을 살해하려고 이 건물의 좌측을 폭격하여 대파되자 지엠은 인근의 쟈롱궁(현재의 호찌민 시립박물관)으로 이사했다.

1966년 10월에 베트남 건축가가 재건을 완료해 1975년 4월 30일 베트남전쟁이 끝날 때까지 베트남공화국 대통령 관저로 사용되었다. 티에우가 이 건물에 처음 입주할 때는 국가혁명평의회 의장이었지만

호찌민 통일회관

1967년 9월 3일 선거를 거쳐 대통령에 취임해서는 대통령 관저로 사용했고, 여기서 남베트남 붕괴를 맞았다.

1975년 4월 8일, 북베트남군이 미군으로부터 노획한 F-5E 전투기가 관저 3층 헬리포트를 폭격했다. 4월 30일에는 사이공 시내에 NLF(베트콩) 해방군이 시내에 돌입하고 북베트남군의 탱크가 이 건물의 울타리를 부수고 돌진했다. 탱크장 부이꾸앙턴(Bùi Quang Thận, 1948~2012) 당시 베트남인민군 중위(최종 계급 대령)가 오전 11시 30분에 이 건물 4층으로 올라가 남베트남기를 내리고 임시혁명정부(베트콩)기를 게양했다. 그때의 영상은 '하나의 국가가 소멸하는 순간'으로 전 세계에 전파되었다. 지금도 그 당시에 현장에 진입한 소련제 T-54 탱크 2대가 회관 입구의 야외에 전시되어 있다.

티에우가 1975년 4월 21일까지 사용한 후에는 흐엉(Hương)이 대통령을 맡아 1주일간 이 집을 사용하면서 티에우를 대만으로 도피시키고 사임했고 4월 28일부터 4월 30일 패망 때까지 이틀간은 민이 제4대 대통령으로 베트남민족해방전선(NLF=베트콩) 측과 최후의 항복교섭을 벌이던 장소였다. 이 대통령궁 바로 앞까지 진출한 북베트남군과 NLF(베트콩)가 티에우 대통령에게 마이크로 항복을 권고했다고 한다.

이 건물의 내부를 보는 것과 현지 자료만으로 남베트남 패망사를 쓸 수는 없다. 이 글의 자료는 대부분이 미국에서 남베트남이 국가의 간판을 내린 지 한참 후에 공표된 것들을 취합하여 분석한 것들이다.

사이공 함락 9일 전에 대통령직을 사임하는 티에우는 고별 연설에서 '내가 사임하지만 사이공을 버리지 않겠다'고 말했지만 9일 후에 사이공을 탈출해 대만으로 도망졌다. 세이퍼(Morley Safer, 1931~2016, 캐나다 출신 미국 CBS 기자)에 따르면, 2015년에 밝혀진 사실로 미국 CIA는 무거운 금속이 들어있는 티에우의 여행 가방을 C-118 수송기의 항공화물로 운반하는 데 관여했고 그것은 16톤 무게의 순금이라고 한다.

티에우 대통령이 탈출한 3층 헬리포트

그는 영국에서 영주비자를 취득하고 정착해 살면서도 얼굴을 잘 드러내지 않아 1990년 영국 외무성도 그의 위치에 대한 정보가 없다고 했다. 1990년대 초, 티에우는 미국 매사추세츠주 팍스보로(Foxborough)로 이사해 거의 은둔생활을 했다. 그는 자서전도 쓰지 않았고 인터뷰에도 거의 응하지 않았으며 방문객도 기피했다. 이웃 사람들은 그가 누구인지 몰랐고, 접촉하는 사람을 거의 보지 못했다고 한다.

1976년 베트남사회주의공화국(Socialist Republic of Vietnam)이 되면서 이 건물 이름은 '통일회관'이 되었지만 현재는 당시 대통령 관저를 그대로 보존한 상태로 건물 내 일부 공간을 국제회의장이나 게스트하우스로 사용하기도 한다.

입장료는 외국인의 경우 4만 동(2,000원)이고 건물 앞에는 한국어를 비롯하여 베트남어, 영어, 중국어, 프랑스어, 일어 등의 언어로 방문 현장을 설명하는 오디오셋 임대부스가 있다. 임대료는 7만 5천 동(3,800원)이고 여권을 맡겨야 한다.

건물은 지하 1층에 지상 3층이고, 따로 2층 건물에 붙어 1975년 4월 30일 당시의 헬리콥터 승강장과 헬리콥터가 전시되어 있다. 건물 1층에는 강당, 내각회의실, 연회장이 있고, 2층에는 대통령 집무실, 응접실, 작전실, 도서실, 관저와 침실, 식당 등이 있다.

대통령 집무실과 부통령 집무실 사이에 미국대사 집무실이 있는 것이 이채로웠고 이곳에서 파는 소책자에서도 비밀스러운 방이라고만 설명하고 있다. 베트남 정부와 호찌민시 정부가 여러 사정을 고려하여 책자에 그렇게 썼을 것이다. 나는 특히 이 점을 주의해서 보았다.

3층에는 대통령 부인의 응접실, 도서관, 소규모 영화관, 대통령궁

대통령 집무실　　　　　　미국대사 집무실

　직원용 게임 룸이 있고, 4층에는 댄스 룸, 바 등이 있다.
　지하실은 벙커로 긴급작전사령실, 대통령 긴급 침실, 경호관실 등이 있다. 지하는 통상적인 폭격을 견뎌낼 수 있는 구조이고 건물 외로 탈출하는 터널이 있다고 한다.
　지하 벙커 상황실에는 1968년 6월 28일의 적군병력수가 미군(HoaKy) 541,933명, 한국군(DaiHan) 50,355명으로 표시되어 있다. 내가 50,355분의 1로 패전한 것 같은 느낌이 들었다.

전쟁박물관

　전쟁(War Remnants, 쫑띡찌엔짜인Chúngtích chiéntranh, 證迹戰爭증적전쟁)박물관은 남베트남공화국 주재 미국대사관 자리에 1975년 개관하면서 처음 이름은 '미국전쟁범죄박물관'으로 하여 장기간에 걸친 베트남전쟁의 참상과 잔인성을 부각하는 데 목적이 있었다. 지금은 미국과의 수교 후에 반미 색채가 너무 강한 이름을 순화했지만 전쟁과 관련된 동세나 사진 등은 그대로 전시하고 있다. 로켓 발사용 헬리콥터, 탱크, 전투기, 1인승 공격용 전투기, 6.8톤 무게의 전통적인 대포 등 1945년부터 1975년까지 미군이 주로 사용한 무기들이다.
　오전 7시 30분에 개관해 점심시간인 정오부터 오후 1시 30분까지

NLF에 임시 점령된 미국대사관(1968년)   미국이 황급히 떠난 미국대사관 자리의 전쟁박물관

를 빼고 오후 5시까지 개관한다. 전시관은 3층 건물이다. 한 해 방문객이 매년 50만 명 이상인데 그중 3분의 2가 외국인이라고 한다.

박물관은 테마별로 몇 개의 건물을 나누어 배치해 놓았다. 마당에는 미군이 버리고 간 헬리콥터, 전투기, 폭탄, 탱크, 폭격기 등이 야외 전시되어 있고, 격발 장치가 제거된 수많은 불발 포탄도 보존되어 있다.

한 건물은 남베트남 정부가 정치범을 수감한 감옥을 재현해 놓았다. 가장 놀랐던 전시실은 영어, 베트남어와 일본어로 된 사진설명과 함께 독극물이고 발암제인 다이옥신이 함유된 '고엽제(Agent Orange)'의 살포 지역과 피해자 사진, 유전자 변형에 따라 기형으로 태어난 아동, 네이팜 폭탄 사용으로 피난하는 민간인의 모습, 밀라이(MyLai) 학살 잔해 등이 포함된 전시실이었다. 당시에 공중에 살포한 고엽제에 희생된 사람들은 미국 화학계통 군수산업자본의 돈벌이를 위해 귀한 생명과 건강이 적아(敵我) 구별 없이 큰 피해를 입었다.

1968년 당시 베트남공화국(남베트남)의 수도 사이공은 6~7층 건물이 최고였고 우리나라의 어느 도청 소재지급 도시에도 못 미치는 모습이었지만 지금은 세계의 어느 대도시에 비교해서도 손색없는 외양, 자동차와 오토바이로 혼잡한 거리와 상업 지구를 갖추었다.

베트남 사이공은 도시 이름만 아니라 50여 년 전에 비해 땅과 길,

강과 하늘 사이의 모양이 모두 너무나 변해 버렸다. 한국 해군 탱크상륙함(LST. Landing Ship for Tank) 3척과 중형상륙함(LSM. Landing Ship Medium) 2척의 모항 사이공은 수병들에게 하늘만큼 높은 사람들이 계신 곳이었다. 도시 이름마저 당시 적의 괴수 이름을 따서 호찌민시로 바뀐 이곳을 다시 찾아 시공을 넘나드는 '역사 문화 기행' 책을 쓰면서 당시의 짧은 출장업무 시간이나 상륙 시간에 돌아보던 시내를 회상한다.

함수 동초 위치에서 보던 마제스틱 호텔

마제스틱(Majestic) 호텔은 프랑스식민지 시대인 1925년에 개업한 사이공 강변의 고급 호텔이다. 당시 사이공에 살고 있던 화인(華人, 중국인) 거부가 건축한 건물로 오랫동안 사이공의 대표적인 호텔이었다. 현재는 8층 건물에 고풍스러운 5성급 호텔로 남아 있다.

이 호텔 2층을 비롯하여 호찌민 시내 호텔 여러 곳에 카지노가 있다. 이곳에서는 일정한 소득 기준을 갖춘 내국인도 출입하여 각종 게임을 즐길 수 있다. 베트남은 2017년에 내국인의 경우에 월 소득이 1천만 동(한화 약 50만 원)을 초과한다는 것을 증명하면 입장세 10만 동(5만 원)을 내고 카지노에 입장할 수 있다. 자본주의는 자본가가 잉여자본을 독점하기 때문에 '돈'이 자유롭고 도는 게 기본이고, '돈' 중심 가치관에 대한 저항의 분출구로 복권과 도박은 인정해야 한다. 기본적으로 베트남은 사회주의 경제체제인데도 내국인의 카지노 출입을 허용하는 것은 깊은 산골에 있는 공기업 소유 카지노에만 내국인 입장을 허용하는 우리보다 더 시장경제 제도를 살 수용한 것으로 보인다.

나는 탱크상륙함의 수병으로 사이공 부두에 계류한 전장 약 100m의 LST 함수에 설치된 40mm 포대(41포)에서 함수동초를 서는 낮밤이 많았다. 함수의 41포는 이 호텔 바로 앞에 계류하여 사이공강 하류

쪽으로 포신을 향하고 함미의 48포는 사이공강 상류 쪽을 겨누는 경우가 많았다.

LST-808함 함수 41포대에서 사이공강을 견시하면 전방으로 강의 중간에 떠 있는 부표

마제스틱 호텔

에 계류한 중형상륙함(LSM) 주변이 보이지만 낮에는 주로 강의 흐름을 견시한다. 밤이 되면 강변에서 베트콩이 훗줄을 타고 쥐들처럼 함정으로 쳐들어올지 모른다고 들었기 때문에 강변을 중점적으로 살피다 보면 자연히 이 호텔 입구와 마주 보게 된다. 당시에는 흰색 아오자이를 펄럭이며 이 호텔을 드나드는 꽁가이(Con Gái, 아가씨)들이 눈부셨고, 전투배치가 없는 고요한 밤에 이 건물 어딘가에서 퍼져 나오는 은은한 불빛이 내 젊음을 요동치게 했던 기억이 새록새록 떠오른다.

호찌민시에서 제일 높은 빌딩, 랜드마크 81

'랜드마크(Landmark) 81'은 호찌민시 옛 도심에서 사이공강을 따라 북쪽인 빈타인(Binh Thạnh)구에 있는 높이 461.2m의 81층 선물로 2018년 7월 준공된 동남아시아에서 제일 높고 세계 제14위인 고층 빌딩이다. 옛 사이공시의 중심부에서는 북쪽으로 사이공 대교 바로 남쪽이다. 최고층인 81층에서 보면 사이공강의 뱃길은 엄청난 협수로에 굽이치는 물살이 똬리를 튼 뱀처럼 구불구불하다.

랜드마크 81 주변의 아파트는 40~50층으로 초고층이다. 사이공강의 퇴적으로 이루어

랜드마크 81의 야경

랜드마크 81에서 내려다 본 사이공강 상류   보행자전용도로에서 본 비텍스코 야경

  진 이 델타 지구에 들어선 고급 아파트 주변에서는 우리말도 자주 들린다.
  개발과 건축주는 빈그룹(Vingroup) 산하의 베트남 최대의 부동산 회사인 빈홈스(Vinhomes)이고 건설은 영국 런던에 본사를 둔 에이럽(ARUP)이 맡았다.
  이 건물은 지하 3층을 포함하면 84층이나 된다. 총면적이 241,000m^2(72,902평)에 달하고 모두 29대의 엘리베이터가 운행된다. 지하 2~3층은 주차장, 지하 1층부터 지상 3층까지는 빈마트(Vinmart)를 비롯한 쇼핑몰, 지상 4층은 거주자 클럽하우스와 소매점, 5층은 거주자용 라운지와 소매점, 6~40층은 고급맨션 아파트와 레지던스, 42~77층까지는 5성급인 빈펄(Vinpearl) 호텔, 78층은 기계실, 79층에서 81층은 복층의 전망대 등을 갖추었다. 전망대 입장료는 성인 81만 동(10,500원), 아동은 50%이다.
  랜드마크 81의 등장으로 호찌민시에서 가장 높은 빌딩이었던 비텍스코 파이낸셜 타워(Bitexco) 빌딩은 2위가 되었지만 구 시가지의 재개발을 상징하는 위용을 여전히 자랑하고 있다.

사이공 오페라하우스

사이공 오페라하우스(Nhàhát Thành phố Hồ Chí Minh, 호찌민시 대극장)는 1898년 프랑스 건축가가 프랑스 제3공화국 특유의 건축 스타일로 지었다. 입지는 교통 소음을 방지하기 위해 지상보다 2m 높게 자리를 잡았고 2중 문을 설치했다.

현재의 이 건물은 도심인 동코이(ĐồngKhời, 同起동기)대로의 지하철역(건설 중)과 벤탄(Bến Thành) 시장 앞의 교차로를 연결한다. 이 건물 입구에는 돌로 조각한 장식품과 조각상이 있고, 화강암 바닥의 건물 안은 크리스털 샹들리에가 웅장하다. 타원형으로 배치된 468석의 모든 좌석에서 무대를 볼 수 있게 시야가 확보되며 에코가 없어서 극장 내부의 모든 사운드를 보존할 수 있다고 한다.

1900년 1월 17일 프랑스 배우들이 첫 공연을 했고, 1918년 11월 18일 베트남인이 처음으로 이곳에서 베트남 연극을 공연했다고 한다. 제2차 세계대전 때 문을 닫았다가 1955년 제네바협정 이후에 남베트남의회 건물로 사용됐다.

1975년 5월에 공식적으로 호찌민시의 오페라하우스로 명명되고,

사이공 오페라하우스

1996년부터 대대적인 보수공사를 거쳐 1998년 12월 재개관하면서 호찌민시 300주년 기념행사를 이곳에서 개최했다.

스미토모·미쓰이 합작 그룹이 건설 중인 호찌민시 지하철

호찌민시 지하철은 2021년 개통을 목표로 한참 공사 중이다. 수도인 하노이에는 아직 지하철이 없지만 국내에서 인구가 가장 많고 베트남의 경제수도라고 일컫는 호찌민시는 인구 증가와 경제 발전에 수반하여 발생하는 대기 오염과 교통 체증을 해결하기 위해 베트남 국영 제네콘 회사와 일본 기업들이 공동사업으로 지하철을 건설하고 있다.

초기 건설 계획 수립에는 러시아와 독일도 참가했으나 건설공사는 일본의 재벌인 스미토모(住友)와 미쓰이(三井)의 산하 건설업체들이 진행하고 있으며 도심 근처에 호찌민시 일본인타운(Japanese Town)이 있다.

호찌민시 지하철은 우선 2호선을 개통하고 모두 6호선까지 176개 역을 개통할 계획이다. 1호선은 호찌민시 1구(꾸언Quận 1)의 벤탄 시장에서 사이공강 건너의 수어이띠엔(SuốiTiên) 놀이공원을 거쳐 빈즈

호찌민시 지하철 2호선 계획망

엉(BìnhDương, 平陽평양)성에 있는 동부버스터미널 역까지 19.7km, 14개 역이 건설된다. 2호선은 벤탄 시장에서 떤선녓국제공항을 경유하여 시 서북쪽 12구의 탐르엉(ThamLương)까지 11.3km, 11개 역을 먼저 건설하고 최종적으로는 베트남전쟁 중 호찌민루트의 사이공 쪽 종점인 더 북쪽의 꾸찌 터널까지 48km에 42개 역이 건설될 예정이다.

지하철 시내 종점이며 출발지점이 될 벤탄 시장은 호찌민시의 '남대문시장'이라고 말하는 게 가장 쉬운 설명일 것이다. 낮에는 각종 상품을 파는 수많은 상가에 많은 고객과 소상인들이 모여들고 밤에는 야시장까지 열린다. 물론, 물건을 살 때 흥정은 필수이다.

사이공강

호찌민시의 동북쪽인 비엔호아 서쪽의 동나이(ĐồngNai, 同犹동니=同奈동나)강이 베트남 중부고원지대로부터 흘러와 하류에서 사이공강과 합류한다.

내가 놀란 것은 사이공강의 항로다. 사이공강은 동나이강에 비해 훨씬 강폭이 좁다. 1968년 당시에 우리는 이 강이 메콩강인 줄 알았다. 하지만 이제 지리(地理)를 천착해 보니 그게 아니다. 사이공강은 캄보디아 동남부에서 발원하여 남남동쪽으로 약 256km를 흘러 소아이랍(Soài Rạp, 캄보디아어)강에서 더 넓어진 강이 되어 남중국해(베트남 동해)로 흘러든다. 이 바다와의 합류지점은 메콩강 델타에서는 동북쪽으로 약 20km나 떨어진 곳이고 붕따우에서는 서쪽 더 먼 곳에서 이미 바다가 된다.

사이공강은 현재의 호찌민 시

호찌민시 지하철 공사 현장

사이공강 상류 자우띠엥 호수   2012년까지 좁아진 사이공강을 건너던 카페리 부두의 옛 모습

내 7개 구 약 80km를 흘러 바다에 이르기 전, 도심에서 29km 남쪽에서 동북쪽에서 흘러온 동나이강과 합류한다.

  사이공 항구를 유지하기 위한 수량 유지와 시민이 사용할 물의 공급원을 안전하게 확보하고 육지가 낮기 때문에 해수가 역류하는 것을 막는 다목적으로 통일베트남 정부는 전쟁이 끝나고 불과 6년만인 1981년 4월부터 1985년 1월에 걸쳐 호찌민 도심에서 서북쪽으로 약 95km 떨어진 곳에 댐을 막아 자우띠엥(Hồ Dầu Tiếng) 인공호수를 만들고 일대를 관광유원지로 조성했다. 이 호수의 수면 면적은 270km^2(팔당댐은 만수 시 36.5km^{2}임으로 그 7.4배 넓음), 유역면적은 2,700km^2(팔당댐은 2만 3,800km^{2}으로 11%), 저수량은 비가 많은 지역임으로 15억 8천만 톤을 유지한다(팔당댐 총저수용량은 2억 4,400톤으로 그 6.5배 많음). 반 수몰 지역은 45.6km^2(팔당댐은 전 수몰 지역이 17.1km^{2}으로 2.7배)이다.

  예전보다 사이공 강폭이 많이 좁아졌다고 생각했지만 알고 보니 바닷물이 밀려오고 빠짐에 따라 그 넓은 땅에서 박격포를 리어카에 싣고 미국연합군을 공격하던 사이공강 동쪽의 수상가옥이 즐비한 얕은 늪지와 초원은 건축용 대지가 되고 염분이 빠진 강변의 논밭들도 공장부지가 되거나 더 좋은 농토가 되어 있었다. 현재, 사이공 항구 일대는 강폭이 300~500m, 수심 11m로 순톤수(DWT) 3만 톤 급, 길이 230m의 선박들이 입항할 수 있다.

호찌민시에서 메콩 델타 동쪽 지역으로 가는 사이공강 하저터널(Saigon River Tunnel, 함짐투티엠Hầm dìm ThủThiêm)은 2005년에 착공하여 2011년

사이공강 하저터널

11월 20일 개통된 높이 9m, 폭 33.3m, 길이 약 2km 정도의 지하도로이다. 일본의 자금과 기술 지원으로 개통된 이 터널은 동남아시아에서는 가장 길다고 하는 하저터널로 기존의 도시 중심인 사이공강 서쪽과 동쪽의 신도시인 투티엠(ThủThiêm) 신도시 지역을 연결해 교통혼잡을 완화하고 베트남 남부의 고속도로 체계를 획기적으로 개편했다. 이 터널 덕분에 호찌민시 도심에서 비엔호아는 물론, 평원지대를 거쳐 붕따우가 1일 출퇴근 생활권이 되었다.

1968년에는 사이공강의 이 항로로 남중국해(베트남 동해)에 이를 때까지 반드시 전투배치를 해야 했고 적에 대한 위협 사격이긴 하더라도 총포를 쏘아야 하는 위험한 항로였다.

똔득탕 2대 주석

나는 남베트남이 북베트남과의 선생에서 섰기 때문에 동일 후에는 남부 출신 고위층이 없는 줄 생각했는데 해군사령부 앞 사이공 강변길의 똔득탕 박물관에서 많은 사진과 자료들을 보면서 새로운 역사 사실을 알게 되었다. 박물관 앞에는 이름의 주인공인 똔득탕(Tôn Đức Thắng, 孫德勝손덕승, 1888~1980)의 흉상이 놓여 있고 바로 옆 해군사령부 벽에는 수병 복장을 한 호찌민의 사진이 걸려 있다.

똔은 남베트남 출신으로 호찌민이 사망한 후 1969년 9월 2일(이날은 1945년 베트남 독립선언기념일) 북베트남민주공화국 제2대 주석을 맡았다. 호찌민보다 2살 많은 그는 베트남 통일 후인 1976년 7월 베트남사회

호찌민 아저씨와 똔득탕　　똔득탕박물관
아저씨의 악수

주의공화국 초대 주석(President)을 지냈다.

　그의 이력이 놀라웠다. 그는 메콩 델타의 서북쪽 지역으로 캄보디아와 국경을 맞대고 있는 안쟝(An Giang, 安江)성 롱쑤옌(LongXuyên, 龍川 롱천) 출신이다. 이 성에는 지리적 관계로 주민의 절반 이상이 크메르족, 참족과 명나라 말기에 중국에서 피난해 온 중국인 호아(華)족 등의 소수민족이 많은 지역이었다.

　그는 1897~1901년에 고향 서당 훈장에게서 한문으로 된 중국 고전, 역사와 철학 등을 배웠다. 그는 반식민주의자인 서당 훈장으로부터 많은 영향을 받았으며 초등학교에 들어가서는 불어와 여러 교과목도 우수한 성적을 기록했다. 1906년 사이공으로 가서 프랑스가 설립한 기술계 중등학교에서 기계공학을 공부한 후에 사이공의 프랑스 해군공창에서 일하면서 1912년 공창 노동자 파업에 적극적으로 가담하다 해고되었다. 1913년 지중해에 연한 프랑스 해군기지인 뚤롱(Toulon)에 가서 일하다가 제1차 세계대전이 일어나면서 1914년 프랑스 해군 수병으로 순양함에 승조하여 근무하던 중, 1919년 4월 20일 흑해에서 동료들과 소련 혁명을 지지하는 적기(赤旗)를 게양한 적도 있다고 한다.

　1914년 8월 독일이 프랑스에 선전포고하여 전쟁 상태임에도 불구하고 1917년 프랑스 군인들은 전선에서 전투를 거부한 적이 있고, 1919년 프랑스 수병들이 흑해에서 반란을 일으킨 적도 있다. 그는 1920년 12월 철도노동조합 파업에 이어 호찌민도 가담한 프랑스 공산당이 성립되는 과정을 프랑스에서 겪고 곧 귀국하여 베트남 노동조합을 조직했다. 이 조직 산하의 해군공창 노동자들은 1925년 8월에서 11월까지 파업을 일으켜 중국으로 향하려는 프랑스 군함의 수리를 지연시켰다. 1927년 그는 베트남청년혁명협회에 가입하여 활동하다가 1928년 사이공에서 프랑스식민 당국 경찰에 체포되었다. 1929년 7월 살인음모죄로 징역 20년형을 선고받고 사이공 감옥에 수감되었다가 붕따우에서 185km 떨어진 외딴 군도의 꼰다오 감옥(Nhà tù Côn Đảo, 崑島곤도=꼰썬Côn Sơn)으로 이감되었다. 이 감옥은 0.43평의 좁은 감방이 120개나 있어서 베트남 독립운동가 중에서도 중범죄자를 격리 수용하는 시설이었다.

그는 수감생활 중에 1930년 코친차이나 공산당에 합류했고, 1932년 공산당원은 모든 감옥에서 탈출하는 정책이 채택되어 1936년까지 3,912명의 수감자가 탈옥했다. 하지만 본토로 온 탈옥수 535명을 제외하고는 모두 피살되거나 재수감되었다.

똔 아서씨(Bác Tôn)노 1935년 4월과 1945년 4월에 두 차례 탈옥을 시도했으나 붙잡혀 형이 가중되었다. 하지만 1945년 8월 일제가 패전했을 때 출옥해 남부 항전행정위원회 위원을 맡았고, 1946년에 북베트남민주공화국 검찰국장과 중앙애국투쟁위원회 위원장을 역임했다. 1949년 북베트남 국회 상임위원회 의장을 맡았고 1951년 베트남노동당 중앙위원으로 베트남민족통일전선 의장에 선출되었다. 1955~1960년 북베트남민주공화국 국회 상무위원회 의장, 1960년에 국가부주석을 역임했다. 베트남 남부 출신인 그는 18년 동안이나 감옥살이를 하면서 숱한 고문에도 살아남아 베트남 독립과 통일을 보고 죽었다.

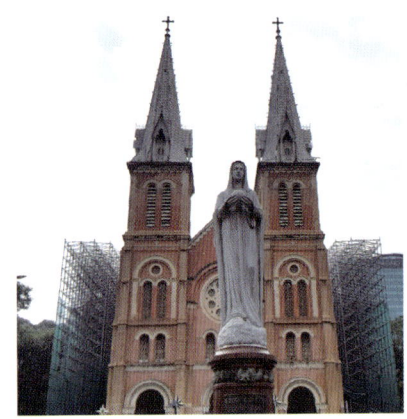

노트르담 대성당   사이공 중앙우체국

노트르담 대성당과 사이공 중앙우체국

프랑스식민지 시대인 1863년부터 1880년에 걸쳐 건설된 사이공 노트르담 대성당(Nhà thờ chính tòa Đức Bà Sài Gòn, 일명 St. Mary Cathedral)은 길 건너의 사이공 중앙우체국(Búu Điện Trung Tâm Sài Gòn)과 함께 50여 년이나 오늘날까지도 그 자리에 남아 옛 모습을 간직한 관광 명소라서 반갑기도 하다. 네오고딕 양식의 이 장엄한 성당에는 일요일이면 많은 교인과 관광객으로 건물 안과 광장이 사람들로 넘치니 평일에 찾는 것이 좋다.

보행자전용대로

예전에 사이공 중심지의 대로는 호찌민시 1구의 응우옌후에(Nguyen

보행자전용대로의 끝에 있는 호찌민 인민위원회 청사

Hue)대로라는 이름의 보행자전용도로가 되었다. 사이공 강가에서 시작해 시청(시 인민위원회) 앞까지 연결된 이 길은 때때로 구획을 나누어 크고 작은 각종 행사가 열리는 광장이 된다.

꾸찌 터널

꾸찌 터널(CùChi Tunnel)은 벤탄 시장에서 약 50km 서북쪽에 있고 자동차로 1시간 30분에서 2시간 걸린다.

베트남 말로는 디아다오꾸찌(Địa đạo CùChi, 地道枸枝지도구지)로 전장 200km에 이르는 지하터널과 통로가 있다. 베트남전쟁 기간 동안 1960년 결성된 남베트남민족해방전선(NLF=베트콩)이 게릴라전의 근거지로 만든 것으로 여기에서 캄보디아 국경 부근까지 땅굴이 뚫려 있다. 전쟁 중 NLF 병사들이 좁은 터널에 숨어 살고 있었던 당시의 생활 모습과 전쟁 중에 사용했던 위장 트랩들이 마치 야생동물을 잡는 덫처럼 보기에 끔찍했다. 저 덫에 걸린 미국 병사들은 남의 나라 전쟁터에 와서 죽창, 쇠창, 쇠갈고리 등에 찔려 덫에 걸린 들짐승처럼 극렬한 고통을 받으며 죽어간 것을 생각하니 그 처절함이 내 몸에 전이되어 오싹한 느낌이 들었다. 지금은 이 일대를 전쟁유적지 공원으로 만들어 호찌민시를 찾는 많은 여행자가 찾는 필수 관광 코스의 하나이다.

2. 남베트남 수도 인근의 타인뚜이하 탄약창

LST-808함이 전투 지역에 공급하는 총포탄을 실으려고 협수로를 항해해 찾아 드나들던 타인뚜이하(Thành Tuy Ha) 포구는 호찌민시에서 만나는 여러 베트남 사람에게 물어도 보고 지도를 찾아도 보았지만 어디쯤인지 한동안 알 수가 없었다. 1968년 당시 사이공 해군 부두를 출항해 협수로를 빠져 내려오다가 강폭이 더 넓어지는 지점(지금 확인해 보니까 동나이강)에서 조금 더 항해하고 또 다른 협수로를 거쳐 한나절 전투배치 상태로 항해해야 밀림 속의 탄약창 앞 부두에 접안할 수 있었다. 하지만 오늘날은 호찌민 시내에서 고속도로를 거치면 21km로 1시간 이내에 도착할 수 있는 아주 가까운 곳이라니 귀신에 홀린 것 같다.

지도에는 뚜이하 포트레스(Tuy Ha Fortress)로만 표시되어 있어 베트남을 여러 번 오가면서도 찾을 수가 없었다. 뚜이하 성채는 1929년 프랑스군이 주둔하면서 건설해 무기창으로 쓰던 곳이었고 타인(Thành)은 베트남말로 성채를 뜻하므로 뚜이하 성채도 맞는 지명이긴 하다.

베트남전쟁 중에 미국은 많은 현대 장비로 뚜이하 성채를 보강하고 가장 현대적인 무기를 가져와 3중 방어선, 벙커, 참호, 장애물을 갖춘 높은 철조망으로 요새를 둘러싸고 총포탄 비축 탄약고를 만들어 탄뚜

사이공강과 지류인 롱따우강을 드나드는 실전 후에 찍은 사진

타인뚜이하로 가는 동나이강 협수로 공중사진

타인뚜이하 월남2군단 병기창 담장 위에서 (1968)

임시부두 주변에 고엽제를 뿌리고 외출 나와 전략촌 마을 아이들과

이하(ThanhTuyHa)라고 불렸다. 1개 보병대대, 1개 공병대대, 1개 헌병소대는 인근 비엔호아 비행장을 포함한 주변 부대의 지원을 받아 이 기지를 직접 방어했다.

1972년 11월 11일 밤, 남 NLF(베트콩)는 이들 총포 창고에 특공대를 투입해 한 발로 탱크 40대를 파괴할 수 있는 위력적 폭탄인 항공기용 집속포탄(Cluster Bomb Unit, CBU) 폭탄 15개, 33개의 창고에 보관된 105mm 포탄 17개와 폭탄 1만 톤을 파괴 제거했다. 다음으로 12월 13일 오전 1시, 특공대는 다시 성채에 진입하여 105mm 포탄 탄환 14발, CBU 폭탄 14발을 포함하여 거의 18,000톤이 넘는 폭탄을 보관하고 있던 80개의 창고를 파괴했다. 이 치열한 전투로 타인뚜이하의 60%를 초토화해 그중 탄약창의 80%가 파괴되었으며 수비부대 1개 대대에 심각한 피해를 줬다.

미국이 철수한 후 남베트남군에 대한 더 이상의 무기 원조가 없었으므로 군사 균형은 북쪽으로 기울어졌고 뚜이하 성채의 대규모 파괴는 전면적인 공세의 신호가 되었다.

이제 뚜이하에 가는 사람들은 뚜이하 산업단지로 가는 도로표지판만 볼 수 있다. 외자가 합자 투자한 많은 공장이 깔끔한 모습을 보여주고 있지만 현재 군인들이 관리하는 타인뚜이하 지역에는 일반 관광객이 들어갈 수 없다.

타인뚜이하 일부는 더 이상 전쟁의 흔적이 아니라 도시의 한 군사 단위가 주둔하고 있는 군용지가 되었다. 경비가 삼엄한 베트남 군용부지가 된 뚜이하 성채의 유적 대부분이 그대로 보존되어 있고, 프랑스군이 만든 일부 건축물은 수리하여 부대원이 거주하고 있다.

깔끔한 막사가 있는 병영은 크게 자란 나무가 군부대의 자연 벽이 되어 둘러싸고 있다. 아마도 1972년 정글 특수작전부대의 공격으로 발생한 엄청난 폭발력으로 뚜이하 성채의 폭탄 창고는 대부분 공중 분해되었을 것이다.

타인뚜이하 유적에 대한 비석이나 소개 글은 없다고 한다. 동나이강 위에는 배들이 오가고 강물은 여전히 흐르고 있지만 뚜이하 성채의 기억은 아마도 특공대 전투 이야기로나 남아있을 것이다. 찾아가 보진 못했지만 당시의 탄약창, 거대한 초원과 물소들, 폭탄 더미의 공포도 잊은 채 탄약 실으러 온 수병들에게 몰려드는 아이들의 순진한 모습이 눈앞에 아른거린다.

타인뚜이하의 땅값도 치솟아 주민들은 도시의 토지처럼 조각을 나누어 판매하고 있다. 도시 마을은 볼 수 없지만 크고 작은 노천카페 수십 개가 들어서 있다. 특히 고무나무 숲 근처에는 전투 중에 휴식을 취하는 곳처럼 보이는 300개 가까운 커피 마시며 쉬는 '해먹 그늘막'이 있다. 카페는 대부분 직물 텐트로 되어 있고 초가지붕이 수십 채에 불과하다. 그래서 타인뚜이하는 이제 베트남에서 가장 직물 해먹 카페가 많은 곳으로 알려져 있다.

카페를 운영하는 사람 중에는 남편이 고무나무 농장의 경비원이나 노동자로 일하는 사람도 있고 무슨 이유인지 가게를 찾는 손님들이 많아 매우 혼잡하고 주말에는 상당한 돈벌이를 할 수 있다고 한다. 고무

1972년 게릴라 대원의 탄약창 공격 　　　타인뚜이하를 공격하는 여성 게릴라 대원

농장에서 땅을 빌려주지만 땅값을 받지 않고 카페를 운영할 수 있어서 텐트를 마련하는데 400만 동(20만 원)만 투자하면 되고 영업은 해 질 녘까지 계속하고 있다고 한다.

가게 주인들은 타인뚜이하를 지나가는 사람들이 뚜이하 성채로 가는 길을 물으면 성채는 폭탄과 총알에 모두 날아가 버렸다고 답한다고 한다. 그렇게 위험한 곳인 줄도 모르고 다녔던 포구와 초원엘 다시 꼭 가보고 싶다.

이곳은 행정구역으로 동나이성 년짝(NhơnTrạch, 仁澤인택)현 푸타인(PhúThạnh, 富盛부성)사(社)에 속하는 작은 마을이다. 우리가 고엽제를 뿌리고 하역작업을 삼복하던 부두와 초원 일내의 군사용지는 1996년 8월부터 2016년 8월까지 베트남인민군 제2관구 해군이 남부 해군부대의 전투훈련과 전투 준비 요건을 충족하기 위한 무기, 탄약과 기술을 갖추어 베트남의 바다, 섬, 석유 채굴 장비와 대륙붕의 주권을 확고하게 보장하는 '696기지'가 되었다. 이곳은 초원과 벌판이었고 땅은 건조했으며 날씨는 변덕이 심했지만 696기지 장병들은 기후 조건에 맞추어 밤에 요새를 구축하고 낮에는 숲을 정비해 특수군사 구조물 건설에 힘을 쏟은 끝에 수십 개의 창고, 공장, 주택, 부두, 아스팔트 도로가 야트막한 언덕에까지 깔린 기지가 되었다.

베트남인민해방군 696부대 정문   이 기지에 주둔 중인 베트남인민해군 696부대 젊은 수병들

 1996년 베트남 해군이 기지 건설을 위해 처음 도착한 타인뚜이하는 4면이 갈대숲, 광야, 미국이 남긴 지뢰밭뿐이었다. 성채 안에는 2채의 오래된 프랑스 주택이 남아 있을 뿐이었지만 외부와 격리된 상태에서 13명의 장병이 기지 건설의 첫 삽을 떴다는 것이다.
 내가 이 포구에 드나들던 1968년, 타인뚜이하는 총포탄보관소로 그 면적이 약 7만 평에 이르렀다. 이 탄약창을 보호하기 위해 연합군은 내부에 단단한 벽을 설치해 견고하고 체계적인 방어를 했고 참호를 통해서만 외부로 나올 수 있었다. 미군은 풀숲 한가운데에 수천 개의 지뢰를 묻고 생명체가 탄약창에 접근하는 것을 방지하기 위해 독사, 악어와 독성 지네가 득실거리게 했다. 이러한 복잡한 지형 조건에서 12명의 사병을 인솔하며 건설을 이루어낸 부홍도(Vũ Hồng Đô) 대령은 정부기관지인 '바오던신(Báo Dân Sinh)'과의 인터뷰에서 '병사들의 힘으로 미군 군수품 창고를 기술센터로 바꾸고, 전쟁이 벌어지면 대형 수상 함정이 접근할 수 있는 부두 시설을 확장했다'고 말했다.
 1996년 베트남 국방부는 지역조사를 마친 직후, 한 업체에 타인뚜이하 주변의 폭탄과 지뢰를 제거하게 하고, 다른 시공사에 창고, 부두와 공장 건설을 맡겼다. '젊은 병사들은 노동자들과 함께 일하면서 공사의 안전을 보장하기 위해 24시간 경비를 섰고 나머지 장병들은 지뢰 제거 작업은 물론, 부두와 창고 건물 공사를 지원했다. 장병들은 낮 동안에 초원의 수풀을 정비하고 밤에는 오두막 초소에서 지냈다. 젊은 병사들이 순찰할 때는 밤새도록 독사가 나무 꼭대기에서 뛰어내려 머리를 깨물지 않도록 조심해야 했다'고 도 대령은 말했다.

이 기지에서는 베트남 해군이 가져온 무기도 임시창고에 보관하고 탄약과 어뢰 성능을 업그레이드해 주면서 남중국해(베트남 동해)의 분쟁 중인 도서 수호 임무 일부를 담당하고 있다.

북베트남 공산주의를 떠나 남쪽으로 오라는 선전 포스터

기지 건설 당시 타인뚜이하에는 도로, 전기, 물 부족이 큰 문제였다. 건조한 비포장도로로 이곳에 도달할 수 있는 트레일러는 단 한 종류뿐이었고 미군의 비밀 탄약창이 있던 곳이므로 기후조건도 최악이고 벼 농사를 지을 수 없는 건조한 땅에 외부와 차단되어 거주 가구는 몇 안 되었다. 신선한 물을 얻기 위해 언덕 위에 우물을 팠고, 오후 9시까지만 전기가 공급되다가 작은 발전소가 건설되면서 네온이 켜진 전구를 달 수 있었다. 20년에 걸친 노력 끝에 타인뚜이하는 현대적인 기술보증기지가 되었다. 신문의 기사를 축약하면 '696기지 장병들은 군함의 무기와 탄약의 유지, 보존, 봉인, 업그레이드와 은닉기지로서 대륙봉을 지키는 임무와 함께 남부 해군의 전투훈련과 전투에도 참여하면서 항상 '폭탄을 키우고 되살리는 사람'이라는 자부심을 안고 할당된 임무를 성공적으로 완수하고 있다'라고 한다.

3. 호찌민시의 동쪽 도시 비엔호아

비엔호아(BiênHòa, 邊和변화)는 동나이성의 성도로 도시 좌표는 북위 10도 57분, 동경 106도 49분이다. 시의 서쪽이 호찌민시와 경계를 이룬다. 이 시 중심에서 호찌민시 도심까지는 35km거리로 최단거리는 사이공강 수중(河底) 터널을 거쳐 40분에서 1시간 쯤 걸린다.

2019년 4월 이 시의 인구는 1,055,414명이다. 2019년의 동나이성 인구는 3,097,107명인데 도시지역에 1,499,484명(48.4%), 농촌지역은 1,597,623명(51.6%)이 살고 있다. 베트남어에서 농촌은 우리말과 발음이 비슷하여 농톤(Nông thôn)이라고 부르는데 우리가 쓰는 한자어 농촌(農村)과는 단지 읽기 차이일 뿐이다.

이 도시의 현대사를 뒤돌아보면 프랑스와 스페인은 연합으로 코친차이나 전쟁을 일으켜 1861년 12월 16일에 이 지역을 점령했다. 프랑스의 이 점령은 그 후 약 1세기에 걸친 식민 지배의 시작이었다. 프랑스와 베트남의 제1차 인도차이나전쟁 때는 약 1만 명에 이르는 가톨릭 신자가 주로 북부와 중부에서 이 도시로 피난 와서 많이 정착했다. 남베트남공화국 때는 수도 사이공의 교외 도시에 있는 미군의 군사기지가 있어서 기지촌으로 번창했던 곳이다.

1954년 8월 프랑스 상륙함에서 더 큰 미군 수송함으로 옮겨 타는 북베트남 피난민

1960년대 베트남전쟁 중에는 미군이 이곳에 대형 공군기지를 설치해 베트남 전역의 공중폭격을 담당했다. 1968

년 1월 30일부터 31일까지 아군이 쏘아 올리는 조명탄의 불빛 덕분에 밤새 NLF(베트콩)가 집중적으로 박격포로 공격하는 것을 육안으로 볼 수 있을 만큼 사이공에서 매우 가까운 곳이다.

전쟁이 끝난 후, 이 기지에는 다량의 다이옥신을 함유한 고엽제를 저장하고 있다가 뒷날 미군이 철수할 때 약제가 기지로부터 지하수로 다량 유출되어 이 지역주민 다수에게 심각한 정신장애와 신체불구자가 발생했다. 2019년 미국 국제개발청은 고엽제 저장 시설 부지에 대한 정화 작업을 개시했는데 끝날 때까지는 10년이란 세월이 소요될 것이라고 한다(2019년 4월 21일 자 AFP).

이 도시의 철도교통은 호찌민시에서 하노이까지를 연결하는 베트남 남북철도의 비엔호아역이 맡고 있다. 도로교통은 국로 1A(QL-1A)를 통해 붕따우와 호찌민시 등으로 오갈 수 있고 수도 하노이까지 연결되어 있다.

내가 참전하던 기간 내내 사이공을 공습했던 공군 폭격기의 비엔호아 기지 흔적과 박격포가 날아오던 베트콩들의 진지들이 이제는 많은 고층건물과 공단으로 변모했다.

비엔호아 서점에서 본 베트남 축구감독 '박항서 평전'

레후이코아(Lê Huy Khoa, 1974년생)가 쓴 '박항서 평전'이 비엔호아의 빈컴센터 서점의 매대에 진열되어 있고, 서점에서나 호텔 직원에게 물어보니 아주 잘 팔리는 책이라고 한다.

평전 저자는 하노이국립대학을 졸업하고 한국의 연세대학교 어학당을 수료했으며 미국 대학에서 MBA 학위를

베트남에서 출판된 박항서 평전

받았다. 저자 소개를 보면 그는 한국어·베트남어 사전을 최초로 편찬했고, 베트남정부의 노동·반전·사회문제성 노동국에서 근무하다가 주한 베트남대사관의 노동담당관으로도 일한 적이 있다. 현재는 까나따(Kanata) 한국어학교의 교장으로 베트남국가축구단 한국어 선임통역관 겸 박항서(베트남어 팍항뜨Phác Hằng Tự) 코치의 보조역이기도 하다.

이 책을 보면서 베트남 사람들에게 전쟁 참전으로 좋지 못한 앙금이 남아 있을 한국인에 대한 이미지가 박항서 감독을 통해 크게 개선되고 중국, 미국, 일본과 프랑스 등의 대국에 떠밀려온 양국의 동질성이 확인되는 것 같아 가슴 뿌듯하다.

4. 메콩 델타 들판 물의 도시 미토

미토(MỹTho, 美湫미추=크메르어 Me Sor)는 메콩 델타 지역 띠엔쟝(TiênGiang, 前江전장)성의 성도로 2019년의 시 인구는 225,398명이고 성의 전체 인구는 1,764,185명이다.

날씨는 하루 최고기온이 연중 내내 30도를 넘는 날이 많고 5월부터 11월까지는 한 달에 약 12~20일 비가 내리는 우기이다. 여행하기 좋은 계절은 12월 하순부터 다음 해 3월까지이다.

호찌민시에서 남쪽으로 70km 거리이기 때문에 당일치기로 왕복할 수 있는 메콩강 크루즈 관광지로 잘 알려져 있다. 메콩강 중간에 있는

락미에우 다리

미토 메콩강 거룻배

메콩강의 수상교통

섬인 꼰터이썬(Cồn ThóiSơn)에는 운하가 정비되어 있고 과수원과 양봉장 등 열대의 농촌을 체험할 수 있는 자연이 잘 보존되어 있다. 메콩강 지류인 띠엔쟝 건너의 벤쩨(BénTre, 灣㮋변저)시와는 2009년에 완공된 사장교(suspension bridge)인 락미에우 다리(Cầu RạchMiễu)로 국도가 연결되어 있다. 이 교량은 접근 램프를 포함하여 전장 8.33km에 강 위의 교량 길이만 2.87km로 폭 12m, 높이 117m의 기둥이 270m마다 서 있는 거대한 모습이다. 수상과의 공간이 38~40m여서 1만 톤급 선박의 운항이 가능하다.

1885년 베트남에서 처음으로 이곳에서 사이공까지 70km의 철도가 부설되었다가 1960년대에 파괴되었다. 시가는 호찌민시에서 껀터(CầnThơ, 芹苴근저)로 가는 주요한 중간 지점이다.

메콩 델타 각 지역까지의 도로 거리는 메콩강의 여러 물길이 합류하는 빈롱(VĩnhLong, 永隆영륭)까지 70km, 껀터까지 103km, 무슬림 사원이 점재하는 캄보디아와의 국경도시 쩌우독(ChâuĐốc, 朱篤주독)까지 179km, 이 도시 서북으로 타이랜드 만에 면한 락쟈(RạchGiá, 瀝架력가)까지 182km, 호아하오교(Đạo HòaHảo, 道和好도화호)의 중심지인 롱쑤옌까지는 132km이다. 이곳에서 강을 건너는 작은 보트로 델타 주변의 여러 섬과 수상시장을 찾을 수 있으며 야간 여객선으로 쩌우독, 롱쑤옌, 붕따우에 갈 수 있다.

역사적으로 이 부근은 예전에 크메르 왕국의 땅이었기 때문에 현재도 많은 크메르인이 살고 있다. 17세기 중반 명나라가 멸망하여 50척의 배와 3천 명의 부하를 데리고 베트남 남부의 지방정권인 꽝남쭈어 응우옌(廣南阮主, 1558~1777) 땅으로 망명해 온 즈엉응안딕(Dương Ngạn Địch, 楊彦迪양언적, ?~1688) 휘하의 이주민이 일대를 개척했다. 쭈어응우옌이 멸망한 후인 1785년에 프랑스의 지원을 받는 응우옌 잔당과 샴(타이)의 연합군이 베트남의 독립적인 혁명세력인 떠이썬 왕조의 군대와 벌인 쩐락감쏘아이뭇(Trận Rạch Gầm-Xoài Mút, 陣歷涔-㭝噦진력금-차말) 전투에서 떠이썬군이 승리하여 비로소 베트남의 땅이 되었다.

5. 사이공강 협수로 출입구 붕따우

붕따우(VũngTàu, 淎艚봉조, 頭頓두돈)는 쏘아이랍강을 거쳐 사이공강의 협수로를 드나드는 주요 해로로 호찌민시에서 가장 가까운 해변 도시이다. 바리아-붕따우(BàRịa-VũngTàu, 婆地파지-淎艚봉조)성의 동남부에 있고 2012년 5월 성도가 바리아로 옮겨가기 전까지 성도였다. 2004년 240,000명이던 시 인구가 2019년에는 351,300명으로 크게 늘었다. 베트(낀kin, 京경)족 인구가 가장 많고, 중국계인 호아(Hoa, 華화)족, 크메르족 등의 순으로 인구가 분포되어 있다.

2019년 11월 호찌민시 떤선녓공항에서 붕따우로 가는 리무진은 국내선 터미널 앞에 정차해 있었다. 붕따우는 호찌민시에서 동남쪽 약 100km에 있어서 호찌민시 중심가에서 사이공강 하저터널을 건너 강 동쪽 51A 고속도로를 타고 리무진 운임 16~18만 동(8~9천 원)에 1시간 30분이면 도착할 수 있다.

붕따우는 메콩 델타의 북쪽으로 베트남 동해(BiểnĐông, 남중국해)

의 남쪽에 있는 역삼각형 모양의 작은 반도 끝에 위치하고 예부터 유명한 어항이었다. 시의 서쪽은 가인라이(GànhRái Bay)만이고 동쪽은 베트남 동해다.

호찌민 떤선녓공항에서 붕따우 가는 리무진

5월부터 우기에 접어들어 9~10월에 비가 가장 많이 내린다. 12월부터 3월까지는 건기로 비가 거의 내리지 않고 날씨도 온화하다. 하루 중 최고기온 평균은 3월부터 우기가 시작될 때까지는 섭씨 31도 이상으로 덥지만 12월부터 2월까지는 29~30도 정도이다. 최저기온은 3월부터 10월까지 섭씨 25~26도 이상이지만 11월부터 다음 해 2월까지는 23~24도로 아주 쾌적하다.

한국과 이 도시의 인연은 한국군 최초로 십자성부대의 이동외과병원이 이곳에 설치되면서부터다. 그때도 해군 LST함이 그들을 실어 날랐다. 1975년 베트남에서 한국군과 민간인 일부가 마지막 철수할 때도 내가 승함했던 LST-808함(덕봉함)이 초비상사태로 여기서부터 사이공까지를 오르내렸다는 기록이 있다.

늘 더운 호찌민시에서 황토색 강의 구불구불한 협수로를 빠져나오면 바닷바람이 제법 시원하게 느껴졌다. 내가 승조한 함정이 계류했던 부두를 찾아보려고 여러 곳을 다녔지만 확실한 기억을 살릴 수 없었다.

도시 동쪽의 천주교인 거주 지역인 어항 부두에서 보면 지금은 베트남과 러시아의 합작회사인 비엣소브페트로(Vietsovpetro) 석유회사의 전용부두 뒤로 보이는 산이 내가 50여 년 전에 접안하여 갑판 위에서 멀리 바라보던 산세인 것 같았다. 석유회사 부두로 들어가려고 시도했지만 그 일대는 입구부터가 일반인 출입이 금지된 곳이었다.

시는 프랑스 통치기 이후에 베트남에서 전통적으로 중요한 항구가

붕따우의 이름 모를 부두에 접안하여 폭탄을 적재 중에 동기생 박희선 수병과 저자(오른쪽)

되었지만 오늘날은 베트남에서 원유와 천연가스의 산유지 및 석유산업 기지로 더욱 중요한 역할을 맡고 있다. 최근에 완료된 붕따우 조선소 재건도 지역 경제에 기여한 바 크지만 최근에는 세계 조선 경기의 위축으로 많은 조선 노동자가 전업했다.

1968년 베트남 해군사령부와 한국군 수송전대 사령부의 군항 부두였던 곳이 오늘날 페리가 도착하는 사이공 민간 부두가 되어 밀물과 썰물 시간대에 따라 시차는 있지만 붕따우까지 대략 1시간 30분에 도착한다. 붕따우에는 사이공으로 출입하는 항로상의 '바이쯔억(Bãi Trước, Front Beach, 앞 비치)'와 베트남 동해(남중국해)에 면한 광활한 '바이사우(Bãi Sau, Back Beach, 뒤 비치)'의 두 비치가 있고, 양쪽 비치를 연이어 많은 리조트와 휴양시설이 있다.

1968년에 한국 해군 함정이 사이공 모항을 입·출항할 때는 붕따우에서 처음에는 물론이고 그다음에도 가끔 도선사(導船士, maritime pilot)가 승선하여 수로를 안내했다. 수량과 조류(潮流)의 변동이 심하기 때문에 오늘날도 대형 함선은 도선사가 복잡한 수로를 안내하며 조함하고 있다. 공교롭게도 내가 붕따우에서 호찌민시로 갈 때는 호찌민시와 붕따우에서 교대로 근무하는 도선사와 같은 리무진을 탔다. 최근의 붕따우항 도선사는 60명이라고 한다.

붕따우 지역의 역사

역사적 어항

응우옌 왕조의 쟈롱 왕이 통치할 때, 말레이 해적이 이곳에 기지를 건설하여 쟈딘시(현재의 호찌민시)의 상인들이 위험에 처하자, 군대가 출동해 해적들을 추방하고 군대는 그 보상으로 이 지역 땅을 하사받았다. 하지만, 1859년 2월에는 이 부근에 진출한 프랑스 군함과 베트남군 간에 교전이 있었고 이것은 프랑스가 베트남 남부지역 침략을 알리는 신호였다.

1876년 프랑스식민정부는 붕따우를 바리아성에 합병하였다. 1880년대에는 사이공의 항만시설을 붕따우로 옮기려고 했지만 사이공이 더 나은 인프라를 갖추었기 때문에 실현되지 않았다. 1895년 5월 1일, 프랑스의 코친차이나 총독은 법령으로 이곳의 이름을 깝쎙자끄(Cap Saint Jacques, 영어 Cape St. James, 聖雀성작)로 명명해 자치도시로 만들었고 여러 차례 바리아성과 합병과 분리를 거듭했다.

1901년 붕따우 인구는 5,690명으로 이 중 2,000명이 베트남 북부에서 온 이주자였다. 아주 단순화해서 말하면 동남아시아에서 베트족(낀족)이 크메르의 땅으로 남침한 것이다. 프랑스가 자국의 이익을 위해 이를 도왔다.

붕따우는 1934년에 처음으로 독립된 시가 되었다. 프랑스의 인도차이나 통치 기틀을 마련한 코친차이나 프랑스총독 두메르(Paul Doumer, 1857~1932, 후에 프랑스 제3공화국 제13대 대통령 1931~1932, 러시아 백위군 출신 이민자에 암살당함)는 1897년부터 1902년까지 5년 동안 재임하는 동안 붕따우에도 저택을 짓고 살았다. 그는 베트남을 남쪽의 코친차이나, 중부의 안남, 북부의 통킹 등 3분 하여 프랑스의 식민 세력을 크게 신장시켰다.

베트남전쟁 기간에는 붕따우에 오스트레일리아군 병참지원단 사령부가 있었고 무더운 사이공강과 중부고원의 여러 강줄기가 바다로 흘러드는 곳으로 시원한 날씨 덕에 미국, 오스트레일리아와 뉴질랜드 장병의 휴양시설이 있었다.

내가 승조한 함정이 붕따우 부두와 외항에 몇 차례 입항해 군수물자를 선적 또는 양륙했다. 나는 화물 부두에 계류하면 땅으로 내려가 동초를 섰지만 붕따우 시내에는 상륙하지 못했다. 아주 드문 일이지만 몰래 함을 이탈하여 시내를 돌아다니다 귀함하는 동료나 하사관들이 들려주는 도시와 거리 얘기에 더욱 호기심이 갔지만 장교들에게 보고하지 않는 게 그 당시 수병들 간의 의리였다.

사이공항 입항을 대기하거나 사이공을 출항하여 메콩 델타의 어느 곳으로 갈지, 해안선을 따라 남쪽으로 갈지 북쪽으로 향할지 모르는 수병으로서는 불안한 상태에서 몇 차례 외항에 투묘하여 대기하기도 하고, 황천(荒天, 바다에 폭풍우가 심한 날씨)을 피하기도 했던 곳이라 그 산세가 기억되는 곳이다.

베트남전쟁이 끝난 후, 붕따우는 베트남을 탈출하는 사람들의 출발지였다. 처음에는 주로 중국인인 보트 피플이 노도를 헤치며 자신들이 살던 나라를 스스로 떠났지만 요즘은 영구 귀국하는 사람들도 많다고 한다.

베트남 통일 후인 1991년 8월 바리아-붕따우 성이 공식적으로 성립된 후에 붕따우는 성내의 시로 남았다.

바이쯔억(앞 비치) 남단에 있는 붕따우 우체국 　붕따우종합체육관 내 축구장

시내의 가장 아름다운 도로인 바이쯔억(앞 비치)의 쩐푸 거리(옛 이름 화이트 빌라Villa White)에는 싱가포르 화교와 말레이시아계 상업자본이 많이 들어와 있다.

시내 곳곳에 세계적으로 유명한 베트남 철강건설업체인 PEB Steel 의 철골구조물 공장이 있다. 이 회사는 우리나라 삼성, LG, 두산, 일본의 Aeon 몰, 캐논과 미국의 나이키 공장 등의 철골조 건물을 시공하는 베트남의 대표적인 중공업 회사이다.

붕따우에는 소련 시대부터 베트남-소련 합작회사인 비엣소브페트로에 근무하던 러시아 사람들이 살았다. 이들은 한때 붕따우에서 가장 큰 외국인 집단이어서 백인들이 많이 다니는 바이쯔억(앞 비치) 부근의 레러이(Lê Lợi)와 바꾸(BaCu) 거리가 만나는 길에서는 유럽 백인들 속에서 러시아 말이 자주 들린다.

세계무장박물관

세계무장박물관(Worldwide Arms Museum)은 레러이와 쩐흥다오 거리가 시작되는 교차로 부근에 있는 사립박물관으로 입장료가 이 나라 물가로는 비싼 10만 동(5천 원)이다. 이 박물관 작은 뜰 앞에는 몽골 침략을 물리친 쩐흥다오 장군의 동상이 서 있다.

종교문화

이 지역의 종교는 17세기, 북쪽에서 남하해온 베트족이 전래한 대

붕따우 세계무장박물관

붕따우의 불교사원

승불교가 대세로 많은 사찰이 있다. 이곳에 예전부터 거주해온 크메르계인 소승불교의 많은 사찰도 그대로 남아 있다. 가톨릭은 프랑스 침략 시절부터 전파되어 붕따우에도 많은 성당이 있었고 남북 분단 과정에서 북베트남에서 사제를 따라 남으로 이주한 성당과 교인들도 많다.

성당이 많은 도시

붕따우 시내에는 천주교 성당이 아주 많다. 불교도가 80%로 압도적으로 많은 베트남에서 천주교 신자는 전 인구의 6~7%이다. 어떤 참전군인 출신 블로거가 붕따우의 바이사우(뒤 비치) 부근 811계단 위의 예수상이 있는 성당이 공산주의 사회인데도 존재하는 것이 신기한 듯 쓴 글을 보았다. '지나친 일반화의 오류'가 이런 것이다. 그 오류를 믿는 사람들에게 종교의 자유는 인간에게 천부불가양의 자유인데 초중고등 교육이 너무 공산주의 흠집 내기로 의식화시켜 놓았기 때문에 '그렇지 않음'을 알리기 위해 많은 성당 중에서 7개나 되는 성당을 찾아 답사했다.

붕따우의 왕 그리스도상

이 석상(Christ the King of Vũng Tàu, Tượng Chúa Kitô Vua)은 붕따우의 바이사우(뒤 비치) 야산 중턱에 서 있는 예수그리스도의 상으로 1974년 베트남가톨릭협회가 제작에 착수해 1993년 완공됐다. 이 석상은 높이 32m, 폭 18.4m로 두 팔을 크게 벌린 '예수그리스도 상(Jesus Christ Statue)'이 베트남 동해(남중국해)를 내려다

붕따우 바이사우(뒤 비치) 해변   붕따우 성당

보는 언덕 위에서 지구의 둥근 바다를 모두 끌어안은 모습으로 서 있다.

아시아에서 제일 높은 이 예수상은 지상의 도로에서 811계단을 올라가야 있다. 계단 중간에 여러 성인 석상들이 있어 이를 보면서 쉬어 가면 별로 힘들지 않다.

예수상에서 내려와 해안도로를 건너면 바로 바이사우(뒤 비치)의 광활한 바다와 백사장이 역삼각형 곶(串)을 돌아 시야에 펼쳐진다. 바다 가까이에 바섬(베트남어 혼바Hon Ba, Hon은 베트남말로 섬)에 절이 들어서 있다. 물때에 맞춰 가면 '모세의 기적'이 일어나 불교에서도 절이 있는 섬까지 갈 수 있다.

붕따우 성당

붕따우 성당(Nhàthờ VungTau)은 붕따우 도심으로 많은 인파가 오가고 카페들이 많은 통녓(ThốngNhất, 統一통일) 거리에 있다. 프랑스 선교사가 1889년에 건설해 붕따우에서 가장 오래된 성당으로 1940년에 크게 개축되었다. 이 성당의 미사 시간이 되면 많은 차량과 오토바이가 몰려 주변 도로가 극심하게 정체되니 가까운 곳에서 걷는 게 좋다.

붕따우 벤다 성당

벤다 성당

1954년에 지어진 벤다 성당(Nhàthờ Parish BếnĐá)은 붕따우의 서쪽 비치인 바이쯔억(앞 비치) 안을 달리는 쩐푸 거리의 최북단에서 남쪽으로 내려오는 곳에 있다. 시내에서는 레러이 대로의 북쪽으로 올라가서 쩐푸 거리로 돌아도 된다.

벤다 교구는 베트남 북부의 하이퐁에서 100km 남쪽에 있는 남딘(NamDinh, 南定남정)성에 속하는 자신들의 고향 성당(1884년 스페인 신부가 건축한 부이쭈(BùiChu 성당)을 떠나 먼 남쪽으로 이주해 정착한 사람들의 교구이다.

신도 700여 명은 프랑스가 항복하고 떠나갔지만 강력한 외세로 미국에 배턴을 넘긴 프랑스의 정치적 판단에 따라 북베트남에서 1954년 12월 8일 베트남인 조세프(Joseph) 신부의 인도로 현재의 호찌민시 부근 사이공강 동부 지역인 깐지오(CầnGiờ, 芹蒢근제)현(현재는 호찌민시의 1개 현)으로 이주했다. 이들은 2년여에 걸쳐 정착지를 찾아 메콩 델타 지역의 여러 곳을 돌아다녔지만 북쪽 바닷가 사람들이라 남쪽에 적응하기가 어려웠다. 이들은 텐트를 치고 정착을 시작했지만 신선한 물의 부족, 모기떼, 말라리아 등으로 생활 환경이 매우 열악했다.

1958년 벤다항 부두가 건설되면서 조세프 신부는 신도들을 이끌고 항구 뒷산 너머에 교구 주민을 정착시키고 벤다 성당을 지어 새 교구를 형성했다. 새 땅에 정착하면서 많은 신도가 교회 건축에 필요한 자재들을 열심히 구해와 1958년 8월 15일 소박한 성당이 마련되고 성모 승천을 축하하는 예배를 드렸다고 한다.

사오마이 성당과 너무 친절한 신자

사오마이 성당(Nhà Thờ Sao Mai)은 붕따우 반도 서쪽의 바이쯔억(앞비치) 해안도로인 쩐푸의 북쪽 끝 사오마이 포구 부근에 있다. 이 성당 앞에서 만난 아주머니에게 휴대폰 카메라를 한 번 눌러달라고 부탁했더니 자신은 '카메라 찍기'를 "모른다"고 했다. 더운 날씨에 목도 말라서 성당 앞 구멍가게에서 음료수 한 캔을 사 마시고 걸어서 옛 추억의 부두를 찾으며 포구를 걸을 생각이었다. 아까 사진을 찍을 줄 모른다고 하던 아줌마가 오토바이의 시동을 걸면서 "어딜 가느냐?"고 물어 번역기로 "걸어가면서 51년 전의 추억 어린 사진 속(1968년) 부두를 찾아야겠다"고 답했더니 "날씨가 더워서 걷기에 힘이 들테니까 내 오토바이 뒤에 타"라는 것이었다. 나는 처음에는 사양했지만 타기를 자꾸 권하여 수고비 얼마를 드릴 셈 치고 그녀의 오토바이를 탔다. 수고비를 건넸지만 진정으로 여러 차례 거절해 민망해서 점심이나 대접하려는 마음으로 그 오토바이를 타고 사오마이 부두를 비롯하여 일대를 돌았다.

사오마이항 내에는 해군 또는 해경 함정으로 보이는 군함도 정박해 있었다. 부두의 규모로 보아 우리가 계류했던 그 부두는 아닌 것 같았다. 베트남 항구에서는 경비원이 여행객의 출입을 제지하는데 천주교인 오토바이 아줌마 덕에 나는 이 부두에 출입할 수 있었다.

붕따우 사오마이 포구와 사오마이 성당

나는 그 천주교인 아주머니에게 휴대폰 카메라 찍는 방법을 현장 실습으로 가르쳐 가면서 부두 일대에서 휴대폰 사진 찍는 방법을 가르쳐 주었다. 오토바이 뒤에 앉아 북쪽 곶을 돌아 달리다 보니까 내가 며칠 전 레러이 길로 찾아왔던 벤다 성당이 오른쪽에 있었다. 베트남에서는 한낮 더운 2시간은 휴식이라 관공서도 쉬고, 은행도 쉰다. 성당 문도 닫혀 있었는데 이 아주머니의 오토바이가 벤다 성당 앞에 멈추자 밖에서 쉬고 있던 젊은 경비원이 다가와 몇 마디를 나누고 성당 문을 열어 주었다.

부두 뒤편의 산세들을 보니 예전의 그 부두 같기도 했지만 수심으로 보아 LST함이 접안하기에는 어려울 것 같았다. 점심으로라도 사례할 겸 식당에 갔지만 내 식사만 주문하고 그 아주머니는 사양했다. 그리고는 자신이 출석하는 바이쯔억(앞 비치) 바닷가의 큰 성당으로 안내했다.

바이더우 성당

바이쯔억(앞 비치)의 쩐푸 거리에서 바다를 바라보는 전망이 특출하고 경관이 아주 멋진 바이더우 성당(Nhà thờ Giáo xứ BãiDâu)은 1926년 작은 예배당으로 처음 건립되었다. 1962년 10월 성당 뒷산에 건립된 7m 높이의 성모상이 자애로워 보인다. 바이더우 성당은 신자 수로 보면 작은 공동체이지만 성찬식장, 성모 방송, 순례자의 집 등을 갖추어 교구 포교 활동의 중심이다.

이 2개의 성당을 안내해 준 아주머니에게서 나는 예수의 진정한 제자 모습을 보았다. 삭막한 세상에 자기와는 상관없는 이방인 나그네가 제 추억을 찾아왔음에도 안내에 더해 교통 편의까지 무료로 제공해주는 이 거룩한 이웃 사랑. 교회에서 자

선이라는 이름으로 몇 푼 기부하거나 '무슨 무슨' 재단에 재산을 기증하고는 그 대가로 정치적 출세나 경제적 이득을 챙기는 위선에 익숙한 많은 신자를 보며 역겨워하다가 이분에게 신세를 지고서 진실한 신앙이란 보이지 않는 곳에서 행하는 '봉사와 감사'임을 깨달았다.

하이쑤언 성당

하이쑤언 성당(NhàThờ HảiXuân, 海宣해선) 본당 문 앞에 한문으로 된 문구가 있어 어리둥절했다. 붕따우시 동북쪽에 있는 성당으로 1954년 하이퐁 교구 1천여 명의 신도가 북베트남 정권을 반대해 베트남인 사제인 럭(Joseph Nguyễn Bá Lộc) 신부와 함께 베트남 남부의 락즈아(RạchDừa)로 이주해 왔다. 이들이 처음 이주해 온 지역에서 얼마 후에 일어난 화재로 신부가 크게 다쳐 다른 신부로 교체되었고 1956년부터 1957년 사이에 붕따우 지역으로 이주해 이곳에 성당을 건립하고 그 주변에서 각자의 생업을 찾아 터전을 잡았다.

1970년에 재건축을 시작한 현재의 예배실은 180여 평으로 1973년에 완공했고, 사제관은 2006년에 완공했다. 12평 규모의 석굴은 1955년에 묘지와 종탑은 1999년 12월에 완공됐다.

하이쑤언 성당과 예배실 출입문의 한문 글귀

내가 본 외양 중에서 특이한 것은 성당 출입문에 써진 해득할 수 없는 한문 글귀였다. '子臺移北海(자대이북해) 母殿會南春(모전회남춘)' 내 실력으로 정확하게 해석할 수 없었다.

나는 특히 동아시아권 여러 나라를 여행하면서 한자어와 한문의 소통 가능성을 주목했다. 동아시아권 사람들의 민족적 각성, 소통과 단결 및 평화보장을 위해 한·중·일 3국과 동남아시아 지역 국가들부터 예전의 번체(繁體) '한문 교육'을 부활시키면 좋겠다는 생각이다.

투이쟝 성당

1954년에 북쪽에서 온 많은 이주자 중에 두 그룹이 이 락즈아에 정착했는데 그중 하나가 투이쟝 성당(NhaTho Thùy Giang)의 초대 교인들이었다. 이들은 주로 북부 베트남의 투이쟝 교구에서 신부와 함께 이주해 온 어부들이었다. 1957년 1월에 성당을 설립할 당시의 교인은 500명이었지만 1971년 9월에는 신도 수가 2,300명으로 늘기도 했으나 남베트남 패망 때인 1975년에 2,300명이던 신자 수는 그 후에 약 1,500명으로 줄어들었다. 1989년 이래 신자 수는 점차 늘어 2010년

투이쟝 성당과 베트남 사제 분향소

대에는 2,563명으로 증가했다.

성당은 시내 대로인 드엉(Đường) 30/4 길의 북쪽인 락즈아(RạchDừa) 대로변에 있으며 하이쭈언 성당에서 600m 서남쪽이다.

이 성당은 보수하면서 묘지, 학교, 진료실, 재봉실 등도 건설 또는 재건했고, 많은 부속건물도 지었다. 지금도 건축물 신축과 개보수 작업을 계속하고 있었다. 2007년 1월 4일에는 성당 건립 50주년을 기념하여 5m 높이의 성모상을 세웠다. 성당에는 수녀 책임하에 매년 350명을 받아들이는 부속유치원도 있다.

이 성당에서 좁은 골목으로 들어서면 부두로 이어지는 길옆에 신도들이 사는 작은 집들이 다닥다닥 붙어 있다. 선풍기는 있지만 더워서 문을 열어 놓은 거실의 건너편 마루 벽에 십자가와 예수 사진 등을 걸어놓고 앉아서 기도하는 신자도 바로 초대교회의 신도처럼 보였다. '예수님이 가난한 사람들과 함께하시는' 바로 그 현장을 본 것이다. 크리스천의 은혜는 바로 이 가난한 어촌 마을에 강림하리라고 믿는다.

붕따우 시장

시내 동남쪽 탕땀(ThắngTam, 勝三승삼)의 남끼커이응이아(NamKỳKhởiNghĩa, 南圻남기, 커이응이아는 혁명 또는 봉기의 뜻) 거리에 있는 붕따우 시장(Chợ VũngTàu)에서 현지인의 생활상을 가까이서 잘 볼 수 있다. 버스터미널에 가까운 시장 입구에는 의류와 가방점 등이 있고 더 들어가면 육류와 생선, 야채와 과일 상점이 있다.

나는 시장 후문 쪽 끝에서 12,000동(약 600원)에 야자수를 마시며 갈증을 풀었다. 다른 곳에서 다른 장사들은 보통 2만~3만 동 받는다. 고마워서 2만 동(1,000원)을

붕따우 마리나   붕따우 중학교 학생들과.

채워주려는데 한사코 거절하여 '신로이'하고는 사진 찍어 준 값이라면서 그에게 작으나마 사례했다.

붕따우 마리나

붕따우 마리나(VũngTàu Marina)는 붕따우의 대표적인 위락시설로 바닷물에 반사된 주황색 요트와 푸른색 바다가 조화를 이루어 너무나 아름다운 색조가 심미안을 자극한다. 붕따우의 겨울철 아침저녁은 너무 시원하고 한낮에는 지낼만한 정도로 따끈하다. 사람 살기 최적의 날씨에 마리나 주변 바다는 여전히 더없이 맑은 공기를 중단 없이 공급하고 있다.

붕따우의 생활

각급 호텔, 비치와 리조트의 가격 차는 크지만 세계 각지에서 온 관광객들이 제 처지에 맞는 호텔을 골라 장기체류해도 생활물가는 비교적 싸다.

한국어 대응이 가능한 사람도 있고, 최근에는 많은 관광객이 찾아와 여러 언어를 섞어도 의사소통에 큰 어려움은 없다. 미군이 철수하고 캄보디아 문제로 베트남이 중국과 대립할 때 소련이 진출하였고, 소련 패망 후에도 러시아 자본이 계속 자리 잡고 개발에도 적극적으로 참여

붕따우의 한인연합교회   러시아어가 심심찮게 들리는
                              바이쯔억(앞 비치) 부근 카페

하고 있다. 주민들의 외국인에 대한 태도도 개방적이고 차별이 없으며 온화하다. 붕따우 한인연합교회도 성탄을 준비하며 크리스마스트리를 장식하고 있는 것으로 보아 한국 사람도 많이 살고 있는 것 같다.

내가 겪어 보기로 우리나라 노인층이 물가도 싸고 날씨도 따뜻하여 안심하고 겨울나기에 좋은 곳이다. 비치의 저녁 무렵은 혼자 거닐어도 좋을 만큼 안전하고 상쾌하다. 마음대로 드나들 수 있는 성당과 사찰도 많고, 음료를 파는 깔끔하게 단장한 노점도 있어 물을 마시며 쉬어 갈 수 있고 무척 자유롭다.

붕따우의 도심에 쩐흥다오 길이 있고 그 길 남쪽 분기점에 쩐흥다오 장군의 농상이 있는데 이름이 본명인 쩐꾸익뚜언(Trần Quốc Tuấn)으로 표시되어 있다. (→ 제1부)

6. 판티엣과 무이네

판티엣(PhanThiết, 潘切반절)은 베트남 남부에 있는 빈투언(BìnhThuận, 平順)성의 성도로 베트남 동해(남중국해)에 면한 도시이다. 2019년 인구는 231,490명으로 2015년의 인구 335,212명에 비해 많이 줄었다. 빈투언성의 2019년 인구도 1,230,808명으로 2018년의 1,359,500명보다 줄었다. 인구가 줄어드는 도시는 베트남에서 드문 일이다.

붕따우에서는 바이사우(뒤 비치) 북쪽으로 55번 도로(QL-55)로 160~170km 북쪽에 판티엣시가 있고 거기서 동쪽으로 25km 거리의 해변에 고운 모래로 유명한 무이네(MũiNé, 鱛泥)가 있다. 붕따우에서는 자동차로 3~4시간 걸린다.

시내에서 동쪽 방향으로 바다에 접한 풍광의 수려한 비치와 많은 호텔 등이 푸하이(PhuHai, 富諧부해), 함띠엔(HamTien, 咸進함진), 무이네 등으로 이어진다.

기후는 1월부터 3월까지 비 오는 날이 거의 없고 하루 평균기온 섭씨 22도로 따뜻한 날씨여서 관광객이 많이 찾는다. 하지만 5월부터 10월까지는 우기로 한 달의 절반 비가 오고 날씨도 시내는 하루 평균 기온이 27~28도에 최저기온도 24~25도로 무더운 편이다.

판티엣에 오는 여행객들은 대개 항공편으로 호찌민시나 깜라인을 경유한다. 냐짱으로 들어가는 국제공항인 깜라인에서 판티엣까지는 190km 떨어진 남쪽의 해안에 있고, 호찌민시에서는 동북쪽으로 200km 거리여서 어림잡아 호찌민시와 냐짱의 중간 지점이다. 이동 시간이나 경관은 깜라인에서 남행하는 것이 더 낫다.

판티엣은 순수한 베트남어 지명이 아니다. 17세기에 베트족이 이곳을 점령하기 전까지는 북쪽에 있는 판랑(PhanRang, 참어로 Panduranga)과 함께 참파의 땅이었기 때문에 그들의 발음대로 불리다가 베트남 발음인 판티엣으로 바꾸어졌다. 오늘날에도 침파계 소수민족이 이 도시 인근에 많이 살고 있다.

이 도시가 속한 빈투언성의 대부분 지역은 고대 참파 왕국 북부의 비자야(Vijaya) 왕국이 1471년 베트족에 복속하면서 남북이 분리되어

1832년까지 인근 닌투언(Ninh Thuận, 寧順녕순)성에 정치 중심을 둔 참파의 판두랑가(Panduranga) 공국의 땅이 되었다. 이 공국은 베트남의 다이비엣국 레 왕조의 남부 실권자 쭈어응우옌 정권(1558~1777)에 흡수되어 빈투언성이 되었다.

1773년부터 1801년까지 이 지역은 쭈어응우옌 정권에 반대하여 봉기한 떠이썬 왕조(1771~1802)의 치열한 전쟁터였다. 응우옌 정권의 후손인 아인(쟈롱 황제)이 프랑스의 도움으로 청나라의 승인을 받아 1802년 응우옌 왕조를 수립한 후인 1825년 제2대 황제 민망 때 빈투언은 공식적으로 베트남의 한 성이 되었다.

1836년 민망 황제가 이곳을 15개 지구로 나누고, 307개의 공동체와 마을의 구획을 확정해 조세 확보 체제를 완성했지만 19세기 말까지 판티엣은 아직 빈투언 지방의 행정 단위에 포함되지 않았다. 1898년 제10대 타인타이 황제 때 빈투언 성도를 판티엣 교외로 옮겼다. 20세기 초기에는 중국 국민당의 영향을 받은 베트남국민당(VNQD, Việt Nam Quốcdânđảng, 越南國民黨월남국민당)의 근거지이기도 했다. 베트남국민당은 민족주의자와 온건한 사회주의자들의 정당으로 1927년에 결성되어 활동하다가 1975년 남베트남 붕괴 후에 해산되었다.

판티엣 시내에서 까띠강(Sông CàTy)을 중심으로 개발된 항구의 동북방향에 푸하이와 함띠엔이 있고 가장 동쪽이 무이네 마을이다.

시내에서 9km 정도로 가장 가까운 푸하이 일대는 비치가 주로 작은 리조트 단위로 나누어져 있지만, 그 동쪽인 함띠엔 지역은 더 큰 유명 리조트들이 있고 더 동쪽이 널리 알려진 '무이네'이다. 무이네는 해안가 어촌 마을이었으나 현재는 인

판티엣 까띠강 다리

판티엣 쯔엉죽타인 학교 표지판   판티엣 호찌민박물관

구 약 2만 5천 명이 거주하는 판티엣시의 주요한 구역으로 많은 리조트, 레스토랑, 카페들이 들어서 있다.

푸하이 구역의 한 호텔에서는 프런트 데스크가 여권을 보관하고 신분확인용으로 복사해 사용하라고 하지만 은행 환전이나 교통수단 이용에도 여권 원본이 없으면 일 처리가 잘 안 되었다. 이곳 호텔에서 환전할 때 환율이 은행에 비해 무척 낮다. 다른 곳은 그렇지 않다.

유명한 풍광의 붉은 모래둔덕(Red Sand Dune)은 한낮 시간이라 이름과 달리 주황색이었다. 이 둔덕에서 흰 모래둔덕(White Sand Dune)까지는 북쪽으로 24km 떨어져 있다.

판티엣 시내에는 바다로 흘러드는 까띠강 가에 어선들이 정박해 있는 작은 부두가 있다. 이 부두를 건너면 여러 은행과 호찌민박물관이 있다. 호찌민박물관을 경비하는 무장경찰관은 마침 내가 박물관을 찾은 시간이 점심 휴식 시간임으로 2시경에 꼭 다시 와서 박물관을 관람해 달라고 친절하게 안내해주었다. 그의 친절에 감사하며 기념사진 한 컷을 함께 찍고는 오후 2시까지 시내를 돌면서 기다리다가 이 박물관을 견학했다.

판티엣은 호찌민이 21세 무렵인 1911년부터 1912년까지 이곳의 사립학교인 쯔엉죽타인(TrườngDụcThanh) 학교의 교사로 근무했던

호찌민 분향소   판티엣 조주회관

곳이라는 것을 박물관에서 처음 알았다. 박물관은 이 학교 바로 앞을 흐르는 강가에 있다. 호찌민이 이 학교에 근무할 때는 응우옌땃타인(Nguyễn Tất Thành, 阮必成완필성)이라는 이름을 사용했지만 기념비에는 '호 아저씨'로 약력을 쓰고 있고, 젊은 날 교사 생활을 할 때 독서하던 곳이 도서관 관내에 있다.

판티엣 일대는 일찍이 프랑스식민지 시대에 건설된 5km의 활주로가 있던 곳으로 후에 미군과 남베트남 육군이 기지로 활용했다. 미 육군 제7사단 2대대가 1966년 9월부터 1967년 12월까지, 그 후에는 1971년 1월까지 미군 헬리콥터 중대와 1개 보병대대가 주둔했다.

1968년 2월 25일 베트남인민군이 박격포와 로켓포로 이곳의 탄약고를 공격해 미군 3명이 전사하고 29명이 부상을 입었다. 베트남인민군은 21명이 전사하고 1명이 포로로 잡혔다. 1969년 4월에는 미군 수송기 1대가 착륙 중 수리할 수 없을 정도로 손상을 입었다. 하지만 현재 이 기지 일대는 농지와 주거지로 완전히 변했다.

기후는 대체로 덥고 12월부터 다음 해 3월까지는 건조하지만 바다 바람이 좋다고 소문이 난 곳이라 여행하기 좋은 때라고 한다.

판티엣 시내에도 화교나 중국계 베트남인인 호아인(華人화인)이 많다. 동남아는 물론이고 미국에도 다수가 살고 있는 많은 해외 화교의 출향

지인 중국 광동성 조주(潮州) 출신자들이 모임을 갖는 판티엣의 조주회관도 이들의 교류와 소통 장소 중의 하나이다.

  역사 유적으로는 8세기에 지어졌다는 힌두교 참탑인 탑 포샤누(Thap Poshanu)가 있다.

7. 미군항에서 소련군항을 거친 양항 깜라인

  베트남 현지 발음 깜라인(Cam Ranh, 柑檻, 金蘭=캄란)은 베트남 중남부 지방 카인호아(Khanh Hoa)성 남부의 도시로 냐짱에 이어 성내 제2의 도시이다. 시의 좌표는 북위 11도 55분, 동경 109도 8분이다. 2019년의 인구는 137,510명이다.

  냐짱 중심에서 동남쪽으로 35km 거리에 냐짱의 국제 관문 깜라인국제공항이 있고 깜라인 항구가 있는 시내까지는 남쪽으로 약 15km 거리이다. 판티엣의 무이네에서 동북으로 175km, 자동차로 3시간의 거리이다. 판랑과 냐짱의 중간에 있는 깜라인은 호찌민시에서 비엔호아, 판티엣, 판랑을 거쳐 동북으로 390km 거리에 있고 하노이에서는 1,340km 떨어진 남쪽이다.

깜라인시 인민위원회   깜라인시 검인

판티엣에서 판랑을 거쳐 깜라인으로 가는 베트남 1번 국도는 평일 교통량이 많지 않아 산천 경계를 구경하면서 드라이브하기 좋은 곳이다.

깜라인 시내의 인심은 아직도 순박하고 사람들은 관광객에게 매우 친절하다.

깜라인만

깜라인만(Vịnh CamRanh)은 산으로 둘러싸인 2개의 반도 안에 있다. 수심은 만 입구가 10~22m, 외항은 30m 이상이어서 항공모함이 정박할 수 있을 만큼 세계에서 가장 좋은 항구 조건을 갖추고 있다. 동남아시아에서 육지에 가장 인접하고 수심이 깊어 악천후 등의 대피항으로도 손꼽힌다. 태평양과 인도양을 연결하는 중요한 수로에 위치해 전략적 가치가 매우 높다. 그래서 이 만에는 베트남 해군의 중요한 군사기지가 있다. 베트남 해군 군항이어서 수병들이 내뿜는 싱싱한 혈기가 살아 숨 쉬는 관광지로서도 손색이 없다.

만과 항구는 프랑스식민지 시대 때부터 주로 군사기지로 사용되었고, 러일전쟁 때는 러시아의 발틱 함대가 정박했으며, 태평양전쟁 때는 일본 해군이 사용했다. 베트남전쟁 때에도 미국 육해공군의 매우 중요한 기지가 항만과 인근 야산 늘판에 전개되어 있었다.

깜라인항 출입 항로

깜라인기지 내를 이동하는 소떼

1963년 미 태평양 해군은 이 만의 천연적인 깊은 수심을 주목하고 110m(360피트) 길이의 부두와 연안도로 건설을 시작해 1964년 중반에 완공했다. 1964년 미국 제7함대 정찰기, 수상비행기와 어뢰정이 수로와 해안조사 및 육상시설물을 수색하던 중, 1965년 2월 북베트남의 트롤 어선이 인근에서 탄약과 보급품을 양륙하는 것을 발견했기 때문에 미국은 이곳을 주요 해군기지로 개발하는 계획을 앞당겼다고 주장한다.

1965년 중반, 미군 공병대는 깜라인만에 LST 전용 램프와 도로 건설을 시작했다. 그들은 채석장을 만들어 적황색 토양 위에 중장비 운반용 도로를 건설하여 기존 부두를 대형 함정이나 선박의 접안이 가능한 180m로 확장하고 연말까지 유류 비축 탱크를 비롯한 항만 지원시설을 추가로 건설했다. 또한 미국은 제트기가 출격할 수 있는 3,000m(1만 피트)의 활주로를 갖춘 비행장을 50일 만에 건설했다. 부두도 추가 건설했고 보급 창고와 탄약고 등도 들어섰다. 1966년 6월에는 공군기지에 새 활주로가 건설됐으며 해군기지도 확장되었다.

이곳 깜라인에는 한국군 최초의 전투부대인 청룡부대(제2해병여단)가 1965년 10월 9일 상륙해 1966년 12월 청룡 1호 작전을 전개하면서 냐짱 북쪽 뚜이호아로 이동할 때까지 이 지역에 주둔하는 미군의 안전을 보장했다. 내가 승조한 LST함도 깜라인만 비치에 접안하여 폭탄 등 군수물자를 선적, 양륙 또는 환적하기도 했다.

깜라인 전몰자 추모비

청룡부대는 37,340명이 참

전해 1,202명(3.22%)이 전사하고 2,904명(7.77%)이 부상했다(인명 피해 총 11%). 이것은 연인원 312,853명이 참전하여 전사 5,099명(1.62%), 부상 10,962명(3.5%)이 발생한 한국군 참선사의 인명 피해(총 5.12%)와 비교하여 거의 2배 이상의 희생자가 발생했음을 의미한다. 해병 청룡부대를 뺀 참전자는 275,513명인데 이 가운데 전사자는 3,897명(1.41%), 부상자는 8,058명(2.92%)이다. 이를 비교하면 청룡부대의 인명 피해가 가장 심했음을 알 수 있다. 청룡부대 인명 피해자 중에 해군 위생병과 하사관의 전사자와 부상자가 몇 명인지는 확인하지 못했다.

미군은 이 기지에 요양병원을 설립해 부상당한 병사 대부분의 회복기 치료를 맡게 했다. 부상병은 야전병원에서 긴급한 치료를 받고, 이 병원으로 이송해 집중 치료나 회복 치료를 받았으나 이 병원에서 치료할 수 없는 환자들은 해외로 이송했다.

1967년 4월 깜라인만에 남베트남 해군 항공시설이 건설되면서 그해 여름에는 사이공에 있던 연안감시사령부가 이곳으로 옮겨와 연안 항공 순찰 작전의 중심지가 되었고, 해군통신대 본부도 이곳에 두었다. 미국 해군은 깜라인만에서 주요한 선박 수리를 행하고 다양한 전투용 군수물자를 공급했으며 연안 감시와 하천 순찰용 군수품 외에도 제7함대 구축함과 상륙함에 사용할 탄약도 비축했다.

미국 해군은 이 기지에서 베트남 각지로 해군 항공기를 출격시켰고, 미국 공군도 깜라인 항공기지를 통해 대형화물과 공수 장비를 들여오고 군사 요원들이 출입하는 주요 공항으로 이용했다. 미국 육군도 깜라인을 주요 항만시설과 기지로 운영했다.

1970년 7월 당시의 깜라인에는 항만과 창고를 관리하는 약 8천 명의 미국연합군 물류 조직이 주둔해 있었고 4개의 일반 부두와 1개의 탄약용 부두 및 1개의 유조선 부두가 있었다. 발전함이 이 만 항구에 정박해 전력을 생산·공급했다.

1972년 5월 미군은 깜라인 기지시설을 남베트남 해군에 넘기고 철수했다. 1975년 봄에 북베트남군은 이 지역에서 남베트남군에 대한 소규모 지상공격을 시작했고, 중부고원지대와 남베트남의 북부지방이 북베트남인민군의 수중에 떨어지면서 3월 30일 다낭이 함락되었다.

　북베트남군 전진 부대가 다낭 항구에 있던 미국 선박에 포격을 가하여 항구시설을 파괴함에 따라 다낭에서 보트로 수송된 남베트남군과 민간인들이 이곳으로 잠시 피난해 왔다. 하지만 깜라인만에도 북베트남군과 NLF(베트콩)가 접근해 오자 4월 1일부터 3일까지 이들 피난민은 포로수용소가 있는 푸꾸옥섬으로 서둘러 떠났고, 남베트남군도 철수해 1975년 4월 3일 베트남인민군과 베트콩이 깜라인만의 모든 군사시설을 접수했다.

　베트남이 통일된 4년 후인 1979년 깜라인만은 미소 냉전체제 하에서 소련 태평양함대의 주요한 군사기지가 되었다. 베트남은 1970년대 중반, 중국과 소련의 관계가 악화되었을 때부터 소련 쪽으로 기울었다.

　1979년, 소련은 베트남과 25년간의 깜라인만 임대계약을 체결해 필리핀과 중국을 견제하고 동남아시아 일대의 해군력을 강화하려고 시도해 1980년대에는 이 만을 확장하고 소련 해군의 가장 큰 해외 군사기지로 만들었다. 소련은 1987년까지 기지를 원래 크기의 4배로 늘려 필리핀 방면에서의 미국 태평양함대를 상대로 한 모의전투 연습도 전개했다. 베트남 측이 중국의 잠재적 위협에 대항하는 균형점으로 소련의 존재감을 부각하려고 먼저 제안했다는 분석도 있지만, 소련과 베트남은 모두 공식적으로 이를 부인했다. 1988년 초 당시 소련 외무장관이 소련 해군의 철수 가능성을 제기했고, 1990년에는 소련 해군이 감축을 시작했다.

　1992년 5월 소련이 해체된 후, 러시아 정부는 1993년 협약을 갱신하면서 25년간 베트남 동해(남중국해)의 신호정보기지로 이 항만을 계속하여 사용했다. 최초의 25년 임대 기간 만료가 다가오면서 베트남은 기지를 지속해서 운영하려면 연간 임대료로 2억 달러의 지불을 요구했다. 러시아는 이에 압박을 받아 2002년 5월 깜라인만에서 해군을 철수시키기 시작했다. 후에 깜라인만은 베트남인민군 해군의 주요 기지가 되지만 베트남 당국자들은 기지 이외의 항만을 민간시설로 많이 전환했다. 2003년에 베트남은 이 지역의 공군기지를 민간공항으로 개조했고 이어 국제공항으로 세계에 개방해 냐짱으로 들어가는 항공기가 출발하고 도착한다.

러시아군은 철수 후에도 보급기지의 재개를 제안했고, 미군은 베트남 정부에 함선의 깜라인만 기항을 타진하기 시작했다. 미국은 베트남 북부의 하이퐁항과 남부의 호찌민항처럼 외국 군함의 깜라인만 이용 협상을 진행했다. 2010년 3월 26일에 천안함 사건이 발생할 무렵에 이스라엘 해군 핵잠수함이 깜라인만을 해군기지로 활용했다는 설도 있다.

베트남은 1960~1970년대에는 미군 군사기지였다가 1980년대 후에는 소련 군사기지였던 깜라인 항만을 외국 군함의 유지보수와 물류시설 기지로 개조하기 위해 러시아인 컨설턴트를 채용하고 러시아 기술을 도입해 업그레이드했다. 2012년 6월 3일 미국 국방장관이 장관급으로는 처음으로 깜라인만을 공식 방문해 정박 중인 미군 수송함의 수병들 앞에서 미국과 베트남의 관계가 순조롭다고 발언해 중국을 견제하는 함축을 담았다. 베트남 동해(남중국해)의 여러 도서에 대한 영토분쟁이 격화되면서 중국인민해방군이 항공모함을 투입할 가능성에 대비한다는 명목으로 베트남 당국은 미국 해군과 깜라인만 임대를 포함한 일련의 협력을 시작했다.

2016년 3월, 기지 시설의 일부가 외국 선박 전용 국제항으로 변경되어 전 세계의 선박이 보수 작업을 하고 연료를 공급하는 항구로 만

깜라인 쭈아뜨번 절 정문과 황금색 와불상

드는 작업이 진행 중이다.

2016년 4월에는 처음으로 일본 해상자위대 함정이 기항했다. 2016년 10월 2일에는 1975년 베트남 철수 이래 처음으로 미 해군 미사일구축함(DDG-56)과 잠수정지원함(AS-40)이 깜라인만에 기항했다. 2016년 10월 22일 중국인민해방군 해군 함정도 처음 기항했다. 미·중 2대 초강대국 사이에서 베트남이 취하는 자주적 자세가 돋보이는 부분이다. 미국과 중국, 러시아뿐만 아니라 깜라인만에는 인도와 옛 식민종주국 프랑스 함선도 기항하고 있다.

2016년 10월 러시아 국방부는 깜라인만에 해군기지 건설을 고려 중이라고 발표했지만 베트남은 깜라인만을 러시아에 임대하지 않겠다고 답했다. 베트남은 독립적인 외교정책을 추진하여 많은 나라와 우호관계를 유지하고 있기 때문에 깜라인만을 특정 국가에 임대하지 않고 상업적인 항만 서비스를 위주로 하여 많은 나라와 협력할 수 있는 국제 신항을 건설하는 중이다.

2016년 10월 베트남 외부부 대변인은 하노이의 기자회견에서 '베트남 정부는 제3국(중국을 지칭)에 대항하기 위해 어느 누구와 결탁할 의향이 없다. 우리는 또한 어떠한 국가도 베트남에 군사기지를 만드는 것을 허용하지 않는다'고 밝혔다.

깜라인 천주교 묘지   깜라인 성당

깜라인 시내 명소

깜라인에는 일찍이 천주교가 전파되어 교구 성당, 부활축하상과 천주교 묘지 등이 남아 있다. 또한, 1968년 건축된 불교사원 쭈아뜨번(Chùa TừVân)에는 인자한 부처님이 미소 지으며 누워있는 불상이 깜라인만의 평화를 지켜보는 것 같다.

사진 촬영이 금지된 베트남공산당 깜라인 인민위원회 가까운 곳에 베트남 승전기념 순교자비가 있었다. 순교자들에게 '영원한 감사(Đời Đời Nhớ Ơn Các Liệt Sĩ)'를 표한다는 기념비 입구 정문에는 '응이아짱리엣시(Nghĩa Trang Liệt Sĩ. 순교자 묘지)'라는 선명한 붉은 글씨의 표지가 붙어 있다. '전사자를 순교자로 표현할 수도 있겠구나.'

깜라인국제공항은 북쪽으로 냐짱, 남쪽으로 판랑과 무이네를 관광하기 위해 들러 가는 곳으로 알려졌지만 아시아 해군의 오랜 역사가 숨 쉬고 있는 곳의 중심이다. 국제공항에서 멀지 않은 깜라인 해군 호텔에 묵으면서 일반인의 접근이 가능한 베트남해군병원, 주말이면 협수로 주변의 해군 병영에서 웃통을 벗고 작업하다가 여성들이 지나가면 휘파람을 부는 수병들의 모습을 보고 소통을 시도해 보는 것도 다른 곳에서는 힘든 특별한 경험일 것이다. 베트남인민군 군용지와 막사 표지가 있는 베트남 해군기지 내에도 일부 시설을 제외하고는 외부인 출입 통제가 없었다.

베트남인민해군 제4관구 해군 호텔(Navy Hotel)은 수병들이 투숙객을 맞는다. 제4관구는 특히 남중국해의 스프래틀리 군도(Spratly Islands, 베트남 명칭 Quân dao Trưdng Sa, 중국어 南沙群島남사군도)를 관할하며 러시아제 킬로(kilo)급 잠수함까지 보유하고 있다. 해군 장교들의 숙소이면서도 민간인이고 외국인인 나도 이 호텔을 예약하고 숙박할 수 있었다. 식당에서는 군복을 볼 수 없었는데 해군 장교들은 따로 룸 서비스를 받는다고 한다.

깜라인만의 상업항

깜라인만의 바웅오이항(Càng Ba Ngòi)은 국제 상업항으로서 유리한 자연환경과 항만 서비스의 개발 잠재력이 풍부한 항구이다. 만으로 둘러싸인 정박 지역, 넓은 면적의 항만 해역, 인근의 해상수로(약 10km), 깜라인국제공항(약 25km), 국도 1호선(약 1.5km)과 국철(약 3km) 등이 해양교통의 중심지였던 과거를 현대화하여 도시 발전을 견인할 준비를 갖추고 있다.

깜라인국제공항

미국 공군이 사용하던 깜라인 비행장은 2004년 5월 대대적인 수리를 마친 후에 하노이에서 상업 여객기가 취항했고, 냐짱 시내에서 가장 가까운 공항이기 때문에 2007년 국제공항으로 업그레이드되면서 2009년 12월에 해발 12m에 깜라인국제공항이 개장됐다. 여러 나라와의 국제항공편은 물론이고 하노이, 다낭, 호찌민 등 대도시에서 국내선도 취항하고 있다. 현재는 2개의 활주로가 있다.

8. 중남부해안 휴양도시 냐짱

냐짱(NhaTrang, 芽莊=芽庄아장)은 베트남전쟁 당시의 미군연합군 (한국군, 남베트남군 포함)이 나트랑이라고 부르던 군항이고 격전지로도 유명하다. 수병으로 참전한 나로서는 특별한 추억이 많은 곳이다.

냐짱은 베트남 남부의 카인호아(KhánhHoà, 慶和경화)성 성도로 2019년 인구는 422,601명이다. 도시의 좌표는 북위 12도 15분, 동경 109도 11분이다.

냐짱은 참파(ChămPa, 占婆점파, 192~1832) 왕국 때부터 좋은 조건을 갖춘 어항이었다. 프랑스식민지(프랑스령 인도차이나) 시절에 프랑스식민정부 요인들의 휴양지로 개발되었다. 현재의 베트남, 라오스, 캄보디아를 합친 프랑스령 인도차이나는 인도차이나반도의 동부지역으로 1887년부터 1954년까지 프랑스가 지배했다. (➜ 제1부) 1940년대에 일본군이 진주하면서 나토랑(ナトラン)이라고 불리다가 베트남전쟁 때는 미군연합군이 '나트랑'이라고 발음해 이렇게 많이 쓴다.

냐짱에는 주월한국군 야전사령부와 군수지원 부대인 십자성부대가 있었다. 내가 승조한 함정은 원래 한국함대 제2전단(상륙함대) 소속이어서 해병대원을 싣고 포구에 투묘 또는 접안하는 함정이었지만 함이 대학생 위문단을 싣고 그대로 베트남 해역으로 출동하여 주월백구부대 소속으로 각종 무기와 군수물

냐짱 카인호아성 박물관

자는 물론이고 병력 이동과 피난민 수송까지 맡았다.

1975년 4월 30일 미군연합군이 방어하던 남베트남공화국의 수도 사이공이 함락되면서 당시의 남베트남 대통령과 친미 인사들은 친 서방국가로 모두 도망쳤다. 우리는 이를 베트남 패망이라고 배우고 가르쳤지만, 오늘의 베트남사회주의공화국(현재의 베트남)은 미군과 남베트남 괴뢰군으로부터 사이공을 함락시켜 남베트남을 해방시켰다고 쓰고 있다.

나는 남부 베트남 사람들이 한국인을 싫어할 것이라는 편견을 갖고 있었지만 그렇지 않았다. 특히 냐짱에서는 내가 먼저 한국인으로 참전했던 사실을 밝히면 그들은 장교인지 병사였는지를 묻고 한국의 법에 따라 병역 의무를 치르는 사병이었다고 하면 베트남전에 참전해 고생이 많았음을 인정한다. 그들은 베트남전쟁을 먼 옛날의 얘기라면서 말단 사병이었던 내게 다친 데는 없는지 물어볼 뿐이다. 여하튼, 나는 냐짱의 넉넉한 인심과 천지개벽할만한 변화에 넋을 잃지 않고 여행기 자료를 취재하는 저자로서 객관성, 정확성과 공정성을 지키려고 애썼다.

냐짱으로 베트남 신병을 싣고 항해 중인 LST-808(덕봉함) 함상

냐짱역 앞 전몰자 추모비와 승전 조각물

　50년 전 수병의 꿈은 제대한 후에 꼭 이곳에 여행 와서 당시로서는 고층인 3~4층짜리 건물이지만 당시의 유명가수 송민도 여사가 운영하는 아주 깔끔했던 한국 식당에서 불고기와 냉면을 먹는 것이었다. 하지만 그 꿈은 이제 해안선을 따라 즐비한 수십 층짜리 고층빌딩에서 그야말로 인조이(enjoy)할 수 있는 이탈리안 요리를 곁들인 프랑스 레스토랑이 너무나 많이 있어서 안목이 저절로 업그레이드되었다. 거기에 더해 값싼 가격으로 갖가지 상품을 넉넉하게 갖춘 고층의 쇼핑센터와 재래시장을 연결하는 저렴한 택시비에 그리고 옛날에는 상상할 수 없었던 건강히고 예쁜 젊은이들이 많이서 힌없이 기쁘고 즐거운 시간을 보낼 수 있다.

　2014년에 보았던 허술한 식당과 상점들은 고층 건물 속의 화려한 상가로 면모를 일신했다. 당시의 해안도로인 쩐푸(Trần Phú)는 물론이고 그다음 길인 홍브엉 거리에서도 낮은 건물을 찾아보기가 어렵다. 2019년에는 쩐푸 거리의 북쪽 끝인 쩐푸교(Cầu Trần Phú, 陳富橋진부교)를 건너서 백마부대(9사단) 전투 지역이었던 닌호아(Ninh Hòa, 寧和녕화) 방면으로 가는 혼쫑(HònChồng, 鴻重홍중) 바위섬 북쪽 해안도 관광지구가 되어 지금은 40~50층 고층 건물 공사가 한창이다.

냐짱 해변의 썰물   냐짱역 내 매표소

    냐짱에서 옛 남베트남 수도 호찌민시는 서남쪽 450km 거리에 있고 현재의 수도 하노이는 1,300km 북쪽에 있다. 고운 모래가 깔린 비치가 7km에 이르고, 주변에는 섬들이 많아서 여행객과 해양 스포츠를 즐기는 사람들로 붐빈다. 비교적 짧은 우기인 10월부터 12월까지는 여행자가 좀 줄어든다. 냐짱의 항공 관문은 해안선을 따라 남쪽으로 35km 떨어져 있는 깜라인국제공항이다.

    1975년 4월 남베트남 정권이 무너진 후에 소련 해군이 1979년부터 2002년까지 깜라인에 주둔해 있다가 소련 붕괴 후에 철수했다. 하지만 당시에 깜라인에 주둔했던 소련 군인들이 제대하면서 냐짱으로 들어와 정착해 관광업과 상업에 종사하기 시작한 뒤로 냐짱은 베트남에서 러시아인 관광객이 가장 많은 도시가 되었다. 많은 관광 안내 표지에는 베트남어, 중국어, 러시아어와 영어가 같이 표기되어 있다. 냐짱에서 만나는 백인들 중에 러시아인이 가장 많다.

    1986년 베트남공산당이 도이머이(Đổi mới, 刷鼎쇄신, 개방·개혁) 정책을 채택한 이래 베트남의 눈부신 경제 성장을 실감할 수 있다. 도시에는 고층 아파트와 호화로운 호텔들이 늘어섰고 사람들이 내·외국인 할 것 없이 자유롭고 평화롭게 사는 모습을 보면 서생(학자, 지식인)들이

냐짱의 이정표인 쩜흐엉탑(香塔)   냐짱 정치문화센터

분류하는 '무슨'주의니, '좌파-우파' 하면서 이념과 사상을 분류하는 일이 속뜻 없는 말장난임을 알 수 있다. 특히, 이런 '먹물' 이론으로 편을 갈라 싸우는 것은 참으로 어처구니없는 일이다.

역사적으로 냐짱은 일찍이 참파 왕국 때 카우타라(Kauthara)라고 불렀고 1832년 응우옌 왕조에 합병되기 전에는 참파 왕국의 어항 마을이었다. 참파족은 오스트로네시아어족의 말레-인도네시아어계로 베트족(낀족)과는 언어가 다르고 종교도 인도에서 전래된 힌두교를 믿었다.

냐짱은 쩐푸 해안도로의 중앙 부근 해변에 쩜흐엉탑(Tháp TrầmHương, Tower Incence, 沈香香塔)이 있고, 길 건너편에는 각종 공연이 열리는 시립정치문화센터가 있다.

깜라인국제공항을 오가는 버스터미널은 도시 북쪽 예르생 거리(Yersin Street, Đường Yersin)에 있다. 냐짱 시내의 대로는 해안도로 쩐푸, 안쪽에는 북에서 남으로 파스퇴르(Pasteur), 쩐흥다오, 홍브엉 등이 이어져 있다. 동서를 달리는 대로는 북에서부터 예르생, 리뜨쫑(LýTựTrọng, 李圖榮이도영), 응우옌티민카이(NguyễnThịMinhKhai, 阮氏明開완씨명개), 짧은 길로 비엣투(BiệtThự, 別墅별서)와 쩐꾸앙카이(TrầnQuangKhải, 陳光凱진광개) 길 등이 있다. 냐짱 기차역과 대성당 로터리 부근에서 대각선 방향으로 레타인똥(LêThánhTông, 黎聖宗려성종) 거리가 뻗어 쩐푸로 이어진다. 냐짱의 관광 명소는 매우 많다.

냐짱 주요 관광 명소

냐짱 비치

7km에 달하는 아름다운 모래사장이 깔려 있고, 인근의 작은 섬들에는 여러 리조트가 들어서 있다. 비치를 따라 남북으로 수많은 호텔과 상가 빌딩들이 연이어 있다.

성당

프랑스식민지 시절에 건립된 많은 성당이 있다. 냐짱 대성당은 냐토 누이냐짱(Nhàthờ Núi NhaTrang, Christ the King Cathedral)으로 역전 거리인 타이응우옌(Thái Nguyên, 太原) 길이 레타인똥 길로 이어지는 로터리 서쪽 편 낮은 언덕에 있다. 레타인똥에도 박타인 성당(NhàThờ Bắc Thành)이 있고, 쩐푸 해변 거리에도 냐짱교구 성당(Diocese Bishop Church)이 있으며 그 밖에도 더 있다.

냐짱 비치　　　　　냐짱 대성당

롱썬사(쭈아 롱썬Chùa LongSơn, 龍山寺용산사)

냐짱 철도역에서 400m 서쪽의 작은 언덕 정상에 24m 높이의 흰 불상과 1963년에 건립된 탑이 있다. '누워 있는 부처님상(臥佛像)'이 참 편하고 넉넉해 보인다. 1886년 이곳에서 멀지 않은 장소에 같은 이름의 절이 들어섰으나 태풍으로 붕괴했고, 1936년에 현재 장소에 다시 절을 세웠다. 1968년 베트남전쟁 중에 크게 부서졌지만 전쟁이 끝나고 곧 복구되었다. 입구와 지붕은 유리와 세라믹타일로 만든 용의 모자이크로 장식되어 있다. 입장료는 무료이고 흰 불상 바로 아래 공터에 야자와 생과일주스를 파는 가게가 있다. 152개 계단 위의 언덕꼭대기는 산으로 이어지는 냐짱의 서북쪽 발전상을 눈으로 확인할 수 있는 전망대 구실을 하고 있다.

포나가르참탑

포나가르참(Pho Nagar Cham)은 8세기경, 이곳의 지배자인 참파 왕조 때 참족이 건립하여 힌두교의 여신인 얀포나가르(Yan Po Nagar)에게 바친 힌두교 사원이다. 17세기 무렵에 베트남이 이곳을 점령하면서 사원

냐짱 롱썬사와 석조 와불상

냐짱의 포나가르참탑과 유적

의 이름도 바꾼 적이 있지만 지금은 제 이름대로 잘 보존되어 있다.

도시 서쪽 까이강(Sông Cái) 입구의 야트막한 언덕에 있는 이 사원은 3층 구조로 높이 25m의 건축물을 품고 있다. 사원의 입구에는 힌두교의 악마인 물소를 죽인 두르가(Durga)상이 있다. 사원의 중앙에 있는 1.2m 높이의 석상에는 얀포나가르 여신이 치마만 입은 채 다리를 꼬고 앉아 10개의 손에 다양한 상징물을 들고 있다. 현재도 인도인 여행자를 비롯하여 참배객은 물론이고 여행자들의 방문이 끊이지 않는다.

알렉상드르예르생박물관(Alexandre Yersin Museum)

짠푸 해안도로와 예르생 거리가 갈라지는 삼거리 바로 북쪽에 있다. 1895년 냐짱에 정착한 프랑스계 스위스 병리학자 예르생의 공적을 기리고, 그의 연구시설과 장비 등을 진열한 의학박물관이다. 박물관 터는 예르생이 살다가 죽은 그의 자택이다.

예르생박물관

병원이 많은 예르생 거리

예르생(Alexandre Yersin, 1863~1943)

스위스 불어권 지역 출신으로 로잔느(Lausanne)에서 의학 공부를 시작해 독일과 프랑스를 거쳐 파스퇴르연구소(Pasteur Institute)에서 1888년 박사 학위를 받고 프랑스 국적을 취득했다. 1890년 프랑스령 인도차이나로 와서 일하다가 홍콩의 파스퇴르연구소로 파견되었다. 영국 병원이 그의 접근을 금지해 그는 허름한 집에 살면서 이탈리아 신부의 도움으로 시체를 구해 '만주형(Manchurian) 유행성 폐렴구균' 역학조사를 진행했다. 이 연구의 결과로 예르생은 흑사병의 일종인 림프절 페스트균이 인간뿐만 아니라 설치류에도 존재함을 발견했고 동료가 관련된 논문을 파리과학아카데미에 제출했다.

1895년 그는 파리의 파스퇴르연구소로 돌아와 동료들과 함께 세계 최초로 면역항체를 연구했고, 다시 냐짱에서 면역체를 제조해 이를 중국 광동과 인도의 뭄바이에서 실험했으나 결과가 실망스러웠다. 하지만 그는 베트남에 계속해서 체류하며 1902년 하노이 의과대학 창립을 주도하고 초대 학장을 지냈다.

예르생은 농업에도 손을 대, 브라질에서 고무나무를 수입해와 베트남에서 재배를 시작했고, 말라리아 치료제로 1915년 남미에서 키니네 나무를 베트남에 들여와 봉따우 근처의 섬에서 베트남의 기후에 적응시키는 일을 성공시켰다. 그래서 베트남에서는 그를 옹남(Ong(Mr.) Nam)이라고 부르며 친근감을 표하고 있다.

예르생은 지리탐사 여행 중에 1893년 사이공에서 300km 떨어진 중부고원지대인 현재의 달랏(Dalat)이 해발고도가 높고 유럽형 기후를 갖추고 있음을 파악하고 달랏을 당시 프랑스식민관료들을 위한 휴양지로 만드는데도 크게 이바지하였다.

그는 1943년 냐짱에서 죽었다. 하노이에 그의 이름을 딴 중학교가 있고, 달랏에는 그의 이름을 딴 사립대학교인 '예르생대학교(Yersin University)'가 2004년에 개교했다.

베트남 전통재래시장

담 시장(쩌담chợ Đầm)과 쏨머이 시장(쩌쏨머이chợ Xóm-Mới)이 냐짱의 대표적인 전통시장이다. 담 시장은 시내 북쪽에 있고, 쏨머이 시장은 시 중심부의 복잡한 거리 속 상가 밀집지대에 있다. 전통시장은 섬유류, 가방, 신발, 가공식품 등의 값을 흥정하여 값싸게 살 수 있는데 그 느낌이 60~70년대 서울 남대문시장과 동대문시장 같았다.

빈펄리조트(Vinpearl Resort)

빈펄 그룹은 베트남의 여러 도시 요지에 고급 호텔과 리조트를 운영하고 있다. 냐짱에서 빈펄의 모기업인 빈그룹은 시내 레타인똥에 있는 빈컴(Vincom)백화점을 낀 40층 빌딩의 엠파이어 콘도텔(아파트)을 소유하고 있고 그 외에는 모두 도시의 남쪽 해안에서 약 4km 떨어진 혼째(Hòn Tre)섬에 있다.

빈펄리조트 입구에서는 바다 위를 건너 육지와 리조트를 연결하는 케이블카가 한 시간에도 몇 번씩 운행되고 있다. 케이블카에서 섬에 내리면 음악이 울리는 분수대, 각종 실내외 유희시설, 수족관과 돌고래 쇼 공원, 동물원, 화원, 바닷물에 몸을 적실 수 있는 해변공원, 유럽의 성채를 본뜬 건물들이 널려 있다.

빈펄리조트로 가는 케이블카

빈펄리조트의 오후

호텔 투숙객을 위한 오픈카가 대기하면서 출입을 통제하는 게이트 안으로는 해발 482m의 산봉우리 너머로 18홀의 골프장 리조트, 빌라촌, 해변 리조트 등 숙박료가 각각 다른 호텔이 냐짱만과 태평양 끝인 남중국해 바닷가에 들어서 있다. 많은 단체관광객이 리조트에 투숙하지만 개별적으로 시내로 드나들려면 케이블카로 바다를 건너고 택시나 버스를 타야 한다.

나는 2014년 투숙객 전용인 이 호텔 구내에 리조트 입장료를 내고 들어가서 점심을 하고 나왔지만 2018년에는 출입문에서 호텔 투숙객 이외는 아예 출입을 통제해 들어가지 못했다.

9. 포로수용소에서 관광 파라다이스가 된 베트남 서쪽 바다 푸꾸옥섬

푸꾸옥섬(Đào PhúQuốc, 島富國부국도)은 응옥섬(Đào Ngọc, 島玉도옥)이라고도 부른다. 이 섬은 샴(Siam=타일랜드) 만에 떠 있는 베트남 최대의 섬(561km²)으로 행정구역으로는 베트남 서남부의 끼엔쟝(KiênGiang, 堅江견강)성에 속한 현이나. 1968년에는 영어로 푸곡(PhuQuoc)이라 불렀는데 그 이름도 일제가 이곳을 점령했을 때 섬 이름을 후코쿠(富國)라고 지은 데서 유래한다. 섬은 우리나라에서 제일 큰 제주도(1,849km²)의 3분의 1 정도이고 두 번째로 큰 거제도(378km²)의 1.5배쯤 된다. 섬의 좌표는 북위 10도 15분, 동경 104도이다.

호찌민시의 떤선녓공항에서 베트남 항공과 기타 저가항공의 정기편이 푸꾸옥섬을 오가고, 우리나라와 중국에서도 정기적으로 취항하는 국제선 저가항공사의 직항 및 모스크바와 푸꾸옥을 오가는 러시아와 베트남 항공의 비행기 편도 있다.

내가 이 섬에 처음 온 것은 1968년 9월이었다. 이곳에 있던 남베트남의 포로수용소에 군수품과 민수용 물자를 수송하고, 대민구호사업의 일환으로 줄을 서서 기다리는 주민, 특히 여성들에게 밀가루 한 부대씩을 배급해 주기도 했다.

지금은 우리나라에도 널리 알려진 관광지이지만 그때는 1950년대의 거제도 포로수용소와 비슷하지 않나 싶다.

푸꾸옥 본섬은 끼엔장 성도인 하띠엔(HàTiên, 河僊하선)에서 약 40km 떨어진 바다에 떠 있고, 섬 남부에는 본섬에 이어 안토이(AnThói, 安泰안태) 제도의 작은 섬들이 바다 건너로 떨어져 있다. 섬의 동북쪽에는 캄보디아 영토인 작은 섬과 육지가 있다.

이 섬은 베트남 메콩 델타의 다른 곳과 마찬가지로 크메르계 민족이 살고 있었으나 프랑스의 침략 이후에 프랑스가 이 지역을 베트남 땅에 편입시켜 통치했다. 1949년 중국공산당이 중국을 통일했을 때, 호남성(湖南省) 출신의 중국국민당 후앙치에(黃杰황걸, 1902~1995) 장군이 1950년 3월 국부군(國府軍, 중화민국군) 장병 3만여 명을 지휘하여 1953년 6월까지 이 섬에 주둔했다가 대만으로 돌아갔다. 후앙치에는 1969년부터 1972년까지 대만 정부의 국방장관을 역임했다.

1960~70년대 캄보디아에서 킬링필드 사건을 일으킨 크메르루주 폴 포트(Pol Pot, 1925~1998)가 집권했을 때(1976~1979)는 이 섬을 캄보디아 영토라고 강력히 주장했다. 뒷날 폴 포트는 베트남인민군의 공격으로 정권을 뺏기고, 밀림 속에서 항전하다가 베트남인민군에 붙잡혀 가택연금 상태에서 사망했다.

이 섬을 원산지로 하는 '푸꾸옥 개'가 우리나라 '신놋개'만큼 귀하다. 섬 전체에 살고 있는 수천 마리는 천연기념물로 보호해야 한다는 주장도 있고 개를 사육하는 큰 농장도 있다. 하지만, 여행 중에 만난 러시아인으로부터 섬이 관광지로 개발되면서 새로 섬에 들어온 주민이 경

객실에 두고 나온 충전기 일체를 즉시 붕따우로 보내준 사이공 푸꾸옥 호텔의 친절한 매니저

영하는 개고기 요리점도 있으니 '푸꾸옥 개고기' 요리를 시식해 보라고 일러 주기도 했다.

교통편은 선편과 항공편 모두 가능하다. 이 섬에서 곧바로 캄보디아나 타일랜드로 가는 선편도 있고 메콩 델타 각지와 붕따우로 가는 배도 있다.

메콩 델타의 서남쪽 해변인 삼 만에 면한 락쟈(RạchGiá, 瀝架력가)에서 푸꾸옥섬 동쪽의 함닌(HàmNinh, 咸寧함녕)이나 바이봉(BaiVong)을 오가는 쾌속선은 2시간 15분 만에 약 120km 거리의 바다를 건넌다. 요금은 3등식이 34만 동(17,000원)이고, VIP석은 54만 동(27,000원)이다. 락쟈에서는 푸꾸옥을 경유하여 캄보디아와 태국을 왕복하는 여객선이 3개국 합동으로 운항하고 있다. 메콩 델타에서 이 섬과 가장 가까운 성도 하띠엔에서는 함린이나 바이봉까지 약 45km로 선박 운항은 1시간 15분 걸린다. 3등석은 25만 동(12,500원), VIP석은 35만 동(17,500원)이다.

섬에서 가장 번화한 곳이 즈엉동읍이고 남쪽에는 두 번째로 큰 읍으로 크고 작은 여러 섬으로 이루어진 안토이읍이 있다. 이 두 읍 외에 8개의 마을을 합쳐 푸꾸옥섬 전체의 2019년 인구는 107,000명이다.

푸꾸옥 즈엉동 야시장   푸꾸옥 변화가 롱비치의 약국
(라틴알파벳-러시아 키릴문자-한문-한글)

계절은 우기와 건기의 둘로 나눈다. 우기가 5월부터 11월까지로 연평균 강우량이 2,380mm이고 연평균기온은 섭씨 27도이다. 건기는 12월부터 4월까지로 일교차가 크다.

이 섬의 대표적인 생산품은 베트남의 지방 명물 가운데 하나인 푸꾸옥 생선젓(fish sauce)과 동남아 일대에서 유명한 푸꾸옥 후추이다.

섬을 일주하는 도로는 130km 정도로, 자전거를 빌려 섬을 돌 수도 있지만 비포장도로와 가로등이 없는 도로가 많고, 특히 섬의 북동부 계곡에는 험로들이 그대로 남아 있어 산길을 이용할 수밖에 없는 곳도 있으니까 조심해야 한다. 해외 여행자가 많은 유명한 해변도로도 울퉁불퉁한 곳이 있다.

푸꾸옥섬에서 현재, 개별 여행객이 많이 몰리는 곳은 섬 서해안 중간의 롱비치를 비롯한 즈엉동 지역이다. 이곳에는 베트남 본토 사람을 비롯하여 베트남 해외 교포들도 많이 온다. 개별 여행객들이 묵는 값싼 리조트나 빌라 스타일의 호텔 등도 많다. 단체관광객을 실은 많은 버스가 섬 서해안을 따라 도로 위를 오간다. 롱비치는 서해안 도로인 쩐흥다오 거리에서 몇 걸음만 걸어 내려가면 해변에 20km나 이어진 백사장이 있고, 베트남에서는 보기 드물게 석양을 바라볼 수 있어 일

사스코(SASCO) 투어버스 노선 안내도(좌는 북쪽, 우는 남쪽)

사스코(SASCO) 버스 안내 팸플릿

찍부터 관광지로 개발되었다.

 2007년부터는 5성급 호텔이 들어서기 시작한 섬의 남부에는 미국 브랜드의 세계적인 호텔들이 많고 지금도 큰 규모의 건설 공사가 진행 중이다.

 섬 중남부를 일주하는 고급 노선버스도 있다. 사스코(SASCO) 투어버스는 섬 서해안의 중간쯤인 즈엉동 야시장 부근에서 출발해 3시간 만에 섬 남쪽 끝의 톰(Thom)섬을 오가는 케이블카 승하차장, 포로수용소 앞을 경유하고 동부 해안을 따라 함린 어촌마을을 돌아 모두 20곳에서 승하차하고 섬의 중간을 동서로 가로질러 시발점으로 돌아온다. 시발점에서 오전 8시부터 오후 6시까지 하루 13편이 출발한다. 버스 편에 따라 승하차 없이 통과하는 정류장이 있는데 버스 안내도에 영어와 베트남어로 자세히 설명되어 있다.

 내가 오전에 처음 승차하여 섬 남쪽 노보텔과 므엉타인 호텔이 있는 정류장에서 내려 5분 정도 바닷바람을 쐬고 다시 그 버스로 30분쯤 후에 옛 포로수용소 앞에서 내렸다. 2019년으로부터 5년 후면 한창 신축 중인 이 많은 건물과 섬 중부의 국제 부두까지 완공되어 더 많은 관광객이 방문할 것이라고 한다.

롱비치 북쪽 30~40km에는 빈펄리조트를 비롯하여 27홀을 갖춘 골프장, 카지노를 갖춘 리조트와 고급 관광시설이 있지만 섬의 도심인 야시장 부근에서 그리로 가는 대중교통편은 없고, 그랩(Grab)으로 택시나 오토바이를 부르거나 호텔 등에 부탁해야 한다.

일찍이 남쪽 비치부터 호텔과 레스토랑 등의 관광 시설이 들어섰지만 최근에는 남쪽보다 파도가 더 잔잔한 북부·동부 해변도 개발이 진행되고 있다. 섬 남쪽의 대표적인 관광지인 안토이 제도 주변은 케이블카로 건너가서 다이빙과 스노클링 등 수상 스포츠를 즐길 수 있는 장소이다. 안토이읍에 속한 점점이 떠 있는 여러 섬 사이에는 많은 비치가 있고 그 부근 섬으로는 케이블카로 쉽게 오갈 수 있다. 이 케이블카는 약 8km의 해상을 20~25분 만에 건너가는 대중용 교통수단이기도 하다.

50년 이전의 어렴풋이 기억되는 저 멀리 당시에 보이던 섬들은 지금 지도를 보니까 안토이읍에 속하는 작은 섬들이다. 우리 상륙함이 당시의 이 섬 비치에 함수를 접안해서 군수품과 민간용 물자를 양육할 때는 다른 항구에서와 달리 수용소의 포로들이 동원되었다.

나는 권총을 차고 탱크 덱(tank deck) 앞에서 현문당직하사관으로 근무를 섰다. 포로들은 탱크 덱에서 짐 한 덩어리를 몇이 어깨에 메고 부두로 옮기는데 너무나 많은 시간이 걸렸다. 그들은 감시병들과 잡답하고 담배를 피우면서 시간만 보내고 있었다.

나는 베트남인 포로감시병에게 작업을 독려했지만 그들이나 포로나 입은 옷의 색깔만 다를 뿐 하는 짓이 거의 친구들 같았다. 그래서 나

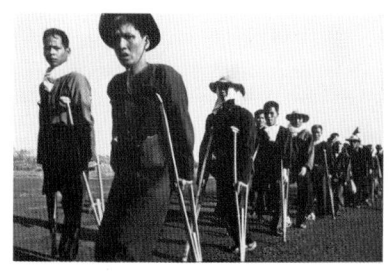
부상당한 포로들의 귀향

푸꾸옥수용소의 포로들이 석방되는 모습

는 '베트남군은 정부군이나 반란군이나 같은 민족이니까 서로 잘 봐주면서 지내는가 보다'라고 메모 노트에 낭만적으로 적어 놓았다. 저러니까 포로들이 넓은 바다를 건너 육지로 도망쳐 계속 베트콩 짓을 하는 것으로 오판하고 포로를 감시하는 정부군도 똑같은 패라고 속단했다. 과도한 일반화의 오류에 눈먼 이가 코끼리 다리를 만지고 말한 꼴이다. 그런데 정말 그게 아니었다.

옛말에 '미국(소련) 사는 사람보다 미국(소련)에 가 본 적도 없는 사람이 미국(소련)을 더 잘 안다'는 말도 맞는다는 것을 다시 깨닫는다. 베트남전에 참가한 나보다 베트남전과 전쟁포로 문제에 대해 천착한 이들에게 죄송하다. 이 역사적 대단원의 극히 일부분에 대한 내 감각기관의 경험이 너무나 적고 인식범위가 상당히 제한되어 있음에도 불구하고 지극히 간단하게 추리하고 판단한 내 잘못이 크기 때문이다.

오히려 부끄러운 것은 이 전쟁터에 오는 군함의 기관실이나 갑판부 창고 등에 숨겨온 인삼차와 국산 포도주 등을 몇 배 고가로 베트남인들에게 팔아먹는 일부 장교와 하사관들이 당시 유행어로 '아더매치(아니꼽고, 더럽고, 매스껍고, 치사하다의 줄임말)'하다. 수병들은 언제 어디서 날아올지 모르는 총포탄에 떨고 있는데 한가한 시간을 이용해 수병들을 짐꾼으로 부리며 이렇게 맞장구를 치고 장사를 해먹은 베트남 '돈'사랑꾼들은 미국으로 망명 또는 추방되었을 테지만, 차떼기로 군수품을 도

 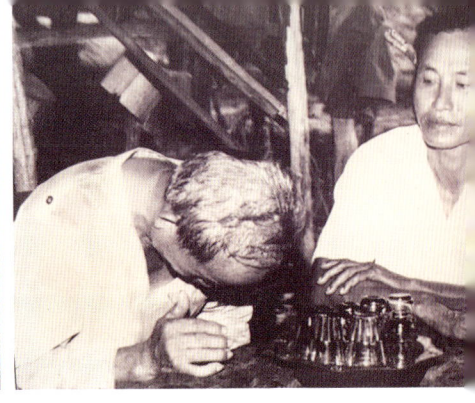

포로수용소 정문 분향소 　　　푸꾸옥포로수용소의 옛 포로자가 자신을 고문했던 간수의 사죄를 받는 모습

적질한 미군연합군 군인이나 이렇게 밀수에 맛 들인 한국군 '돈'사랑꾼들은 아직도 반성할 줄 모른다. 한국의 아파트와 땅 투기는 이 같은 '배금주의'의 유산이 아닐까?

참전 당시에 직접 가보지 못하고 듣기만 했던 포로수용소 현장의 수용 캠프는 4중·5중의 높은 철조망에 둘러싸여 있었고, 건너편은 바다였다. 캠프 주변에 촘촘히 설치된 감시초소에는 기관총을 든 경비병을 재현한 형상이 섬뜩했다.

우리 함정에 작업을 나온 포로들은 포로감시병들이나 상관 나리들과 잘 통하는 소위 '빽 좋은 사람들'이었을 것이다.

수용소 앞 투어버스 정류장에 내려 들어간 포로수용소 사무실 앞에는 분향소가 있고 사무실 건물 오른쪽에는 이곳의 참혹한 광경을 찍은 사진들을 진열한 전시실이 있었다. 두개골에 망치로 못을 박는 고문 끝에 사망한 사람의 해골, 포로의 뒤 발목에 망치로 박은 8cm의 대못, 다리를 톱으로 잘라 도망가지 못하게 하는 만행 등이 자행된 사진 앞에서 호찌민시에서 나와 같은 호텔에 투숙했었다는 뉴질랜드에서 온 60대의 백인 부부와 나는 너나없이 눈물을 흘리지 않을 수 없었다.

내 눈을 확 잡아당긴 것은 전시실의 첫 사진으로 고문을 자행하던 전직 남베트남공화국 육군 상사가 당시에 포로가 되어 고문당했던 사

1968년 10월 섬 남쪽의 그 바다   포로들이 실려오는 야산의 푸꾸옥 활주로

람에게 머리를 숙이면서 울고 있고, 고문당한 사람은 이를 가엾게 내려다보는 장면이었다.

　수많은 무고한 국민들을 엮어 죄를 제조해 내기 위해 고문을 자행한 정보기관원, 경찰, 검찰, 교도관들도 저 장면을 보면 어떤 생각이 들까? 자신을 고문하던 저 남베트남군 육군 상사가 흘리는 눈물이 진정한 참회에서 오는 것인지를 확인하기 위해 고문당한 사람이 오히려 다시 고문하도록 해 보면 어떨까 생각했다.

　1968년 9월 당시에 내가 사복을 입고 상륙했을 때 시장이나 마을은 불결한 환경에다 악취가 심해 다닐 수가 없었다. 나는 이를 피해 동료 수병과 같이 야트막한 산으로 올라갔더니 헬리콥터 착륙장 활주로가 있었다. 이곳은 육지에서 이 섬으로 이송되는 포로를 실어 나르거나 수용소를 감시하는 군용 헬리콥터 비행장으로 포로수용소에서 약 3km 떨어진 야산이었다.

　이 수용소 입구의 정문 앞 벤치에서 내가 51년 전에 상륙한 한국 해군 수병이라고 말했지만 아무런 적대감이나 증오감 없이 아주 친절하게 '박항서'와 축구 흉내를 내면서 영어로 떠듬떠듬 부근의 지리를 안내해 주었다. 나이를 물으니 40대 중반으로 내 딸 또래였다.

　이 수용소를 나와서 나는 투어버스로 베트남 본토 행 여객선이 드나드는 바이봉을 지나 섬 동해안 중부의 함닌 어촌마을을 찾았다. 섬 동

함닌 시장과 해상 식당가 입구

남부를 중심으로 어업에 종사하는 사람들이 많고 해산물 식당에서 싱싱한 어물을 값싸게 먹을 수 있었기 때문이다.

즈엉동 야시장 입구에 있는 '게(Crab)' 전문식당에서 72만 동(36,000원)을 주고도 게 껍질만 핥았을 뿐인데 이곳의 해상 식당가에서는 중간 크기의 500그램짜리 게 한 마리에 커다란 소라, 한국에서 보지 못한 징그러울 정도로 못생기고 길쭉한 조개, 살이 아주 많고 쫄깃쫄깃한 맛살에 콜라, 사이공 맥주까지 합계 78만 동(39,000원)이었다.

함닌 해상 식당들에서 조금 걸어 나오면 사스코 투어버스 승차장이 있다. 즈엉동의 내가 묵는 호텔로 돌아오는 데는 섬의 남쪽을 동서로 통과, 푸꾸옥 개 보존농장, 와이너리, 후추 농장 등 서너 군데를 더 거치고도 야시장까지 30분이 채 걸리지 않아 도착했다. 이 투어버스는 표를 구입한 후 24시간 유효하며 값은 22만 동(11,000원)이다.

함닌에서 돌아오는 길에 후추 농장에서 러시아에서 온 백인 한 사람이 더 탔을 뿐, 45인승 버스를 대절한 것처럼 승객은 둘 뿐이었다. 우기의 마지막이라 개별 여행자가 많지 않은 비수기이기 때문일 것이다. 비스기 섬 남부를 일주하는 데 걸리는 시간은 3시간이 채 못 된다.

관광객 중에 낚시꾼들은 배를 빌려 낚시질을 한다. 최근에는 오징어가 많이 잡혀서 관광객을 상대로 오징어 낚시 투어를 안내하는 곳도 많다.

1968년 당시에 내가 적어 둔 메모를 보니까 우리 함정은 1968년 9월 19일 오전 사이공을 출항해 남지나해의 잔잔한 해상을 항해하고 20일 오후쯤 포로수용소 부근 비치에 접안했다. 그리고 9월 말 경까지 이 해안에 머무르며 상륙 훈련과 함정 정비로 고단한 나날을 보냈다.

　특히, 기억에 남는 것은 얼굴을 찌를 것 같은 악취가 진동하는 시장과 밀가루 한 부대 추가에 몸을 거는 당시의 가난한 섬 아낙들 모습, 그리고 졸병들의 고된 훈련과 작업과는 대조적으로 함 내에서 직업군인들인 상사들이 저지르는 사소한 비리에 분노하면서 적어놓은 치기어린 기록들 속에서 먼 옛날의 순수한 해군 수병 모습을 회상했다.

　당시에 악취가 심했던 그 시장은 포로수용소에서 1km 정도 떨어진 곳이고, 우리 배가 접안한 비치는 수용소 바로 앞에 보이는 낮은 산 바로 너머였다. 아, 옛날이여! 아, 내 젊음이여!

푸꾸옥섬 서해안의 낙조

주요 참고자료

■ 국내서
- 유인선(2016), 새로 쓴 베트남의 역사(초판 9쇄), 서울 : 이산.
- 유인선(2016), 베트남-역사와 사회의 이해, 서울 : 세창출판사.
- 정승원(2017), 셀프트래블 베트남, 서울 : 상상출판

■ 중국서와 일본서
- 加茂徳治(2008), クァンガイ陸軍士官学校 : ベトナム独立の戦士を育み共に闘った9年間, 東京 : 暁印書館.
- 東南亞歷史詞典(1995), 上海 : 上海辭書出版社.
- 立川京一(2002), 'インドシナ残留日本兵の研究', 戦史研究年報 第5号(2002年3月), 東京 : 防衛省 防衛研究所.
- 小倉貞男(1992), 'ドキュメント ヴェトナム戦争全史', 東京 : 岩波書店.
- 小倉貞男(1997), 物語ヴェトナムの歴史 一億人国家のダイナミズム (中公新書) 東京 : 中央公論社.
- 新庄哲夫(譯)(1984), CIA, 東京 : 新潮社, Freemantle, Brian(1983), CIA, Loncon, UK. : The Rainbird Publishing Group Ltd.
- 吳士連, 范公著, 黎僖(等)(1984~1986), 大越史記全書, 東京 : 東京大學 東洋文化研究所 附屬東洋學文獻センター.
- 齋藤彰(1985), CIA-變貌する影の帝國, 講談社, 東京.
- 井川一久(2005), ベトナム独立戦争参加日本人の事跡に基づく日越のありかたに関する研究, 東京 : 東京財団研究報告書.

■ 베트남서와 서양서
- Ban Biên Soạn Chuyển Từ Điện, New Era, Từ Điển Hán-Việt Việt-Hán(2011), Nhà Xuất Bản Hồng Đức.
- Ban Tuyên Giáo Thành Ủy Đà Nẵng(2018), Cuộc Kháng Chiến Chống Pháp-Tây Ban Nha Tại Đà Nẵng(1858~1860), Quảng Nam : NXB Đà Nẵng.
- Bộ Giáo Dục Và Đào Tạo(Ministry of Education and Training), Atlat, Địa Lí Việt Nam(2018), Tp. HCM : Nhà Xuất Bản Giáo Dục Việt Nam.

- Brocheux, Pierre(2007), Ho Chi Minh: A Biography. Cambridge University Press.
- Chapuis, Oscar(1995). A History of Vietnam: From Hong Bang to Tu Duc. Greenwood, New York : Praeger Publishers, Greenwood.
- Clodfelter, Michael(1995). Vietnam in Military Statistics: A History of the Indochina Wars,1772-1991, Jefferson, North Carolina :McFarland & Co.
- Cooke, Nola, Tana Li, & James Anderson, eds.(2011), The Tongking Gulf Through History(Encounters with Asia). Philadelphia : University of Pennsylvania Press.
- Daniel Ellsberg(2002), Secrets: A Memoir of Vietnam and the Pentagon Papers. New York: Viking.
- Daughton, J.P.(2006), An Empire Divided : Religion, Republicanism, and the making of French colonialism,1880~1914. NY: Oxford University Press.
- Dommen, Arthur J.(2001), The Indochinese Experience of the French and the Americans, Bloomington, Indiana. : Indiana University Press.
- Dutton, George Edson(2006), The Tây Sơn Uprising : Society and Rebellion in Eighteenth-century Vietnam, Honolulu, Hawaii : University of Hawaii Press.
- Elliot, Duong Van Ma(2010), 'The End of the War', RAND in Southeast Asia: A History of the Vietnam War Era. Washington D. C. : RAND Corporation.
- Florence, Mason & Virginia Jealous(2003), Lonely Planet-Vietnam(7th Ed.), Victoria, Australia : Lonely Planet Publications.
- Hoàng Văn Thái(2005), How South Việt Nam was Liberated(Memoirs(3rd Ed.), Hanoi : Thế Giới Publishers.
- Hong Ha(2010), Bác Hồ Trên Đất Nước Lê-Nin, Hanoi : Nhà Xuất Bản Thanh Niên.
- James Anderson(2007), The Rebel Den of Nùng Trí Cao: Loyalty and Identity Along the Sino-Vietnamese Frontier. University of Washington Press, Seattle in association with NUS Press, Singapore.
- Karnow, Stanley(1997), Vietnam: A history(updated). New York : Penguin Books.

- Keith Weller Taylor(1991), The Birth of Vietnam(Reprint Ed.), Berkeley, California : University of California Press.
- Kim, Young Kyu & Part, Yeon Kwan(2013), Từ Điển Việt-Hàn Quang Minh, Hanoi : Nhà Xuất Bản Hóa-Thông Tin.
- Kolko, Gabriel(1987), Vietnam: Anatomy of a War, 1940-1975, Berkeley, California : Unwin Paperbacks.
- Lary, Diana(2007), Lary Diana(ed.), The Chinese State at the Borders, Vancouver, Canada : University of British Columbia Press.
- Lục Vân Khoan(2013), Cao Bang Travel Tour Guide, Cao Bang : Dept. of Culture, Sports and Tourism of Cao Bang.
- Maspero, Georges(2002), The Champa Kingdom: The History of an Extinct Vietnamese Culture, Bangkok, Thailand : White Lotus Co., Ltd.
- Matoki Tran(Tr.)(2013), Từ Điển Nhất-Việt(竹内与之助 外 2, 日越小辭典), Hanoi : Nhà Xuất Bản Từ Điển Bách Khoa.
- Murray, Dian H.(1987), Pirates of the South China Coast(1790~1810), Stanford, California : Stanford University Press.
- Neil Sheehan(1971), The Pentagon Papers, New York: Bantam Books.
- Ngô Sĩ Liên(1993), Đại Việt sử ký toàn thư, Nhà xuất bản Khoa Học Xã Hội(Hà Nội) ấn hành(영어 Social Science Publishing House).
- Ngô Sĩ Liên(2009), Đại Việt sử ký toàn thư (in Vietnamese) (Nội các quan bản ed.), Hanoi: Cultural Publishing House.
- Ngô Sĩ Liên(ed. 2009), Đại Việt sử ký toàn thư(大越史記全書)(Nội các quan bản), Hanoi: Cultural Publishing House.
- Nguyễn Duy Tổ, Dr.(2016), Hệ Thống làng hầm Vĩnh Linh, TP. Huế : Nhà Xuất Bản Thuận Hòa.
- Nguyễn Duy Tổ, Dr.(Chịu trách nhiệm xuất bản)(2016), Đôi Bờ Hiền Lương, nhà Xuất Bản Thuận Hòa ; TP. Huế.
- Obermeyer, Ziad, Christopher J. L. Murray, & Emmanuela Gakidou(2008), 'Fifty years of violent war deaths from Vietnam to Bosnia: analysis of data from the world health survey programme'. British Medical Journal. 336(7659): pp.1482~1486.
- Phương Oanh(biên soạn)(2014), Mỗi ngày học một chữ TIẾNG HOA(Luyện Viết Và Phát Âm), Hoa-Anh-Việt, Hanoi : Nhà Xuất Bản Hồng Đức.

- Pierre-Yves Manguin, A Mani & Geoff Wade(2011), Early Interactions Between South and Southeast Asia: Reflections on Cross-cultural Exchange, Singapore : Institute of Southeast Asian Studies.
- Quinn-Judge, Sophie(2002), Hồ Chí Minh: The Missing Years, Los Angeles, California : University of California Press.
- Ton That Thien(1990), Ho Chi Minh and the Comintern(PDF), Singapore: Information and Resource Center.
- Trần Mạnh Thường & Trần Tuấn(2013), Dinh Độc Lập, Hanoi : Nhà Xuất Bản Văn Hóa Thông Tin(The Culture-Information Publish House).
- Trịnh Tất Đạt(Chief Editor)(2010), Từ Điển Anh-Việt, Tp. HCM : Nhà Xuất Bản Từ Điển Bách Khoa.
- Trung Tâm Thông Tin Du Lịch(Tourism Information Technogy Center, 2013), Viet Nam Travel Atlas-Bản Đồ Du Lịch, Hanoi : Vietnam Publishing House of Natural Resources, Environment and Cartography.
- Tsai, Shih-Shan Henry(1996), The Eunuchs in the Ming Dynasty(Ming Tai Huan Kuan), New York : State of University of New York Press.
- Tucker, Spencer C.(2011), Encyclopedia of the Vietnam War, Santa Barbara, California : ABC-CLIO.
- Turner, Robert F.(1975), Vietnamese Communism: Its Origins and Development, Stanford, California : Hoover Institution Press.
- Turner, Robert F.(1975), Vietnamese Communism: Its Origins and Development, Stanford, California : Hoover Institution Press.
- Vietnamese National Bureau for Historical Record(1998), Kham định Việt sử Thông giám cương mục(in Vietnamese, 원제; 欽定越史通鑑綱目), Hanoi: Education Publishing House.
- Wade, Geoff(2005), Southeast Asia in the Ming Shi-lu(明實錄) : An open access resource, Singapore : Asia Research Institute and the Singapore E-Press, National University of Singapore.
- Walker, Hugh Dyson(2012), East Asia: A New History(東亞新史), Bloomington, Indiana : Author House.

찾아보기

ㄱ

가르니에(Garnier Palais) 161, 171
가모도쿠치(加茂德治가모덕치) 376
객가(客家, Hakka) 134, 360
관우사당(미에우꾸안데Miếu Quan Đế, 廟關帝묘관제) 360
국자감(꾸옥뚜잠QuốcTửGiám, 國子監) 334, 346
군사주권 38
규문각(쿠에반깍Khuê Văn Các, 奎文閣) 158
그레이시(Douglas D. Gracey) 48
깃발탑(KỳĐài, 旗臺기대) 334
까띠강(Sông CàTy) 461, 462
까스뜨리(Christian de Castries) 178, 198
까오방(CaoBằng, 高平고평) 37, 113, 141, 176, 187, 208, 211, 214, 215, 222~229, 231, 233, 266
까오방 시장(쩌까오방Chợ CaoBằng) 227
까우 끼르아(Cầu KỳLừa) 다리 213
깐라오(Cầnlao, 勤勞근로)당 67
깜강(SongCấm, 禁江금강) 168, 170
깜라인(Cam Ranh, 柑櫓, 金蘭=캄란) 90, 362, 460, 464~472, 476
깜라인국제공항 471, 472, 476, 477
깜러(CamLộ, 甘露감로) 298
깜파(CẩmPhả, 錦普금보) 172
깟바(CátBà, 葛婆갈파)섬 170, 172, 173
껀꼬(CônCỏ, 琲鼓군고)섬 322
껀터(CầnThơ, 芹苴근저) 143, 144, 443
꼬니(René Cogny) 181
꼭보 동굴(항꼭보Hang Cốc Bó) 225, 229
꼰강(Sông Côn) 389
꼰끌로르 현수교(Cầu treo Kon Klor) 291, 292
꼰다오 감옥(Nhà tù CônĐào, 崑島곤도=꼰썬(CônSơn) 431
꼰뚬(KonTum) 252, 257, 264~268, 280, 283~291, 295, 373, 404
꼰뚬박물관(바오땅 꼰뚬BảoTàng KonTum) 286, 291
꼰뚬 성당(냐토찐또아 꼰뚬 Nhà thờ chính tòa Kon Tum) 292
꼼퐁참(Kompong Cham) 전투 31
꽝남(QuảngNam, 廣南광남) 응우옌(阮완), 쭈어 응우옌 23, 134, 331, 385, 387, 444
꽝남꾸옥(QuảngNamQuốc, 廣南国광남국) 22, 134
꽝또안(Nguyễn Quang Toản, 阮光纘완광찬) 28
꽝응아이(QuảngNgãi, 廣義광의) 87, 140, 283, 355, 363, 364, 366, 371~373, 380
꽝응아이 육군 중학(Trường Lụcquân trunghọc Quảng Ngãi) 372~383
꽝찌(QuangTri, 廣治광치) 51, 298, 304, 306, 308, 309, 318, 322, 323, 387
꾸르베(Amédée Courbet) 38, 39
꽝쭝호앙데(QuangTrung Hoàngđế, 光中皇帝광중황제), 꽝쭝 황제 332, 385, 388, 400
꾸엉탕의 집(냐꼬 꾸엉탕Nhà cổ Quảng Thắng, 廣勝家광승가) 360
꾸이년(QuyNhon, 歸仁귀인) 18, 26, 37, 258, 264~266, 280, 286, 289, 384~386, 388, 389, 392~396, 399, 400~404
꾸찌 땅굴(Địađạo CủChi, 地道柯枝지도구지), 꾸찌 터널 321, 322, 408, 427, 433
꿍디엔토(CungDiênThọ, 延壽宮연수궁) 336
꿍안딘(CungAnĐịnh, 安定宮안정궁) 337
끄아비엣(CửaViệt) 314
끄파끌롱(Kpa Klong) 271
끼에우꽁띠엔(Kiều Công Tiễn, 矯公漢교공선) 17
끼엔장(KiênGiang, 堅江견강)성 483
끼하(KỳHa) 반도 366, 368
낌동(KimĐồng) 232

ㄴ

나바르(Henri Navarre) 121, 175, 178
남방군(일제) 47, 115, 244, 372, 373, 377
남베트남, (남)베트남, 남베트남국, 남베트남군 59, 61~63, 66, 67, 71~78, 80, 81, 83, 85, 91~93, 97, 99, 100~102, 104~108, 118~122, 125, 126, 132, 135~137, 141,

150, 152, 187, 244, 245, 254~257, 260, 265~268, 281, 290, 298, 300~302, 305~309, 311, 313~315, 317, 319, 324, 328, 329, 333, 347, 362, 365~371, 389, 390, 394, 402, 403, 410~416, 418, 420, 421, 429, 434, 435, 456, 461, 463, 467, 468, 473, 474, 476, 491
남베트남공화국 104, 108, 138, 143, 410, 413, 414, 417, 420, 440, 474, 490
남베트남공화국 임시혁명정부 104
남비엣(NamViet, 南越남월) 14, 29, 331
남티안(Namtian, 南天남천) 왕국 223
냐롱꼰끌로르(Nhà Rông Kon K'lor) 293, 294
냐짱(NhaTrang, 芽莊=芽庄아장, 나트랑) 23, 136, 245, 250, 288, 289, 386, 393, 399, 460, 464, 466, 469, 471~483
냐짱 대성당(냐토누이냐짱Nhà thờ Núi NhaTrang, Christ the King Cathedral) 478
네이팜탄(Napalm Bomb) 86, 130
노이바이(NoiBai, 內排내배)공항 148, 153
누(Nhu, 응오딘누Ngô Đình Nhu, 吳廷瑈오정유) 47, 67, 414
누이선짜(Núi Sơn Trà, 岁山茶예산차) 353
누이타인(NúiThành, 岁成예성)현 363, 364, 370
누이파이베(Núi Phai Vệ)산 214, 226
능(Nung, 儂농)족 141, 223
능찌까오(Nùng Trí Cao, 儂智高농지고) 223
니타인 동굴(Động Nhị Thanh) 216
닉슨(Richard M. Nixon) 68, 96~98, 100, 103, 104, 126, 152, 178

ㄷ

다낭(ĐàNẵng) 83, 92, 97, 105, 134, 138, 140, 143, 252, 265, 267, 280, 288, 289, 298~300, 306, 347~358, 363, 364, 367, 369, 370, 377, 380, 384, 386, 396, 402, 406, 468, 472
다니모토 기쿠오(谷本喜久男곡본희구남) 376, 383
다르장리외(Thierry d'Argenlieu) 49
다우고 동굴(Hang ĐầuGỗ=DauGo Cave) 174
다이꼬비엣(ĐạiCồViệt, 大瞿越대구월) 17, 19

다이남(ĐạiNam, 大南國대남국) 32
다이남특룩(ĐạiNamthựclục, 大南寔録대남식록) 332
다이라(ĐạiLa, 大羅대라) 16, 17
다이비엣(ĐạiViệt, 大越대월) 19, 21, 28, 162, 331, 348, 461
다이응우(ĐạiNgu, 大虞, 대우) 20
닥농(ĐắkNông得農득농) 257
닥락(ĐắkLắk, 得勒득륵) 252~254, 257, 259, 260, 281
닥락성박물관(바오땅 닥락Bảotàng ĐắkLắk) 261
닥블라(Dak Bla)강 285, 291, 292
단끼아 호수(Hồ Đankia) 243
달랏(ĐàLạt, 多樂다락) 242~250
달랏역(Ga ĐàLạt) 249
달랏 시장(쩌달랏Chợ ĐàLạt) 248
달리(Dali, 大历대력)국 223
담 시장(쩌담Chợ Đầm) 482
담강(잔쟝湛江=Tsankiang, Chankiang, Tsamkong)시 42, 43
대성전(다이타인디엔ĐạiThànhĐiện, 大聖殿) 158
대통령궁 73, 167, 187, 412, 414, 417~419
데가르(Degar) 255, 256, 264
데라우치 히사이치(寺内壽一사내수일) 244
도노반(William J. Donovan) 66
도안몬(ĐoanMôn, 端門단문) 161, 163
도안응우옌득(Đoàn Nguyên Đức, 段阮德단완덕) 277, 279
도안쿠에(Đoàn Khuê, 段奎단규) 374, 375
도이머이(Đổimới, 刷新쇄신, 개방·개혁) 정책 125, 136, 302, 476
독립궁(Independence Palace, 딘독립Dinh Độc Lập, 營獨立영독립) 108, 281, 414, 417
동낀(ĐôngKinh, 東京동경) 23, 144, 146
동낀 시장(쩌동낀Chợ ĐôngKinh) 213
동낀(ĐôngKinh, 東京동경) 찐(鄭정)씨 162, 331
동나이(ĐôngNai, 同狔동니=同奈동나)강 427, 428, 434, 436
동남아시아조약기구(SEATO) 84, 85
동당(ĐôngĐăng, 同登동등) 208, 217~221
동딘브엉(ĐôngĐịnhVương, 東定王동정왕) 28
동바 시장(쩌동바Chợ ĐôngBa) 333

동쑤언 시장(Chợ ĐồngXuân, 同春동춘시장) 156
동카인(ĐồngKhánh, 同慶帝동경제) 40, 44, 46, 47, 343
동하(ĐôngHà, 東河동하) 298~302, 314, 316, 323
동허이(ĐồngHới, 洞海동해) 82
두르가(Durga)상 480
두메르(Paul Doumer) 447
둑안 호수(Hồ Đức An) 276
드꾸(Jean Decoux) 244
드꾸르시(Henri Russel de Courcy) 40
드베엔(Pigneau de Béhaine, 베트남 이름 百多祿백다록=Pedro) 28, 29
디(Đ) 기지 71
디엔낀티엔(ĐiệnKínhThiên, 敬天殿경천전, Kinh Thien Palace) 161, 165, 166
디엔비엔푸(Điện Biên Phù=奠邊府, 전변부) 59~61, 121, 175
디엔비엔푸 전투 42, 45, 118, 121, 149, 164, 175~207, 266, 306, 384
디엔타이호아(ĐiệnTháiHòa, 太和殿태화전) 332, 334, 336
D-67 터널 165
딘(Đinh, 丁정) 왕조 17, 18
딘눕(Dinh Nup) 287
딘보린(ĐinhBộLĩnh, 丁部領정부령) 17, 18
따껀(Tà Cơn) 304
따베르(Jean-Louis Taberd) 32
딴끼의 집(Nhà cổ Tấn Ký, 進記家진기가) 361
땀끼(TamKỳ) 364, 370, 371
땀지아오 사원(Chùa Tam Giáo) 216
땀타인 사원(Chùa Tam Thanh) 216
땀하이(Tam Hai)섬 368
떠이빈(TâyVinh, 西榮서영) 마을 양민학살사건 390
떠이썬, 떠이썬 3형제, 떠이썬 왕조(Nhà TâySơn, 西山朝서산조) 22, 23, 26~30, 286, 358, 385, 387, 388, 444, 461
떠이응우옌(TâyNguyễn) 지방 143, 252, 257
떠이 호수(TâyHồ, 西湖서호) 156
떤선녓(Tân Sơn Nhất) 106, 406, 410, 411, 415, 427, 444, 445, 483
뗏(Tết) 공세 90~94, 97, 203, 245, 254, 300, 306, 308~310, 314, 316, 333, 334, 349,
389, 396
또호우(Tố Hữu, 素友소우) 259, 260
똔득탕(Tôn Đức Thắng, 孫德勝손덕승) 429
뚜옌럼 호수(Hồ TuyênLâm) 251
뚜이하 포트레스(Tuy Ha Fortress) 434
뚜이호아(TuyHòa, 綏和수화) 254, 362, 380
뜨득(TựĐức, 嗣德帝사덕제) 33~36, 38, 40, 44, 46, 332, 339, 340
띠엔 사원(쭈아띠엔ChùaTiên, 天塔천탑=지엥띠엔Giếng Tiên) 215
띠엔레(Tien-Le, 前黎전려) 왕조 18
띠엔리 왕조(냐띠엔리NhàTiênLy, 前李朝전이조) 15
띠엔사항(Cảng TiênSa, 仙沙港선사항) 356
띠엔쟝(TiềnGiang, 前江전강) 442

ㄹ

라그랑디에르(Pierre Paul Marie Benoît de La Grandière) 35
라글라이(Raglai, Ra-glai, Radlai)족 284
라오까이(LaoKai, 老街노가) 176
라오바오(LaoBào, 牢堡뢰보) 298, 311, 313, 316
라이비엔끼에우(Lai Viễn Kiều, 來遠橋래원교=까우녓반(Cầu NhậtBản, 日本橋일본교) 359
라이쩌우(LaiChâu, 萊州래주) 181, 187
라타나키리(Ratanakiri) 264, 283, 404
락미에우 다리(Cầu RạchMiễu) 443
락쟈(RạchGiá, 瀝架가) 443, 485
람읍(LâmẤp, 林邑임읍, Linyi) 331
랑글레(Pierre Langlais) 198
랑뜨득(Lăng TựĐức, 嗣德陵사덕릉) 339
랑베이(LàngVây=영어 Lang Vey) 304, 307, 309, 310, 313
랑비엔 산(Nui LangBiang) 246
랑선(LạngSơn, 諒山양산) 37, 141, 176, 207~219, 222
랜드마크(Landmark) 81, 423, 424
럼동(LâmĐồng, 林同림동)성 242, 245, 257
레꽝바(Lê Quảng Ba) 198
레득토(Lê Đức Thọ, 黎德壽려덕수) 104
레반주옛(Lê Van Duyet, 黎文悅려문열), 주옛 30
레반코이(Lê Văn Khôi, 黎文儻려문괴) 31
레(黎) 왕조(허우 레Hậu Lê, 黎朝려조) 21, 134,

163, 206, 216, 224, 332, 384, 387, 388, 461
레위니옹(Réunion) 46, 340
레주안(Lê Duẩn, 黎筍려주안) 117, 167, 301
레짱똥(Lê TrangTông, 黎莊宗려장종), 레닌(Lê Ninh, 黎寧려녕) 21
레쩐(Lê Chân, 黎真려진) 169
레타이또(Lê TháiTổ, 黎太祖려태조), 레러이(Lê Lợi, 黎利려리), 레태조 21, 154, 166, 206
레타인똥(Lê ThánhTông, 黎聖宗려성종) 268, 478, 482
레티엣훙(Lê Thiết Hùng) 382
레호안(Le Hoan, 黎桓려환) 18, 19
레홍퐁(Lê Hồng Phong, 黎鴻峰려홍봉) 211
레후이코아(Lê Huy Khoa) 441
렌가오(Rengao)족 284
로드(Alexandre De Rhode) 25
로스비(Frank Loseby) 111
로즈(Pierre-Gustave Roze) 36
로한(루한盧漢) 48
론놀(Lon Nol) 97, 99, 106, 256
롱(Rong) 284, 287, 289, 292
롱비엔교(까우롱비엔CầuLongBiên, 龍編橋용편교) 155
롱비엔역(Ga LongBiên, 龍編驛용편역) 155, 156
롱썬사(쭈아 롱썬Chùa LongSơn, 龍山寺용산사) 479
루앙프라방(Luang Prabang) 왕국 42, 178, 202
류영푸(劉永福유영부) 37
르페브르(Dominique Lefèbvre) 32
리타이또(Lý ThaiTổ, 李太祖리태조, 리꽁우언 Lý Công Uẩn, 李公蘊리공온) 19, 147, 153, 162, 239
리타이똥(Lý TháiTông, 李太宗리태종) 223
리(Lý, 李리) 왕조 16, 18, 146
리난(Rinan, 日南일남) 331
리비에르(Henri Laurent Riviere) 37
리트엉키엣(Lý Thường Kiệt, 李常傑리상걸) 318
리홍장(李鴻章) 39

ㅁ

마르샹(Joseph Marchand) 32
마틴 루터 킹(Martin L. King Jr.) 95
막타이또(MạcTháiTổ, 莫太祖막태조) 21, 224
막(Mạc) 왕조 162
막당중(Mạc Đăng Dung, 莫登庸막등용) 21, 224
막머우헙(Mạc MậuHợp, 莫茂洽막무흡) 224
말레이폴리네시아(Malayo-Polinesia)어족 254
망양고개(Mang Yang Pass) 전투 266
매독스함(Maddox, DD-731) 79, 152
매서(Masher) 작전(Operation Masher) 390
매케인(John Sidney McCain) 3세 150, 151, 156, 160
맥거번 2세(James B. McGovern Jr.) 199
맥나마라 라인(McNamara Line) 319
메스네르(Pierre Messmer) 124
모람인(Mawlamyine) 299
모로코 용병 175, 178, 188
몬-크메르(Mon-Khmer)어족 283
몰로토프(Vyacheslav M. Molotov) 149
무이네(MũiNé, 脢泥) 459~461, 464, 471
므엉팡(Mường Phăng) 202, 204, 207
미 육군 특수임무부대(US Army Task Force Oregon) 367
미 제9해병사단 367
미국 제3해병사단, 미국 해병 제3보병사단 300, 311
미국독립선언서 51
미썬 성지(탄디아 미썬ThánhđịaMỹSơn, 聖地美山성지미산) 348, 351, 387
미얀마 플라자(Myanmar Plaza) 279
미얀마센터타워(Myanmar Center Tower) 278
미케(MyKhe, 美溪미케) 비치 351, 354
미토(MỹTho, 美湫미추) 42, 442, 443
민망 황제(Minh Mạng, 明命명명) 30~33, 163, 338, 348, 461
밀라이(MỹLai) 학살 86~88, 97, 365, 421

ㅂ

바쭈아쑤(Bà Chúa Xứ) 사원 237

바나(Bahnar, Bana, 巴那바나)족 264, 270, 283, 286, 289, 293
바나힐(Bà Nà Hills, 婆那山바나산) 352, 377, 381
바딘 광장(쾅쭝바딘Quảng trường Ba Đình, 廣場巴亭광장파정) 50, 146, 161, 167
바랑안(Ba Làng An) 곶 364
바리아-붕타우(Bà Rịa-Vũng Tàu, 婆地파지-溗艚봉조)성 444, 448
바오다이(Bảo Đại, 保大보대) 46, 47, 49, 50, 52, 53, 55, 64~66, 115, 149, 150, 231, 244, 245, 248, 250, 252, 337, 341
바오던신(Báo Dân Sinh) 438
바응오이항(Cảng Ba Ngòi) 472
바이더우 성당(Nhà thờ Giáo xứ Bãi Dâu) 454
바이봉(Bai Vong) 485, 491
바이사우(Bãi Sau, Back Beach, 뒤 비치) 450, 451, 460
바이쯔억(Bãi Trước, Front Beach, 앞 비치) 446, 449, 453, 454, 459
박닌(Bắc Ninh, 北寧북녕) 232, 234~240
박롱비(Bạch Long Vĩ, 白龍尾백룡미)섬 170
박미안(Bac My An, 北美安북미안) 비치 352
박빈브엉(Bắc Bình Vương, 北平王북평왕) 28
박쟝(Bắc Giang, 北江북강) 141
박정희 대통령 84, 409
박투옥(Bắc Thuộc, 北屬북속) 14, 15, 20
박하(Bắc Hà, 北河國북하국) 22
박항서(팍항뜨Phác Hằng Tự) 179, 180, 441, 442, 491
반랑(Van Lang, 文郎문랑) 14
반쑤언(Vạn Xuân, 萬春만춘)(왕조) 15
반전운동 83, 86~90, 96, 98, 103, 126, 152, 316, 398
방보(Bang Bo) 전투(Zhennan Pass전투=鎭南關之役진남관지역) 209
백색벨트(white belt=no man's land) 305
밴(John P. Vann) 291
베트남 모라토리엄(Moratorium to End the War) 89
베트남 보트피플, 베트남 난민 133~136
베트남공화국(Republic of Vietnam), 남베트남공화국 62~63, 66, 69, 72, 73, 104, 108, 133, 138, 143, 410, 413, 414, 417, 420, 421, 474, 490

베트남국(State of Vietnam), 남베트남국 55, 59, 62, 63, 65, 66, 245, 248, 253
베트남국민당(VNQD=Việt Nam Quốc dân đảng, 越南國民黨월남국민당) 113, 461
베트남군사원조사령부(MACV) 74, 75
베트남노동당 70, 117, 431
베트남독립동맹회(Việt Nam Độc Lập Đồng Minh Hội, 越南獨立同盟會월남독립동맹회) 49, 113, 228
베트남독립선언 120
베트남독립전쟁(제1차 인도차이나전쟁) 57, 98, 120, 139, 147, 175, 266, 373, 379, 380, 382~384
베트남민족해방전선, 남베트남민족해방전선, NLF(National Liberation Front), 베트콩(Việt Cộng) 71, 74, 81, 91, 97, 127, 139, 150, 152, 245, 256, 257, 264, 266, 267, 271, 285, 290, 291, 300, 312, 315, 349, 364~367, 369, 383, 393~396, 399, 401, 402, 407, 408, 414, 418, 423, 433, 435, 441, 468, 489
베트남민주공화국, (북)베트남민주공화국 48~62, 64, 65, 69, 115~118, 139, 140, 146, 149, 164, 167, 176, 181, 248, 301, 318, 377, 382, 429, 431
베트남사회주의공화국 49, 51, 72, 108, 132, 146, 147, 245, 302, 361, 362, 407, 419, 474
베트남인민군, 북베트남인민군 49, 122, 123, 125, 156, 164, 175~177, 187, 203, 224, 245, 268, 285, 290, 291, 295, 301, 305~317, 334, 362, 372~374, 382, 396, 401~403, 412, 418, 437, 463, 468, 469, 471, 484
베트남자문단(Vietnam Advisory Group) 65
베트남전쟁(제2차 인도차이나전쟁) 72, 73, 78~80, 88~91, 93~95, 97, 98, 103, 104, 109, 122, 124~126, 130, 132, 133, 136, 137, 139, 147, 155, 156, 160, 169, 180, 187, 203, 209, 243, 245, 247, 253, 254, 257, 260, 261, 263~267, 283, 290, 291, 298, 300, 303, 312, 318, 324, 335, 347, 349, 351, 354, 362, 364, 368, 375, 381, 386, 389, 391, 393, 401, 407, 413, 417, 427, 434, 440, 448, 465, 473, 474, 479

베트남족(응으이낀người Kinh, 京族경족), 베트
족 14, 23, 140, 141, 255, 284~286, 331,
348, 357, 447, 449, 460
베트남참전병사 반전모임(Vietnam Veterans
Against the War, VVAW) 90
베트민(ViệtMinh, 越盟월맹), 베트남민족해방동
맹 47, 49, 50, 52, 54~61, 64, 65, 71, 77,
113~115, 120, 124, 139, 169, 177, 200,
203, 228, 231, 235, 266, 372~374, 377,
378, 380, 381~383, 415, 416
베트민군(越盟軍월맹군) 59, 60, 138, 377, 382
벤다 성당(Nhàthờ Parish BếnĐá) 452, 454
벤쩨(BếnTre, 塹筎변지) 71, 281
벤쩨(BếnTre, 瀴柳변지) 443
벤탄(Bến Thành) 시장 425~427, 433
벤하이(BếnHải, 瀴海변해)강 302, 323, 324, 327
병인양요(丙寅洋擾) 35
보나르(Louis-Adolphe Bonard) 34, 35
보도이빈수엔(Bộđội Bình Xuyên, 部隊平川부
대평천) 69
보로딘(Mikhail M. Borodin) 231
보리(Pierre Borie) 32
보응우옌지압(Võ Nguyên Giáp, 武元甲무원갑)
☞ 지압
보찌꽁(Võ Chí Công, 武志公무지공) 259, 260
부온마투옷(BuônMaThuột, BanMeThuot,
班迷屬반미족) 68, 106, 252~263, 268
부온마투옷 감옥(nhàtù BuônMaThuột) 259
부언마투옷 대성당(BuônMaThuột Cathedral)
258
부이꾸앙턴(Bùi Quang Thận) 418
부활절 대공세(Easter Offensive) 152, 290,
300, 301
북문 성당(냐토 꾸아박Nhàthờ CửaBắc
=Northern Gate Church) 166
북베트남, (북)베트남 69, 72, 73, 78~83,
85, 86, 88, 91, 93, 95~109, 114, 121,
122, 125, 139, 149, 150, 152, 160, 187,
228, 256~268, 290, 295, 298, 300~302,
305~310, 312, 313, 315~318, 322~324,
327~329, 349, 366, 369, 383, 390, 394,
411~413, 416, 418, 429, 431, 439, 440,
450, 452, 455, 466, 468
북위 16도선 48, 53, 54, 176, 372

북위 17도선 63, 72, 104, 149, 298, 300, 304,
305, 317, 318, 323, 324
북폭(北爆) 81, 83, 91, 94~97, 100, 102, 103,
105, 118, 151, 156, 265, 318, 328
붉은 모래둔덕(Red Sand Dune) 462
붕따우(VũngTàu, 溁艚봉조, 頭頓두돈) 45,
107, 348, 409, 411, 427, 429, 441,
443~459
붕따우 마리나(VũngTàu Marina) 458
붕따우 성당(Nhàthờ VungTau) 451
붕따우 시장(Chợ VũngTàu) 457
붕따우의 왕 그리스도(Christ the King of
Vũng Tàu(Tượng Chúa Kitô Vua) 450
브루(Bru=Klu, 반 끼에우Van Kieu족) 308
브엉투아부(Vương Thừa Vũ, 王玉英왕옥영)
164
비게아르(Marcel Bigeard) 196
비시(Vichy) 정권, 비시 정부 44, 46, 112, 113,
149, 244
비엔호아(BiênHòa, 邊和변화) 34, 81, 427,
429, 435, 440, 441
비엣소브페트로(Vietsovpetro) 석유회사 445
비자야(Vijaya) 왕국 384, 387, 460
비자야(Vijaya, 闍槃도반, 베트남어ĐồBàn) 18
빈그룹(Vingroup) 424, 482
빈린(Vĩnh Linh, 永靈영령) 302, 318, 320~326
빈펄리조트(Vinpearl Resort) 482, 488
쁠래이꾸(Pleiku, 坡離俱파리구) 82, 264~282,
382, 402
쁠래이꾸 삼옥박물관(Pleiku Prison, 냐라오
Nhà Lao Museum) 269, 270
쁠래이꾸 축구 스타디움(Sân vận động Pleiku,
Pleiku Stadium) 277

ㅅ

사스코(SASCO) 투어버스 487, 492
사오마이 성당(Nhàthờ Sao Mai) 453
사이공 오페라하우스(Nhàhát Thành phố Hồ
Chí Minh) 425
사이공조약 34, 35, 37, 349, 364
사이공 철수작전, 사이공 함락 78, 97, 106~
108, 118, 125, 290, 402, 411, 418
사이공(Saigon, 柴棍자곤) ☞ 호찌민시
사이공강 하저터널(Saigon River Tunnel=함

짐투티엠(Hàmdìm ThủThiêm) 429, 444
산지우(Sán Dìu, 山由산유)족 134
성 패트릭(St. Patrick) 258
세계무장박물관(Worldwide Arms Museum) 449
세계커피박물관(World Coffee Museum) 261
세당(Sedang, XơĐăng, 疏登소등)족=응으이쏘당(Người XơĐăng) 283, 287
세뽄(Sepon)강 313
세이퍼(Morley Safer) 418
소아이랍(Soài Rạp) 강 427
수도사단(맹호부대) 84, 390, 395
스털링홀(Sterling Hall) 폭파사건 89
CIA 65~76, 114, 151, 199, 328, 414, 418
시엠립(Siem Reap) 42, 354
시하누크(Norodom Sihanouk) 왕 97, 99, 256
시한(Neil Sheehan) 125
신탁통치 48, 115
심하푸라(Simhapura) 348
쏨머이 시장(쩌쏨머이Chợ Xóm-Mới) 482
쏭홍 ☞ 홍강
쑤언흐엉 호수(Hò XuânHương) 243, 245, 247, 250, 251
쑤엉랑(Xương Lăng, 昌陵창릉) 339

ㅇ

아따뿌(Attapeu) 280, 281, 283
아르망(Francois Jules Harmand) 38, 39
아못(A1)'고지 181, 183, 187
아인훙눕(Anh hùng Núp) 270
안남국(安南國) 42, 242
안남산맥(Annamite Range=다이누이 쯔엉선 Dãynúi TrườngSơn) 304, 323, 329, 350, 352, 353
안랑(An Lăng, 安陵안릉) 340
안케 전투(쩐닥뽀Trận ĐắkPơ) 266, 267, 395
안토이(AnThói, 安泰안태) 제도 484, 488
야도(Ya Đỏ) 287
얀포나가르(Yan Po Nagar) 342, 479, 480
어우락(Âu Lạc, 甌貉구맥) 14
에데(ÊĐê=Rade=Rhade)족 253, 254~260, 263, 270
영국·인도군(英印軍영인군) 48, 53, 372
알렉상드르예르생박물관 480

NLF ☞ 베트남민족해방전선
LSM(Landing Ship Medium) 369, 422, 423
LST(Landing Ship for Tank) 129, 362, 366, 368~370, 396, 397, 406, 410, 412, 422, 423, 434, 445, 454, 466, 474
예르생(Alexander Yersin) 242, 250, 477, 480, 481
예수성심천주교회(NhàThờ Chính Toà Thánh Tâm Chúa Giêsu) 258
옌바이(YenBai, 安沛안패) 52
오스트로네시아(Austronesia)어족 18, 23, 141, 293, 384, 477
OSS(Office of Strategic Services) 114
외교관 37, 38
용 다리(까우롱Cầu Rồng=橪蠬, 龍橋용교=Dragon Bridge) 351, 353~356
웃(Nick Ut) 130
월터 크롱카이트(Walter Cronkite) 94
웨스트모어랜드(William C. Westmoreland) 94, 305, 306, 308, 312
응오(吳, 오) 왕조 17, 18
응오꾸옌(Ngo Quyen, 吳權오권) 17
응오딘지엠(Ngô Đình Diệm, 吳廷琰오정염), 지엠(Diệm) 47, 55, 62~68, 71~78, 97, 119, 150, 324, 333, 342, 414, 415, 417
응오딘코이(Ngô Đình Khôi, 吳廷魁오정괴) 64
응오딘툭(Ngô Đình Thục, 吳廷俶오정숙), 툭 65
응오몬(NgọMôn, 午門오문) 335, 336
응옥썬 사원(덴응옥썬ĐềnNgọcSơn, 玉山祠옥산사) 153
응우옌(Nguyễn) 왕조(阮王朝) 22, 23, 26, 28, 29, 33, 35, 38, 43, 46, 50, 109, 115, 146, 162, 163, 165, 166, 226, 231, 248, 298, 330, 332~334, 336, 337, 339~341, 345, 346, 348, 352, 364, 385, 388, 413, 447, 461, 477
응우옌꺼탁(Nguyễn Cơ Thạch, 阮基石완기석) 383
응우옌땃타인(Nguyễn Tất Thành, 阮必成완필성) 109, 110, 261, 269, 463
응우옌똔호안(Nguyễn Tôn Hoàn) 64
응우옌반끄(Nguyễn Văn Cừ) 73, 268
응우옌반냑(Nguyễn Van Nhạc, 阮文岳완문악)

26, 385, 388
응우옌반늉(Nguyễn Văn Nhung, 阮文戎완문융) 414
응우옌반뜨엉(Nguyễn Văn Tường, 阮文祥완문상) 40
응우옌반르(Nguyen Van Lữ, 阮文侶완문려) 26, 28, 388
응우옌반틴(Nguyễn Văn Thinh, 阮文清완문청) 56
응우옌반티에우(Nguyễn Văn Thiệu, 阮文紹완문소), 티에우 76~78, 97, 106, 268, 411, 416~419
응우옌반후에(Nguyen Van Huệ, 阮文惠완문혜) 26~28, 332, 385, 388
응우옌썬(Nguyễn Sơn, 阮山완산) 374, 377, 378
응우옌쑤언푹(Nguyễn Xuân Phúc, 阮春福완춘복) 364
응우옌아이꾸옥(Nguyễn Ái Quốc, 阮愛國완애국) 49, 109, 110, 113, 115
응우옌찌타인(Nguyễn Chí Thanh, 阮志清완지청) 259, 260
응우옌까오끼(Nguyễn Cao Kỳ, 阮高祺완고기), 끼 77, 97, 415, 416
응우옌카인(Nguyễn Khánh, 阮慶완경), 카인 77, 97, 415, 416
응우옌타인쭝(Nguyễn Thành Trung) 281
응우옌푹아인(Nguyễn Phúc Ánh, 阮福映완복영) 22, 27~29, 332, 385
응우옌푹쭈(Nguyễn Phúc Chu, 阮福濶완조=민브엉(MinhVương, 明主명주) 359
응우옌호앙(Nguyễn Hoàng, 阮潢완황) 22, 331, 342
응우옌훙신(Nguyễn Hùng Sinh) 199
응우옌흐우안(Nguyễn Hữu An, 阮友安완우안) 187, 198
응우하인선(Ngũ Hành Sơn, 五行山오행산=Marble Mountain) 352
응이아짱리엣시(Nghĩa Trang Liệt Sĩ), 순교자 묘지 표지 471
이가리 와쇼(猪狩和正저수화정) 376
이가와 세이(井川省) 377
이승만 대통령 61
이시이 다쿠오(石井卓雄석정탁웅) 379
이아 드랑(Ia Drang) 계곡 전투 86

인드라푸라(Indrapura) 18, 348
일주사(쭈아못꼿ChùaMộtCột, 一柱寺) 157
임오군란 38

ㅈ

자딘(GiaĐịnh, 嘉定가정) 27, 28, 34, 332, 385, 388, 447
자우띠엥(Hồ Dầu Tiếng) 호수 428
잘라이(GiaLai, 嘉萊가래) 257, 264, 269, 270, 275, 279, 281, 283, 288, 404
잘라이(Jarai. Gia Rai, 嘉淶가래)족 284, 289
장발규(張發奎) 113
재교육캠프 73, 78, 125
쟈롱(嘉隆가륭), 쟈롱(황)제(부아쟈롱(Vua Gia Long, 𠀧嘉隆, 阮世祖완세조) 22, 29, 30, 163, 166, 332, 336, 337, 447, 461
전략촌(Strategic Hamlet) 74, 435
전쟁흔적(War Remnants, 쭝띡찌엔짜인Chứngtích chiếntranh, 證迹戰爭증적전쟁) 박물관 408, 420, 421
정화(鄭和) 384, 385
제1차 사이공조약(壬戌條約, 임술조약) 34, 349, 364
제1차 인도차이나 전쟁(ChiếnTranh ĐôngDương, 戰爭東洋전쟁동양, Guerre d'Indochine, 베트남독립전쟁) 45, 56, 57, 64, 98, 120, 124, 139, 147, 169, 175, 266, 373, 374, 376, 377, 379, 381, 440
제1차 텐진(天津)조약 39
제1차 후에조약(癸未條約계미조약=제1차 아르망조약) 38, 39, 333
제2차 사이공조약(甲戌條約갑술조약) 37
제2차 텐진(天津천진)조약(中法新約중법신약=越南新約월남신약) 39, 43
제2차 후에조약(일명 파트노트르Patenôtre 조약) 39, 43
제9사단(백마부대) 84
제네바협정 31, 62, 63, 66, 69, 71, 73, 108, 117, 198, 207, 318, 327, 425
제인 폰다(Jane Fonda) 88
존 레넌(John Lennon) 88
존슨 대통령(존슨 부통령) 73, 79~84, 88, 90~97, 104, 150, 151, 156, 267, 312, 401
주엣(Duyet) ☞ 레반주엣

주옛티두엉(Duyệt Thị Đường, 閱是堂열시당) 337
주은래(周恩來) 103, 149, 231, 375
주이떤(DuyTân, 維新帝유신제) 45, 46, 340, 341
죽득(DụcĐức, 育德帝육덕제) 44, 46, 340
중국·베트남(中越중월)전쟁 123, 137, 209, 218~220, 225, 227, 302
중부고원 82, 143, 144, 202, 242, 252~256, 261, 264~266, 271, 272, 280, 283, 285, 286, 290~292, 333, 355, 378, 382, 383, 402, 427, 448, 468, 481
중불(中佛)전쟁, 청불(靑佛)전쟁(Sino-French War, 中法戰爭중법전쟁) 39, 209, 235
중화민국군(중국 국민당군) 48, 53, 484
중화인민공화국 58, 59, 176, 177
즈엉동(DươngĐông, 陽東양동) 485, 486, 487, 492
즈엉딘응예(Dương Đình Nghệ, 楊廷藝양정예) 16
즈엉반민(Dương Văn Minh, 楊文明, 양문명), 민 77, 78, 97, 106, 108, 411~415, 418
즈엉반응아(Dương Vân Nga, 楊雲娥양운아) 18
즈엉응안딕(Dương Ngạn Địch, 楊彥迪양언적) 444
지덕칠 365
지압(Giap) ☞ 보응우옌지압 49, 59, 60, 118~124, 149, 152, 165, 175~177, 181, 192, 202, 203, 204, 206, 207, 209, 210, 225, 230, 305, 382, 383
지압반끄엉(Giáp Văn Cương, 甲文强갑문강) 390
지에찌엥(GiehTrieng, 粿埴채정)족 288
지엔홍 공원(Côngviên DiênHồng) 276, 282
지엠(Diệm) ☞ 응오딘지엠Ngô Đình Diệm, 吳廷琰오정염)
짜봉강(Sông TràBồng) 363, 368
짜쿡강(Sông TràKhúc) 363
쩌런(ChợLớn, 堤岸제안) 76, 136, 408, 414
쩌우독(ChâuĐốc, 朱篤주독) 443
쩐타이똥(TrầnTháiTông, 陳太宗진태종) 19
쩐(Trần, 陳진) 왕조, 진조(陳朝) 18~20, 162, 163, 251, 272, 330, 331
쩐꾸옥뚜언(Trần Quốc Tuấn, 陳國峻진국준)

☞ 쩐흥다오
쩐락감쏘아이뭇(Trận Rạch Gầm-Xoài Mút(陳歷涔-橡噯진력금-차맘) 전투 444
쩐반짜(Trần Văn Trà, 陳文茶진문차) 364
쩐반흐엉(Trần Văn Hương, 陳文香진문향) 106, 410
쩐빈다이(TrấnBìnhđài, 鎮平台진평대) 334
쩐종낌(Trần Trọng Kim, 陳仲金진중금) 64
쩐카인(Trần Cảnh, 陳㬎, 진경) 19
쩐투도(Trần Thủ Độ, 陳守度진수도) 19
쩐푸(Trần Phú, 陳富진부) 290, 449, 452~454, 475, 477, 478
쩐하이타인(TrấnHảithành, 鎮海城진해성) 334
쩐흥다오(Trần Hưng Đạo, 陳興道진흥도, 흥다오 다이브엉HưngĐạo ĐạiVương, 興道大王흥도대왕) 19, 20, 269, 276, 290, 291, 294, 333, 388, 409, 449, 459, 477, 486
쩜흐엉탑(TrầmHương Tower, Tower Incence, 香塔향탑) 477
쭈라이(ChuLai, 茱萊수래) 362, 363, 364, 366~369, 370, 371
쭈라이항공기지(Chu Lai Air Base) 370
쭈아뜨번(Chùa TừVân) 470, 471
쭈아민타인(Chùa MinhThành, 明成寺명성사) 272, 273
쭈아브우탕(Chùa BửuThắng, 寶勝寺보승사) 273, 274
쭈아쑤타인머우(Chúa Xứ Thánh Mẫu(主處聖母, 현실의 성모) 237
쭈아티엔무(Chùa ThiênMụ, 天姥寺천모사) 333, 342
쭈어 응우옌(Chúa Nguyễn, 阮主완주) 331, 359, 385, 388
쭈어쩐(ChúaTrịnh, 主鄭주정) 21, 22, 388
쭉럼티엔비엔(Thiềnviện TrúcLâm, 竹林禪院죽림선원) 251
쭉박 호수(HồTrúcBạch, 湖竹帛호죽백) 150, 151, 156
쯩썬(TrườngSơn, 長山장산)산맥 ☞ 안남산맥
쯩하이(Truong Hai)자동차회사(THACO) 371
쯔엉딘(Trương Định, 張定장정) 364
쯔엉띠엔 다리(Cầu TrườngTiên, 場錢橋장전교) 330, 343
쯔엉죽타인(TrườngDụcThanh) 학교 462

쯔엉지앙강(Sông Trường Giang) 368, 369
쯔엉찐(Trường Chinh, 長征장정) 117
쯩자매(HaiBà Trưng, 台婆徵) 15
찌에우다(Triệu Đà, 趙佗조타) 14, 29
찌에우통데(Chiêu Thống Đế, 昭統帝소통제) 22, 388
찐(Trịnh, 鄭정)씨 집안 ☞ 쭈어찐
찐끼엠(TrịnhKiểm, 鄭檢정검) 22
찐뚱(Trịnh Tùng, 鄭松정송) 224
찐응우옌분쟁(Trịnh Nguyễn phântranh, 鄭阮紛爭정완분쟁) 23, 332

ㅊ

참(Cham)족 23, 331, 324, 343, 352, 384, 387, 430, 479, 357
참파(ChămPa, 占婆점파) 23, 331, 346, 348, 351, 384, 387, 389, 460
참파(Champa, 占婆점파) 왕국 18, 20, 22, 23, 162, 255, 331, 348, 387, 473, 477, 479
참파사크(Champasak) 왕국 42
청룡부대(제2해병여단) 84, 466, 467, 362~366, 466, 467
쯔놈(Chữ Nôm=ThiếuĐế, 字喃자남) 20

ㅋ

카오다이교(Đạo CaoĐài, 道高臺도고대) 68, 69
카이딘(KhảiĐịnh, 啓定帝계정제) 46, 47, 337, 341
카인 ☞ 응우옌카인
캄보디아 31, 33, 35, 41, 42, 62, 73, 85~87, 96, 97, 99, 100, 106, 111, 122, 123, 128, 133, 138, 176, 177, 254, 256, 264~266, 281, 283, 290, 302, 354, 373, 379, 380, 388, 404, 414, 417, 430, 433, 443, 458, 473, 484, 485
까이강(Sông Cái) 480
케난(George F. Kennan) 63
케네디 대통령 72~76, 78~80, 90, 94, 95, 97, 105, 414
케리(John F. Kerry) 90, 399
케산(KheSanh, 溪生계생), 케산전투기지 302, 304~317, 319, 323
코시긴(Aleksei N. Kosygin) 80, 81, 267
코친차이나공화국(NamKỳ quốc, 南圻國남기국, République de Cochinchine) 55, 116
코친차이나 전투 349
콜코(Gabriel Kolko) 67
쿡트어주(Khúc Thừa Dụ, 曲承裕곡승유) 16
크메르루주(Khmer Rouge) 87, 99, 106, 122, 123, 256, 302, 484
클리퍼드(Clark M. Clifford) 94
키신저(Henry A. Kissinger) 75, 96, 103, 104
킨너드 2세(Harry Kinnnard Jr.) 390

ㅌ

타이응우옌(ThaiNguyen, 太原태원) 37, 215, 232~235, 478
타인냐막(Thành nhà Mạc, 막조 요새) 216, 217
타인떰 성당(Nhàthờ Thánh Tâm, 성심 성당) 275
타인뚜이하(Thành Tuy Ha) 탄약창 434~439
타인타이 황제(ThànhThái, 成泰帝성태제) 44, 340, 461
타코-기아(Thaco-Kia) 371
탑프억주이옌(Tháp Phước Duyên, 慈仁塔자인탑) 342
탕롱(ThangLong, 昇龍승룡) 28, 146, 163, 385, 388
탕롱 황성(호앙타인탕롱HoàngThành Thăng Long, 皇城昇龍황성승룡) 16, 17, 22, 121, 161~166, 223, 224
탕티엔 성당(Nhàthờ Thăng Thiên) 275
테마섹 지주회사(Temasek Holdings) 282
테일러(Maxwell Taylor) 312
테훅 다리(까우테훅CầuThêHúc, 棲旭橋서욱교) 153
톤레삽(Tonlé Sap) 호수 31
통일궁(Reunification Palace, 호이쯔엉통녓 HộitrườngThốngNhất, 會場統一회장통일) 414, 417
통일베트남 ☞ 베트남사회주의공화국 72, 125, 132, 137, 265, 285, 318, 336, 347, 364, 407, 416, 428
통킹 보호령(보호국) 38
통킹만(Gulf of Tongking, 東京灣동경만) 사건 78~80, 97, 118, 150, 151
통킹 전투 209, 349

투본강(Sông ThuBồn, 秋盆江추본강) 357, 358
투언프억 다리(Cầu ThuậnPhước, 順福橋순복교) 355
투언호아(ThuậnHóa, 順化순화) 330
투이쟝 성당(NhaTho Thùy Giang) 456
투티엠(ThủThiêm) 신도시 지역 429
툭(Thục) ☞ 응오 딘 툭
티나이(Thị Nại)항 389
티에우 ☞ 응우옌반티에우
티에우찌(Thiệu Trị, 紹治帝소치제) 32, 33, 338, 339
티엔토랑(ThiênThọ Lăng, 天曌陵천수릉) 337
틱꽝득(Thích Quảng Đức, 釋廣德석광덕) 75, 76, 333, 342, 414

ㅍ

파트노트르(Patenôtre) 조약 39, 333
파리외방전도회(Paris Foreign Missions Society) 32
파리평화협정 91, 104, 106
파리평화회담 75, 96, 103, 152
파카산(Faka Shan)-핑샹(Fakashan Pingxiang) 전투, 파카산(法卡山법잡산) 수복전투 219, 220
팍보(PácBó, 帕波말파) 211, 225, 227~229, 231
판당르우(Phan Đăng Lưu) 260
판두랑가(Panduranga) 387, 461
판랑(PhanRang, 참어Panduranga) 387, 460, 464, 465, 471
판보이쩌우(Phan Bội Châu, 潘佩珠반패주) 119
판티엣(PhanThiết, 潘切반절) 387, 459~465
팜반동(Phạm Văn Đồng, 范文同범문동) 50, 117, 120, 121, 230, 364
패티(Archimedes L. A. Patti) 114
퍼시벌(John Percival) 32
포나가르(Lady Po Nagar, 야쁘나가르Yan Po Nagar=楊婆那加양파나가) 342, 343
포나가르참(Pho Nagar Cham)탑 479, 480
폴포트(Pol Pot) 99, 122, 302, 484
퐁살리(Phongsaly)현 202
푸꾸옥섬(Đảo PhúQuốc, 島富國부국도) 468, 483, 485, 486, 493

푸꾸옥포로수용소 490
푸따이(PhúTài) 산업단지 404
푸르니에(Ernest F. Fournier) 39
푸쑤언 다리(Cầu PhuXuan, 富春橋부춘교) 330
푸캇(PhùCát) 394, 395, 401, 402
푸하이(PhuHai, 富海부해) 460~462
풍찌끼엔(Phung Chi Kien, 冯志坚빙지견) 230
풍흥의 집(Nhà cổ Phùng Hưng, 馮興家풍흥가) 361
프랑스령 인도차이나연방(l'Indochine française, ĐôngDương thuộcPháp, 東洋屬法東洋속법) 39, 41, 349
프랑스령 코친차이나(Cochinchine française) 34
피셀(Wisley R. Fishel) 65
피압박민족해방을 위한 연합전선(FULRO, Front Unifié de Lutte des Races Opprimées) 256
핑샹(Pingxiang, 凭祥빙상) 219

ㅎ

하노이 깃발탑(Flag Tower of Hanoi, 꼿꼬하노이Cộtcờ HàNội) 164, 165
하노이 대성당(냐토런Nhà Thờ Lớn, 성 요셉 대성당) 158, 159
하노이 도심일주 관광버스(Hanoi City Tour Bus) 166
하노이 문묘(VănMiếu, 文廟문묘) 157, 158
하노이 오페라하우스(냐핫런Nhàhátlớn HàNội) 160, 161
하노이(Hanoi, 河內하내) 146~172, 176, 177, 205, 206, 208, 211, 217, 218, 221, 228, 234~237, 240, 265, 267, 268, 299, 302, 329, 347, 348, 349, 354, 373, 375, 382, 386, 388, 441, 464, 470, 472, 476, 481
하띠엔(HàTiên, 河僊하선) 484, 485
하롱베이(VịnhHạLong, 泳下龍, 下龍湾하롱만, Halong Bay) 170, 172, 174
하이반 고개(Đèo HảiVân, 嶺海雲, HaiVan Pass) 300, 332, 355
하이쑤언 성당(NhàThờ HảiXuân, 海宣해선) 455, 457
하이즈엉(HảiDương, 海陽해양) 21, 170
하이퐁 오페라하우스(냐핫런Nhàhátlớn HảiPhòng) 56, 57, 171

하이퐁(HảiPhòng, 海防해방) 168~173, 349, 354, 356, 452, 455, 469
한강 다리(Cầu SôngHàn) 356
한강(Sông Hàn=Hàn giang, 瀚江한강) 348, 350, 353, 355, 356
한 시장(쩌한Chợ Hàn) 350, 351
한닌(HàmNinh, 咸寧함녕) 485, 491, 492
함띠엔(HamTien, 咸進함진) 460, 461
함응이(HàmNghi, 咸宜帝함의제) 40, 47
해군수송전대(백구부대) 84, 407, 409
해글(HAGL, 호앙아인잘라이HoàngAnh GiaLai) 그룹 264, 277~279, 280~ 282
해글(HAGL) 축구단 277, 278, 281
허우 레(Hậu Lê, 後黎후려) 왕조 ☞ 레 왕조
호 왕조(Hồ, 胡胡호조) 20
호(냐호NhàHồ, 家胡가호) 왕조 331
호꾸이리(Hồ Quý Ly, 胡季犛호계리) 20
호아로포로수용소(HỏaLò감옥) 102, 103, 105, 150, 160, 212
호아루(HoaLư, 華閭화려) 18, 162
호아족(응으이호아Người Hoa, 駃華, 華族화족) 134
호아하오교(Đạo HòaHảo, 道和好도화호) 68, 69, 443
호안끼엠(HoànKiếm, 還劍환검) 호수 146, 153, 154, 156, 159, 163, 166
호앙꽁쩟(Hoàng Công Chất, 黃公質황공질) 206
호앙반타이(Hoàng Văn Thái, 黃文太황문태) 202~204, 373
호앙반투(Hoàng Văn Thụ, 黃文樹황문수) 210~212, 215
호이안(HộiAn, 會安회안) 348, 357~364, 366, 367
호찌민 묘(Lăng Chủtịch Hồ Chí Minh, 陵主席胡志明능주석호지명) 157, 167
호찌민 봉일회관 147
호찌민(Hồ Chí Minh, 胡明호지명) 48~50, 53, 57~59, 64, 65, 69, 71, 83, 97, 98, 109~118, 122, 140, 167, 168, 176, 210, 211, 222, 225, 227~232
호찌민루트(Ho Chi Minh Trail) 70, 72, 85, 87, 99, 100, 102
호찌민시 지하철 426, 427

호찌민시(Hồ Chí Minh, 胡志明市호지명시) 148, 218, 260, 265, 290, 354, 381, 406, 408, 419, 423, 424, 426, 427, 429, 432, 441~444, 446, 452, 460, 464, 476
혼쫑(HònChồng, 鴻重홍중) 바위섬 475
홍강 델타 14, 16~18, 36, 37, 61, 121, 141, 143, 144, 146, 177, 178, 228, 232, 331, 382
홍강(송홍SongHong, 紅江) 36, 37, 44, 146, 148, 155, 176
홍수(鴻秀, 洪水) 374
화인(華人) 28
황타인후에(Hoàngthành Huế, 皇城化 황성화) 332
황포(黃埔)군관학교 114, 164
후앙치에(黃杰황걸) 484
후에 대성당(냐토 동쭈아끄우테 Nhà thờ Dòng Chúa Cứu Thế) 342
후에 왕궁 334~341
후에(Huế, 化화) 22, 26, 28, 29, 33, 38, 40, 50, 64, 75, 92, 93, 105, 146, 228, 298, 329~347
후지밍(Hou Zhiming, 侯志明후지명) 113, 114
흐엉강(HươngGiang, 香江향강) 329~331, 333, 334, 337, 339, 342, 343, 345
흐엉호아(HươngHóa, 向化향화) 304, 305, 310, 315, 316
흑기군(黑旗軍) 38, 39, 209, 235
훙 브엉(HùngVương, 雄王웅왕) 14
흰 모래둔덕(White Sand Dune) 462
히에우랑(Hiếu Lăng, 孝陵효릉) 337
히엔럼각(HiểnLâmCác, 顯臨閣현림각=세묘세 廟) 336
히엔르엉 다리(까우 히엔르엉, Cầu Hiền Lương) 303, 323, 326

저자 약력

유일상(柳 一 相)

경북 예천 한대마을 토박이로 고려대학교 불어불문학과 학사, 서울대학교 신문대학원 신문학 석사를 거쳐 고려대학교 대학원 신문방송학과에서 박사학위를 받았다. 미국 오리건대학교(Univ. of Oregon) 언론학부에서 저널리즘 역사와 법·윤리를 연구하고 강의했으며, 고려대학교 법학연구원에서 언론법을 연구했다.

1966년 7월, 대학 2학년 재학 중에 해군 수병 127기로 이병부터 단기하사까지 39개월간 병역의무를 마치고 만기 제대했다. 그중 1967년 말 한국 진해군항을 출발하여 1969년 초에 진해로 돌아올 때까지 베트남전쟁에서 주월한국군 해군백구부대 탱크상륙함(LST)의 병장과 단기하사로 여러 항구와 포구에서 작전 임무를 수행했다.

직장 생활 초기에 대한항공(KAL) 홍보 담당으로 파리 파견 항공화물편 취항준비요원, 한국방송공사(KBS) 보도국 공채 수습 제2기 보도국 기자, 한국산업은행 공채 이코노미스트(Economist, 외환 담당), 국방부 공채 사무관을 거쳤으며 한때 철강금속무역사업에도 종사했다.

한국정신문화연구원(현 한국학중앙연구원)에서 한국언론사를 연구했고 광주대학교를 거쳐 건국대학교 신문방송학과 교수로 재직하며 언론홍보대학원장을 역임하고 정년퇴직해 현재 명예교수에 위촉되어 있다. 고려대학교, 국민대학교, 동국대학교, 서강대학교, 서경대학교, 성공회대학교, 중앙대학교, 한국외국어대학교, 한양대학교 등의 학부와 대학원에서 다년간 강의했다.

민주화를 위한 전국교수협의회(민교협)에서 언론특위를 맡아 활동했고, 한국언론학회 언론법제윤리연구회에서 주로 활동하다가 한국언론법학회 창립에 참여해 회장을 역임했다.

　방송공익자금관리위원회 위원, 종합유선방송위원회 보도·교양 심의위원, 방송위원회 방송평가위원회 위원 등을 거쳐 중앙선거관리위원회 산하 중앙선거방송토론위원회 위원장을 지냈다.

　공저를 포함하여 약 30여 종의 저서를 펴냈으며 그 중 전공도서 2종이 문화체육관광부 우수학술도서에 뽑히기도 했다.

　여행기로는 아내와의 공저인 ≪여보 어디로 갈까 1: 자동차로 달린 정명자의 미국여행≫(2006), ≪미국 서부 산악지역 자동차여행 : 정명자의 미국여행 2≫(2011)와 단독 저서로 ≪규슈 역사문화여행≫(2018)이 있다.

　동아일보, 문화일보, 서울신문(대한매일), 세계일보, 조선일보, 중앙일보, 한겨레신문 등의 중앙일간지(가나다순)에 시론과 칼럼 등을 정기 또는 수시 집필했으며 주요 잡지와 지방지에도 시론, 평론 등을 다수 기고했다.

　월남참전 국방부장관 종군기장과 대통령 근정포장을 받았고, 긴급조치 제9호 위반으로 9개월간 투옥된 적이 있으며 2000년대에 재심에서 무죄판결을 받고 민주화운동 유공자로 명예 회복되었다.

　세상사 많은 것을 겪어야 하는 운명을 타고난 듯, 2007년에는 미국여행 중에 교통사고로 아내를 잃었고, 위로 삼아 취미로 자주 해외여행 길에 나선다.

이메일　willow458@naver.com
블로그　blog.naver.com/willow458
페이스북　www.facebook.com/henry.ryu.77

참전 수병 유교수와 함께 가는
베트남 역사문화기행

발행일 2021년 8월 31일 초판 1쇄

지은이 유일상
발행인 손정희
발행처 하나로애드컴

편 집 장채순
디자인 박용, 김희진, 김선자

등 록 2007년 3월 5일 제16-4132호
주 소 [06026] 서울특별시 강남구 도산대로 33길 8, 5층(신사동, 산도빌딩)
전 화 (02)3443-8005 팩스 (02)3443-0021
이메일 hanaroadcom@naver.com
홈페이지 www.hanaroad.com

Copyright ⓒ 유일상, 2021, Printed in Korea
ISBN 979-11-91918-01-4 03980

이 책은 저작권법에 따라 보호를 받는 저작물이므로 무단전재와 무단복제를 금지하며,
이 책의 내용의 전부 또는 일부를 이용하려면 반드시 저작권자와 하나로애드컴의
서면 동의를 받아야 합니다.

※ 값은 뒤표지에 있습니다.
※ 파본은 구입처에서 교환해 드립니다.